近代日本の予算政治 1900-1914

桂太郎の政治指導と政党内閣の確立過程

伏見岳人——［著］

東京大学出版会

Budget Politics during the Formation of Party Government in Modern Japan:
The Political Leadership of Taro KATSURA, 1900-1914
Taketo FUSHIMI
University of Tokyo Press, 2013
ISBN 978-4-13-036247-4

目次

序　章　大日本帝国憲法下の予算政治

大日本帝国憲法の分立的性質

よく知られているように、明治期に制定された大日本帝国憲法は行政府と立法府を分立的な存在として規定していた。すなわち、強大な天皇大権を前提とするこの憲法は、天皇を単独で輔弼する各国務大臣を頂点とする行政府と、天皇を単独で協賛する貴族院と衆議院からなる立法府を、それぞれ独立する統治機構の一部として位置づけ、その相互関係について法文上の明確な規定を欠いていた。現在の日本国憲法下では、行政府と立法府を統合する要となる内閣総理大臣は国会議員の中から選出されることが六七条一項に明記されているが、かつての大日本帝国憲法にはそもそも内閣総理大臣に関する記載がなく、別に定められた内閣官制二条によって各大臣の首班であるとゆるやかに位置づけられていたにすぎなかった。このような分立的な統治機構を統合して政権を運営する際には、多元的な政治主体が互いに協調しあう慣行の存在が不可欠であった。

この行政府と立法府の分立的構造は、予算問題をめぐってしばしば顕在化した。まず行政府内での予算編成過程において、単独輔弼制の各国務大臣の意見を集約し、内閣として一つの予算案を毎年編成すること自体が、多大な労力を要する作業となった。例えば、閣議に参列する各国務大臣は、毎年末の帝国議会の開催に向けてほぼ定例化されている一年間の予算編成作業のサイクルを踏まえて、編成期限が切迫した状況において辞意を表明することで事実上の拒否権の行使が可能であった。こうした戦術は、特に軍部大臣現役部官制に支えられた陸海軍大臣が多く採用したものであった。

また政府の作成した予算案は、毎年末に開催される帝国議会に提出され、衆議院と貴族院の両院で協賛されなければならなかった。この立法府内での予算審議過程において、衆議院を主たる拠点とする政党勢力は、憲法で定められた予算審議権を駆使して行政府への影響力を行使しようと試みた。もちろん議会の予算審議権にも一定の制約が課せられており、憲法六七条には天皇大権に基づく「既定ノ歳出」については政府が同意しない限り帝国議会は削除・削減できない旨が記され、この条文により予算の歳出に関する協賛権は制限されていた。しかし、租税の改廃や国債の発行など予算の歳入を広く監督できる権限を議会は有しており、「既定ノ歳出」を支える歳入部分を介して政府に圧力を加えることは十分に可能であった。また憲法七〇条の緊急勅令による「財政上必要処分」は次期議会で承認を得られなければ失効すると定められており、さらに政府が新規事業に着手する際には憲法七一条の予算不成立時の前年度予算執行権は事実上の挫折を意味していた。その上、衆議院と貴族院は選出方法を大きく異にしており、両院の議決が異なった場合における衆議院の議決の優越は法文上では特には規定されていなかった。

このように大日本帝国憲法の下では、毎年度の予算成立は決して自明の事象ではなく、そのためには予算編成・予算審議の両過程における多元的な政治主体間の協調的慣行が必要となった。戦前日本における内閣の崩壊が、この予算問題を原因として生じがちであったのも、この分立的憲法構造に起因する事柄に他ならなかった。このような分立的な大日本帝国憲法体制の下での予算編成・予算審議をめぐる政治過程を、本書は予算政治と名づけて主たる分析対象とするものである。

桂太郎の政治指導

こうした分立的な憲法体制下において、最も長く内閣総理大臣を務めた政治指導者が、明治後期から大正初期にかけて活躍した本書の主人公、桂太郎（弘化四年生—大正二年没）である。長州藩出身で明治維新を直接体験した桂は、明治期の陸軍指導者として次第に台頭し、明治三四年から大正二年にかけて三度にわたり内閣を組織して、通算二八八六日、およそ七年一一ヶ月の間、内閣総理大臣の職を務めている。これは今日に至るまで通算在職期間の最長記録をなしており、大日本帝国憲法下での内閣の平均期間である約一年二ヶ月間と比べれば、きわめて安定的な長期政権であったことがうかがえよう。

なぜ桂は安定的な長期政権を実現できたのか。この期間には、明治中期まで国家指導者層を占めた藩閥勢力はすでに高齢化した元老として第一線を退いており、また大正後期から昭和初期にかけて国家統合の中心的主体となる政党勢力は独力での政権運営が可能となるまでにはまだ成長していなかった。つまり優越的な統合主体を欠いたこの期間は、本来ならば大日本帝国憲法の分立的性質が最もよく顕れる時期であり、それにもかかわらず最も安定的な長期政権が存在したことは興味深い分析対象となりうるのである。この安定の要因を析出するためには、この間の政治統合の具体的態様に焦点を当てて、そこでの桂の政治指導の特質が考察されなければならないはずである。

このように桂の政治指導を考察する上で、第二次桂内閣（明治四一年七月―明治四四年八月）において内閣総理大臣の桂が大蔵大臣を兼任したことは大変興味深い人事である。首相と蔵相を兼任する事例が他に全くないわけではない。例えば松方正義と高橋是清の二人は自身の内閣で蔵相を兼任している(1)。しかし、この二人は内閣総理大臣になる前から財政通の政治家として長期間にわたり大蔵大臣を務めており、その経験を活かして首相となった人物であった(2)。財政専門家として高い名声を誇った両者が首相兼蔵相となったことに比べれば、それ以前の桂には大蔵大臣はおろか、経済や金融に直接関係する職務に就いたことすらなく、財政に関する専門知識を兼ね備えた政治家だったとは言いがたい。いわば桂は財政専門家ではない政治指導者でありながら蔵相兼任となった史上唯一の内閣総理大臣なのである。

それではなぜ桂は自らの第二次内閣において首相兼蔵相という異例の人事を行ったのか。その理由について、桂は後年、自伝稿本の中で以下のように語っている。

抑も前に内閣に首班たりしときの実見に由り思ふに、財政の事、一に大蔵大臣の主任たるは元よ〔り〕のことゝは言ひ、総て首相の判決に在らざれば決定すべきものに非らず。殊に予算決定に際しては計画を立て、大蔵大臣は財政上其操〔繰〕合の出来るや否やを調査し、財政と供〔共〕同し得らるゝの程度に於て各省大臣等と協定、其協定困難なるものは首相の裁定に由るの次第なれば、到底首相たるものは殆んど大蔵大臣となりて其難局に当るの決心なくんば、独り蔵相のみに其採否を任すべきものにあらず。否総て任すときは首相の責任は其半は既に蔵相に分与したるものと見て然らん。(3)

まず桂は第一次内閣の経験に照らして「予算決定」における「首相の責任」の重要性を語っている。予算の計画に基づいて財政上の調査を行い、それを各省大臣と協議する「主任」は大蔵大臣である。しかし大蔵大臣と他の閣僚の合意形成が困難な場合には「首相の裁定」でもってその採否を決定しなければならない。ここからは桂が予算編成過程での決定権に内閣を統合する権力の源泉を見出していたことがうかがえる。

こうした「首相の責任」は「財政の整理」が求められる状況下では一層強まることとなる。

果して然らば目下の如き、殊に財政の整理をなすに当り、各方面に向つて交渉を要するの場合〔操〔繰〕延等の如き〕に在りては、首相自から其蔵相の職を兼任し、己れの意思のあるところを充分発揮するにあらずんば、単に首相は中〔仲〕裁の立場となり、其の判決は所謂五分五分又は六分四分位に止まり、断然たるの所〔処〕置に出づるを得ず。是れ則ち整理をして、己れの意思に背きて、為し得ざるの結果に了ること屢々なり。(4)

予算の膨張を抑制して「財政の整理」を進めるためには、各省に繰り延べなどの「交渉」を行う必要がある。そこで首相自らが蔵相を兼任し、「己れの意思」を充分に発揮して「断然たるの所〔処〕置」に出なければならない。そうしなければ「五分五分」または「六分四分」といった折衷的な仲裁に終わってしまい、財政整理を断行することができないと桂は述べている。

そして予算編成過程での交渉時には、財政に関する専門知識よりも整理を要求する断固たる意思を示すことが必要だと桂は振り返る。

元来財政の事は一種の専門と云ふても可然職責なると、従来経験なきとにて容易の業にあらざるは知得せしも、前に述ぶるの場合なれば、誠意と誠心とは其知徳の克く勝さるものあらざれば、断然決心して蔵相兼任のことに奏請し、幸に御親任ありたり。財政計画は別に認めず。大蔵省に於て明了〔瞭〕になり居ればなり。[5]

専門性を要する財政に関する職務経験がなく「容易の業にあらざる」ことは予想していたが、「誠意」と「誠心」でもって職責に当たると決心して首相兼蔵相となったのだと、ここで桂は誇らしく語っている。

以上の表現からは、予算成立に多大な関心を抱く桂の個性が鮮やかに浮かびあがってくる。第二次桂内閣での首相兼蔵相という人事は一時的な弥縫策などでは決してなく、こうした予算政治への桂の長期的かつ強固な関心が具体化されたものに他ならなかったのである。

この予算政治への桂の強い関心は、それまでの長い軍政経験によって培われたものであった。[6] 弘化四年一一月（一八四八年一月）に萩で生まれた桂は、明治維新後にドイツで軍事学を学び、明治七年（一八七四年）に陸軍に任官する。そこで長州藩の先輩である山県有朋に引き立てられて、明治一九年（一八八六年）には陸軍次官に就任する。内閣制度発足や帝国議会開設に伴う陸軍組織の整備に取り組んだ桂は、第一議会において政党勢力と折衝して七年間継続費の陸軍拡張予算を成立させる。日清戦争後の明治三一年（一八九八年）には陸軍大臣となり、以後の三年間の四つの内閣において陸相を務めた。政党と対峙した第三次伊藤博文内閣、初の政党内閣である第一次大隈重信内閣、憲政党と提携した第二次山県内閣、そして政友会による第四次伊藤内閣と、政権構成がめまぐるしく変遷する中で、軍部大臣の制度的基盤に支えられて桂は政権内に留まり続けた。この間、政党内閣時には藩閥との連絡役として、また藩閥内閣時には政党との交渉窓口として、閣内で桂は次第に存在感を強めていき、従来の山県との関係に加えて伊藤博文や井上馨などの他の長州出身の指導者との人脈を広げていった。軍政家として多数の予算成立に関与したこれらの経験が、後に内閣総理大臣となった際の予算政治への関心の基礎をなしていた。

したがって桂がなぜ安定的な長期政権を実現できたかという問いも、こうした予算政治への対応に焦点を当てて分析されるべきだろう。結論を先取りすれば、桂はこの分立的体制下において毎年度の予算を円滑に成立させるために、新たな協調方式を実施して安定的な政権運営を実現した。衆議院に有力な基盤を有していなかった桂は、議会開会中に衆議院多数党の立憲政友会の幹部との間で予算案について直接協議する会合を開き、政府と衆議院多数党の双方が同意できる予算査定となるように予算交渉をねばり強く重ねていった。この協調的な慣行を、桂は行政府と立法府が協力して予算を成立させるための「立憲的動作」であると位置づけて、そのゆるやかな制度化を一貫して推し進めていったのである。桂の主導したこの会合を本書では予算交渉会と呼び、これを通して政友会と提携する首相在任時の桂の政治指導を、本書では予算交渉会方式と名づけることにする。第一次桂内閣（明治三四年六月—明治三九年一月）から第三次桂内閣（大正元年一二月—大正二年二月）までの全期間を通して一貫して見られる桂の予算交渉会方式の展開過程を詳細に解明することが、本書の第一の研究課題である。

桂太郎の政治指導に関する研究は近年になって活性化し、特に第一次内閣期において日英同盟を締結して日露戦争に勝利した外交指導に注目する研究や、短命に終わった第三次内閣期の桂新党構想を主に外交政策に引きつけて分析する研究などが存在している。(7) しかし、桂の外交政策にのみ着目するだけでは、彼の政権が安定した要因を直接析出することは難しい。外交指導の成果は長期政権を支える背景の一つとなったに違いないが、他の前後の内閣と比較して桂がより安定的な政権運営を実現しえた理由を探るためには、他の内閣の崩壊原因をなぜ桂は抑制できたのかを検討しなければばならないからである。すでに先行研究が明らかにしている通り、この期間における桂以外の内閣の崩壊は予算問題を主な原因として生じている[8]。それではなぜ桂は予算問題での内閣崩壊を回避することができたのか。本書はこの問いに対する回答をまず導き出し、さらには第三次桂内閣が戦前日本における最短命内閣となった理由を同一の視角から考察しようと試みている。

この予算交渉会方式について注目することは、従来しばしば別個に議論されてきた予算編成過程と予算審議過程を連関させて把握する視角にも通じる。すでに述べた通り、行政府と立法府が分立的に規定された大日本帝国憲法の下では、政府の編成した予算案はそのまま円滑に議会を通過できるとは限らない。議会での予算審議を通して、政府原案には一定の削減や修正が加えられ、それを通して政党勢力は行政府への影響力を増大させようと企てていた。当然ながら、こうした立法府での予算審議の態様は、行政府内での予算編成が進められる際に当事者に意識されていたはずである。このような分立的な統治機構を統合する具体的な方法の一つとして、予算交渉会方式の形成・展開・終焉のプロセスを詳細に描き出すことを本書は目指している。

政党内閣確立過程の再検討

本書が予算交渉会方式と呼ぶこの協調的慣行は、「立憲的動作」という言葉にも現れているように、行政府の代表者のみならず、立法府の指導者にも歩み寄ることを要請した。すなわち、桂太郎との予算交渉の経験は、衆議院多数党である政友会の指導者側にも一定の変化をもたらすものであった。桂が初めて内閣を組織する前には、政友会総裁の伊藤博文を首班とする第四次伊藤内閣が存在し、また桂の三度の内閣に続く後継内閣（第一次西園寺公望内閣、第二次西園寺公望内閣、第一次山本権兵衛内閣）はいずれも濃淡の差はあれ政友会を中心的な構成主体とした。これらの過程を通して、政友会は政権運営の経験を重ねていき、大正七年には原敬による本格的政党内閣を成立させるまでに台頭する。この明治後期から大正前期にかけて衆議院多数党が内閣構成主体へと成長する過程——政党内閣確立過程——について予算政治の展開に焦点を当てて再検討を試みることが、本書の第二の研究課題である。

この時期における政友会の台頭過程については多くの先行研究がすでに存在している。その開拓者である三谷太一郎氏は、明治後期から大正前期にかけて政友会幹部として党指導に当たった原敬の役割に注目し、国家資源をもって地方利益要求を充足しようとする原の「積極政策」の意義を見出した。そして、その具体例の一つとして、第二次桂内閣期の鉄道広軌化問題の政治過程を分析し、後藤新平鉄道院総裁の「国家主義的鉄道政策」と対置される政友会の「地方主義的鉄道政策」の重要性を鮮やかに描き出した(9)。しかし、坂野潤治氏によって、政友会が台頭した端緒とされる日露戦後の時期において、日本の国家財政は日露戦争での内外債発行に伴って硬直性を帯びており、政友会の「積極政策」を実現できる財政資源が限られていたことが指摘された(10)。この「積極政策」の効力を限定させようとする解釈は、伊藤之雄氏によってもその射程が広げられ、日露戦争前の政友会は地方利益要求に必ずしも積極的に応じておらず、むしろ行財政整理を強く主張していたことが指摘された(11)。このような政友会の「積極政策」を相対化しようとする研究潮流を背景として、近年では第二党研究が活発となり、原の対抗勢力としての桂の政策体系を析出しようとする研究が増えている(12)。

確かに本書で扱われる時期の政友会を構成主体とする内閣は、後年の原内閣とは異なり、「積極政策」を全面的に盛りこんだ予算を成立させていたわけではない。国家財政の制約や他の政治主体の牽制に伴って、政友会の「積極政策」がたびたび修正や削減を余儀なくされている事例は、以後の本論の中で随時指摘されるはずである。しかしながら、この期間において政友会が「積極政策」の有用性を声高に主張し、それと連動して勢力を拡大させていったことも否定しがたい事実である。この現象をどのように理解すればよいのだろうか。大事なのは、予算額の単純な増減だけでもって地方利益要求がどれだけ直接的に実現したかどうかを量的に判定することではなく、地方利益要求が将来的に実現される可能性があるという人々の期待感を「積極政策」の主張によってどれほど充足しえたかを質的に判定することではないだろうか。予算の総量が増えにくい状況下においてでも、次年度以降に拡大する期待感をつなぎ止める「積極政策」

は人々の支持を集められる効果があり、原の政党指導はこの仕組みを徐々に洗練させていくことで有効に機能した、というのが本書の提示する枠組みである。

以上のような国家財政の制約下における「積極政策」の役割を再検討するために、本書ではこの時期の鉄道政策の展開過程を詳細に分析する。三谷氏がつとに注視した通り、鉄道政策は政友会の「積極政策」の骨格をなしており、複数年度にまたがる建設計画予算が設定されることから予算額の量的推移や人々の期待感の推移を比較的明瞭に析出しやすい性質を持っている。そこで、行政府内での予算編成過程における過大な予算要求と減額査定のくり返し作業のみを重視するのではなく、立法府内での予算審議過程で次年度以降への予算拡大要求がいかに表出され、それらが実際に次年度予算編成にいかなる影響を与えたのか、これらを詳細に追跡することで予算編成と予算審議の両過程を連関させて把握することを本書は試みるものである。その作業により導き出される結論を先に述べれば、原の鉄道政策の特質は、国家的利益に代わる地方利益という方向性において独自であるというよりも、むしろ地方での鉄道建設要求を党指導部が一元的に統制する仕組みの確立に力が注がれていた点に見出せるものと位置づけられる。そして在野時に高揚させた地方の鉄道要求を政権獲得後にも引き続き統制する方法の維持に重点が置かれていたことが、本論での論述によって明らかになるはずである。

こうした政友会の台頭は、予算交渉会方式の逆説的帰結であった。首相在任時の桂は予算を円滑に成立させる慣行として予算交渉会をくり返し開催し、他方で原たち政友会幹部は桂との予算交渉を通して党内指導態勢を整備させていった。そして多数党によって予算審議を実質的に統制することで事実上形骸化させ、政府の予算案を支持する代わりに集約した鉄道要求を一元的に政府に提示する仕組みを整えていった。こうした在野時の予算交渉の経験を通して原は国家指導者の一員へと成長を遂げ、政権与党時の予算編成を次第に主導するようになった。予算交渉会方式の経験を蓄積することによって、衆議院の多数を占めて予算審議を支配できる政友会は、次年度予算への影響力を徐々に拡大させていった。これが近代日本において政党内閣の確立をもたらした原動力に通じたのである。

本書の構成

以上の課題と方法に基づき、本書は、立憲政友会の成立した明治三三年から第一次山本権兵衛内閣の崩壊する大正三年までの期間を主な対象とし、その間の予算政治の展開について桂太郎の政治指導に焦点を当てながら考察するものである。

本論は概ね内閣の変遷に従って、全四章で構成されている。第一章「日露戦争前における政治指導者の世代交代」では、まず第一節において、初の政友会内閣である第四次伊藤博文内閣の迷走過程の中から新たな問題が登場する態様が描かれる。それを受け継いだ第一次桂太郎内閣期については、明治三五年度予算案の政治過程を対象とする第二節、続いて第三期海軍拡張計画の政治過程を考察する第三節、さらには日露戦時財政を論じる第四節に区分され、それぞれ各議会ごとに詳しく述べられる。

第二章「日露戦後における挙国一致的内閣の模索」は、主として第一次西園寺公望内閣の成立から崩壊までの期間が扱われる。この章は、明治三九年度、明治四〇年度、明治四一年度という日露戦後の各年度の予算に対応して、三つの節に区分される。そして、各予算案について、内閣での予算編成過程と議会での予算審議過程に分けてそれぞれ分析し、第三節の三では、翌明治四二年度予算編成の開始期での桂による倒閣運動を論じている。

第三章「第二次桂太郎内閣期における予算政治」では、第二次桂内閣が成立させた明治四二年度、明治四三年度、明治四四年度の三つの予算にあわせて、三つの節が設けられている。それぞれ一では内閣での予算編成過程が、二では議会での予算交渉会の経過が、そして三では予算審議に関連した鉄道要求の展開過程が分析されている。

最後の第四章「大正政変期における予算政治」には、第二次西園寺内閣、第三次桂内閣、第一次山本権兵衛内閣の三つの内閣の期間が含まれている。第一節は、明治四五年度予算案の編成から成立までを考察し、一では第二次桂内閣末期の編成過程が、二では第二次西園寺内閣での編成過程がそれぞれ扱われ、三において議会での予算審議と鉄道要求が検討される。第二節は大正政変の中心となる大正二年度予算案の政治過程を論じ、その三では本書の帰結として翌大正三年度予算案の政治過程を分析する。

なお史料の引用に際しては、原則的に旧字体を新字体に改め、片仮名・変体仮名を平仮名に統一し、句読点を適宜補うなど、読みやすさを考慮した修正を随時加えてある。また引用文中の（　）は原注を、〔　〕は筆者による補注を意味している。

第一章　日露戦争前における政治指導者の世代交代

第一節　国家財政統合問題の登場

一　初の政友会内閣の迷走——第一五議会

準備不足の新内閣発足

行政府と立法府を統合する統治政党を目指した立憲政友会は、明治三三年九月一五日の創設から間もなく伊藤博文総裁を首班とする新しい内閣が形成される僥倖に恵まれる。政友会の創立時にすでに二年間近く第二次内閣を率いていた山県有朋は、伊藤の新党結成を妨害する意図も込めて、政友会創設前から伊藤への速やかな政権移譲を提起していた。(1)もっとも、現職の総理大臣でありながら新党を結成することは天皇大権を脅かす行為という批判に接する危険性もあり、伊藤は当初この山県の申し出を受けることに消極的であった。(2)しかし、新党誕生後に山県が先手を打って辞表を提出すると、伊藤はその後任を受諾することを決断する。政友会組織の大原則である総裁専制は、伊藤総裁が優越的な総理大臣候補者であることを前提とした制度であり、予想外の早さで到来した政友会内閣を発足させる好機を伊藤はみすみす見逃せなかった。こうして伊藤は明治三三年一〇月七日の大命降下を受けて組閣人事に着手し、一〇月一九日に第四次伊藤内閣を発足させる。外相・陸相・海相以外の大臣を全て政友会員から選出した初の政友会内閣の登場である。

しかし、藩閥の最有力者を首班とし、衆議院多数党という新たな権力基盤に支えられたこの新内閣は、本格政権の誕生という予想に反して、僅か七ヶ月程度ですぐに崩壊に至ってしまう。まず発足後に迎えた第一五議会において、新内閣の提出した増税案への貴族院の反発が強まり、憲政史上初めて貴族院の行動に対して停会命令が下される混乱が生じる。この騒動は衆議院へと波及し、政友会以外の各党が提携して内閣不信任案が提出される事態となる。そして、これらの難関を乗り越えた矢先に、新年度の予算編成作業が始まると閣内対立が深刻化し、明治三四年五月には内閣崩壊という事態に陥ってしまう。以下ではこうした初の政友会内閣の迷走過程を予算政治の展開に引きつけて検討し、この新内閣が対処できなかった新たな課題の存在を浮き彫りにしていきたい。

まず組閣段階で最大の問題となったのは大蔵大臣の人選であった。半年を充たさずに終わった先の第三次伊藤内閣では伊藤の盟友である井上馨が大蔵大臣を務めており、今回もまた井上が蔵相に就任すべきとの声が一部で上がっていた(3)。しかし伊藤に大命が下った一〇月七日以降、かつて第二次伊藤内閣の蔵相を長らく務め、さらに政友会の創立委員長であった渡辺国武が、伊藤や他の政友会幹部を強く批難する騒動を引き起こす(4)。渡辺は日清戦後経営を方向づけた明治二九年度予算を成立させた際の大蔵大臣であったが、第二次伊藤内閣の崩壊後は四年間ほど官職から遠ざかっており、この新内閣での蔵相再任に大きな意欲を表明していた。これにより井上は渡辺を宥めるためにも蔵相ポストを譲る意向を固める(5)。そして、この騒動によって伊藤との特別な親近感を強調する渡辺蔵相と他の政友会大臣との間には修復しがたい亀裂が残ることになった(6)。しかし、伊藤は亀裂の修復に尽力することなく、病気を理由に枢密院議長の西園寺公望に総理大臣臨時代理を委ねてしまう。

また新内閣は前内閣からの予算問題を引き継がざるをえなかった。一〇月半ばに発足した新内閣は二ヶ月後には開かれる帝国議会に予算案を提出しなければならず、前任の第二次山県内閣が政権末期に閣議決定した三四年度予算案の概算を踏襲する決定を一〇月三〇日に下している(7)。おそらく新内閣が本格的な予算編成に取り組めば前述の閣内対立が顕在化する危険性は高く、この決定はいわば課題の先送りを意味していた。このように発足直後の政友会内閣は政権獲得の成果をすぐに予算案に盛り込むことが難しい立場となり、さらには新たな財源捻出のための増税案も受け継がざるをえない状況に置かれていた。この明治三三年七月には義和団事件への対応として日本軍が清国に派遣されており、その費用は軍艦水雷艇補充基金、災害準備基金、教育基金の三基金から臨時に充てられた。これは議会を召集せずに緊急勅令によって実施された暫定措置であり、来たる第一五議会に向けて政府は三基金の補塡策を検討しなければならなかった。そこで前内閣の編成した予算案の踏襲を決めた後、伊藤内閣は砂糖税、酒税、関税増収からなる約二〇〇〇万円の増税計画を立案していく。(8) まだ地方組織の設立も完了していない段階で、政友会内閣はこうした不人気政策の実現に早くも取り組まなくてはならなかった。

そして、発足直後の新内閣が増税案という難事にやや受動的ながらも取り組むことになったにもかかわらず、それまで前内閣下の議会対策に尽力してきた指導者が閣外に出てしまう不安定な態勢が生じていた。第二次山県内閣の閣僚として議会対策や北清事変に対処してきた陸軍大臣の桂太郎は、病気を理由として伊藤首相に対して再三にわたって辞表を提出していた。(9) こうして前内閣と新内閣の数少ない結節点に位置していた桂は第一五議会直前の一二月二三日に辞任し、代わりに台湾総督の児玉源太郎が陸相を兼任する。この強硬な辞意について桂は、先の山県内閣で法制局長官だった平田東助に宛てた書簡の中で次のような心境を述べている。「含雪元帥〔山県〕には色々心配も可有之候半とは万々推察仕候得共、決してへたな遁走は不致候間、気遣なき様精々御伝言願上候。併し此度の殿軍の任務は随分困難を究申候。実戦なれは第一等の勲章者なり。嗚呼。(10)」新内閣が第一五議会で直面する困難を予測し、予算案の引き継ぎを見届けた上で責任を回避しようとする意図を、この「殿軍」という表現から読み取れるだろう。また同じ頃、前内閣のもとで藩閥に対する政党側の交渉窓口だった星亨も、東京市会での疑獄に関する批判を浴びて一二月二二日に逓信大臣の職を去り、その後任にはまだ衆議院に議席を有していない原敬が就任する。星は政友会幹部として引き続き政党指導には当たることになるが、新内閣発足時から伏在していた閣内対立を直接的に調整しにくい立場になっていた。

行政府と立法府を統治政党が統合することを目指した新内閣のもとでは、従来よりも予算編成作業が重要な意味を持つようになる。これまでのように議会政党は政府提出の予算案を削減するのみにとどまらず、予算編成過程に積極的に関与することで予算獲得を介した新たな権力基盤を創出できるようになるからである。したがって、藩閥政府の予算編成作業に比べて、政友会内閣の予算編成作業にはより多くの政治主体の意向が反映されることが予想される。しかし、準備不足のまま発足した初の政友会内閣は、その大事な予算編成作業を有効に活用できず、前内閣の予算案を踏襲し、さらには増税案をも不十分な態勢で引き継ぐことになっていった。

混迷の第一五議会

初の政友会内閣が挑んだ第一五議会は、いくつかの点で憲政史上に特筆すべき議会となる。まず衆議院の過半数を占める政党を基盤とする内閣が初めて臨んだ通常議会であり、それにより予算審議などは多数党主導で順調に進んでいった。しかし、この新現象への反発を背景として貴族院が増税法案に激しく反対したことで、貴族院の行動を理由として停会命令が下された最初の議会となる。そして、この衆議院多数党と貴族院の対立を収束させる上で、従来の統合方式が有効に機能しなくなってきたことが露呈する。すなわち、藩閥の最高指導者で構成される元老集団が明治天皇の指示により予算問題の解決を図ろうと企てるものの局面を打開できず、ついには伊藤首相の判断で明治天皇の詔勅の利用という禁じ手を用いてしまうのである。

第一五議会の開会時、一五五名の衆議院議員を有する政友会は定員三〇〇名の過半数を僅かながらも占めており、衆議院での増税案や予算案の審議は政友会主導で進行した。まず増税案の是非について政友会内で議論が行われ、党内の増税賛成の合意が形成されていく。執行部である総務委員会での意見集約がやや難航したことを受けて、議員総会の議決によって地域単位の八団体（九州・四国・東北・中国・近畿・関東・東海・北陸）から二名ずつ選出した合計一六名の調査委員会が新たに設置される。(11)この調査委員会で議論が重ねられた後、翌明治三四年一月二六日に各大臣や総務委員も参列した会合が開かれ、政府が行政刷新と財政整理に励むように求める希望を付した上で、増税案を賛成する方向で意見がまとまった。(12)一月二八日に行われた議員総会では伊藤総裁が行政刷新・財政整理に取り組んでいく政府の意向を演説し、「我政友会は総裁演説の趣旨に基き当局者をして行政刷新、財政整理の実を挙げしむることを期す」との決議案が採択された後に、増税案を支持する方針が大多数で可決された。(13)こうして委員会審議でいくらかの微修正が加えられた増税案は、二月一九日の衆議院本会議において憲政本党の大部分からも支持を得て大多数で可決された。(14)(15)

また予算審議では政友会の査定方針を衆議院の議決に強く反映させようとする傾向が見られた。予算委員会の各分科会で審査が行われている最中の一月三一日に、政友会に所属する予算委員や院内総務の星らが集まって、新規事業や官吏増俸などはやむを得ないもの以外は全て削除することなどの査定方針が決められた。(16)二月二日には上記の人々の他、関係閣僚も参加した協議会が開かれ、各分科会での政友会委員による修正案が逐条審議される。(17)この政友会の方針に基づいて、翌四日の閣議では行政整理を実施するまで官吏増俸を一年間延期させることが合意された。(18)こうして二月七日の本会議で政友会の方針通りに予算案は衆議院を通過した。(19)

このように衆議院での審議過程は比較的穏やかに進んだのに対し、その後の貴族院での審査は予想以上の難関となる。衆議院審議が多数党主導で行われたのを受けて、二院制の意義を今まで以上に自覚した貴族院は一致して政府の増税案に対抗する動きを見せていく。二月二三日に本会議で審議入りした増税案は、二五日に開かれた委員会で即日否決され、(20)二七日の本会議もすぐに否決されそうな状況となり、政府はやむなく三月八日まで議会を停会する措置をとった。(21)憲政史上初めて衆議院の過半数政党を基盤とする内閣が臨んだこの第一五議会は、貴族院の行動によって停会命令が下された最初の議会として歴史に記録されることになる。

貴族院の反対論は財政政策の整合性を十全に考慮したものとは言いがたく、むしろ伊藤内閣への不信任を表明するような意見が目立った。伊藤は予算案が審議入りした二月一三日の本会議や二五日の増税案の委員会で行財政整理に努める意向をくり返し強調し、(22)また増税案が否決されれば代わりの財源が無いので国家的危機に陥ってしまうと二五日の委員会や二七日の本会議で直接訴えた。(23)それに対して貴族院議員からは増税をする前にまず財政整理を十分に行うべきであるとの意見が相次ぎ、例えば曽我祐準は大蔵省が事前に配布した説明書類には増税の使途として公債支弁事業などが含まれている点を問題視した(24)。政友会が増税案への態度を決める前の党内審議過程においても、増税収入を三基金の補塡以外に、明治三七年度からの地租復旧の財源や公債支弁事業費にも充てられるように、増税目的を曖昧にしておくべきであるとの意見も出ていたことから(25)、渡辺蔵相は衆議院に増税案の趣旨を説明する際にも将来的な転用可能性に言及していた(26)。また率先して増税反対論を首唱した谷干城は、今日のような財源不足が生じる危険性は日清戦後経営の開始時から予測できたことであり(27)、その明治二九年の時と同じ顔ぶれである伊藤首相・渡辺蔵相によって増税案が今さら提出されても信用できないと批判している(28)。

これらの強硬論が貴族院議員の行動を強く規定していた状況において、政府は十分な妥協交渉を行えなかった。停会当日の二七日には貴族院の各団体の交渉委員が集結して、政府からの個別の交渉には応じないことを確認し、貴族院全体で一致した行動に出る方針が決議される(29)。ここでまず伊藤内閣は近衛篤麿貴族院議長を介した交渉に挑むものの、政府が譲歩案を示さなければ交渉には応じられないとする貴族院側の強硬姿勢によって失敗に終わる(30)。

そこで元老が調停に乗り出すことになった。総理大臣経験者の山県有朋と松方正義の二人は三月四日に上京し、翌五日に参内して明治天皇から調停を指示される(31)。増税案は前任の山県内閣から事実上引き継いだものであり、前首相の山県と前蔵相の松方は明治天皇からの調停の指示を拒めなかったのであろう。六日には西郷従道邸に山県・松方と伊藤・井上が集まって協議し、七日に松方が近衛を訪問して貴族院交渉委員との交渉を申し込む(32)。停会最終日の八日には伊藤を除く四元老と貴族院交渉委員の会合が開かれ、さらに山県と松方から妥協案を記した覚書が近衛に手渡された。元老が取りまとめたこの妥協案は、貴族院での議論を踏まえて増税の目的を北清事変費と三基金補塡に限定させ、それ以外に流用する際には議会の協賛を必要とするものだった(33)。しかし、翌九日に一三日までの再停会が決まると、貴族院交渉委員は元老の覚書を直接採用することは避け、さらに増税の効力を明治三八年度までに一層限定させる対案を取りまとめる(34)。これでは恒常的な財源を必要とする政府側との溝は埋まらず、一〇日に近衛から貴族院案を受け取った山県・松方は調停が困難であると明治天皇に奏上した(35)。こうして衆議院の過半数勢力を基盤とする新内閣と貴族院の正面衝突という新たな問題に対して、元老集団の介入ではうまく解決できないことが判明したのだった。

これを受けて再停会も終わりに近づいた三月一二日に、明治天皇の勅語による事態収拾が図られる。伊藤は一二日の元老会議を経た後、明治天皇から近衛に増税案支持を促す勅語を出すよう画策した。従来から伊藤が行ってきた明治天皇の政治利用に直面した貴族院議員は大いに憤慨したものの、これにより政府に戦いを挑むのは極めて難しい情勢となった(36)。そして三月一四日の本会議で明治天皇の勅語が読み上げられて増税案は委員会に再付託され、一五日の委員会と一六日の本会議を即座に通過して成立に至る(37)。この解決策は大きな禍根を残す禁じ手の一つであり、それ以前に首相や元老による打開策がいずれも成果を得られなかったことと相まって、伊藤の影響力を低下させる結果となった。

こうした増税案に関する貴族院での混乱を受けて、それまでは順調に進んでいた衆議院や予算案の審議にもいくつかの動揺が波及する。まず衆議院では政友会以外の各党が連携して内閣不信任決議案を提出した(38)。三月一九日の本会議で趣旨説明を行った憲政本党の鳩山和夫は、停会中の元老による介入などは「非立憲なる動作」であるとして伊藤内閣を厳しく批難した。この決議案は政友会の一致した行動によって、一二八名対一五五名で否決されている(39)。しかし不人気政策である増税案を大多数で可決した衆議院の状況が貴族院での騒動で一変してしまったことは明らかであった。

また衆議院で修正された予算案を貴族院で再修正する動きが強まり、二〇日の本会議では衆議院で認められた呉製鋼所設立費を削り、逆に衆議院で削られた司法官・判任官の増俸費を復活させることが決まった(40)。この呉製鋼所設立費については、もともと政友会内でも疑義を呈する意見があったが、二月三日の議員総会で伊藤総裁が支持を求める演説を行って原案支持に定まり、二月七日の本会議で出された憲政本党の削除案を否決した経緯があった(41)。この貴族院の再修正議決を衆議院は即日拒否し、引き続き両院協議会が開かれる段取りとなる(42)。そして二二日に開かれた両院協議会では、衆議院三名、貴族院三名の六名による特別委員会が設置され、財政負担を軽くする方向に沿って呉製鋼所設立費も官吏増俸費もいずれも削除される妥協案がまとめられた(43)。これが両院協議会案となり、衆議院も貴族院もどちらも賛成して予算案はようやく両院の協賛を得た(44)。

このように第一五議会では、衆議院多数党の内閣が誕生したことで、予算案や関連法案の審議に関して大きな権限を持つ貴族院との関係はかえって複雑となり、両院での予算審議の円滑化という次なる課題が浮上したのだった。

政友会内閣下での鉄道要求の未統制状況

また衆議院多数党を基盤とする新内閣が初めて臨んだこの議会の会期中には、議員たちが翌年度の予算編成過程を意識した新たな動きを見せ始めている。新内閣下では予算編成作業の重要性が増すことが予想されるのに伴い、翌年度の予算拡張を意識した要求が議会中に表出されやすくなる一方で、翌年度予算編成に関与する閣僚たちは過大な拡張要求によって制約されることを危惧し、それらを秩序立てて統制する必要性が生じてくる。これから後年になるにつれて顕著となる鉄道要求とその統制という課題の端緒として、この第一五議会での展開を概観しておくことにする。

はじめに問題の背景を振り返っておきたい。これらの鉄道要求の根拠となる法律は明治二五年に制定された鉄道敷設法である。そこでは今後敷設すべき路線が予定線として網羅的に列挙されつつ、その中から最初の一二年間で建設する第一期線が選ばれる仕組みになっていた。したがって、予定線に含まれていない地域へ新たに官設鉄道を敷設させるためには、まず予定線化を要求し、次に第一期線への繰り上げなどをさらに求める運動を展開していく必要があった。膨大な賠償金によって日清戦後経営が進行するにつれて、衆議院では超党派の鉄道同志会所属議員によってこれらの鉄道要求が提出され始め、すでに日清戦後の第九議会、第一〇議会、第一三議会、第一四議会の各議会で、鉄道敷設法改正案や鉄道建設を求める建議案が衆議院で成立していた。ただし、衆議院を通過した鉄道敷設法改正案は、全て貴族院で拒まれたり審議未了とされたりして、どれも実現には至らずに終わっていた[45]。それがこの第一五議会では、政友会内閣の登場により、鉄道要求を衆議院段階において整理・統制しようとする動きが現れ始めるのである。

まず議会審議の進行に併せて、政友会の党内手続きに則って、多大な鉄道要求を提示しようとする意見が強まっていく。明治三三年一二月二〇日の議員総会では議会開会中の党内手続きが話し合われ、省単位に区分した九つの調査部

（内閣、外務、内務、大蔵、陸海軍、司法、文部、農商務、逓信）を設置すること、そして政友会議員が法律案や建議案を提出する際にはその議案を所管する調査部の同意を事前に得ること、などの手順が定められた。(46) そして、翌年一月一六日に各調査部に議員が割りふられ、同月二二日には各調査部の部長などの役員が選出される。鉄道を所管する逓信部の部長には、鉄道同志会の有力者である重野謙次郎（山形四区選出）が就任した。(47) 予算案が衆議院を通過した頃から逓信部は活動を本格化させ、二月一二日の第一回会合でこれから新たに第一期線に編入すべき鉄道の路線について調査する委員会が設置される。(48) そして二月二〇日の鉄道同志会の評議員会で、複数の路線を第一期線に繰り上げる合計二億五〇〇〇万円の二〇年間計画を提案することが決まり、(49) 翌二一日の政友会逓信部会において調査委員会はその決定を報告した。政友会の逓信部会は鉄道同志会の決定を追認すると同時に、併せて九州の大分・宮崎・吉松間、四国の多度津・松山間、山陰の米子・浜田・山口間の三路線をさらに追加して、多額の新規鉄道建設案を議会に提出することを決めた。(50) このように鉄道同志会に集ったベテラン議員たちが初期政友会の鉄道要求決定を主導しており、そこに政友会幹部はまだ有効な統制を加えられていない状況が見て取れる。

こうした党内の鉄道要求の高まりに対して、逓信大臣に就任したばかりの原敬は、翌年度予算編成過程を主導するためにも統制を試みていく。二月一四日に伊藤と会談した原は、新たな鉄道建設要求は増税案と連動した行財政整理の後にまで先送りする方針を話し合い、(51) 二二日には来訪した重野に対して内閣の方針は確定済みであるとして鉄道敷設法改正案の提出を止めるように強く諫めた。(52) しかし重野はすぐに鉄道同志会の案に基づく膨大な第一期線化を盛り込んだ鉄道敷設法改正案を単独で議会に提出してしまう。(53) またこれに連動して逓信部属ではない高須賀穣（愛媛一区選出）ら六名から、政友会の逓信部会で盛り込まれた四国・山陰・九州の各線に関する鉄道敷設法改正案が独自に提出された。(54)

そこで原は二七日の総務委員会において政友会議員が勝手に鉄道敷設法改正案を出すことに異議を唱え、(55) また三月四日に憲政本党の野間五造や山田喜之助と面会した際には、重野らの鉄道敷設法改正案に反対する意向を明かして委員会での否決を間接的に求めた。(56) さらに逓信部に属しているものの役員ではなかった石黒涵一郎や千田軍之助、小田貫一らによって「鉄道敷設法改正に関する建議案」が議会に提出される。これは重野や高須賀の鉄道敷設法改正案が掲げた路線について、政府がこれから調査を実施して次期議会までに鉄道敷設法改正案を提出するよう求めるものであり、事実上の対抗関係にある重野案や高須賀案と同一の委員会に付託されることになった(57)。委員会の審議では冒頭に野間が発言し、石黒の建議案の趣旨について原が賛成していたことを他の委員に紹介した上で、すぐに採決に移るよう促した(58)。こうして微修正が加えられた石黒の建議案のみが賛成多数で可決され、重野らの残りの鉄道敷設法改正案などは全て否決され、本会議でも石黒案のみが成立した(59)。

このように政友会議員の鉄道要求を抑えようとする一方で、原は第一期線の工事不足額や京都・福知山・舞鶴間、八王子・神奈川間などの費用として約四八〇〇万円を大蔵省に請求していた(60)。しかし貴族院の停会などによる日程切迫を理由に大蔵省から新規計画の提出は困難であるとの回答が届き(61)、この第一五議会では、第一〇議会以後の鉄道建設費の増額を踏まえて鉄道敷設法の公債募集額を六〇〇〇万円から九五〇〇万円とし、さらに明治二六年度から一二年間で建設工事を完了するという期限を外す技術的な改正案のみが成立した(62)。

以上の経緯からは、政友会内閣下において閣僚が議員の鉄道要求を事前に統制する仕組みがまだ未確立であることが浮き彫りになる。鉄道を所管する逓信大臣の原が衆議院に議席を持っていないこともあって、超党派議員団の鉄道要求を政友会の党内手続きで抑えることは難しく、やむなく政友会に属する大臣が他党議員に協力を要請しなければならない状態であった。そして、辛うじて増加しえた鉄道敷設法の公債募集額についても、議会閉会後になって大蔵省から急に抑制圧力が加えられる事態が生じ、それが新内閣の幕切れに短期間で至ることになるのだった。

二　元老集団による国家統治の行き詰まり

明治三五年度予算編成初期での政権崩壊

予想外の難関となった第一五議会を乗り切った伊藤内閣は、それから僅か一ヶ月足らずの間に翌年度予算編成をめぐる閣内対立によって総辞職することになる。すでに第一五議会の混乱によって伊藤首相の指導力は陰りを見せており、内閣発足時から伏在していた渡辺国武蔵相と政友会閣僚の衝突を有効に収拾できなかった。事実上、初めての予算編成作業に着手した直後に早くも内閣崩壊に陥ってしまったことは、政友会の統治能力の未熟さを内外に強く印象づける結果となった。

まず伊藤内閣の動揺は、第一五議会で成立したばかりの明治三四年度予算を施行直後にすぐさま修正することから始まった。明治三四年四月五日の臨時閣議において、渡辺蔵相は三四年度の公債支弁事業を大幅に中止する案を突如提出する(63)。三四年度には約七五〇〇万円の公債募集が必要であるが、国内の金融市場は逼迫状況にあり、さらに満洲問題をめぐる日露衝突の風説によってイギリスでの日本公債価格も下落しており、国内外での公債発行は困難であると渡辺は説明した。またこの提案はこれから始まる新内閣下の初の予算編成を主導しようとする渡辺の意思表示でもあった。もともと三四年度予算は前内閣の編成した計画を踏襲したものであり、その施行開始時に断然たる修正を施すことで新内閣が財政整理にかける意気込みを示せると渡辺は考えていた(64)。この時に伊藤に宛てた書簡の中で渡辺は、「今日財政経済の疲弊はもはや骨髄に徹し、其療治之困難なるは政友会御組織前、内閣御組織前、屢々御示の如く屢々申上候如く中々容易之事に無之、一局一部事業之挙否〔許否〕等已上の問題に而、大蔵省と言はす現内閣と云はす帝国全体前途之命運に関するものと見做候。」と述べて、一部の事業の継続性を超えた大局から財政経済の「療治」に取り組むべきだと強く促していた(65)。

この渡辺の提案に対し、事業費を突然削られることになった所管大臣は当然反発した。中でも逓信大臣の原は率先して反論を試み、第一五議会中に鉄道敷設法改正案の提出に向けて協議している際には公債募集が困難であると渡辺が知らせなかった点などを厳しく詰め寄った(66)。すでに触れた通り、前回議会中に党内の鉄道要求の統制に苦辛していた原にしてみれば、議会後になって既定の鉄道事業をも今さら中止されるのは受け入れがたいことだった。それでも内閣の一員として財源不足の問題には協力せざるを得ず、交渉の末に事業の中止ではなく二一〇〇万円分の繰延で合意に達した。

これにより三四年度には約五四〇〇万円の財源捻出が必要となった[67]。執行段階でのこうした騒動は、前年度の予算編成作業を先送りしたしわ寄せに他ならず、政友会内閣の統治経験の少なさに起因したものであった。

この三四年度予算に関する混乱を前哨戦として、引き続いて翌明治三五年度予算案の編成方針をめぐり、渡辺蔵相と政友会閣僚の対立が深刻化する。四月一一日に渡辺は三五年度予算案の編成方針に関する意見書類を伊藤に送り、公債募集はやむを得ないもの以外は既定事業用といえども廃止すること、公債償還や経費節減を実施すること、そして第一五議会での行財政整理の表明を受けて閣外に設置される予定であった財政整理調査会や行政整理調査会の調査結果が出てから新事業を立案すること、などの「財政経済の整理」を強く主張した[68]。

この大蔵大臣の意見書の中で、閣外に置かれる行財政整理の調査会が言及されていることは、伊藤首相の特異な位置づけを示している。前議会での増税案成立と連動した行財政整理の結果が内閣の次年度予算編成作業と密接な関係性を有するのは明らかであるにもかかわらず、伊藤首相の指揮のもとに閣外で行われる予定だからである。すなわち、伊藤の総理大臣としての指導力は藩閥指導者として長らく培ってきた閣外の人脈にも支えられており、比較的財源の豊富だった日清戦後経営の初期には顕在化しなかった諸勢力間の対立が深まりつつある状況において、内閣の中で積極的にそれらを統合しようとする技量が欠けていた。こうした国家財政の制約下で、諸官庁の意見を調整し、さらには政友会を通して新たな負担を国民に配分しなければならない新状況の出現に対して、伊藤首相は十分に適応できなかった政治指導者であった。

この提議を踏まえて一五日に開かれた閣議では、原らの反発にあって渡辺は一度意見を撤回する姿勢を見せるものの[69]、その後も伊藤への働きかけを重ねた上で、二三日の閣議に再び三五年度での公債募集の中止を提議する。そしてこれらの財政政策論を提示する際に、渡辺はこの方針に従わない閣僚を更迭すべきだと伊藤に要求した[70]。

単なる財政方針の転換のみならず閣僚の罷免までも渡辺蔵相が主張する以上、これに対する政友会閣僚の反応は必然的に激しいものとなった。原敬逓信大臣、末松謙澄内務大臣、金子堅太郎司法大臣、松田正久文部大臣、林有造農商務大臣の五大臣は足並みをそろえて渡辺の提案に反対することを決め[71]、五人を代表して原は二五日に伊藤を訪問し、渡辺に反論する代わりの閣議案を提出した[72]。その中で原は、先日の閣議で三四年度事業費の繰り延べを決めておきながら、今日になって三五年度から急に廃止するのは論理矛盾であると説いて、公債募集に代わる財源捻出による事業の継続を訴えた。具体的には、外債募集は絶対に不可能だと確定したわけではなく、また仮に外債募集が困難であっても公債償還金の一部を振り替えたり、清国事件費一時借入金償却を延期したり、増税による三基金補塡の年限を引き延ばしたりする財政措置によって、公債募集を実施せずとも当面の事業費は確保できると原は提案した。原の立場によれば、たとえ前内閣の編成した予算案であっても伊藤内閣が議会に提出して両院の協賛を得た以上、議会後になって事業中止に変更することは議会に対する責任問題を免れないものであった[73]。

このように渡辺蔵相と政友会閣僚の対立は、三五年度の予算方針を前年度から大きく転換させようとする立場と、むしろ前年度との連続性を重視しようとする立場の争いとして位置づけられる。これらの対立は、政党を基盤とする内閣が誕生したことで議会への説明を論拠として予算案の継続性を高めようとする動きが強まり、それまで予算編成権を一手に集めていた大蔵省との間での摩擦が増えたことを示している。したがって原たちが具体的な財源捻出論を試みようとしても、渡辺は協議に応じる姿勢を一切見せることなく財政整理の必要性をひたすら伊藤に強弁していた[74]。

ここで伊藤首相は、第一五議会で貴族院の反発に接した時と同じく、またもや元老会議の召集による打開策を模索する[75]。四月一一日に開かれた伊藤・山県・松方・井上による元老会議では、渡辺の代わりに井上が蔵相として入閣する案が話し合われた。これに限らず、伊藤は財政計画の立案に自ら関与しようとはせず、蔵相に一任する傾向が強く、それが渡辺蔵相の専横な態度を助長していた面は否定できなかった。今回もまた蔵相を交代することでこの問題の解決が可能だとおそらく伊藤が考えており、この元老会議の後に、伊藤は一度辞表を提出して「背水の陣」を設ける意向を山県に伝えている[76]。自分以外に首相を務められる候補者がいない状況を作れば、たとえ辞表を出しても留任となる可能性が高く、それによって再び指導力を回復できれば閣内の対立は自然に収まると、おそらく伊藤は考えていたのではないだろうか。しかし財政整理を断行する困難さを実感として知っている井上は蔵相就任案には容易に同意することはなかった[77]。こうして渡辺と他の大臣の対立が日々先鋭化する状況に対して伊藤は積極的な介入策を採らず、五月二日に閣内不統一を理由として辞表を差し出す道を選んだのだった。

おそらく伊藤の意図は首相留任だったはずである。五月初頭では予算編成作業はまだ緒についたばかりであり、他に重要な争点も少なかったことから、閣僚の一部更迭などで容易に内閣を維持できる状態であった。ところが二〇年近く国政の最高指導者の位置にあった伊藤は、これを最後に二度と総理大臣を務めなかった。それは行政府と立法府を政党内閣で統合するという構想が政友会内閣の誕生で前進したことに伴い、次には国家財政の制約下において行政府と立法府を具体的にどのように統合するかという新たな課題が登場してきたことを、伊藤が必ずしも十分に認識できなかったからでもあった。伊藤など元老集団による国家統治の行き詰まりをもたらしたこの新たな課題の存在を本書では国家財政問題と名づけておきたい。

初の大命拝辞という危機へ

この伊藤の辞表提出を受けて、五月四日には天皇から山県有朋と西園寺公望の二人に対して後継選定の指示が下された。枢密院議長であり伊藤首相の臨時代理も務めていた西園寺は、井上の蔵相就任と組み合わせた伊藤留任案を主張し、早期の事態収拾に意欲を示していた[78]。しかし伊藤留任案を他の元老は積極的に支持しなかった。そして、一〇日には伊藤の辞表が勅許され、西園寺が臨時首相を兼摂することになった。

これで伊藤留任案が流れたことで、次なる候補者として井上馨が浮上する。井上はかつて第二次伊藤内閣において伊藤の臨時代理を短期間務めただけで[79]、元老級の指導者でありながら未だに首相経験を欠いた人物であった。政友会との関係も良好であり、前任の伊藤内閣の基本路線を維持しながら若干の軌道修正を図る上で最もふさわしい候補者だっただろう。もし井上内閣ができれば、伊藤は政友会総裁として組織整備を進めることができ、ひいては伊藤の第五次内閣の創出へと通じる可能性も残されている。こうして一六日に大命が降下すると井上は組閣人事に着手し、翌一七日の元老会議では具体的な閣僚候補者について話し合った。

ここでも最大の課題はやはり大蔵大臣の人選であった。実業家と密接な関係を有する井上は候補者として渋沢栄一や岩崎弥之助の名前を挙げていた(80)。これは日清戦後の商工業者の地位の向上を象徴する人事であり、行財政整理の支持勢力として確かに政策遂行上の有力な主体になりえた。しかし、長らく政府と密接な関係を保ちながら実業界に勢力を伸ばしてきた渋沢や岩崎が、予算削減を不可避とする行財政整理に本格的に取り組むことは果たしてできるのか。さらには内閣制度の発足以来、大蔵大臣は長らく松方正義と渡辺国武の二人が務め続け、その他には井上と松田正久がごく短期間就任しただけである。毎年の議会において政府の予算案を先頭に立って説明する大蔵大臣には高度な専門性が要求され、三〇年近くも官職から離れていた渋沢を登用するのはなかなか困難なことであった。こうして伊藤・山県の説得を受けても渋沢は蔵相就任を承諾せず、ついに五月二三日に井上は総理就任を断念することを決める。天皇の大命拝辞は後年では頻発するが、この時の井上の事例が史上初めての出来事であり、これは元老集団による国家統治の行き詰まりを物語る非常事態に他ならなかった。

第二節　明治三五年度予算問題の政治過程――第一六議会

第一次桂太郎内閣の成立

初の大命拝辞という非常事態を収束すべく登場したのが、伊藤博文よりも七歳年少の桂太郎であった。前節で確認したように、この政権交代の背景には伊藤たち元老集団による国家統治の行き詰まりがあり、事実として第一次桂太郎内閣の成立以後は伊藤たち元老世代が内閣を率いることは後年の第二次大隈重信内閣以外には無かった。桂太郎は内閣制度の発足時および議会制度の開始時における陸軍次官であり、伊藤たち元老集団が形成した制度の枠内で台頭してきた新世代の政治指導者である。当初は軽量級内閣と思われたこの第一次桂内閣は、前任者たちがなしえなかった予算問題の処理に成功し、さらには日露戦争を挟んで四年半以上に及ぶ長期安定政権となった。本節では、この日露戦争前の政治指導者の世代交代の趨勢を念頭に置きつつ、まず桂が引き継いだ明治三五年度予算問題の政治過程について特に第一六議会における予算審議過程に焦点を当てて分析していきたい。

まず第一次桂太郎内閣の成立経緯とその財政政策を検討する。井上馨の大命拝辞を受けて、桂の名前を真っ先に挙げたのは、直系の上司である山県だったが(81)、興味深いことに井上もこの桂内閣論を積極的に支援した一人であった。もともと井上は自らに組閣の大命が下っていた最中の五月一七日に、桂に組閣の意思があれば譲り、代わりに桂首相のもとで井上が大蔵大臣に就任する人事案を提示したことがあった(82)。そして大命拝辞後も、井上は桂の閣僚人事の相談に乗ったり、他の元老との連絡役を務めたりして、精力的に桂内閣の樹立を後押ししていった(83)。二六日に組閣の大命を受けた桂は、まず井上のもとを訪問し、続いて大磯の伊藤の邸宅を訪れて会合を持った。井上から事前に知らされていた伊藤の苦情や感情の行き違いなどを丁重に聞いていきた桂は、翌二七日に帰京してから井上にその経過を報告する書簡を発し、「年来老閣〔井上〕は此中間に立たせられ毎々御困難之事も出来致候事も有之候半と、先輩之苦労初めて察入申候。併し小子〔桂〕との間に於ては実に好々都合にて一つも御心配を掛け候程之事は無之候。是丈けは御安神置可被下候。」との心境を明かしている(84)。これに続いて桂は、「只今より椿山荘〔山県の邸宅〕に罷越、巨細必要之報告をなし、帰途には御伺仕度相考居申候。」と書いており、相互に対立する伊藤と山県の「中間」で苦労を重ねてきた井上との協調を重視する意向を表明していた。

また桂にとって井上との提携は、こうした元老対策のみに留まらず、懸案の財政問題に挑む態勢作りとしても有益だった。まず新任の大蔵大臣には桂の盟友である曽禰荒助が起用された。曽禰は桂と同世代の長州出身者であり、衆議院副議長や駐仏公使を務めた後に、第三次伊藤内閣の司法大臣として初入閣を果たし、第二次山県内閣では農商務大臣を担当した経歴の持ち主である(85)。同じく第三次伊藤内閣の陸相として初入閣した桂とは国政上の同期生に該当しよう。井上もまた自身の内閣での蔵相候補者の一人として曽禰の名前を挙げていたことがあった(86)。桂内閣が発足した六月二日に曽禰はすぐに井上を訪問して、財政政策上の助言を仰いでいる(87)。また曽禰を支える大蔵総務長官には主計局長の阪谷芳郎が昇進する。阪谷は当初、政権交代に伴って辞職する意向を洩らしていたが、井上からの強い説得に接して翻意し、桂内閣の財政政策に深く携わる立場となった(88)。大臣には必ずしも重量級とは言えないが堅実な人物をすえ、それをサポートする閣外の元老や大蔵省の高官が実務的に重要な役割を果たす態勢は、後年の第二次桂太郎内閣における財政政策立案の方法と共通点を見出すことができる。

新内閣の明治三五年度予算編成方針

組閣作業を完了した桂は、すぐさま懸案の三五年度予算案の編成作業に取り組んでいく。前内閣での渡辺国武蔵相の意見書にも述べられた通り、経済状況の悪化を鑑みて三五年度からの緊縮財政を主張する意見は大蔵省内に広まっており、それに支えられた桂内閣は公債募集額を抑制して行財政整理に努める予算編成方針を採用していく。例えば大蔵総務長官に就任した直後の六月七日に阪谷芳郎は井上に宛てて書簡を送り、次のような経済政策を表明している。「小生〔阪谷〕は財政の方は深く心配不仕、反て民間経済の救治に重きを置候に付、一意専心各省経費の節減と兌換券の収縮とを力め可申、之れか為め各省及民間一部の人よりは必す攻撃を受け候覚悟に候。然しなから統計を以て比較するに三十一年の閣下〔井上〕の節減論断行の結果と今年断行致したる節減の結果とは真に符を合するか如く、何れも物価下落、金利低廉、輸出入平均と相成、此上の確証は無之と存候間、断然進行の心得に候。尤も無謀なる衝突は必す力めて避け可申候(89)。」ここで阪谷は、明治三一年の第三次伊藤内閣で井上蔵相が推し進めた歳出削減論を引き合いに出して、各省経費の節減と兌換券の収縮によって物価と金利を下げて輸出回復へと導くべきであると、次年度予算編成にかける意気込みを伝えている。

こうした大蔵省の方針を井上も支持し、桂に対して財政整理の必要性を強く訴えていた。井上は桂内閣の発足直後からアメリカでの外債募集策に深く関与すると同時に、[90]三五年度予算編成に向けて財政整理の意見をくり返し桂に提示していた。例えば七月二六日付の桂宛書簡の中で井上は、「整理上に付ては充分御覚悟被成置候様、為吾経済界将来に御採納を願度事柄に御座候間、御含置被下度候。[91]」と、経済界の将来のためにも自らの財政整理の意見を採用するよう求めている。また八月に入って予算編成作業が本格化し始めると、[92]井上は八月九日付桂宛書簡において以下の如く財政整理の重要性を力説した。「過日呈書中候整理は実に大体之点々を掲置候次第に有之候間、何卒此期を不失様御方針と着《ママ》手被成候事、国家経済之為御尽力所祈候。実に目前之急のみに無之、未来際《ママ》に於て経済之基礎を固確する之方法を不定、当年之売債のみにては姑息にして、明年も借債歟又は売債と如言に至りては百事止矣と考察候故、呈書中には露骨にも意見陳述仕候間、其含にて曽禰蔵相と尤御熟読被成下度候。若し他より干渉と云ふ御観念有之候ては遺憾千万に不堪候間、此書信は蔵相にも御示し置被成下度候[93]」。三四年度の歳入不足を補う外債募集策だけでは「姑息」であり、三五年度から「借債」や「売債」に頼らずに「経済之基礎を固確する之方法」を定めるべきだと井上は述べて、先日に差し出した財政整理意見書を曽禰と共に熟読するように桂に促した。

井上の財政政策は、三四年中葉に書かれたと推測される「井上伯財政整理意見[94]」という書類に具体的に記されている。その中で井上はまず膨大な外資注入に基づいて運営された日清戦後経営のあり方を根源的に批判する。日清戦後の数年間で大量の外資が国内に入り、それが日清戦後経営の事業費に充てられたことで、民間で不秩序な事業計画が乱立し、株価が高騰する事態となった。それによって賃金や物価が上昇し、輸入超過と正貨流出を経て、今日の金融逼迫や三四年度の予算遂行の困難が生じたと、井上は現状を分析する。その処方箋には各省経費の節減が不可欠であり、人員削減、機構の統廃合、官営事業の民営化などの対策を各省ごとに二二項目にわたって井上は列挙していた。

また井上は、三五年度予算案の編成方針として、鉄道などの既定事業費を公債支弁ではなく普通歳入支弁に切り替えることを提案した。この年には義和団事件の賠償金によって約五〇〇〇万円の臨時収入が見込まれており、それを軍事費に流用した三基金の補塡に活用し、その代わりに第一五議会で成立した二〇〇〇万円の増税収入と財政整理によって捻出した財源を組み合わせれば、政府の既定事業を公債募集に拠らずに遂行できると井上は考えた。さらに日銀借入金も償還し、紙幣流通額を縮小させる必要性も併せて説かれている。これらの政策提言は、阪谷たち大蔵省高官の意見を後押しする目的でなされたものと位置づけられよう。

実際に桂内閣が編成した三五年度予算案は、この公債支弁事業の普通歳入支弁化を取り入れたものとなった。まず義和団事件賠償金として政府が獲得した清国債券四七五〇万円を、八〇%の額に換算して大蔵省預金部に売却する措置を施し、約三八〇〇万円を歳入として見積もる。それを清国事件費の償却と、一部を繰り延べした公債支弁事業の費用にそれぞれ充当する。そして懸案だった約五〇〇〇万円の三四年度事業費も、大蔵省預金部資金や大蔵省償金部資金繰替、節約金・剰余金などの利用によって、公債を募集せずに捻出されることとなった。このように桂は井上の意向も踏まえつつ大蔵省と協力しながら公債発行を抑制した三五年度予算案を編成していった。この予算案の歳入は約二億七八〇〇万円であり、清国償金は約一四%を占める規模の金額となっている。

つまり前の伊藤内閣がつまずいた予算問題について、新内閣はきわめて手堅い対処法を採用したのであった。北清事変の賠償金という幸運な臨時収入を活用して、なるべく公債募集に頼らずに既定事業を継続する点では平凡な手法である。

政友会の不安定な党内状況

これに対して前内閣の閣僚を多く含む政友会幹部の間では、財政対案を積極的に提示していく準備が進められていた。桂内閣成立後の六月七日に開かれた議員総会では、下野した政友会の新しい執行部が発表され、前大臣の末松謙澄・金子堅太郎・林有造・松田正久・原敬の五人が総務委員に復帰した。また在野時の政策立案機能を高めるための政務調査局規則が定まり、中でも重要な財政調査局、行政調査局、経済調査局の委員長は、前閣僚の松田・末松・金子がそれぞれ務めることとなった(95)。六月二一日に開かれた財政調査局の会合では松田委員長を支える理事として、伊藤内閣で逓信総務長官だった田健治郎などが就任することが決まる。[96] 田は原の部下として大蔵省の公債募集中止案への反対論を作成した人物であり、[97] 伊藤内閣の崩壊後には、外資導入による交通機関の整備や鉄道国有化の実施、兌換券制度の改革などを説く『財政意見』を刊行して多くの注目を浴びていた。[98] こうして年末の第一六議会に向けて財政調査局で議論が重ねられ、三基金補塡を断行すること、公債支弁事業の普通歳入支弁化に反対すること、清国償金は一般会計に繰り入れずに特別会計を設定すること、行財政整理を伴わない予算事項は協賛しないこと、などの政府と激しく対峙する財政方針が取りまとめられた。[99]

しかし不本意な在野活動を余儀なくされたこともあって、第一六議会中の政友会は党内の指導態勢がまだ不安定な状態にあった。前内閣員を多く含む総務委員の間では、行財政整理を強く主張することで桂内閣を攻撃し、いち早く政権を奪回しようとする意見も強かった。[100] しかし、そうした幹部の方針に対する反発も党内の議員団に広がりつつあった。この衆議院議員団の行動は、来年には確実に選挙が行われる日程を踏まえれば理解しやすくなる。前回の総選挙は明治三一年八月一〇日に実施されており、この第一六議会開会時にはすでに三年以上が経過していた。この任期の間に二度の増税が実施されたことで有権者数は急増し、さらに選挙制度が変更されて大選挙制が導入される予定であった。それゆえに従来の支持基盤が流動化する中で、同じ政党の候補者間での票や地域の区分け作業が進行していた。その最中での解散総選挙となることを忌避する多くの衆議院議員は、総務委員の姿勢を好ましく思っていなかった。

総務委員に対する党内の不満は、早くから党組織改革論として表出されていた。まず伊藤内閣が倒れた直後の五月中から、杉田定一（当選五回）、新井章吾（当選六回）、重野謙次郎（当選四回）、石田貫之助（当選五回）らのベテラン議員が集結して、総務委員の人数を減らし、新たに評議員会を設置することを要求し始める。六月一日の議員総会後には多田作兵衛（当選四回）の発案によってベテラン議員が集会を開き、総務委員を減少させる代わりに三名の常務委員を置くという重野の提案を採択して、それを伊藤総裁に建議した。[101] 六月七日の議員総会では、総務委員の中から星亨（当選四回）・尾崎行雄（当選六回）・片岡健吉（当選六回）・大岡育造（当選五回）・原の五名が新設の常務委員に選出される。

ここで初期議会以来のベテラン衆議院議員が尊重されていた背景には党内の改革要求の存在があった。

この新執行部が動き始めた矢先の六月二一日に、最高指導者の星亨が暗殺される事件が発生し、後任の常務委員には松田正久が就任する。(102) また九月になると伊藤が外遊に出かけて第一六議会中は日本を離れることが決まり、党内にはさらなる動揺が広がった。これを受けて伊藤不在中の代わりの責任者を定めておく必要が生じ、九月一五日の政友会創立一周年記念会の席上で、松田が総務委員長に、尾崎が院内総務にそれぞれ就任することが発表された。そこでは併せて三〇名の臨時協議委員も任命され、総務委員からの諮問に随時応じることが決まる。その協議委員には、杉田、新井、重野、石田、多田の他、これから頻出する井上角五郎や石黒涵一郎などが含まれており、党内融和の観点から八つの地方団体のバランスに配慮した人選が行われていた。(103) また伊藤内閣の崩壊から第一六議会開会までの約半年間には政友会の地方組織の拡充が図られ、全国の府県支部の設立が概ね終わり、さらに地方大会も全八団体のうち六団体によって開催されていた。(104) こうした地方での盛り上がりを受けて、協議員会を拠点として総務委員の行動を掣肘しようとする活動が行われていくことになる。

第一六議会での政友会の方針決定過程

総務委員と協議委員との軋轢は、第一六議会の開会が近づくにつれて一層拡大する。従来からの執行部である総務委員は一二月三日の党大会に向けた準備を進め、宣言書の原案を作成し、さらに前述の財政調査局の立てた方針に修正を加えた財政方針案を取りまとめていた。(105) ところが党大会直前の一二月一日に協議委員に諮問されると、総務委員のまとめた宣言書の原案について井上角五郎が修正案を提出して、その日の採決は見送られる。(106) 翌二日の午前中に協議委員が再び集められて原案支持で合意に達するも、午後に開かれた総務委員や代議士、各支部代議員による会合では、宣言書案が採択された後に、小田貫一から党組織改革論が提出される。その内容は総務委員を五名以下に削減し、各府県から一名ずつ選定した評議員を設置するよう求めるものであり、協議委員の門脇重雄も賛成演説を行った。この改革論は賛成五五名、反対七三名で一旦否決されるものの[107]、その日の夜に各地方団体の会合が催され、翌三日に開かれる党大会で再び党組織改革論を提出するための支持固めが行われていた。翌日の党大会では宣言書が議決された後に、杉田定一など一六名が連名で総務委員を五名以下に減らす建議案を提出する。この提出者には、従来から党組織改革論を首唱してきた杉田、新井、重野、多田の他、関信之介や板東勘五郎らが加わっていた。そしてこの改革論は前日の議決に反して、満場異議なく速やかに可決されてしまう[108]。

こうした党内対立を受けて、一二月一〇日の議会開会後も政友会の財政方針決定は難航した。一一日の総務委員会は財政方針について話し合い、公債支弁事業の普通歳入支弁化に反対することを決議する[109]。翌一二日の衆議院本会議では桂首相と曽禰蔵相の演説に続いて、石黒涵一郎、尾崎行雄、田健治郎らが冒頭から予算案への対決姿勢を鮮明にした質問を展開した[110]。ところが同日に開かれた協議員会では総務委員の財政方針に対する異論が続出し、一四日まで決定が引き延ばされる。原はその日の日記で、「井上角五郎等、頻りに総務委員等に対して不平を鳴らし、且つ党を結んで財政方針案の変更を企て並に製鋼所賛成、鉄道国有などの説をなさんとし、政友会内甚だ面白からざる形勢あり」と、桂内閣に融和的な態度を示す井上角五郎らの運動を厳しく批難している[111]。

総務委員に対抗する井上角五郎らの活動は予算委員会を舞台として展開された。まず予算委員長候補として総務委員が推薦した栗原亮一ではなく、党組織改革論に積極的だった石田貫之助を予算委員長に当選させ[112]、さらに四つの分科会の主査のうち、その三つを新井章吾、門脇重雄、そして協議委員の石塚重平で占めることに成功する。また一二日の予算委員会では井上角五郎と重野謙次郎の発議によって、予算委員長と四人の分科会主査に加えて五名の方針委員を選定することが決まり、その方針委員には田健治郎と野田卯太郎の他、井上角五郎・重野謙次郎・関信之介が就任した[113]。こうして予算審議を独自に展開できる態勢を固めた井上角五郎は、一三日の予算委員会総会において、公債募集を抑制する政府案への賛意を込めた意見を披露している[114]。

その後も政友会が態度を確定させるには、なお時間が必要となった。一四日の協議員会でも方針決定に至らず[115]、さらに開かれた翌一五日の協議員会では、井上角五郎が普通歳入支弁化を認める発言をし、板東や重野らが普通歳入支弁化への態度決定を保留することを提案した。そこで「公債支弁事業費は三十五年度に於て普通歳入に依るの必要なき事」という事項を除き、清国償金の特別会計を設置することや基金補塡を断行することなどの残りの財政方針のみで議決される措置がとられた(116)。

上記の経緯を経て、一二月一六日の政友会議員総会で決まった方針は、複数の方向性を孕んだものとなった(117)。まず予算委員長の石田貫之助より政友会所属の予算委員によって取りまとめた予算査定方針が報告される。それは新事業費や官吏増俸は原則的に削除するものの、緊急的にやむを得ないものは認めるという但し書きを付したものだった。この但し書きの適用範囲は、予算委員の審査に基本的に一任されることが決まった。続いて前日の協議員会で合意を得た三五年度一般財政方針が議題となり、公債支弁事業の普通歳入支弁化への態度決定は延期したまま、清国償金の特別会計化などが議決され、これによって総務委員が主導した清国償金特別会計法案の提出などが確定する。

また重野が部長を務めた政務調査部の逓信部会から、すでに部会を通過済みの「私設鉄道新線助成案提出の件に関する建議案」が、逓信部理事の武市彰一（徳島三区選出）によって報告される。これは前回の第一五議会の建議を踏まえて、北海道鉄道による函館・小樽間建設と、四国縦貫線として徳島鉄道を延長させる計画の二つに対する助成案を、この第一六議会中に提出するように政府に求める建議案であった。この二つはいずれも政友会の函館支部総会と徳島県支部総会での決議で明記されていた路線であり(118)、さらに武市は同じく徳島県出身の芳川顕正逓信大臣にも事前に接触していたようである(119)。議会に出された当該建議案の提出者には、重野・武市の他に、杉田定一・多田作兵衛・小田貫一・関信之介・門脇重雄らが挙って名を連ねており(120)、これが総務委員と対抗する人々によって推し進められたことは明らかであろう。私鉄への助成金を政府に求めるこの建議案は、一層の行財政整理を迫る財政方針と矛盾しており、おそらくこの点に関して石黒涵一郎が武市に質問を投げかけたようである。そして建議案への賛否決定は保留したまま、議会への提出だけは認める折衷的な決定が下された。このように政府への対決姿勢を強める総務委員と、予算案に柔軟な査定を行おうとする予算委員と、さらに地方での鉄道建設を要求しようとする議員団が、その構成員を重複させながら同時に活動を進めていた。

予算交渉会方式の端緒

この政友会の方針決定を受けて、桂太郎は事態の収拾に向けて予算交渉会の開催を呼びかけることにした。桂は一二月一八日の閣議において、政府代表者と政友会代表者が一堂に会して互いの財政政策をもとに妥協案を話し合うことを発議し、政府からは大蔵大臣の曽禰荒助と前任の伊藤内閣にも参列した山本権兵衛海軍大臣の二人を参加させることが決まった。この予算交渉会の意図について、桂は井上馨に宛てた書簡の中で次のように説明している。「現時内外多事之際相互意志疏通を欠き、為其事局の解決を困難ならしむるは国家の為痛嘆可致義と存候に付、本日〔一二月一八日〕政友会院内幹事某〔龍野周一郎〕を当官邸へ相招き、政府に於ては交渉の上、充分意志の疏通を希望致候旨申聞かせ候。」[121] そして予算の「交渉」を通して相互の「意志の疏通」を求める桂のこうした姿勢を井上も支持していた。井上は第一六議会前から伊藤不在中に倒閣を目指すような政府攻撃を慎むべきであると何度も総務委員に説いており、[122] 政友会内で清国償金特別会計法案が提出される気運が高まるとドイツにいる伊藤に電報を送り、政府攻撃を諫める伊藤の返電を携えて原たちの説得を試みていた。[123] この桂書簡に対する返信の中で、井上はこれらの経過を桂に伝え、さらに翌日からの議場での振る舞い方などを具体的に指示している。[124]

翌一九日に政府と政友会の第一回の予算交渉会が開かれた。すでに議会答弁で政友会の財政方針への対決姿勢を鮮明にしていた曽禰蔵相の参加に政友会側は難色を示し、政府からは桂首相と山本海相の二人が参加した。対する政友会からは松田正久と尾崎行雄の両名が出席する。この時は双方が自説を展開するに留まり、特には合意に至らなかった。[125]

ところが、ここで政府と政友会の交渉開始を知った第二党の憲政本党が、「清国債券を預金部に移して財政計画を立つるは已むを得さるものと認む」という政府支持の決議を急いで採択する。[126] すでに議会開会前の党大会において、憲政本党は「政府経営の事業中、緩急を計り之を緊縮し、公債支弁に属するものは当分普通歳入支弁に移すべき事」という条項を含んだ決議を行っており[127]、この一九日の決議によって政友会との差異をさらに鮮明にしていった。

これにより政友会総務委員は難しい立場に置かれた。桂内閣が解散総選挙に打って出た場合、憲政本党が政府に近い立場を表明できるの対し、政友会はより野党色を強くせざるを得ない。こうして新選挙制度への対応を準備している中で解散を嫌う声が高まり、政府との妥協を模索する政友会議員団の動きは一層活発化し、総務委員への圧力も日増しに強くなっていった。

まず一九日の政府との交渉開始を受けて、松田らがその経過を報告する議員総会の開催が決まる。すると一部の議員からは総務委員による独断的な交渉を防ぐために各地方団体から二名ずつの委員を顧問として選定すべきとの意見が上がった。そこで議員総会の席上で、松田は先手を打って各団体一名ずつの委員を選ぶように提案する。ここで選ばれた八名の委員には、杉田定一（北信）、重野謙次郎（東北）、井上角五郎（中国）、多田作兵衛（九州）、関信之介（関東）、板東勘五郎（四国）など、これまで総務委員と対抗してきた有力議員が挙って含まれた[128]。これは紛れもなく党内情勢を踏まえて総務委員が譲歩した措置だった。そして総務委員は井上馨を介して政府との予算交渉会の再開延期を図り、二一日に協議した後に政府に提出する妥協案を作成した[129]。

第二回の予算交渉会は一二月二二日に井上馨の邸宅で開催された。今度は政府側からは山本海相・曽禰蔵相・芳川逓相の各大臣と阪谷芳郎など大蔵省幹部が出席し、政友会からは松田・尾崎に加えて原敬と林有造、田健治郎らが参加した。初回には政友会側が参加を拒絶した曽禰が今回は参加しているように、双方共に財政政策の責任者が列席しており、この会合で具体案を協議しようとする意気込みが感じられる。まず政友会側から二つの妥協案が提示され、政府側は議論を経てから閣議に持ち帰るために退席する。その後にも井上を交えて政友会はさらなる第三の妥協案を話し合い、清国償金を七〇％替に低減することで財源として容認する代わりに、政府は衆議院の予算査定への同意を内諾することを求める案を作成した。これは清国償金をめぐる争点化を事実上断念するものであり、井上も双方が納得できる内容として賛同した。しかしその後に総理官邸で開かれた桂・山本と松田・尾崎の会談では、政府側から初めの二案をいずれも支持しない回答がなされ、さらに第三案についても呉製鋼所建設などの新事業費を賛成する党議決定を条件とする要求が出される。これを受けて総務委員は政府との交渉を断絶することを決め、せっかくの予算交渉会は膠着状態となる(130)。すでに政府側は清国償金特別会計法案の委員会審議で対立が激化することを予測し、どのタイミングで衆議院の解散に踏み切るかを検討し始めていた(131)。

ここから政府の解散圧力もあって政友会の内部対立はさらに深まり、やむなく総務委員は交渉断絶の撤回を強いられることになる。一二月二三日の議員総会で、松田は交渉断絶に至った経過を報告した。すると多田作兵衛が建議案を出して、今後の政府との交渉方針を決めるために各団体から二名ずつの委員を選んで協議することを提議した。これに井上角五郎が賛成する演説を行い、それに対して石黒涵一郎らが反対する意見を述べた。採決の結果は六四名対六七名の僅か三票差で多田案の否決となり、辛うじて総務委員の交渉断絶方針は支持される(132)。ところが、この議決に不満を持った井上角五郎らはその夜に会合を開き、そこに四〇―五〇名の政友会議員を集結させる。前日二二日の予算交渉会の場において妥結を求めて尽力した田健治郎もこれに参加し、政府との再交渉を密かに開始しようと企てていた。これらの参加者を原敬は「軟派」と呼び、「必らずしも政府に買収せられたるに非らざるも鉄道国有にて多少の口銭を得んと望む者及び地方問題にて予算の成立を切望する者」が多いと評している(133)。

このような「地方問題」に基づく予算案支持の動きは翌二四日に一層加速する。政友会所属の予算委員は査定結果をすぐに取りまとめ、呉製鋼所などの新事業費を認めることを決めた。これが議員総会に諮られ、さらに多田の発案によって台湾兵営建設費をも復活させることが可決される。こうして総務委員の意向に反して、予算委員会が独自に政府案支持の方針を固めたことで、総務委員は政府と争う根拠を失ってしまった(134)。そして井上馨もまたこれ以上の仲介役を放棄して興津の別荘に出かけてしまう(135)。

こうして第三回の予算交渉会が一二月二五日に開かれ、政府と政友会の代表者の間で妥協案が合意された。これは二二日の第三案を基本としつつ予算査定について政府に有利な修正が施された合意であった。それでも総務委員はこれを受け入れざるを得なかった。そして松田・尾崎・原らはこの合意案を支持するよう深夜まで政友会議員への説得を重ねた。その際には幹事の伊藤大八から緊急動議が出され、この騒動の責任者である田健治郎・重野謙次郎・井上角五郎の除名が決まった。重野・井上は反総務委員の急先鋒であり、また田は二三日夜から井上の属する中国会に参加して政府との交渉経過を洩らしていた。これが同じく中国会の大岡育造を通して総務委員の耳に入り、交渉を断絶する方針に反した田の行動が問題視されたわけである。(136)こうして翌二六日の議員総会で政府との合意が了承され、併せて三名の除名が通知された。(137)

同日二六日の衆議院本会議では、二五日の交渉での政府と政友会の合意内容に則って、事態収拾に向けた手順が進められた。まず桂首相が清国償金の確実性を保証する演説を行った後に、政府の予算案と政友会の清国償金特別会計法案がそれぞれ撤回される。これに対して、議会外での政府と政友会の交渉によって、一五日間の審査期限の末期に予算案を差し替えるのは不都合な手続きであり、憲法や先例を蹂躙する悪例になるとの批判も一部議員から出された。(138)しかし政友会がこれを押し切り、続けて政府は七〇％替の新予算案を提出する。(139)そして二七日の予算委員会総会でいくらかの修正が加えられた上で、(140)二八日に予算案は衆議院を通過した。(141)

政友会との合意が成立した一二月二五日に、桂は山県有朋に宛てて第一六議会の経過を報告する書簡を送っている。(142)そこには予算交渉会の開催前後の情勢変化を桂がいかに認識していたのかが記されている。まず桂は、「政友会之財政方針」と「政府之財政方針」に対立する点があったので様々な紛擾が起こったものの、衝突を決心しながら政府は一定不変の方針に基づいて進行したと述べる。そして予算交渉会の提起から妥協締結までの経過を以下のように説明する。「政府としては最後の手段は兎に角、議会を無事に経過せしむるは政府の威信を失せさる限りは動作すへきは憲法上不得止事と決心仕候。此頃来交渉を始め、妥協を試候処、彼等〔政友会〕に於て反省之模様も無之、其侭捨置候処、会員中所謂軟派なるもの出来、終に分烈を免かれさるの場合に立至り、昨日来再ひ交渉を求来り候間、本日総務委員を呼寄種々説諭の末、好都合に相纏り申候。」すなわち桂は、予算成立に向けて政友会と「妥協」を図る「交渉」は「憲法」に則った「動作」であると位置づけ、この予算交渉会の開催によって政友会の中に「軟派」が出現して分裂状況となり、さらに憲政本党も予算案支持の決議をしたことを受けて、政友会総務委員も追いつめられて、「好都合」にまとまったと説明している。それに続いて、次のように桂は述べている。「元来誠意誠心を以て立ちたる内閣のことにて、何れの道政党の反対を蒙候は覚語〔悟〕に罷在候処、政友会反抗を試候為め、進歩党〔憲政本党〕は政府の方針を賛成すとの決議をなし、其他無所属等同様の有様に相成、此度政友会反省の結果、意外にも衆議院は凡そ三四階〔倶〕楽部員を除くの外賛成と相成、実に珍ら敷形勢と相成申候。」政党員を含まない内閣でありながら、予算交渉会を経て少数の三四倶楽部を除く大多数から三五年度予算案の支持を獲得できたことを、桂は「珍ら敷形勢」として誇らしく語っていた。

このように桂は予算交渉会の開催によって懸案の三五年度予算案の衆議院通過をなしとげた。これが以後一〇年間近くにわたって行われる予算交渉会方式の端緒であった。こうした桂との予算交渉の経験を重ねるにつれ、次第に政友会は予算交渉時において団結した行動を取れるようになるが、その方式が始まったばかりのこの第一六議会では、予算交渉に際しての幹部による議員の統制は不十分なものに留まった。

政友会内での鉄道要求統制の未確立状況

予算審議過程で露呈した政友会内部の不統一は、予算案通過後に展開される鉄道建設要求においても顕著に見て取れる。

まず反執行部の議員団が提出した「私設鉄道新線助成案提出の件に関する建議案」は、翌明治三五年一月二八日の本会議で無事に成立した(143)。その前日二七日に開かれた総務委員会では、この建議案の採決時には政友会としての党議拘束をかけないことが決められている(144)。その理由について原は、「地方問題にて提出を止むる事能はざるも行政財政の整理と矛盾するを以てなり」と日記に記した(145)。前年末の予算案支持を求める「軟派」の活動と同じく、ここでも原は「地方問題」という言葉を用いて当該建議案を消極的に位置づけている。しかし行財政整理の方針と矛盾するものであっても今さら強引に否決に持ち込むことは難しく、仕方なく各議員の自由判断に委ねられたのだった。[146]

この北海道鉄道と徳島鉄道の助成案について、前年一二月一六日の政友会議員総会で疑義を呈していた石黒涵一郎（岡山一区選出）は、これに対抗して「舞鶴鉄道速成に関する建議案」の提出準備を進めていく。これも二月一日の議員総会において、可否の議決は後日に先送りして提出のみを是認することが決まり、石黒は兵庫二区選出の石田貫之助と、兵庫一区の補欠選挙で当選したばかりの憲政本党の鹿島秀麿と連名で議会に提出した。[147] 超党派で提出したこともあり、おそらくこの建議案にも政友会は党議拘束をかけられず、二月一五日の本会議で委員付託を省略して即座に可決されている。[148]

この建議案に続いて、今度は憲政本党の降旗元太郎（長野四区選出）が富山・直江津間などの建設を求める建議案を提出する。降旗は新潟・富山・山形・秋田選出の憲政本党・三四倶楽部議員と共同で「北陸鉄道貫通に関する建議案」を提出し、富山・直江津間や、後に羽越線と呼ばれる新発田・秋田間の早期建設によって日本海沿岸の縦貫線を貫通させることを主張した。するとこの動きに便乗して、杉田定一（福井二区選出）、大瀧伝十郎（新潟八区選出）らの政友会議員団が「北陸鉄道完成に関する建議案」を提出し、富山・直江津間の外、杉田の地元でもある金津・三国間の建設などを求めた。[149] この二つは同一の委員会に付託され、趣旨もほぼ重複していることから一本化されて委員会を通過する。[150]

ところが本会議で杉田が行った委員会審議の報告に対し、同じ政友会議員から次々に反対意見が巻き起こる。恒松隆慶（島根四区選出）は、この建議案には予定線以外の路線が多数含まれており、もっと優先度の高い山陰鉄道などとの公平を欠いているとして修正要求を出した。また西谷金蔵（鳥取二区選出）は、この建議案が求める路線は政友会の逓信部会において否決済みだとして建議案の全部を否認すべきだと主張した。さらに石黒涵一郎も、この建議案が通れば三〇〇〇万円以上の予算が必要となるとして否決するように訴えた。これらの反対意見に対し、建議案提出者の大瀧伝十郎は次のように抗弁する。[151]「恒松隆慶君の質問と云ひ、西谷君の反対の趣旨と云ひ、如何にも私は悲むべき所である。なぜなれば山陰鉄道のことは、なぜ建議に出さぬか、全国に必要の鉄道を出さないかと云ふやうな、焼餅焼の反対に過ぎない。是は攻撃する価値はない反対と思はれるのである。」[152]こうして政友会内での意見が割れたまま採決が行われ、賛成一〇〇名、反対六〇名でこの一本化した建議案は可決された。[153]

これらの建議案の成立を踏まえ、政府は第一六議会末期になって、福知山・舞鶴間を官線化する鉄道敷設法改正案と琴平・須崎間、徳島・高知間の私鉄敷設を許可する法律案、さらに北海道鉄道と徳島鉄道の助成金としての追加予算などを提出した。[154]このうち、先の「私設鉄道新線助成案提出の件に関する建議案」の審議でも反対意見が出た徳島鉄道への助成金がここでも争点となる。

多くの政友会議員は、衆議院での建議案成立を受けて、同一議会に政府が具体案をすぐに出したことを評価した。例えば河口善之助は「大に好い慣例を政府に於ても開いたかと考へる〔後略〕」と意義づけ、[155]また西谷金蔵は「私設鉄道新線助成案提出の件に関する建議案」は政友会のみならず、憲政本党・三四倶楽部・中立倶楽部などからの超党派の一三二名の支持によって成立したものであり、「縦令政友会一個の提案なりとしても、此院に於て多数の決議と為った以上は、政党政派の如何に拘らず、此徳義は宜しく守られ〔る〕べきものであると云ふことは、私の口を藉って申すまでのことではあるまいと考へます」と、政府案への支持を訴えた。[156]それに対して政友会以外の議員からは反対の声も上がった。先述の河口善之助の発言に対し、憲政本党の降旗元太郎は官線予定地にもかかわらず私鉄助成を求めた建議について、「衆議院が斯の如き院議をしたのは、院の体面を汚瀆したものと思て居る」と厳しく批判した。[157]また三四倶楽部の工藤行幹も他の第一期線が残っているのに第二期線の徳島鉄道を助成することは矛盾していると述べ、中立倶楽部の島田三郎はこの徳島鉄道助成案は、政友会の四国選出議員の運動を受けて徳島出身の芳川逓相の私意が挟まれたものであると批難した。[158]こうして徳島鉄道への助成を許可する法律案については記名投票が行われ、本会議では賛成一三四名に対して七五名が反対票を投じている。[159]

またこの徳島鉄道への助成案について、政友会所属にもかかわらず堀家虎造（香川四区選出）が激しい反対論を展開した。堀家は徳島鉄道への助成許可の法律案を審議する委員会に正式の委員ではないのに特別に参加し、あくまでも官線で敷設すべきだという反対論を根強く主張した。[160] また三月三日の政友会議員総会では徳島鉄道助成案への態度決定が話し合われ、その席で堀家は本会議上で討論するためにも党議拘束を外すよう提言した。この堀家の意見は少数で否決されるものの、[161] 翌四日の本会議で堀家は何度も登壇し、党の方針に反して徳島鉄道助成案の削除を訴えた。[162] こうした堀家の行動を不快に思った政友会の西原清東（高知二区選出）は、「唯己の選挙区の前を線路が通らないと云ふやうなこど〔こと〕を遺憾に思ふて、此問題が将に成らんとする所のものを妨げんとするには、実に遺憾なることでございます」と、堀家の反対論は徳島鉄道への助成によって香川・高知間の建設に遅れが生じるのを嫌った私的動機に基づくものだという批難の言葉を浴びせた。[163] これに堀家は、「本員は決して地方論を唱へる者ではありませぬ。先刻、西原君は選挙区に著かないから云々と云ふやうな、冷評的の御言葉がありましたが、〔中略〕西原君は拙者に対して礼を失った る者であらうと存じます、〔中略〕凡そ政友間の徳義は御互に人身攻撃はしない方が宜からうと信じます。」と反発した演説を行っている。[164]

以上の経過からは、議会における鉄道要求の建議を政友会が政党単位でまだ的確に統制できていない状況がうかがえる。鉄道建議は地域単位での超党派議員団で行われ、内部対立を抱える政友会はその採決に際して党議拘束をかけられなかった。議員団の統制に苦慮する原が「地方問題」という表現を用いて批難していることは象徴的であろう。また議員の鉄道要求に対して、桂内閣が具体案を提示することで応じようとする姿勢も、この第一六議会において萌芽的に現れている。ただし、これらの鉄道建議の展開は後年とは異なり、まだ予算交渉過程とは切り離されて進行していた。

第三節　予算交渉会方式の確立と国家指導者の世代交代

一　地租増徴継続問題をめぐる政治対立――第一七議会

明治三六年度予算編成の政策課題

前任の第四次伊藤内閣から受け継いだ財政問題を処理した桂太郎は、続く翌三六年度予算案において、第三期海軍拡張計画という新たな課題に取り組んでいく。これはロシアとの対抗を念頭に置いた中長期的視点からの課題であり、対外的独立の達成を目標とする明治期の国家指導者の間ではその必要性が共有されていた政策であった。陸軍出身の桂が海軍拡張計画を推進し、それに伊藤博文も大隈重信も表立って異議を唱えにくかった背景として理解しておくべきだろう。そこで争点は、皆が重要だと認めている海軍拡張の長期的財源を、誰がいかに負担するのか、という捻出方法に集約される。こうして小さな金額をめぐる細かな財政措置が、意外にも大きな政治対立へと波及していった。

この明治三五年には、新たな海軍拡張計画を進める上で好ましい状況がいくつか重なった。まず第三期に先行する第一期・第二期海軍拡張計画は日清戦後に着手されていたものであり、これらによる戦艦四隻・装甲巡洋艦六隻の建造計画が三五年の段階で全て竣工済みとなっていた(165)。それにもかかわらず極東におけるロシア海軍の勢力は増強傾向にあり、わずか数年後には日本の勢力を凌駕することが予想された(166)。また明治三五年一月三〇日には日英同盟協約が調印され、その付属文書には「日本国（大不列顛国）は出来得へき限り極東の海上に於て如何なる第三国の海軍よりも優勢なる海軍を集合し得る様に維持するに努むることを弛ふするの意思を有することなし(167)」という文言が含まれていた。こうした日英同盟成立の余勢を駆って、三五年一〇月末に山本権兵衛海軍大臣は「海軍拡張の議(168)」を閣議に提出する。これは一等戦艦三隻・一等巡洋艦三隻の新艦建造費として、三六年度から四六年度までの一一年継続費約一億一五〇〇万円を計上した新規拡張計画であった。この提議は閣議をすぐに通過し、その内の約一億円が三六年度予算案に盛り込まれた。

このように三六年度予算案は、前年度と比べて新規事業の規模が拡大する傾向にあった。それには前年に実現できなかった外債募集をこの年に成功できたことが大きく寄与している。[169] 政府は、大蔵省預金部の所有する帝国五分利公債五〇〇〇万円を開業したばかりの日本興業銀行を介して香港上海銀行に売却する契約を、九月三〇日付で締結した。これにより昨年来の懸案事項だった国庫補塡が可能となり、新たな長期事業に着手する財政的余裕が生まれていた。中でも第三期海軍拡張計画の次に注目すべき新規事業は、桂内閣の立案した鉄道一〇年計画である。[170] これも一〇年継続費として約一億三〇〇〇万円を計上し、既定事業の完成の他に、いくつかの新規路線の建設を進めようとするものだった。具体的には、三六年度の既定事業費約一九〇〇万円のうち約六〇〇万円を後年度に繰り延べる代わりに、伊藤内閣下で逓信省が企画していた第一期線の不足額である約五六〇〇万円を追加予算として次の第一七議会に提出することとし、また従来から衆議院で建設要求が出ていた富山・直江津間と、山陰線と舞鶴線を連絡させる和田山・福知山間と園部・綾部間、さらに一部議員が求めていた山陰線の延長線である米子・今市間などを加えた新規事業費として、約四五〇〇万円が将来提出見込みとして掲げられていた。

ただし前年からの行財政整理方針は継続し、過度な公債発行につながる歳出規模の膨張には警戒的な予算編成であった。前年度からの公債支弁事業の普通歳入支弁化はこの三六年度でも持続され、約七〇〇万円の台湾事業公債の特別発行以外には新規公債発行は抑制されていた。また行財政整理によって約一〇〇〇万円の経費を新たに浮かせ、それを新規事業の財源に充てていた。そして第三期海軍拡張計画の財源として、五年間の時限措置だった地租増徴の効力を継続する方針が決まった。明治三一年の第一三議会で成立した地租増徴は、政友会の前身である憲政党と第二次山県有朋内閣の合意によって、二・五%から三・三%への引き上げ期間を五年間に限定していた。この三七年度から二・五%に復旧する予定を変更し、三・三%の税率による年額約一二〇〇万円の地租収入を引き続いて海軍拡張の財源として利用する案を、桂内閣は立てていた。これが衆議院との全面対決を引き起こす地租増徴継続問題の発端である。

公債発行を抑えながら新規事業を漸進的に展開しようとする桂内閣の予算編成の特徴は、以下の説明書類の文章によく現れている。「行政及財政の整理は〔中略〕専ら政務の其要を得るを期するに在りと雖、徒に消極の方針を主一とするは固より整理の主旨とする所にあらす。〔中略〕之を要するに行政に軍備に今後積極の方針に依り各般の施設を為すと同時に、国本培養の施設に励むるは、実に今日の急務なりとす。施政の方針果して茲に在りとすれは、行政財政の整理も亦此方針に依らさるへからす。一切の事務経費を挙て之を縮少削減し以て退守の策を採るは、決て整理の本旨にあらさるなり」[171]。この論理によれば、「行政財政の整理」には「積極の方針」と「消極の方針」の二種類が存在し、今日の急務は前者による政策であって、後者のような「退守の策」は「整理の本旨」に反するものとされる。これでは政党側からのさらなる「整理」要求は、ほぼ全て「整理の本旨」に反するとして拒絶されてしまう。したがって「整理」の規模をめぐって衝突が起こるのは半ば避けられない情勢であった。

伊藤博文の政府批判

このように地租増徴継続を目指す桂内閣に対して、政友会は真正面から対抗していく方針を固め、総裁である伊藤博文も本格的な政権奪回に挑むことを決意する。まず四年間の任期満了に伴って八月一〇日に行われた第七回総選挙で、政友会は過半数の議席を確保した。従来よりも七六議席多い全三七六議席のうち、政友会は一九〇名の当選者を獲得した。またこの選挙では数多くの新人議員が輩出され、全三七六議席のうち、前職再選九八名、元職五一名に対し、新人は二二七名という六割以上の比率を占めた。これは大日本帝国憲法下の選挙では、全員が初当選だった第一回総選挙を除き、最も高い新人占有率を示している[172]。初の任期満了選挙だったこと、新選挙制度が導入されたこと、有権者数が急増したことなどが、この現象の要因として考えられる。政友会の当選者一九〇名のうち、新人議員は一一五名であり、前逓信大臣の原敬も盛岡市で初当選を果たした。こうして急速に世代交代が進んだ政友会では、憲政党時代の約束を反古にして地租増徴の無期限延長を企てる政府に反発する声が徐々に強まっていった。

これらの強硬論は九州を初めとする政友会の地方大会を通して次第に高揚していった。一〇月一五日に福岡で開かれた九州選出代議士の懇話会では、行政・財政の根本的整理を期すること、地租増徴の継続は之を非認すること、などの協議が行われた(173)。この会合は全国に先駆けて地租増徴継続に反対する立場を表明したものであり、これを皮切りにして四国・東北・近畿・北信の各大会や各府県支部総会でも同種の決議が次々に採択されていった(174)。もっともこれらの地租増徴継続への反対決議は、強硬論を好む群集心理に引きずられた面も否定できない。九州代議士の懇話会に出席した熊本県郡部選出の高田露は、それより数週間前に前衆議院議員である永江純一に宛てて次のような書面を送っている(175)。「長谷場〔純孝〕の書面にも地租の事は賛成にあらす不賛成にあらず余り角立たぬ様との事なるも、参る以上は此大問題を前にして何とか話しの出るのは当然の事にて、殊に各選挙民の眼前にて意見を出すとすれば無論非継続論を大呼するは当然の事〔後略〕」。ベテラン議員の長谷場は九州団体が率先して地租増徴継続問題への態度を明示することに消極的だったこと、それに対して新人議員の高田は集会を開けば選挙民の視線を意識して継続反対論を唱えざるを得ない状況だと認識していたこと、などがこの文面からうかがえよう。また、これに併せて九州会の領袖である松田正久が地租増徴継続反対論を強く訴えるのに対し、原は「強硬を主張する者、案外内心に軟弱なる者多ければ、俄かに彼等の擬勢には同意すること能はざるなり」と批判している(176)。

こうした運動の方向性を決定付けたのは、桂政権を脅かしうる伊藤博文の動向だった。明治三五年の初めに外遊から帰国した伊藤は、この年末の第一七議会において初めて野党としての政友会を直接指揮することになった。そして伊藤は、政府が第三期海軍拡張計画の実施を決めた直後の一一月一日に桂を、また八日に曽禰をそれぞれ訪問し、政府の三六年度予算案に関する報告を受けた(177)。一〇日には電車内で邂逅した内海忠勝内務大臣に「地租問題は非常之難物となり苦心に堪へす」と述べ(178)、一四日には原に「今回政府の地租継続、海軍拡張に反対なるのみならず、財政全体に付此ままにては到底維持しがたき」と伝えて、地租増徴継続に反対する意向を表明した(179)。このように伊藤が次期政権担当に意欲を示し出したことで、政友会は地租増徴の継続反対を唱えて政府と争うべく一致団結し、さらに憲政本党との提携を深めていった(180)。

政府の三六年度予算案と対決するために、伊藤は井上馨に財政調査を依頼する[181]。前年度よりも新事業が重視されたこともあって、この予算編成に井上は前年ほど深く関与していなかった。一〇月二八日の閣議決定を経た後に、桂は大蔵省幹部を通して予算案の内容を井上に説明しようとしたが[182]、こうした対応に井上は不満であった[183]。大蔵省幹部から説明を受けた一一月一三日に井上は伊藤に宛てて書簡を発し[184]、「政府予算案も小生〔井上〕えも送附有之、随て今朝十時より五時頃迄坂谷〔阪谷芳郎総務長官〕、松尾〔臣善理財局長〕両人も来り候て仔細質議相試み大略相分り申候」と述べた上で、「随分空想之新事業も有之候」と批判していた。そして伊藤の依頼を受けて井上は財政意見書を作成し、政府とは異なる方法で海軍拡張を実現させるための対案を提示した[185]。この意見書の中で井上は、海軍拡張の期間を一五年間に延長して単年度の財政負担を減らし、地租増徴継続に代わる財源を事業費の削減によって捻出すべきだと説いている。井上の試算では新規事業の見合わせや既定事業の中止で年間七二五万円の節約は可能と見込まれていた。また鉄道敷設方法の変更がここで提案されている点には注目しなければならない。建設計画を全体的に見直し、収益性のある路線から優先的に敷設し、それによって増加した鉄道益金の範囲内で残りの路線の工事を漸次進めれば、毎年三三〇万円の経費節減が可能になると井上は主張していた。これは後に重要な意味を持つ政策として機能する。

伊藤はこうした井上の意見を参考にして財政論をまとめ[186]、政府案への対決姿勢を強めていった。一二月四日の政友会大会で伊藤はその財政論を披露し、海軍拡張計画は容認するものの、地租増徴の継続ではなく、政費節減で応じるべきだと論じた[187]。そして「鉄道問題の如き各議員は今日まで皆自分の地方に銭の落ちることであれば国費の高も問はず何でもかでも持出して引張り合をする[188]」と述べて、政友会議員による鉄道要求を抑制する態度を示した。この党大会から数日前には伊藤から総務委員に「鉄道建設を其益金に限る」案が示されており[189]、伊藤は井上の鉄道政策を参考にして敷設方法の変更による節減案を採用したのだと思われる。そして他の元老である山県有朋、松方正義を訪問した後に[190]、桂に連絡をとって閣僚数名との会談の場を設けるように求め[191]、一二月一日のその会合の場で三六年度予算案への反対を桂等に直接告げた[192]。その後は大隈重信と会談して第一七議会での政友会・憲政本党の提携を演出し[193]、宮中に足を運んだ上で、議会中の政党指導を党幹部に委任して大磯の邸宅へ引き返していった[194]。

桂太郎の戦術

これらの伊藤の行動の中に倒閣の意図を読みとった桂は、政権維持を図るために対抗措置を一つずつ施していった。まず伊藤が他の元老に財政対案を説いて回ったのを受けて、桂は山県有朋への連絡を頻繁に行っていった。第一七議会の開会前から山県は伊藤と桂の仲介役を時おり務めることとなり[195]、これがこの議会が解散した後に伊藤と桂が妥協を模索する伏線となる。桂は一二月一日の伊藤との会合の様子を山県に次のように報告した[196]。その席で伊藤は、地租増徴継続は農民の耐えがたいほどの過重負担ではないものの、「現下の情勢、殊に総選挙の今年に於ては実行困難ならん」として反対意見を述べた。この伊藤の姿勢について、桂は「侯〔伊藤〕の心中には実に苦敷ことにて、政府に一部、政党に一部、花を持たせるの必要上より、実行の六箇敷註文を出されたるものにて、今日の場合、兎角論議は無用、否論には勝ちたれはとて、実行は困難と覚悟仕申候」と表現して、政府と政党の両方に「花をもたせる」必要から、実現が困難な注文を出さざるを得ない伊藤の状況を批判した。桂は三日に伊藤を訪ねて、その旨を直接伝えている。

また桂は、伊藤による明治天皇の政治利用を阻止すべく、いち早く予算案について明治天皇に理解を求めた。伊藤との会談の翌四日に、桂はすぐさま明治天皇に拝謁し、伊藤が政府案と異なる財政計画を調査中であるが、すでに裁可済みの予算案でもって政府は第一七議会に臨む決意だと上奏した[197]。既述の通りこの翌五日には伊藤も宮中に参内するものの、明治天皇に面会せずに引き取っている[198]。この伊藤の行動について桂は、次のような評価を下している。「内閣の意見と政党の意見の異なるものを、政党首領か陛下に上奏し（一歩を譲り元勲としても）其の異なる意見、直接責任者と元勲との意見の衝突を、陛下の御裁断に仰くとするときは、立憲政体上、君主の位置に於て実に困難、否之こそ非立憲極まることに相成可申候。又自然、侯〔伊藤〕の意見を御採納なきときは、侯将来の立場として不容易事に可相成候。併し此事なかりしは、国家の慶事に御座候[199]」。正に桂の指摘するように、財政政策の「直接責任者」は内閣総理大臣であり、「政党首領」もしくは「元勲」が内閣と異なる意見を上奏する行為は「非立憲極まること」に他ならない。伊藤が明治天皇に直接会わずに帰った背景には、こうした桂の意向が影響していたのかもしれない。

そして桂は、不人気な地租増徴継続問題だけを争点化させるのではなく、政府と政友会の予算案全体に対する考え方の違いを際立たせた上で、議会の解散に導く展望を抱いていた。政府側が作成した仮設問答書からは、議会が地租増徴継続案の審議中を理由として予算案を審議しない行動に出ることを政府が懸念していたことがうかがえる[200]。租税に関する法律改正案と、予算案とは、別の委員会によって審議が行われる。そして議会側が地租増徴継続の法律改正案のみ審議を進めて予算審議を意図的に遅延させると、いわば予算案を人質に採られる政府側は苦しい立場に追い込まれる。しかし、その際に政府が採りうる選択肢は限られており、割合早くから「最終手段」の行使を検討せざるを得なかった。

そこで桂は、さらなる行財政整理を求める衆議院の主張を一切拒絶する態度を示し、予算案の審議を進めさせようと試みた。一二月一四日の予算委員会総会に出席した際には、政友会や憲政本党の議員からの行財政整理要求に対して、これ以上の整理を行う意思は無いとの答弁を桂はくり返している[201]。この強硬姿勢について、桂は山県に宛てた書簡で次のように説明した[202]。「尤も自然解散の場合には、地租案否決のみにては将来の選挙に於て些か困難を来し候故、彼等〔政友会・憲政本党〕の予算に大削減をなし、政府をして政策実行に苦む丈けに成り候はは、此点に於て第一、其の上、地租案否決の廉を以て解散をなすときは、名義の上に於ても却て好都合に御座候。切角此の方向に導き居申候。」そしてまた、「進歩〔憲政本党〕、政友の間は、政府に対する目的に対しては目下の処、随分互いに譲歩の模様に候得共、弥選挙となれは相互の競争、実に可見ものに御座候。」と述べて、解散後に政友会と憲政本党の協力関係が綻びを見せることに期待を寄せていた。

第一七議会の衆議院予算審議

このように桂が予算対立を鮮明化しようとするのを受けて、最前線でそれに対峙する役割を担ったのが予算委員長を務めた原敬であった。前回の第一六議会では政友会幹部の方針に反して予算委員が独自に査定を進めてしまった苦い経験を踏まえて、今回の第一七議会では初当選の原が予算委員長として予算審議を陣頭で指揮していた(203)。一二月四日の党大会では、前年の党大会で建議が成立した総務委員減少論が伊藤総裁によって却下された旨の報告が末松謙澄よりなされ(204)、これによって伊藤と近い距離にある総務委員たちが議会指導に当たる態勢が整えられた。また政調部門の再編も行われ、これまで反執行部の活動が行われがちだった逓信部会では、部長に征矢野半弥、副部長に千田軍之助という比較的軽量級の議員が選ばれた。同時に権限が不鮮明な臨時政務調査委員が設けられ、杉田定一などの有力議員二七名がそこに括られ、末松部長の統制下に置かれることが決まる(205)。そして一二月七日の議員総会で予算委員の候補者を総裁の指名とする案が総務委員から提出され、各団体の希望も考慮した上で総裁からの指名がなされることで合意に達する(206)。八日に予算委員の候補者が内定し、翌九日に伊藤の承認を得て、同日の議員総会で確定した(207)。

そして原の戦術によって、予算審議を先行させようとした桂の狙いは挫かれた。まず開会当初には予算委員会の権限拡充を図る制度改正が政友会と憲政本党の主導で行われる。一二月一〇日には衆議院規則中改正案が出され、衆議院議員の数の増加に伴って予算委員の人員を四五名から六三名に増やすことが即日決まった(208)。また一二月一三日には予算審査の期限を一五日以内から三〇日以内に延ばす議院法の改正案が政友会から出され、政府の反対にもかかわらず委員付託されている(209)。桂も出席した先述の一四日の予算委員会総会では、政友会の議員総会を通過済みの予算査定方針が決議された(210)。これは原が起草した上で事前に憲政本党幹部の了解を得たものであり(211)、それに基づいて一五日と一六日の総会では各省ごとの質疑応答が原の指揮下で丁寧に進んでいた(212)。ところが同じ一六日の午前に地租増徴継続案が急に委員会で否決され、さらに本会議での議事日程が変更されて、同日午後の本会議でその採決に向けた代表者演説が始まった。これに驚いた政府は、討論終結を受けて二〇日までの五日間の停会を命じた(213)。この奇襲は原によって画策され、大磯の伊藤にも秘密のまま実施されたものだった。原は日記に「予算十分に審査の体を装ふて突然に此挙に出たるは、早く地租を決定すること得策なりと信じたればなり(214)。」と誇らしく書き記している。

これで停会中に打開策が見つからない限り、議会の解散は不可避の情勢となった。一七日の議員総会では解散後の総選挙で現職を優先する方針が松田正久によって明かされ[215]、原も解散後に公表すべき政友会の予算査定案の取りまとめを急いだ[216]。少し後に原は政友会内の様子を「議員各自に於ては解散を恐れざるに非らざるも、去りとて地租増徴に賛成することと能はざれば先以て一致の歩調を乱さざるが如し」と冷静に分析している[217]。これでは政友会からの歩み寄りは困難となり、貴族院議長の近衛篤麿によって行われた調停も功を奏さず[218]、二〇日に再び七日間の再停会となった。

解散直前での予算交渉会開催

この解散間際の状況において桂は予算交渉会の開催を決断した。そして児玉源太郎台湾総督を大磯の伊藤のもとに派遣して、政府と政党代表者による交渉を申し込んだ[219]。その理由を桂は山県に次のように報告する[220]。「実に過日〔一二月三日〕、鳥居阪に於て春畝侯〔伊藤〕と最終の会見に於て、相互の間に談合仕候條、政府、議会との衝突は、現下の情勢不得止事に候へ共、其間に於て相互之間に必要と認め候節は、通して以て一度妥協を開くは立憲的動作上可然事に候得共、侯〔伊藤〕に於て其の時機を認め候節は、小生〔桂〕より更に通知可然との内約仕置候に付き、再停会の時機より此機会ならんと相考候〔後略〕」。すなわち桂は、政府と議会の衝突は避けられない情勢だが、時機を見て妥協交渉を開くのは望ましい「立憲的動作」であると位置づけ、伊藤と事前にその内約を結んでいたと述べている。そして続けて、「此上にも彼等〔政友会・憲政本党の代表者〕頑として聴かさる時は、終に最終の手段に出て、政府は此までも丁寧其手段を尽したるを世に公にして、再ひ選挙場裡に訴ふるの決心に御座候」と、この予算交渉会で妥協に至らなければ解散総選挙に打って出る覚悟を決めていた。たとえ議会を解散するにせよ、その最終段階で予算交渉会を開催しておけば、地租増徴継続だけではなく予算案全体に対する相違点を明確にしやすくなる。そして前回の第一六議会と同じく解散を忌避する「動作」が政党側からも現れるかもしれない。

この桂の提案を受け入れた伊藤は政友会幹部らを説得し[221]、一二月二五日に総理官邸において予算交渉会が開かれる[222]。

政府からは桂首相・曽禰蔵相・山本海相の三名が参加し、政友会からは院内総務主任の松田と、原の二人が出席した。院内総務ではない新人議員の原が政友会を代表して参加できたのは、予算委員長としての力量を多くの政友会議員が認めていた証左と理解すべきだろう。さらに周旋した伊藤の方針もあって、[223]前回とは異なり、政友会のみならず憲政本党の代表者である大石正巳と犬養毅の二人もこの交渉会に参列した。桂はこの措置に不満であり、後の回想では「予〔桂〕の考にては政友会総裁に向つて前段の議〔予算交渉会〕を協議したるものにて、両党首領等会談を欲したるものに非らず」と語っている。[224]解散後の選挙戦を意識する両党指導者が一堂に会せば、どちらも自党だけが党内の強硬論に反して政府に妥協することは難しくなる。この席で桂は閣議決定済みの譲歩案を提出して、具体的な金額論を話し合おうと試みた。[225]内閣側の譲歩案は、地租税率を市街宅地は五％に据え置く代わりに、その他の田畑等は三・三％から三・〇％に低減し（〇・五％分の増徴継続）、それに伴う不足額は鉄道事業の繰り延べや各省経費の節減によって補塡する計画となっていた。行財政整理の追加実施による財源捻出が盛り込まれた点では一定の譲歩が見られるものの、両党指導者は二・五％への地租復旧以外の案を一切拒否し、交渉は妥結することなく終わった。

おそらく桂の中では、この予算交渉会は政府と衆議院多数党の財政政策を中長期的に一定の範囲に収斂させる機能を持つものと理解されていたように思われる。たとえ特定の争点をめぐって政府と衆議院が激しく対立したとしても、その衆議院多数党に政権担当勢力としての自覚を求めれば、国家財政の制約を度外視した無責任な財政政策は提示しがたくなる。この「立憲的動作」という言葉からは、政府が妥協の動きを見せることで政友会も柔軟な姿勢を示すようになる相互作用を期待する含意が看取できないだろうか。そしてその予算交渉がくり返されれば、次第に桂と政友会の財政政策は近接していき、やがては桂が政友会総裁に後継内閣を譲ることが自然の流れとなっていくのではないだろうか。二五日の予算交渉会が決裂した際、桂は「政党の予算に対する成案を聞くを得ざるを遺憾なり」との心境を洩らしたようである。[226]確かに伊藤の対案には鉄道予算の圧縮という不人気政策が隠れていたし、内閣側は衆議院本会議においてその点を度々指摘していた。[227]だからこそ原は議会に予算編成権は無いとして、予算交渉会の場での対案の提出を拒絶した。[228]

しかし二八日の再停会明けに議会が解散されると、翌二九日の前代議士集会で原は予算査定の私案を演説して、鉄道事業費の抑制につながる鉄道益金による事業費の捻出方法を対案として公表している。[229]

二　予算交渉会方式による合意形成——第一八議会

桂と伊藤による妥協案の調整

第一七議会の解散によって明治三六年度予算案は廃案となり、第三期海軍拡張計画のためには総選挙後に特別議会で追加予算を成立させることが必要となった。この第一八議会において桂内閣は政友会との交渉を経て、無事に第三期海軍拡張計画を実現させる。そしてこの過程で伊藤博文の政党指導は行き詰まりを見せ、議会後には政友会総裁の地位を退くことになる。またこの第一八議会の交渉を通して、桂が政友会幹部と協議して予算を成立させていく予算交渉会方式が確立する。他方で政友会側は予算を協賛する条件として鉄道要求を一元的に政府に突き付ける交渉方法を見つけていく。これらは後の第二次桂内閣下で本格的に展開される予算交渉と鉄道要求のいわば原型として位置づけられる事象であった。

議会解散の直後から次の第一八議会に向けた準備は始められた。解散当日の明治三五年一二月二八日に政友会と憲政本党の代表者は会談し、前職者の再選を優先させるべく両党が協力する申し合わせを締結する。[230]これにより地租増徴継続に反対する前職が再選する公算は大きなものになった。したがって政府は、次の臨時議会でも地租増徴継続への強い反対論が起こることを予測して、他の財源捻出策も検討しなければならなかった。

まず桂は翌三六年一月二二日に伊藤のもとを訪ねて、解散後の善後策を話し合う端緒を開いた。[231]もちろん伊藤は地租増徴継続に反対し、行財政整理によって海軍拡張を図るべきとの持論をくり返した。そして伊藤は、桂の後任首相候補者は伊藤か山県の二人しかいないと述べ、「自分〔伊藤〕は全く心中を吐露すべきが、山県さへも政局に当れは常に自分に相談せさる事なし。足下〔桂〕も亦予を疎隔せず、予が力を藉る方得策なるべし」と言って、政権担当に意欲を示した。こうして伊藤の「力を藉る」糸口を見つけた桂は、特には具体的な財源論には触れずに、再会を約して立ち去っている。この会合は山県の仲介を経て実現したものであり[232]、それ以後も伊藤と山県は連日のように互いに往復して善後策を協議していた[233]。

桂が伊藤を訪問した翌日二三日には、今度は井上馨が桂のもとに赴いている[234]。井上は桂に対して、「自分〔井上〕は財政に付意見之在る処を伊藤に話したるも、之を以て政府を攻撃する之意に非ず、唯々同人之参考に供したるのみ」と弁解し、その翌二四日に「陳述仕候意見書は内密差出し候間、御一読被成下度候。尤如何なる御親友にも御示し不被下候様奉願候[235]」との書簡を付して、極秘裏に意見書を渡した。桂はその経費節減論の具体的な事項や金額についてメモを取りながら熟読したようである[236]。そして可能ならば第一七議会の開会前に見せてほしかったとの不満を洩らした書簡を添えつつ、二六日にその意見書を返送した[237]。こうして伊藤の財政政策を支えた井上意見書の内容を桂は極秘裏に知ることとなった。これが次期議会へ向けた妥協策作りに大きく寄与したのは間違いないことだろう。

そして桂は曽禰蔵相、山本海相、芳川逓相と協議を重ね、二月中旬には新たな財源捻出策を概ねまとめあげた[238]。その具体的内容は、この協議に加わっていた平田東助農商務大臣の手許に残った「臨時議会海軍拡張費財源案[239]」という書類によって知ることができる。まず議論の素案となったのは、第一七議会における予算交渉会で提出された地租増徴率を三・〇%に引き下げる案だった。しかしこの案はすでに政党側に拒否されていることから、この案が再び否決された場合には、さらに鉄道予算の一部を海軍拡張費に転用し、その不足額を公債募集などで補塡する計画が立てられていた。つまり地租増徴継続は断念し、鉄道事業費の一部を公債支弁に戻すという財源捻出策である。さらに別の書類には、この公債支弁に移す措置について「政府自から所信を変交〔更〕し提出し難きを以て、交渉の結果として議会より政府に向って要求せば、政府は是れに応諾するを条件となすこと[240]」との記載が見られる。これまで鉄道事業の普通歳入支弁化を推し進めてきた経緯もあり、桂内閣が自ら公債支弁に再び戻すことを提起するのは体面上難しい。したがって議会から政府に向かって公債支弁化の要求を挙げさせて、それに政府が応じる体裁を整えることが説かれていた。もちろん政党側も行財政整理の断行を強く唱えており、公債募集による財源捻出を表立って主張しがたい状況にある。そこで伊藤の政権担当意欲を逆手に取って、桂はこの財源捻出策で政友会を説得するように伊藤に依頼したのではないかと考えられる。

三月一日の第八回総選挙が近づいてきた二月二二日に、桂は伊藤と重要な会合を持った。会場には葉山の桂の別荘が選ばれ、そこには仲介役の山県の他、曽禰・山本・平田も列席した[241]。参加者を見る限り、ここで鉄道事業の一部公債支弁化などの具体的な財源捻出方法が話し合われたものと判断して大過ないだろう。翌二三日には山県から桂に宛てて、桂と伊藤の会見が円満に終わって安心した旨の書簡が送られている[242]。この後の第一八議会の最中に、原は「妥協条件は桂と伊藤の間に去二月末既に決定し居れりと桂の云ひたる口上」と日記に記しており[243]、おそらくこの会合を受けて伊藤は桂の立案した財源捻出策を支持して、政友会を説得する決意を固めたものと思われる[244]。

その政友会は第八回総選挙によって一八一名の議席を獲得し、引き続き第一党の地位を確保した。八四名の当選者を出した第二党の憲政本党と併せれば、合計で二六五名という全体の三分の二を超える議席数となった。両党の選挙協力も一定の成果をあげ、前職再選者は二四三名で全体の六四・六%を占めていた。こうして前回の総選挙で大量に当選した新人議員たちの多くが再選したことで、前回からの世代交代の流れがさらに確実なものとなった。ちなみに前回は激しい選挙戦を争った原も、今回は無投票で再選されている。これで自信をつけた政友会は「正義の命する所は仮令二回三回の解散を賭するも、敢て恐るるに足らざるの勇気を持し、飽迄初志を貫徹するの覚悟なかるべからざるなり」との勇ましい宣言を発表した[245]。

これに対して伊藤は桂との合意に基づき、次の第一八議会で政府と妥協すべく政友会の指導を本格化させていく。三月一二日に原と面会した際には経費節減は実現が困難であり、かつ再解散は政友会にとって不利だと説き[246]、また四月六日には来たる第一八議会で妥協するよう指示した[247]。その具体的な手順は以下のようになる。まず政府が地租増徴を三%とする案を再提出する。しかし政友会の反対を受けて撤回する。そこで政府から伊藤に交渉を申し込み、予算を工面して海軍拡張案を通過させる。これにより政府は海軍拡張を実現し、政友会は地租増徴を挫き、伊藤は調停者の面目を保つ。もちろん、この妥協案は、三者がそれぞれの不利益を享受することで成り立っている。政府は財源を地租から公債に切り換え、他方で政友会も行財政整理に反する案を容認することになる。つまり、鉄道事業の公債支弁化はやむを得ない措置であると抗弁する心理を政府と政友会の双方が抱いていたわけである。これを調停役の伊藤はどこまで理解できていたのだろうか。第一八議会での政友会の行動を「内閣を転覆せしめず、議会を解散せざる範囲[248]」に押し止めようと伊藤が強制しすぎると、内閣と議会の衝突の矛先は伊藤の身に降りかかってくる危険性があった。そしてこの懸念が後に現実のものと化すのである。

政友会は総裁の専制的指導を容認する政党であり、伊藤が妥協策の受け入れを決めた以上、少なくとも幹部層はそれに従わざるを得なかった。四月二六日に政友会総務委員は、さらなる行財政整理を求め、公債発行額を少額に抑えるという条件付きで、この妥協案を受け入れる決定を下す[249]。これを受けて伊藤は山県に宛てて「結局は妥協に終り候事と予測仕候[250]」と報告し、桂と山県も第一八議会の展開に明るい兆しを見出していた[251]。また五月一日には政友会の大規模な党組織改革が実施され、創立以来の総務委員制を廃止し、三〇名の協議員とそこから選ばれた五名以下の常務委員による新たな執行部が決まった。協議員長には末松謙澄が就任し、常務委員には松田正久、尾崎行雄、原敬の三名が選ばれた。この三名の常務委員はそのまま第一八議会の院内総務に就任し、ここに政党指導者と議会指導者が制度上一元化されることになった[252]。三名の常務委員は五月五日に大磯の伊藤を訪問し、続いて帰京して協議員会に出席して、政府との妥協策の受け入れを決めた[253]。そして七日には伊藤が上京して議員総会に出席し、政府との妥協策を容認すべきであると演説した[254]。

第一八議会の混乱

ところが第一八議会が始まると、当初に予定していなかった齟齬がいくつも生じ、桂と伊藤が事前に打ち合わせていた段取りは思い通りに進行しなくなる。その原因の一つには、舞台の指揮者として枢密顧問官の伊東巳代治が介在したことを指摘できる。今回も伊藤は大磯に滞在して議会の経過を見守ることを決め、その間に自身と政友会幹部と桂の三者間の連絡役として腹心の伊東を動かすことにした。そして政府が地租案を撤回した後に、桂からの交渉申し込みを受けて上京し、国家的観点からの調停者として事態を収拾させる計画を描いていた。しかし桂や政友会幹部と必ずしも円滑な関係ではなかった伊東は肝心の場面でミスを重ねてしまい、それ故に伊藤は大磯と東京を何度も往来する羽目になってしまう。

まず会計法第五条をめぐる問題が浮上した。追加予算の提出について定めた会計法第五条には、第一六議会での政友会議員による改正によって「必要避クヘカラサル経費及法律又ハ契約ニ基ツク経費ニ不足ヲ生シタル場合ノ外追加予算ヲ提出スルコトヲ得ス」という第二項が付け加えられた。この法改正を主導したのは石黒涵一郎であり、その意図は追加予算として扱える対象を限定させて行財政整理を推進することにあった。したがって石黒は、第三期海軍拡張計画などの新事業費は追加予算として提出できないという法解釈論を積極的に展開していった。(255) この論理に基づけば、政府の提出する第三期海軍拡張計画は第一八議会では全て削除される運命となる。そこで伊藤は、政府がさらなる会計法改正案を提出するように、伊東を通じて調整を試みた。(256) この指示を受けて伊東は政府と対策を話し合い、追加予算の対象範囲を拡大させる改正案を取りまとめた。(257) 政府としてはこの改正案の成立を前提として、追加予算案を議会に提出することになる。それには事前に政友会の賛成を取りつけておかなければならない。伊藤は協議員長の末松謙澄に命じて、政友会の支持を確定させようとした。(258) しかし五月一三日に開かれた協議員会ではこの改正案に異論が起こり、法改正ではなく法解釈の工夫で充分だという方針となった。(259) ともあれ、これで安心した伊藤は一三日深夜に大磯への帰路につく。そして伊東はこの状況を桂に伝え、翌一四日の朝、すぐに追加予算案を衆議院に提出させるように手配した。(260)

ところが、この伊東の見切り発車によって一四日になって混乱が生じる。伊東の指示通り、桂は追加予算案を議会に提出し、一六日から議事に入る日程が定まった。ところがその日の午後に開かれた政友会の議員総会では会計法第五条問題について議論が紛糾し、結論を出せずに散会となる。協議員会の決議を支持する立場、追加予算の対象範囲をさらに狭めようとする立場、逆に範囲を広げようとする立場の三つが入り乱れ、意見集約が難しくなったためであった。これに慌てた伊東は、大磯に帰ったばかりの伊藤に再上京を求めた[261]。伊藤は翌一五日の朝にすぐに東京に引き返し[262]、議員総会での決議を延期させた上で、なし崩しに追加予算案の審議を進めるように伊東を経由して桂に伝えた[263]。そして一六日の衆議院本会議で追加予算案はそのまま審議入りし、一七日に伊藤は大磯に戻っていった[264]。

こうして予算審議が始まると、次は桂と伊藤が交渉を開始する時機を見計らう段階となった。伊藤はそれを判断する役割を引き続き伊東に託し、桂もそれに同意していた[265]。ところが一七日に伊藤から賛同を得たとして、原が院内総務と内閣員で直接交渉を開くように要求し出した。議会中の政友会を指導する最高責任者の一員となった原にしてみれば、伊藤総裁が政府と交渉を始めるタイミングを政友会とは無縁な伊東が判断することは好ましくなかった。それ故に半ば強引でも妥協手続きの変更を請求した。そして伊東はこの申し出に応じ、原による変更の提案をそのまま桂に伝えてしまう。これで桂は不信感を強め、妥協策の進行は膠着状態に陥ってしまった。この原の提案は、地租案が委員会で否決されそうなので、予定よりも早めに撤回するよう政府に求めるものだった[266]。伊藤との交渉が始まる前に政府が先に地租案を撤回すれば、次に出される妥協案は追い込まれた政府の発案という外観となる。これで鉄道事業の公債支弁化は政府の考案となり、政友会はさらなる公債募集額の削減を迫れる立場を獲得するわけである。

これを受けて桂は、伊藤との事前の打合せを尊重する姿勢を示しつつも、同時に政友会幹部との予算交渉会を主軸とした解決方法も模索していく。桂は伊藤に再度の上京を促し、政友会を説得するように依頼する一方で[267]、伊藤の政党指導に見切りをつけて以下のような書簡を山県のもとに送っている。「元来議会は独立之行動をなし得るものとは乍申、其多数を以て議場を左右し得る政友会も、総裁伊藤侯爵と政府と約束仕候条件を、其部下たる政友会に於て総裁之意之有る処を顧みず行動致候も、所謂総裁独裁之精神は既に無に相成候。此上は唯々総裁をのみ頼み候訳にも難参、語を換て申候へは総裁不信任とも申候次第にて、政府は空を頼み居候訳にも難参候。就ては小生〔桂〕之決心〔即ち政府の決心は）は尚此上にも政府当然之態度を以て、侯に、政党に、殊に議会に対し、誠意を以て尽し候上は、不得止憲法之明示する最後之始末に出候外手段無之候」[268]。総裁である伊藤が政府と約束した手順を「部下たる」政友会幹部が守らないようでは、「所謂総裁独裁之精神」は形骸化しており、いわば「総裁不信任」の状態である。したがって政府は伊藤総裁との約束のみを頼らず、政党と議会に「誠意」ある対応を尽くし、それでも事態が好転しなければ憲法の明示する「最後之始末」に出るしかないと、ここで桂は力強く決意を述べている。第一六議会や第一七議会と同じく、「多数を以て議場を左右し得る」政友会幹部との予算交渉会を開催し、それでも合意に達しなければ憲法に則って議会を解散するという「立憲的動作」の意思表示として、この書簡の文脈を読み解くべきであろう。

こうして五月一九日の夜に、着京した伊藤のもとに桂・伊東・原が集まって、翌二〇日に予算交渉会を開くことが決まった[269]。すでに一九日の委員会で地租増徴継続案は否決されており、その本会議審議の行われる前が予算交渉会を実施できる最後の段階となっていた。この会合以後は、伊藤が直接、桂や政友会幹部と連絡を取ることになり、伊東は交渉過程から排除されていった。さらに伊藤は政友会の議員総会で紛議が起これば、自ら出向いてその鎮静を図るつもりだと明言した[270]。上京した折に伊藤は、「双方〔政府と政友会〕共に猜疑之念慮中間に介在し、相互に己の方面にのみ便宜を謀らんとし、国家の上より打算するの精神に乏しき様、鑑定するの外無之」と伊東に述べて、政府と政友会の対立をこの上京時に収束させる強い決意を明かしていた[271]。これは同時に、政府と政友会が共に抱いていた公債支弁化への後ろめたさが、その「中間」に入り込んできた伊藤への反発に転化する状況が生まれ始めていたことも意味した。

第一八議会における予算交渉会の開催

五月二〇日の予算交渉会では、地租増徴継続に代わる新たな財源捻出策が公表された[272]。参加者は桂首相・曽禰蔵相と政友会の院内総務三名であり、より公的な参加資格者のみで構成された形式となっている。そして海軍拡張費として約一億一五〇〇万円を一〇年間で捻出すべく、行財政整理で約一〇〇〇万円、電信電話の繰り延べで約五〇〇万円、鉄道事業の繰り延べで約四五〇〇万円を浮かせ、さらに五五〇〇万円の公債発行を実施することが政府から提案された。この鉄道事業の繰り延べは将来提出見込みとされていた富山・直江津間や舞鶴線、山陰線などの新規事業を対象としており、結局これらの事業は日露戦後の第二二議会まで実現されずに延期されていく。

予算交渉会の翌二一日からは三日間の停会となり、その間に政友会がこの案に賛成するかどうかが焦点となった。やはり政友会内からは妥協策への異論が噴出し、二一日の協議員会も議員総会も議決を行えずに各地方団体での協議に委ねられ、二二日には各団体から反対決議が相次ぎ、二三日も協議員や各団体の代表者は政府との再交渉を幹部に迫った[273]。地方団体からの再交渉要求の多くは、「公債額の多きに過るか故、成るべく減額されたし[274]」という主張であり、行財政整理の旗を降ろして公債政策に変節したように見られるのを嫌う心情に基づくものだった。しかし伊藤はこうした議員の行動を理解できず、党内の再交渉要求を拒絶する書簡を独断で桂に送り[275]、さらに二三日の議員総会に出席して公債政策の受け入れを強いる演説を行った[276]。こうして五月二四日の議員総会において伊藤の姿勢に反発した常務委員の尾崎行雄の退会が公表された後、妥協案を容認することが議決された[277]。これを契機として政友会では脱会者が続出し、第一八議会開会時の一八五名は閉会時に一六八名となり、さらに年末の第一九議会の開会時には一二七名まで大きく数を減らすことになる。

それでも政友会に踏みとどまる正当化の論理を議員たちに提供したのが、原による鉄道政策であった。伊藤・桂・伊東・原の四人が集まった五月一九日の日記に、原は「此席にて鉄道益金にて鉄道改良建設に充つる事に同意する旨、桂物語れり」と記載した[278]。そして二〇日の予算交渉会でも鉄道益金による鉄道事業の希望を伝え、二一日の議員総会で政府がそれに同意した旨を報告した[279]。妥協案受け入れを決定した二四日の議員総会では、石黒涵一郎が「妥協案に於る公債募集額は〔年額〕五百五十万なるも、鉄道事業は将来特別会計とし其益金を以て之に宛〔充〕ることに政府も同意したりとのことなれば、公債募集額も自然減少すべきものと見て然るべきや」と質問したのに対し、原が「然り」と答えた後に採決され、さらに「鉄道に関する建議案」を提出して次の第一九議会に具体案の提出を政府に求めることが原から提案されて賛同を得ている[280]。行財政整理を熱心に主張していた石黒が、この鉄道敷設方法の変更で公債発行額を減少できるとの論理を展開したのは、政友会議員の心理を象徴したものとして位置づけられよう。

もっとも鉄道予算を特別会計化しても公債募集の抑制には必ずしも直結しない。政府と政友会の妥協案に反対していた憲政本党からは「彼等〔政友会〕か公債募集に同意したる誹難を避けんとする遁辞にあらあれば彼等の迷想なり。鉄道経営を全然一般会計より分離して特別会計と為すとも、鉄道益金を普通歳入より取除きて生じたる欠陥を補塡する方法（公債募集法を除きて）を確立するにあらあれば公債募集は到底避け難きなり」という厳しい批判が浴びせられた[281]。それ故に政友会議員は、桂との予算交渉の場面において原や松田が鉄道要求を突き付けることに大きな期待を寄せていく。独断で政府との妥協に転じた政友会への不満を込めた「遁辞」という言葉は、一面の真実をついた表現であった。次の第一九議会が鉄道政策の具体案を審議することなく開会直後に解散となり、それから間もなく日露戦争に突入して議会審議の状況が大きく変化したことは、政友会議員にとって「遁辞」を持続できる点で幸運だったのかもしれない。

そして桂の側もまた伊藤の関与を公債政策の正当化の論拠とした。第一八議会の開会後から東京を離れていた井上馨に宛てて、政友会の支持を獲得した五月二四日の段階で桂は以下のような書簡を送っている。「財政上は漸次退歩之形に相成候へ共、是を大勢上より熟考仕候得は不得止義候。既に老閣〔井上〕に於かれ候ても無拠義との思召も承り候位にて、今後可成速かに財政之基礎を堅め候事に着手仕、再ひ進歩之方向に向け替へ候外手段無之候。御推察可被下候。此際伊藤侯と小生〔桂〕との苦辛は難尽筆頭、是又御推量可被下候[282]」。すなわち桂は、今回の妥協案は公債募集に依拠する財政上の「退歩之形」であるが、政党側の反発などの「大勢上」仕方のない措置であるとして、伊藤の関与を引き合いに出して井上に理解を求めていた。そして今後はなるべく早く「財政之基礎」を固めて、再び「進歩之方向」を目指すつもりだと述べている。

しかし最早「総裁不信任」と見なしていた伊藤の政党指導を、桂が今後も頼りにする意向だったとはやや考えにくい。再び「進歩之方向」に舵を切るためには、「多数を以て議場を左右し得る」新たな交渉相手を慎重に選んでいく必要がある。そして同時に政友会側にも、動揺しつつある伊藤の政党指導から離れて独自に桂内閣へ新たな要求を提示していこうとする動きが強まっていく。こうした変化の過程として、二四日の政友会の妥協決定後に展開される鉄道予算の交渉経過を、本節の最後に検討しておきたい。

予算支持と鉄道要求の取引

政府は前回で廃案となっていた鉄道一〇年計画の一部をこの第一八議会に再提出していた。一〇年計画のうち、約四五〇〇万円の将来提出見込みの新規事業は妥協案の繰り延べ対象とされていたが、第一期線の不足額として約四一四〇万円を計上した事業費総額の年度割改正案は提出され、併せて事業期限を八年間延長させる鉄道敷設法の改正が試みられた(283)。これらの審査期限が近づいていた五月二六日の衆議院本会議で、政府と政友会の妥協に基づく措置が次々に進んでいく。政府は公債募集額を増やした鉄道敷設法の改正案を緊急提出し、続いて原が登壇して政府の行財政整理の意思を確認するための質問を行い、「注文通り」、「狂言」との野次が飛び交う中、桂が行財政整理によって公債募集額をなるべく減少させる意向を改めて表明した。そして松田と原が連名で提出した「鉄道に関する建議案」が議題となり、原が政友会を代表してその趣旨を説明した(284)。この翌二七日には政友会所属の予算委員が集合し、政府提出の三七年度以降の鉄道予算は全て割愛することを内定する(285)。その方針に基づいて、同じ日の夕方に政府と政友会の交渉会が開かれた。政府からは桂・曽禰の他に山本海相と芳川逓相が出席し、政友会は原と予算委員長の栗原亮一が参加している。これらの出席者から看取できる通り、政府側はこの鉄道予算は妥協条件に含まれているとの解釈を採っており、特に芳川は強硬に協賛を求めていた。しかし次期の第一九議会に具体案の提出を求める建議案を出したこともあって、政友会側はそれを削除する方針を変えようとしなかった(286)。翌二八日の議員総会では、鉄道予算の削除方針が議決され、また鉄道敷設法改正案については年限を予め定める必要はないとする西谷金蔵の修正動議が可決された(287)。

ここでまたもや政府が伊藤に働きかけて、再交渉が開かれることになる。すでに伊藤は二五日に大磯に戻っていたが、二七日の夜に政府から再上京の要求が伊藤に発せられる。そして二八日に東京に着いた伊藤は、桂・曽禰・芳川と面会した上で、鉄道予算の協賛を政友会に促すことを約束する。この会談が行われていた最中には、原も総理官邸に来るように何度も伊藤からの催促が届くものの、原は議員総会中として頑に拒否した(288)。そして議員総会の最後において、原は「彼の鉄道改良及建設費は妥協条件には関係なきを以て削除したる次第なるが、政府は之を以て妥協条件に関係ありと主張し、目下之に就て交渉中なり、此交渉に就ては咄嗟の間一々之を諸君に諮る能はざるべきを以て予算委員に一任されたし」との同意を取りつける(289)。それから伊藤の指示を受けて原は政友会予算委員と協議し、鉄道予算を協賛する代わりに、「鉄道に関する建議案」に対する政府の支持を確実にする交渉を行う方針を決めた。同日夜に原・松田・栗原は桂との交渉に臨み、必ず第一九議会に具体的な法案を提出することを約束させた(290)。これで政友会は譲歩し、二九日に政友会の予算委員は鉄道予算の協賛を決め(291)、三〇日の議員総会で鉄道予算の協賛と二八日に修正議決された鉄道敷設法改正案の原案支持が決まった。また原からは「彼の鉄道建設費改良費の件に付其後更に政府に交渉を重ねたる処、政府に於ては本会〔政友会〕より提出せる建議を容れ、次期議会には必ず其法律案を提出すべしとのことなれば之に同意することに決せり」との交渉経過が報告される(292)。こうして五月三〇日に政府提出の鉄道予算と関連法案は衆議院を通過し(293)、翌三一日に妥協案に基づく鉄道敷設法改正案と「鉄道に関する建議案」はいずれも憲政本党からの反対を受けながらも衆議院本会議で可決された(294)。

以上の通り、確かに伊藤の働きかけで再交渉の端緒は開かれたが、実際の交渉は議員総会から一任されていた原が主導して行っていた。予算交渉の場面において政友会議員の希望を踏まえて原が鉄道要求を政府に突き付けるこのような交渉方法は、この第一八議会において初めて実施され、後の第二次桂内閣の時に一層本格的に行われていく。これは政友会幹部が党内の鉄道要求を一元的に扱うことも意味しており、第一五議会や第一六議会で見られた党内手続きを逸脱した鉄道要求の建議案はこの第一八議会では現れなかった。こうして原たち幹部は政友会を指導する態勢を整えていき、伊藤総裁から自律的に議会運営を行うように変化していった。この鉄道予算の交渉と軌を一にして、議会では憲政本党が大臣問責決議案を提出する動きを強め、[295] 政友会内でもそれに同調する声が高まっていた。妥協成立前から伊藤はこれを危惧しており、自らの去就問題になりかねないと政友会議員を威嚇した上で、桂にも「万一如斯違却之事有之候節は、解散なり停会なり御随意に御決断可被成候」と強気な発言を伝えていた。[296] しかし原は党内情勢を踏まえ、滞京中の伊藤に無断でこの問責決議案を修正通過させた。[297] これで面目を失した伊藤は、常務委員の辞表提出を望むと言い残して、三〇日の夕方に大磯に帰っていった。妥協容認の条件として多くの政友会議員の期待を集めた「鉄道に関する建議案」の成立を伊藤が直接見届けることはなかったのである。[298]

伊藤博文の政党指導の蹉跌

こうして第一八議会の閉会後に伊藤博文は政友会総裁の地位を去る。議会末期の伊藤の言葉に従って常務委員の松田と原は辞表を提出するものの、[299] もはや伊藤はこの問題を処理する意欲を有していなかった。それでも三七年度予算編成の困難を理由に桂からの政権移譲に期待する姿勢も見せていたものの、[300] その桂の辞表提出を契機とした策動に遭遇し、西園寺公望と相互に職を入れ替わる形で七月一三日に枢密院議長に就任する。自らの内閣組織を断念して今後は後進を推薦する立場になると決意した伊藤は、次のような表現で原に心情を洩らしていた。「大久保〔利通〕、木戸〔孝允〕、三條〔実美〕、岩倉〔具視〕の諸公は陛下に対して自分〔伊藤〕を十分に推薦したる結果は去十九年の大改革ともなりたるが、今回又身を犠牲に供して天皇の為めに捧げざるを得ざるの原因をなせり。[301]」かつて自らを引き立ててくれた先人の姿を想起し、それと現在の自分の立場を重ねることで、伊藤は今回の決断を正当化しようとしていた。長きにわたり政界の第一線で活躍した最高指導者が、ついに元老としての余生を送ることを選んだ孤独な心境を、ここから感じ取ることができないだろうか。

そして伊藤が懸念した三七年度予算案は、留任した桂によって滞りなく編成された。桂は「翌年度〔三七年度〕の予算の如きは第一縮少を旨とし、又一方内閣をも改造の必要あらん、此場合に於ては其の後任を造らず兼任にして行政整理をなしたる後、専任を造りて然らん」[302]との方針に則って、七月一七日付で内閣改造に着手した。これは第一八議会で問責決議案が通った平田東助農相と菊池大麓文相を更迭し、また病気の内海忠勝内相を辞任させるのに併せて異例の少人数内閣を作ったものだった。具体的には、曽禰荒助が大蔵大臣兼逓信大臣、児玉源太郎が内務大臣兼文部大臣、清浦奎吾が司法大臣兼農商務大臣をそれぞれ務めた。そして大蔵省の歳出削減策に基づいて行財政整理に取りかかり[303]、三七年度予算編成を進めていった。桂たちの進める「大鉈細工」[304]に山本海相が難色を示して曽禰と激しく衝突することも時にはあったが[305]、閣内で意見調整がうまく図られて[306]、九月一九日に三七年度予算案の概算は閣議決定された[307]。これを受けて桂内閣は九月二二日に再び改造され、専任の大浦兼武逓信大臣、久保田譲文部大臣、波多野敬直司法大臣を任命して、通常の閣僚数に戻した。このように兼任大臣を中心とする少人数内閣の凝集性を高めて予算編成機能を強化する方法は、後の第二次桂内閣において首相兼任蔵相で財政整理を推進した方法に相通じるものとして位置づけられよう。

第四節　日露戦争時の予算交渉

一　戦時議会の予算交渉会――第二〇議会

挙国一致体制の形成

第三期海軍拡張計画を成立させた後、桂内閣の直面した最大の課題はもちろん日露戦争であった。明治三七年二月から翌三八年九月までロシアと戦争状態にあった日本では、平時とは異なる論理に基づいて政治が行われた。例えば、それまでとは比較にならない巨額の軍事費をまかなうために、膨大な外債募集や二度の戦時増税など様々な財政政策が試みられた[308]。戦争中に外国の資本家から資金を調達する際には日本の国家財政が強固であると訴えることが重要であり、そのためには挙国一致の外観を整えて国民が新たな増税負担に耐える余裕があることを示さなければならない。その点で二度の戦時増税の成立には大きな政治的含意があった。もちろん過度の国民負担の増加は議会の不満を引き起こす危険性があり、それ故に挙国一致体制を維持するために議会と交渉して戦時増税の負担を受け入れさせる人物が重要な役割を担うことになる。日露戦争前からすでに確立していた桂と政友会幹部が予算案などを交渉する枠組みは、こうして戦時中の挙国一致体制においても有効に機能していった。

まずは開戦前の準備段階にまで遡って戦時下の挙国一致体制の形成過程を検討したい。明治三六年末の第一九議会は突発的事件で解散したので[309]、開戦の決断に際して桂が留意すべき存在は議会よりも元老だった。そして対外危機の高まりを受けて元老と内閣が協力する態勢が次第に整い、財政通の元老である井上馨と松方正義が開戦前の財政運営に関与することになった。

初めに第一弾の戦費調達方法として、明治三六年一二月二八日に勅令二九一号「帝国憲法第七十条に依る財政上必要処分の件」が発せられた[310]。この措置によって国庫債券発行などを財源として、約一億五六〇〇万円の軍備補充資金が捻出された。これを受けて阪谷芳郎大蔵次官[311]と松尾臣善日本銀行総裁[312]は、一億円の国庫債券を発行する準備を進めていく[313]。そして翌三七年一月一五日に松尾は興津の井上を訪ね、一月二一日に公債募集を発表する予定だと報告した。ところが井上は、イギリスを初めとする外国人にアピールするためには、募債発表から数日間で倍額の応募者が集まるように事前に国内金融界へ根回しをする必要があると述べ、「大蔵〔省〕之議論命令振之単純平時之慣習手断〔段〕」を強く批判し、自分が東京に戻る一月一九日頃まで公債募集の発表を見合わせるように桂に要請した[314]。おそらくこの働きかけによって二一日の募債発表は延期となり、二六日に元老と内閣による財政会議が開かれることになった[315]。この会議の場で阪谷と松尾が取りまとめた国庫債券の発行条件は、改めて協議されたようである[316]。そして後日開かれた銀行家との協議の席で、井上は松方と共に政府の公債募集への協力を訴えた[317]。こうして国庫債券の発行に関して、井上や松方の監視の下で政府当局者が着手する仕組みが整えられた。

また井上は外債募集の政策決定についても影響力を行使した。一月中旬に井上は桂に対し、外債募集交渉を担当する「フナンシャル、エゼント[318]」(financial agent)を英米に派遣することを提案した。そして人選の調整を経て、二月一〇日に日本銀行副総裁の高橋是清がロンドンへ派遣される財務官に内定した。[319] ところが、これと同時期に阪谷は別ルートでの外債募集も模索していた。阪谷のもとには添田寿一日本興業銀行総裁を経由して香港上海銀行から外債引受けの申込が届いており、[320] この事実を知って怒った高橋は阪谷に対して二股交渉への不満を顕わにしたという。[321]

そこで井上がこの調整に取りかかった。イギリス行きが内定した高橋は、井上のもとを訪ねた際に自らに募債交渉の窓口を一本化することを依頼した。[322] 井上はこの高橋の要望を聞き入れ、桂に大蔵省と協議するように促し、高橋の交渉権限についての関係者会議の開催を説いた。[323] この会議は二月一八日に諸大臣や日銀関係者、それに井上・松方の両元老が加わる形で行われる。[324] そして高橋の交渉権限が確定し、二日後の二〇日に添田経由の香港上海銀行の申込は正式に謝絶された。[325] 以上のように外債募集においても、井上は桂への直接的な働きかけを通して政府の政策決定に関与した。

これらの準備を経て、三七年三月に臨時議会である第二〇議会が開かれる。もともと大蔵省は内外債の募集を有利に進めるために、緊急勅令によって増税を速やかに実施する計画を立てていたものの、[326] この方法による増税には井上と伊藤博文が反対した。[327] いくら戦時中とはいえ増税には議会の協賛を求めるのが立憲制の正論だからである。しかしながら、四〇日から五〇日も間を開けて議会を開くようでは、公債募集に思わぬ悪影響を与えかねない。そこで桂は井上と相談して、憲法の規定によらずに短時日で臨時議会を召集し、増税案を即座に通過させる準備を進めていった。[328] 第九回総選挙が行われた翌日の三月二日に、同月一八日に臨時議会を召集する詔勅が発せられた後、井上は松方と共に臨時事件費の編成に携わり、[329] さらに伊藤と共に政府と政党代表者の仲介役を務めた。[330] これらの井上の精力的な働きによって、三月一五日に政府から政党代表者への予算案の事前説明が行われ、また一七日には政府と政党指導者の会合が井上邸で開かれている。[331]

第二〇議会での予算審議

この臨時議会の開催を当然ながら政党側は歓迎した。戦時議会の開催は日清戦争時にも実施されているが、今回は軍事費の協賛に留まらずに増税の容認も初めて求めるものだった。開会直前の三月一六日の政友会大会では、西園寺公望総裁が必要な軍費を負担する決意を明らかにした。その中で西園寺は、「挙国一致」を消極的に解釈して「附和雷同」と混同する風潮を戒め、「挙国一致の語の如きは之を積極的に解釈し、議会は議会の本領を明かにすることが必要であると考〔え〕る」と述べた(332)。同じ日に出された憲政本党の宣言書でも、「夫れ挙国一致とは上下心を一にするの謂にして後援は盲従の謂にあらず。当局者若し国民の意に背き、内に於ては濫施冗費を事とし、外に対しては折衝禦侮其宜しきを失するに当り、国民之れを不問に附するが如きことあらば、一致の本旨に戻り臣民の本分に背き国家の大事を度外にするものなり」と、この議会への意欲が表明されている(333)。

この第二〇議会において政府は、勅令二九一号による約一億五六〇〇万円の事後承諾と、約六八〇〇万円の増税等収入を盛り込んだ臨時事件費約四億二〇〇〇万円の協賛をそれぞれ求めた(334)。そして議会開会の三月二〇日に、桂は閣僚数名を従えて政友会・憲政本党の代表者との予算交渉会に臨んだ(335)。ここで従来までの形式を若干変えて、桂が二党との交渉会を開催した理由としては、井上を経由して政党側から両党の参加を要求する申込みがあったこと、それを受けて開会前から政府と両党指導者の会合が開かれていたこと、一三〇議席の政友会だけでは過半数に届かないので九一議席の憲政本党からも支持を得る必要があったこと、などが考えられる(336)。

この予算交渉会で桂は両党指導者と粘り強く話し合い、予算案への大まかな同意を得ることができた。この経過を山県に報告する三月二一日付書簡の中で、桂は次のように心境を述べている。「議会之本議場に於て彼是之議論湧出候にては、外国へ対し、殊に敵国に対し、所謂国民一致之点に於て、面目、否勢力を失し候歟にて、此無智之議員を相手には苦辛千万に御坐候。此辺に付ては此頃来小生〔桂〕之立場よりして充分彼是注意仕置き、尚昨夜も官邸へ参り候人々〔政友会・憲政本党の指導者〕には其辺申含置申候(337)。」このように戦時増税を衆議院に受け入れさせる予算交渉会の成果を誇った桂に対して、山県もその返信で「未曾有之時局に処するに非常之増税按を提出するは、軍国経営上不得止事に候処、両党員等種々異議と苦情を唱導し、屢御会合御痛心不尠候。乍去昨夜〔三月二〇日〕協商之結果、曲りなりにも纏

りたる趣、一段落相付御安心と存候」とのねぎらいの言葉をかけている。(338)

また桂の交渉相手として原敬も存在感を発揮した。前年の第一九議会前に総務委員に就任していた原と松田正久は、(339)この第二〇議会でも院内総務として議会中の政党指導に当たることとなり、(340)政友会を代表して予算交渉会に参加した。この場では、新規増税の中から塩消費税と絹布消費税を削除し、田畑等への地租増徴額二％を〇・二％分引き下げて、増税等収入額を六〇〇万円削減することで合意に至っている。この地租増徴率の修正は、政府提案の二％に対して憲政本党が一・五％増徴案を提示し、折衷案として一・八％に定まったものだった。(341)憲政本党の中では約二〇〇〇万円の削減を要求する声も存在し、政府との対立が拡大する可能性は決して小さくなかった。(342)このように政府と憲政本党の意見が異なる状況では、その両者と連携しうる政友会の意向が通りやすくなっており、原はそれを巧みに利用した交渉を展開していった。なお戦時中の非常特別税という趣旨を明確にするために、その効力を戦争終結後の翌年末までと明記する修正を加えることも、おそらくこの交渉時に合意されている。これは非常特別税法第二七条「平和克復ニ至リタルトキハ其ノ翌年末日限本法ヲ廃止ス」として衆議院によって挿入され、後に税制整理が課題となる日露戦後の議会において重要な意味を持つ条文となる。(343)

予算交渉会後の小波乱

この第二〇議会では、予算交渉会での合意内容を実現させる過程において、いくつかの小さな波瀾が生じた。それは桂との予算交渉に憲政本党が不慣れだったことにより起きたものだった。政友会と比べて、憲政本党では予算交渉会に参加する幹部が所属議員を統制する態勢が十分にできておらず、また予算交渉での政府への要求が過大になる傾向にあった。

まず煙草専売法案に関して、二〇日以後にも追加の交渉が必要となった。二〇日の交渉では、煙草の専売化に伴って事業者に支払う賠償金について、原案の三年分から四年分に増額させる合意が結ばれていた。ところが翌二一日にこの内容について両党からそれぞれ異論が出る。政友会の議員総会では大岡育造が交付金を三年間に戻すように再交渉を求める意見を述べた[344]。その日の夜に原は桂と面会し、この党内の意見を伝えている[345]。また同じく四年間への増額に関して、憲政本党の内部でも異論が生じていた。そこで二〇日の交渉会に憲政本党を代表して参加した箕浦勝人は、二一日夕方の大隈重信邸での園遊会において、四年間への増額は政友会の交渉委員が発議したものであると、二〇日の交渉会の経過をやや曲解して洩らしてしまう。これで憲政本党の不満はさらに高まり、翌二二日の議員総会でも同じく交渉委員の大石正巳が憲政本党の主張ではなかったと明言し、三年間の原案に戻すように決議される。こうして二二日の夜に桂と両党指導者の交渉が再び開かれ、三年間の原案への復帰が合意された[346]。二三日の議員総会でこの再交渉の結果を報告した原は、四年案は政友会側が主唱したものではないと説明し、そもそも交渉内容はお互いに徳義を守って他言しないことを約束していると述べて憲政本党の交渉委員を批難している[347]。

次に非常特別税案に含まれていた毛織物消費税について、二〇日の合意内容に背く委員会決定がなされた。三月二五日の委員会において毛織物消費税を削除しようとする動きが強まり、それに憲政本党議員の多くが同調して、一八名対一七名の一票差で削除された[348]。これで生じる歳入不足は約八三〇万円であり、それほど大きな金額ではなかったが、政府は他の増税案審議への波及効果を懸念していた。そこで桂が原と箕浦に面会し、翌日の本会議での原案復活を図るように依頼する。その席において原は、憲政本党の議員をきちんと指揮するように、箕浦に注意を促している[349]。これにより翌二六日の本会議では予定通りに原案復活の議決がなされた[350]。

さらに煙草専売法案に関して、またもや二〇日の合意内容から反する動きが現れる。この法案の委員会審議を通して、賠償額の算定方法を原案の所得高から新たに売上高に修正する意見が強まった。二四日の政友会議員総会でもこの修正意見が起こり、売上高を標準とすべきと議決され[351]、翌二五日の委員会において修正が加えられる[352]。これを受けて本会議審議の当日二六日の朝に、桂は原と大石と面会し、二〇日の合意に基づき原案での採択を求めた。大石は原案を支持するように党内指導に当たると明言したが、原はその実現可能性は低いと考えながらも、可能な限り尽力すると答えた。

その後の政友会の協議員会は原案復活を決めたが、やはり議員総会で異論が起こり、大岡の発案によって原たちが政府と再交渉することになった[353]。

二六日の本会議ではまず非常特別税法案が審議され、それに続いて煙草専売法案も議題となる予定であった。そこで政府と政友会の再交渉の時間を確保するために、衆議院議長の松田はやや強引に煙草専売法案の委員長報告を遅延させようとした。しかし憲政本党の議員たちがその議事運営に反対したことで煙草専売法案は即座に議論され、委員会修正のままで本会議を通過してしまう[354]。これは大石の見込みが外れ、憲政本党の内部で政府との交渉内容に背く動きが強まったためであった。やむなく桂はこの修正を受け入れることを決めた[355]。

以上のような煙草専売法案の扱いをめぐって、憲政本党では原に対する不満の声も上がっていた。議会が閉会した直後の政友会議員総会で、原はその様子を、「進歩党〔憲政本党〕に於ては煙草賠償問題に就て政友会の交渉委員は政府を威嚇して進歩党の交渉委員を欺いたり、並に悪名を進歩党に嫁せんとするの手段をとつたといふことを、報告書中に載せることを決議したと、新聞紙は伝へて居ります」と語っている[356]。これまでの桂との豊富な交渉経験を活かして原が巧みに交渉会での議論を主導したこと、その後塵を拝した憲政本党の交渉委員は党内の強硬論への対処を余儀なくされていたこと、などがこの事例から看取できよう。

二　戦時財政運営を介した桂内閣・政友会の提携――第二一議会

日露戦時の新たな財政問題

第二〇議会の閉会後から桂は政友会に接近する姿勢を強め、明治三七年末の第二一議会中には原に対して日露戦争後に西園寺公望へ政権を移譲する意向を伝えている。これは困難な日露戦時財政の運営を進めるために政友会の与党化を推し進めようとする意図でなされたものだった。この間の経過を以下では考察していく。

この二つの戦時議会の間には日露戦争の情勢変化に伴って、戦時財政の運営を難しくする新たな事態が起こっていた。

まず百三十銀行の救済問題が発生する。事の発端は大阪を中心に営業する百三十銀行が不良債権を抱えて取りつけ騒ぎになり、六月一七日に臨時休業に追い込まれたことにあった[357]。ここで井上馨が救済の必要性を主張した。井上は外債募集を必要とする時局柄、日本の財政や経済界が薄弱であるような「欧米人之懸念[358]」が広がるのを危惧し、政府の命を受けた日本銀行が低利で六〇〇万円を融資する再建計画を取りまとめた[359]。この措置によって七月一一日に百三十銀行は営業を再開した。

ところが法的根拠の不透明なこの融資は、多くの批判を招くことになった。原もまた井上が関与したこの措置に批判的であり[360]、憲政本党でもこの問題を追及する動きが現れ始めた。明治三七年七月一三日付の井上宛野田卯太郎書簡の中には、「百三十銀行救済一件そろそろ問題に相成候。進歩党〔憲政本党〕の如きは昨日の会議に於て委員相設け、本日日本銀行総裁を訪問救済金出処等質問致候」との文面がある[361]。野田は福岡県郡部選出の衆議院議員であり、実業家出身として三井家や井上馨と近い関係にあった。また長州出身の桂とも親しい間柄にあり、後には原の側近として東洋拓殖株式会社副総裁や逓信大臣などを歴任することになる[362]。野田の地元である福岡県には百三十銀行支店が六つあり、その破綻の影響を抑えるべく野田は奔走していた[363]。こうした野田たちの救済要請を受けた井上が、九州地方からの「苦情[364]」を桂に伝えたことで、一私立会社に対する不透明な公的融資が行われたという面もあった。それ故に野田は、政党内で批判の声が高まることを懸念していた。野田は「〔第二一〕議会前に解決置候方得策に可有之想像仕候[365]」と、井上から原へ働きかけるよう依頼した。この百三十銀行問題はその後も尾を引き、一〇月に入ってようやく一応の解決を見る[366]。しかし来たる第二一議会で政府の責任が追究される可能性は高く、桂や井上はその対応策を考慮しなければならなかった。この頃から第二一議会にかけて桂や原の間で野田が動く背景に、この百三十銀行問題が関係していたのは間違いないだろう。

さらに桂は三八年度予算編成でも難しい課題に直面していた。第二〇議会で協賛を得た約四億二〇〇〇万円の臨時事件費は三七年度分の軍事費に過ぎず、三八年度の臨時軍事費は別の予算案を作成して議会に改めて協賛を求めなければならなかった。その際に大蔵省は第二弾の戦時増税を検討し、井上に協力を求めていた[367]。井上はこの要請に快く応じ、桂に対して第二弾の増税の準備を促していった[368]。九月一〇日には井上と松方、桂や大蔵省幹部が集まって、内外債募集策や翌三八年度予算案、第二弾の増税案などを協議している[369]。

ところが、ここで山県有朋から陸軍拡張要求が提示されたことで、この予算編成は一層複雑なものになった。日露開戦後に参謀総長に就いた山県は、九月頃から陸軍拡張を目指す行動を起こしていく。まず山県は寺内正毅陸軍大臣と協議し[370]、続けて九月一六日に明治天皇に上奏した上で、桂・寺内・曽禰の三者に陸軍拡張案の速やかな採用を求めた[371]。この時に提出された「軍国意見書」[372]の中で、山県は戦争の長期化を見込んで陸軍拡張の必要性を説いている。山県は日露講和の成立を期待する説を批判し、シベリア鉄道の輸送工程の増加によって、ロシアの東洋派遣兵力は倍増したと警戒する。そして、それに対する日本の兵力はもはや余裕が無い状態であるとして、国民に新たな軍費負担を求め、さらなる外債募集を実施すべきだと主張した。これを受けて翌一七日には山県の意見について大蔵省との協議を促す明治天皇からの指示が届き、桂は曽禰に費用計算を、寺内に編制計画を命じて、閣議にかける手配を進めた[373]。

ここから三八年度予算案が確定するまで約一ヶ月の時間が必要となる。九月二一日に井上・松方を招いて総理官邸で開かれた財政会議は予算案を決定できずに終わり、寺内は日記に「其主なる理由は軍事費の予算未成に依る」と記している[374]。陸軍内の議論を経た三八年度の臨時軍事費は[375]、一〇月一四日の伊藤・山県・松方・井上の四元老と主要閣僚による財政会議の場で取り上げられた[376]。しかしこの後も協議は続き、松方・井上が臨席した二〇日の財政会議でも予算案はまとまらなかった。寺内はこの日も「十一時過首相より招かれ官邸に至る。折角予算の会議中にて井松二伯〔井上・松方〕、蔵相並に次官局長等あり。六億と七億の問答にてありし」と日記に記載している[377]。この財政会議での争点は大蔵省と陸軍拡張要求の間にあったと推測して構わないだろう。この後も経常予算の調整が続き、二日連続の閣議を経て、一〇月二三日にようやく概算は閣議決定された[378]。

桂による政友会の与党化戦術

これらの問題に対処しつつ、桂は政友会へ接近していった。政友会は第二〇議会の閉会後に執行部を大きく変化させ、総務委員であった原と松田がそろって辞任し、新たな総務委員には久我通久・大岡育造・元田肇・杉田定一・長谷場純孝の五人が就いた。代わりに原は協議員長となり、また松田も協議員の一員となっている。両者は今までとは異なり、協議員会を拠点として総務委員の行動を見守る立場となった[379]。それでもこの両人は桂との交渉役として党内で重要な地位にあり続け、年末の第二一議会において再び政友会の指導に関与することになる。

第二〇議会から間もない明治三七年四月一九日に、原は野田卯太郎と面会する。この野田と会った日の原の日記には「野田卯太郎、九州に帰るの途、梅田停車場にて面会、東京に於ける政況を聞く。同人、桂、大浦〔兼武逓信大臣〕並に井上伯に面会せし由にて其情況を談話せり」と書かれている[380]。それから八ヵ月後の一二月八日に、桂は原に政権移譲構想について言及する。それを聞いた原は日記の中で「今年三月臨時議会を終ると同時頃より、桂は野田卯太郎〔福岡選出代議士〕を通じて余に其意を知らしめ来りたるもの」と振り返っている[381]。これら二つの記述からは、春頃にはまだ信憑性の薄かった桂の意向が、一二月の段階になっていよいよ信頼に足るものに変わってきた様子を見て取れるだろう。

年末の議会に向けて、桂は以下の三つのルートを介して、政友会総裁の西園寺へ連絡を重ねていく。第一は井上馨であり、一〇月上旬から井上は野田を介して、桂と原の融和を試みていた[382]。その際には「桂西〔西園寺〕両雄の提携図すへし、果事成就するときは戦後西侯へ内閣渡すへくありたし」などの話が出ていた[383]。第二のルートは伊藤博文であり、桂は伊藤を通じて第二一議会での協力を西園寺に求めた[384]。そして第三に原と野田が連絡役となり、一一月一〇日に桂と西園寺の直接会談が行われた[385]。このとき桂は憲政本党には会合を申込まず、政友会との提携を強化する方針を示唆している。

その上で桂は政党との予算交渉をさらに重視する態度を示した。西園寺と会談した翌一一月一一日、桂は衆議院各派の代表者を招いて三八年度予算案に関する説明を行った。さらに一六日には井上邸で政友会・憲政本党の代表者を対象とする三八年度予算案の内示会が開かれる。この企画もまた原と野田を介して準備されたものだった[386]。議会開会前に政府から予算案が内示され、政党がその賛否を表明した上で議会に参加するこの仕組みは、これまで行われてきた予算交渉会を前倒しするものと位置づけられる。したがって一一月二六日の政友会大会における演説で西園寺がさらなる軍費負担を容認した意義は大きかった[387]。三八年度の臨時事件費は約七億八〇〇〇万円という巨額の予算であり、その中には第二弾の戦時増税等による収入として約八三〇〇万円が計上されていたからである[388]。

この桂の接近を受けて、政友会側でも原を中心に予算交渉が展開される態勢が少しずつ整えられていく。まず一一月七日の協議員会に五総務委員が出席し、そこで臨時政務調査会を設置することが決まる[389]。また同じ日に行われた憲政本党指導者との会合には五総務委員の他に原と松田も参列し、一一日の桂からの予算案の説明会にも総務委員と原・松田が出席している[390]。このように憲政本党や桂との交渉は、総務委員の専断事項にはならず、そこに原と松田も関与することが事実上固まっていった。そして一六日の予算内示会を前にして、一五日に四〇名からなる臨時政務調査会が設置される[391]。これも政友会の財政方針を、総務委員だけではなく、協議委員や臨時政務調査会も審議できるようにする狙いだったと推察される。一九日の総務委員会で一六日の予算内示会の報告がなされた後、続いて協議員会が開かれ、原が一六日の経過を報告した。そして概ね政府案を支持する方針が合意された上で、詳細は臨時政務調査会での協議に委ねられることが決まった[392]。このように協議員長である原は、従来の交渉経験を活かして総務委員と同格の党内指導を事実上行い、かつ協議員会や臨時政務調査会の議論にも影響力を行使できる立場を築きつつあった。一一月二七日の議員総会では第二一議会中の院内総務に総務委員が就くことが決まり、大岡育造がその主任に指名されている[393]。その前日の夕方から原は大阪に出張しており、この議員総会をおそらく意図的に欠席した。その後も原は、第二一議会での常任委員長の人選にも関与せず、今回は予算委員長にも就任しない意向を表明していた[394]。党内の公的な地位に就かずとも、事実上の指導が行える有利な状況が少しずつ形成されていたことが、こうした行動を支えていたと思われる。

第二一議会の予算審議

第二一議会は一一月三〇日に開会された。開会当時、政友会は一三七議席、憲政本党は九一議席であり、どちらも過半数に満たなかった。そこで今回も井上の仲介を挟んで政府と両党指導者による予算交渉会が開催されることが決まった。[395]桂から西園寺へ予算交渉会の開催が提案されると、政友会の交渉委員には院内総務主任の大岡育造、衆議院議長の松田正久、それに原敬の三名が選ばれた。[396]この交渉委員の役職を最大限活用して、原は第二一議会での政友会の指導に事実上携わっていく。この第二一議会からは衆議院本会議での座席配分が変化し、これまでの抽選結果に基づくものから、新たに党派別に配置されることになっていた。[397]そして第二弾の戦時増税の委員会メンバーは、各党派での按分比例ではなく、政友会と憲政本党の二党で独占する方式が新たにとられた。[398]

このように今回も政府と二党の予算交渉会が重要になることが判明すると、前回以上に憲政本党は存在感を発揮するために、増税案により大きな修正を加えるべきだと主張していった。一一月二六日に開かれた憲政本党大会において、大隈重信は政府批判の意味合いが濃い演説を展開している。[399]その内容を危惧した伊藤博文は、大隈の演説を批判的に紹介する手紙を桂に送り、外国人に与える悪影響を懸念していた。[400]この時の憲政本党の決議には「我党は政府の増税計画に相当なる修正を加へ、行政を整理して諸般の経費を節約し、其足らさるものは公債に依り之を補塡せしめんことを期す」という条項が含まれており、[401]この厳しい財政状況下でさらなる公債財源化を説く憲政本党の姿に政府関係者は不安を抱いていた。そして憲政本党の増税調査委員総会は、政府の地租増徴額の半額以上の削減や織物消費税の全廃、塩専売制の廃止によって、合計で約四二〇〇万円を削減する案を可決する。代議士総会ではこの案がやや緩和され、約三二〇〇万円の削減案が党議決定された。地租増徴について、政府案では市街宅地二〇%増、郡村宅地七%増、田畑等一・八%増となっていたが、憲政本党はそれを一二%増、二%増、〇・七%増へと大幅に引き下げることを提案していた。[402]

他方で政友会は党内の方針決定が難航していた。一二月四日に開かれた協議員会と臨時政務調査会には西園寺が出席し、七日に開催予定である政府との予算交渉会に向けて速やかな審査を行うように指示した。そして増税案を一括して審議する五名の特別委員と原・松田・大岡らによる会合が開かれて、急いで審査案がまとめられた[403]。ところが五日にその審査案が臨時政務調査会に諮られると、憲政本党でも全廃論が出ていた織物消費税について異論が起こり、それをさらに審議する特別委員会が設置される。六日の臨時政務調査会で織物消費税の特別委員会の審議結果が多数で可決されたことを受けて、同日午後には議員総会が開かれてそれらの審査案が議題となった[404]。ところが、重大な増税案の審査を急ぎすぎており、さらに二日間議事を延期すべきである、との動議が吉植庄一郎から提出され、これが賛成六七票、反対六四票で可決されてしまう。そして八つの地方団体から各二名の委員が選ばれて今後の進行方法が話し合われることになった[405]。原はこの延期動議の背景には、大岡たち総務委員に対する不信任の要素があったと分析している。こうして七日に開かれる予定だった予算交渉会を延期するように、大岡から政府と憲政本党指導部へ申し込まれた[406]。

この状況において桂は政友会への接近をさらに強めることを決意する。すでに憲政本党は多額の減税要求を提示しており、また政友会も新執行部が十分に議員団を統制できていない様相を呈してきた。このまま予算交渉会に突入すれば、政府と政党の間で思わぬ対立が生じる危険性もある。そこで桂は、六日午後から大岡のみならず、原へ直接連絡を取り、政府は政友会の財政方針と歩調を合わせる意向であるとくり返し伝えた[407]。この桂の接近を敏感に読みとった原は、翌七日に松田や西園寺と協議し、さらに伊藤博文を経由して桂の意思を確認しようと手配した[408]。そして八日午前の政友会議員総会に西園寺が出席して速やかに審査案を議決するように演説し、臨時政務調査会案はすぐに可決された。憲政本党との最大の相違点となる地租増徴は市街宅地一七％増、郡村宅地五％増、田畑等一・二％増でまとまり、合計で約九〇〇万円の穏健な削減論となった。その後に伊藤と会談して桂の意図を確かめた原は、八日夜に桂を訪問する。翌九日に予算交渉会の開催を控えたこの会合で、桂は日露戦後に西園寺へ政権を渡す意向を原に伝えた[409]。憲政本党との潜在的対立を踏まえ、予算交渉会前に政友会の支持を確実にしておきたい桂の狙いは明白であった。

一二月九日の予算交渉会は、長時間の談議の末に合意に達することができた[410]。最終的に合意した案は約一〇〇〇万円の削減であることから、約三二〇〇万円の憲政本党案よりも約九〇〇万円の政友会案に近い結論で妥結したと考えられる。地租増徴についても市街宅地と郡村宅地は憲政本党の主張を取り入れつつ、肝心の田畑等は一・二％という政友会の意見が採用されている。[411]翌一〇日の議員総会では、この交渉結果について原が自ら報告し、今後は約一〇〇〇万円の財源を捻出するために議会が予算査定を実施する段階にあると述べた。[412]こうして原は引き続き政友会の予算査定案も取りまとめ、それをもとに政府と交渉する役割も担っていくことになった。原は一一日に政友会所属の予算委員と協議し、一二日と一三日には憲政本党の交渉委員や桂らと交渉を重ね、一四日の議員総会において一五〇万円分の経費節減を行うことで合意を得た。[413]これらの予算交渉の最中の一二月一三日の議員総会では、原から「議院に於ける質問、請願、建議に対する効力を的確ならしむる為め其手続を改正するの件」が提議され、それを原たち交渉委員に一任することが議決されている。[414]これはすでに六日の協議員会で議題となっていた改革案であり、[415]院内総務よりも交渉委員が議会中の政党指導を事実上行っていた一例として位置づけられよう。

こうして第二弾の戦時増税を含む三八年度の臨時事件費などは無事に成立した。一二月一六日には政府との合意に基づいて予算案に修正が加えられ、それが一七日に衆議院本会議を通過した。事前に心配されていた百三十銀行問題は、政友会と憲政本党が共同で提出した批難決議が予算案採決前に採択され、同攻会の提出した問責決議への修正案は否決された。[416]以上の経過を踏まえれば、この議会での戦時増税を成立させるために、政友会の与党化をさらに推し進めた桂の方針は一定の成果を収めることができたと評価できる。

予算交渉会に参加した三つの主体は、この第二一議会の成果を対照的に位置づけている。まず憲政本党の議会報告書には、「妥協の結果は充分本党平生の主張を貫徹する能はさりしは遺憾とする所にして、敢て弥縫強弁せず」との記載がある。[417]これは予算交渉会で主導権を握れなかったことへの党内の不満を意識したものであろう。対する原は、「政友会今日の立場は絶対過半数なきも議場は政友会の意見通りにて左右し得るの位地にあり、政府は政友会に頼るの外なく、進歩党〔憲政本党〕も政友会と分離する事能はざる形勢となれり」という的を射た分析を日記に残している。[418]そして桂は第二一議会の審議が終了した二月二七日に井上馨に宛てて次のような書簡を送っている。「議会に於ては年来之宿題と相成居候財政諸法案等悉皆協賛相済、現在将来に関する国家財政上運用に至大之進歩を為さしむるの利器整理仕、此上は運用宜敷を得は国家経済之発達に多大之効用相顕可申候半と相考申候。議会も明二十八日を以て閉院式を挙けられ〔中略〕九十日間精励克く協賛之任を全ふしたるは憲法実施已来弥敷事に御坐候。此習慣を幾分か将来に残し置候はは、国務之運行上実に効少からさること候。[419]」すなわち桂は、第二一議会の成果を「国家財政」の「運用」における「至大之進歩」と位置づけ、議会側の姿勢を「憲法実施」以来の「弥敷事」として評価したのである。かつて財政上の「退歩之形」を余儀なくさせた議会側が、ここでは「進歩」の方向を目指す同伴者と見なされている。そして「年来之宿題」を達成した桂は、「此習慣を幾分か将来に残し置候はは、国務之運行上実に効少からさること候」と述べている。これを西園寺公望への政権移譲を意識した表現として読むことは十分に可能であろう。

第二章　日露戦後における挙国一致的内閣の模索

第一節　第一次西園寺公望内閣の成立

一　日露戦後財政方針の引き継ぎ

桂が主導した戦後体制形成

明治三八年九月に一年半にわたる日露戦争が終局を迎えた時、日露戦争前から進行してきた政治指導者の世代交代は確固たるものとなった。すでに元老世代は第一線から退き、内閣総理大臣の桂太郎が日露戦後の国家運営の中心に位置することは明らかであった。しかし講和条約の成立時において第一次桂内閣はすでに四年三ヶ月も続いており、これまでの最長政権であった第二次伊藤博文内閣の四年一ヶ月間を上回る日数を経ていた。そこで桂は、余力を残して日露戦後の政治指導に臨むためにも、第二一議会における内約に基づいて政友会総裁の西園寺公望への政権移譲を推進する。こうして明治三九年一月七日に、四年半以上続いた第一次桂内閣から引き継いで、第一次西園寺内閣が成立した。

政権交代の経緯から明らかな通り、この新内閣は桂の影響下に置かれていた。政友会総裁を首班とする内閣でありながら、政友会所属の閣僚は、西園寺首相、原敬内相、松田正久法相の三名にとどまり、先の第四次伊藤博文内閣がほぼ全ての閣僚を政友会員で占めたこととは対照的に閣内における政友会員の比率を下げた構成となっていた。その他の閣僚の中には桂の推挙による人物も含まれており、後で詳しく述べるように日露戦後の重要な政策課題である財政問題に対処する大蔵大臣には前内閣の大蔵次官だった阪谷芳郎が昇任した。ロシアとの講和条約が無賠償となったことで、日露戦後の日本は戦争時に募集した膨大な内外債の償還に取り組まざるを得ず、他方で戦時中に設定した種々の非常特別税に伴う国民負担の軽減・整理策についても検討する必要があった。戦時財政を率いた桂はこうした日露戦後の財政問題の困難と重要性をよく理解しており、そのために戦時増税に比較的理解のあった政友会の総裁に政権を譲り、同時に大蔵大臣を媒介として後継内閣の財政政策に影響力を残そうとしたのであった。

したがって第一次西園寺内閣には、日露戦時の挙国一致体制を継続する意味合いが込められていた。新内閣は桂を中心とする勢力と政友会が緩やかに連合を組んだ政権であり、それがこの内閣が二年半続く安定性を保持し得た理由であった。この内閣のもとでは国家指導者間で激しい対立を引き起こすような政策課題には取り組むことができず、それ故に政友会独自の個別利益要求も抑制される傾向にあった。すなわち、国家財政の制約により、政友会の積極政策を予算編成段階でむき出しに主張することは難しく、例えばこの内閣の鉄道政策は地方利益要求を直接的に充足するものでは必ずしもなかった。もっとも第四次伊藤内閣が予算編成過程ですぐに崩壊に至ったことと比べれば、第一次西園寺内閣は明治三九年度・四〇年度・四一年度の三つの予算を成立させることに成功しており、それにはこうした政友会の自己抑制が関係したことは間違いない。

このように予算編成過程での積極政策の直接的実現は困難でありながら、この二年半の間に政友会は勢力を順調に拡張し、政権末期の明治四一年五月一五日に行われた第一〇回総選挙に勝利して過半数を回復している。この逆説的な現象を説明するためには、内閣での予算編成過程のみならず、この間の三度の議会における予算審議過程にも目を向けなければならない。これらの予算審議過程に注目すれば、この内閣の期間には多数党主導の予算審査が慣例化していった傾向を見出せる。政府が提出した予算案が衆議院の査定を経ても一切削減が加えられず原案のまま通過するようになったのはこの第一次西園寺内閣期のことであり、これこそが政友会の台頭を促した大きな要因であった。こうした予算審議過程の変化は、同時に内閣での予算編成過程にも大きな影響を与えていく。これが第一次西園寺内閣期における漸進的変化を促し、政友会の勢力拡大に伴って当初の挙国一致的提携が徐々に解体していき、ついには桂との大きな対立が生じるようになる。

以上の観点からこの第二章では、第一次西園寺内閣期における予算政治の展開を各年度の編成過程と審議過程にそれぞれ注目して考察していく。第一節・第二節・第三節は明治三九年度・四〇年度・四一年度に対応し、各節一では内閣での編成過程を、各節二では議会での審議過程をそれぞれ扱う。ただし、明治三九年度予算編成は前任の第一次桂内閣の末期に行われたものであり、第一節一ではその過程を政権交代の進展に引きつけて見ていくことにする。

戦時財政から戦後財政へ

第二一議会が閉会した直後の明治三八年三月には日露戦争の最大の陸戦である奉天の会戦が行われ、激闘の末に日本軍は勝利を収めた。これにより開戦から一年以上経過した日露戦争もいよいよ終結が近づき、講和交渉を模索する動きや戦後経営に関する議論が少しずつ現れ始めてくる。そこで桂は、第二一議会の内約に基づいて西園寺公望への政権移譲を検討する一方で、議会閉会後から引き続き明治三九年度予算案の編成作業を進めていった。

もっとも、この段階では戦争が終わるかどうかはまだ不確定な状況であり、前年に続いてさらなる陸軍拡張要求が発せられていた。奉天の会戦が終わって間もなく、山県有朋は桂や曾禰荒助蔵相・小村寿太郎外相に宛てて「政戦両略概論」という意見書を送付した(1)。その中で山県は、ロシアは依然として高い戦争継続能力を持ち、講和の意思も薄く、「今回の戦争は尚数年に継続する者と断定せさる可らさるなり、前途悠遠なりと云はさるへけんや(2)」との情勢分析を述べている。そして日本の兵力や将校の補充が緊要であり、さらに奉天からハルビンに至る鉄道の複線化やその守備兵の増加、それらに伴う兵器の補充などを速やかに断行すべきだと説き、そのための費用の捻出を桂たちに要求した。山県はこの意見書をもとに寺内正毅陸相と協議し、六個師団の増設を強く主張していった(3)。

しかし、この軍備増強要求に対して大蔵省は消極的な態度だった。第二一議会で三八年度の臨時事件費六億円が成立したばかりにもかかわらず、陸軍側はすでに一億五〇〇〇万円の不足が生じる旨の通牒を大蔵省に届けており、その他にも不足額がさらに一億円増加すると内々に伝えていた。これらの追加要求に接した阪谷大蔵次官は桂に宛てて書面を送り、「右〔陸軍の要求〕は到底国力の堪える所にあらす。兎にも角にも財政の計画を立つるまで新計画の着手は見合あり度旨を以て陸軍省と交渉のつもりに付、自然交渉不調となれは茲に一場の衝突を免れすと存候。」と、厳しい姿勢で陸軍との交渉に臨む意向を明かしている。[4]そこで桂はこの問題を処理するために井上馨も交えて大蔵省幹部との協議を重ね、[5]臨時議会を召集する可能性について政友会と憲政本党の両党指導者に照会する姿勢を示しつつ、[6]最終的には講和交渉への着手によって陸軍拡張要求を抑えることにした。[7]

このように戦争末期での陸軍拡張案を阻まれた山県は、戦争終了後の満洲・韓国経営という新規課題に先鞭をつける方式で、この軍備拡張要求を持続させていく。講和交渉が決まった直後に山県は満洲視察旅行の許可を明治天皇に直訴し、[8]七月一四日から八月九日まで満洲と韓国に赴いている。[9]そして帰国した山県は、満洲経営概論、韓国経営概論、東洋政策の三編からなる「戦後経営意見書」を執筆し、講和談判中の八月にそれを内閣に提出した。[10]ロシアの復讐戦へ備えることを最優先課題とし、満洲や韓国での駐兵などを説くこの意見書において、山県は財政家による軍事費削減の動きをしばしば批難している。例えば、「已に満洲に有力なる守備兵を置き、韓国にも亦有力なる軍隊を駐屯せしむ其の経費の莫大なるは勿論にして、戦後の財政を論する者は恐らく其の大削減を主張すへく、甚しきに至りては要塞の新築修造兵営の建築等につきても異論の紛出するを免かれさるへしと雖も、斯くの如きは徒らに金銭の勘定を知りて国家の存亡を知らさるものと云ふへく、国家百年の雄図を策するものは決して斯かる軟弱の説に耳を貸す可からさるなり。」[11]と論じる。また別の個所でも、「戦後の財政を策するものは恐らく軍備の拡張に反対すへく、戦争の為めに莫大の軍費を支出し、新たに十余億円の国債を起したる帝国は、戦後に於て各種の経費に大節減を加へ以て財政の紊乱を防かさる可からす、軍備拡張の如きは其の堪ふる所に非すと云ふもの、思ふに多数の賛成を得へしと雖も、戦後に於ける軍備の拡張は帝国の存立上止む可からさるの大事にして、縦令ひ薪に坐するも亦之を実行せさる可からさるなり。」[12]と声高に唱えている。これらは陸軍の軍備拡張論が、時に対抗的な海軍の拡張要求も引き起こしつつ、今後の日露戦後において潜在的な政策課題として存在し続けることを示しており、その際には山県有朋は元老として陸軍拡張要求に過度に有和的な態度を取る可能性が高かった。

他方で明治三九年度予算編成における最大の課題は財政整理であった。日露戦時財政は莫大な内外債の募集や非常特別税によって辛うじて支えられたものであり、ポーツマス講和条約が無賠償だったことも相まって、日露戦後の国家財政には多大な制約が課せられた。桂から西園寺への政権移譲は、こうした厳しい財政状況を念頭に置かなければ理解できない。講和成立前の八月一四日に開かれた桂と原敬の会談では、桂が戦後経営問題での政権交代を提示したのに対し、原は講和談判の終了後か、もしくは次の議会が閉会した後という二案を出した。[13]この原の提案は、すぐに政権を譲り受けて三九年度予算編成の主導権を確保するか、それが実現困難ならば三九年度予算案を桂内閣の責任で成立させた上で新内閣がその次の年度の予算編成を主導するフリーハンドを残したいという意図に基づくものであろう。

これらの双方の主張を踏まえ、続く八月二二日の会談では、次の議会が開かれる前に政権交代を実施することで両者は一致する。そして桂は、新政権の発足時期はなるべく議会開会の直前にするのが望ましいと述べている。[14]次期議会が開かれる直前に政権が替わるということは、旧政権が編成した三九年度予算案を、新政権が議会に提出してその成立を図ることを意味する。すなわち新旧両政権は、日露戦後の財政方針を定める事実上の共同責任者の関係となるのである。八月二六日の会合では無賠償の講和条約になる可能性が桂から伝えられるが、原はそれを受け入れている。[15]こうして講和成立の直後から、桂内閣の編成した三九年度予算案が次の西園寺内閣に円滑に引き継がれることが、桂と原の間ではすでに合意されていた。講和条約に反対する日比谷焼き打ち事件の勃発に際して、政友会が講和条約支持の態度を貫いたことは、それ以前からの国家財政運営における提携を念頭に置いて理解すべき現象であろう。

この新旧両政権の財政政策の連続性を体現する人物が阪谷芳郎だった。第一次桂内閣の大蔵総務長官・大蔵次官として財政運営の責任者だった阪谷は、これから日露戦後の財政方針を決める重要な役割を務め、その履行を課題として第一次西園寺内閣の大蔵大臣に就任することになる。これが第四次伊藤博文内閣と第一次西園寺内閣の顕著な相違点である。第四次伊藤内閣は蔵相人事から混乱が生じ、それ故に予算編成作業の開始直後で崩壊に至ったのに対し、第一次西園寺内閣は蔵相の人選を自律的に行えなかったが、その代わりに桂からの間接的な支援を引き出せ、それが新内閣の安定的な基盤となったのだった。

阪谷は講和交渉の最終局面である八月下旬に戦後の内外債整理の方法に関する意見書を作成し、それを井上の閲覧に供している。(16) 同時期に作成されたと推察される「公債即借金の始末を戦後に於て着手すへき第一の要件とする件」と題された書類には、以下のような公債整理案が記されている。(17) 日露戦争のために政府が発行した額面一二億八〇〇〇万円の公債の大半は短期かつ高利であり、その償還時期が継続して接近することで困難が生じる可能性が高い。また金利が高く、公債価格が低い現状では、外国人は次々に公債を買い入れて外国に輸出するので、元利の支払いに大きな損失を与えている。そこで戦後においては何よりも第一に公債を整理して、少なくとも公債価格を額面以上に保つ政策を講究しなければならない。そして阪谷は、減債基金の設定や臨時国債整理局の設置、また新規事業や鉄道買い上げ用の公債発行の抑制などを強く提唱した。

さらに阪谷は、三九年度予算編成過程でこの財政整理方針を実現するために、井上の支援を要請した。九月一日に松尾臣善日銀総裁や水町袈裟六理財局長と共に阪谷は井上のもとを訪問する。(18) その折には先述の阪谷意見書に関連して井上から二冊の意見書が阪谷に秘密裏に渡された。しかし井上意見書を読んだ阪谷は後日、「真に尤なる立論なから国家は財政の為めに将さに悲みを極めんとするの今日、乍遺憾右〔井上意見書〕の立論に対し充分の満足を与ふるの余地なきことと愚考仕候。」と、井上の提案に否定的な反応を示す。そして調査の結果、内債発行も外債募集も難しい状況であり、「右〔内外債募が困難な財政状況〕の内情は素より大秘密の事には候得共、閣下〔井上〕より諸元老初め内閣諸公に御話をき被下候得は、大に将来の決覚悟と相成可申と存候。右の大困難を切り抜くるの策は唯た断の一字に在るのみ。依て先日も申上候如く至急国債整理局を設立し政府の決心を内外に明かにし、以て多少の安心を与へ同時に民心を一転し奮発勉強の念を発揮せしむるの策を講すること、最も肝要と存候。」と述べて、緊縮財政方針を断行する必要性を強く訴えた[19]。

この阪谷の求めに井上は応じ、速やかに元老や閣僚に働きかけることを約束した[20]。井上は大蔵省の会議に加わり、曽禰蔵相に整理方針の取りまとめを急ぐように督促し、自ら閣議に参列して困難な財政状況を説明した[21]。日露戦争という国家的危機下においては元老である井上馨や松方正義の発言力は一時的に増すものの、戦後には再び大蔵省が予算編成を主導する平時の仕組みに戻り、そして予算案を議会に説明できる政治指導者の役割がまた重要となる。上記の阪谷と井上の意見書の往来からは、財政政策の立案者が元老ではなく大蔵省へ移行し、平時に復帰していく様子を看取できるだろう。こうして財政整理に関する調査が順調に重ねられ、阪谷は新設の臨時国債整理局長に任命された[22]。

前内閣と新内閣の連続性

桂は日露戦後の初年度にあたる三九年度予算編成作業の進展にあわせて、後任の西園寺内閣への円満な引き継ぎを進めていく。まず桂は、既述の陸軍拡張要求を踏まえ、戦時に膨張した陸軍費を再び戦争前の水準に戻すために、寺内正毅陸相と協議を重ねた。そして、新たな内閣に寺内が重要閣僚として留任することを前提として、各省経費は戦前のものから一切増額しないことや、戦時に設定された非常特別税を継続して国債整理基金や軍備・商工業の発展に使用することを話し合っている[23]。他方で桂は原に予算編成の状況を伝え、この軍事費の決定までは責任をもって自ら担当する意思を明かしている[24]。

その後も三九年度予算案の概算に関する会議はくり返され[25]、陸海軍費の決定がいよいよ近づいた一一月七日に桂は原に来訪を求めた。その席で桂は、予算編成や日韓・日清交渉の進捗を説明した上で、西園寺から政権受諾の確約を得るように原に催促した[26]。その様子について桂は後日、西園寺への移譲交渉を内密に教えていた台湾総督府民政長官の後藤新平に宛てて、次のように表現している。「兎に角計画通某〔西園寺〕に向ひ引受方を申入れ、充分計画実行出来候見込立承諾を得は勿論実行可致、自然実行六ッヶ敷との回答に接せは、然らは此際我に服従するか、若し之をも難きときは相互に承諾之上開〔解〕散するの外、手段有之間義をも申聞せ、恰も三十五年春畝侯〔伊藤〕と老生〔桂〕と互に協議の上、実行したる手段に出つるの外、他に策有之間敷候。」[27]すなわち桂は、第一章第三節一で論じた明治三五年の第一七議会の事例に引きつけて、西園寺に「計画」の引き受けを申し入れたと言う。そして「計画」を実行できるという承諾を得れば政権交代を実行し、それが難しいという回答ならば次期議会において「我に服従する」こと、すなわち予算案を支持することを迫り、それも難しいならば「相互に承諾之上開散する」しか手段が無いと言明したと説明している。桂の視点では、この政権交代は日露戦争前の議会でくり返されてきた予算交渉会方式の延長に位置づけられ、政友会には国家財政運営の共同責任者としての期待が寄せられていたのであった。

このように政権交代の最終局面に向けた段取りを整えると同時に、桂は陸軍の要求を抑えて大蔵省の計画に則った予算案に束ねるように指導力を発揮した。一一月一三日には総理官邸で三九年度予算案と臨時事件費に関する協議が開催される。[28]同じ日に山県は寺内に書簡を発し、「平和後今日之（予算）御会議は実に御困難中之一大困難と被察候。勿論軍事上之儀は殊に困難之論議百出可致と存候得共、将来国家之大計を不誤様高配所祈候。」と予算会議での寺内の奮闘を促していた。[29]山県はその二週間後にも寺内に書簡を送り、「予算に付ては終始御苦心不少儀に察申、百事大陸政略を根拠とし百般政治之基礎及ひ目的を立不申ては、将来頗る困難を惹起し可申、総て内外政策上御注意不堪希望候。」と、「大陸政略」を根拠として予算獲得を目指すように寺内を激励した。[30]こうした陸軍側の拡張要求に接していた桂は、予算会議での状況を以下のように後藤に事後報告している。「予算は先日伊勢大廟御参拝御発輦の前日〔一一月一三日〕、夜に入るまで議論したる後、老生〔桂〕が例の三十五年借金出来そこないの時の筆鋒にて、右に行くか左に行くかの問題を提起し為めに安落を付け申候。大体に於ては大蔵省計画之範囲に終結致させ候。」[31]ここでも桂は「三十五年」の事例を引き合いにして、「大蔵省計画之範囲」に予算要求を抑制できたと誇っている。元老として陸軍拡張要求を支援する山県の意向が桂によって抑えられた状況を、これらの書簡から読み取ることができよう。

そして原から西園寺の受諾の返答を聞くと、桂は小村外相が帰朝する一二月中旬に退陣する段取りを固め、一一月末日に三九年度予算案の概要を公表した[32]。他方で政友会では政務調査会を中心に三九年度予算案の調査が急いで行われ、新内閣への引き継ぎが加速した[33]。この予算案では陸軍の要求を部分的に取り入れ、戦時に特設された四個師団を戦後も維持することが決まっていたが、この措置について井上は軍事費の削減が不十分だと原に不満を漏らしていた。しかし予算案を引き継ぐ側の原は、桂なりに精一杯の抑制に努めた結果だと認識し、井上の批判には必ずしも同調しなかった[34]。これは山県の陸軍拡張要求と井上の財政整理要求を調整してきた桂の立場をよく表していよう。また講和成立の頃から立案が進められてきた鉄道国有化計画も桂内閣の末期において閣議決定がなされ、新内閣が第二二議会に提出する運びとなった[35]。

こうして新旧両政権の間で戦後財政方針が引き継がれ、それを一層確実にするために阪谷が蔵相に昇進する人事が固まっていった。政権交代に向けて桂と西園寺が直接面会した一二月一九日に阪谷は井上から蔵相就任の説得を受け、また翌二〇日には伊藤から、そして二二日には曽禰と桂から、それぞれ入閣を勧められる[36]。早くから西園寺も阪谷蔵相案に同意しており、それを聞いた井上は阪谷に再度の説得を行っている[37]。自身への広範な支持を確認した阪谷は二六日に松尾臣善と入閣について相談し、三〇日の桂からの再度の説得を受けて、翌三一日に若槻礼次郎に大蔵次官への就任を求めている[38]。こうして年明けの明治三九年一月二日に阪谷は西園寺と会談し、翌三日には西園寺・桂から改めて入閣の条件を聞いた上で蔵相就任を内諾した[39]。上記の経緯からもわかる通り、桂はこの阪谷蔵相案に積極的に関与しており、一月四日に井上に宛てた書簡の中でも「財政方面も坂〔阪〕谷氏引受候事に相成、先つ計画丈けは継続いたし候事に候間安神仕候。併坂谷は随分難局に立たしめ気の毒千万に御座候。昨夜西園寺、坂谷両氏と会合仕、克々前来之事を申聞候」と、財政計画の継続に安心すると共に、阪谷を通じて後継内閣の施政に影響力を残せた経過を語っている[40]。

また桂は他の閣僚の人選についても西園寺に多くの意見を述べ、「殆んと新内閣組織之手伝人とも可申有様[41]」と自称するほどだった。中でも後に重要な意味を持つのが、鉄道政策を所管する逓信大臣に山県有朋の養子である山県伊三郎が選ばれたことである。この時も桂は西園寺の意向を受けて、山県伊三郎へ入閣を促す説得工作に深く関与していた[42]。前の第四次伊藤内閣では逓信大臣は星亨が務め、その後任には原が就いていた。しかし今回の第一次西園寺内閣ではここに政友会員が就任することは難しく、第一次桂内閣の内務次官だった山県伊三郎が登用されることになった。新内閣の鉄道政策には桂の影響力が残され、政友会の積極政策を直接的に実行に移せる態勢とは言いがたかった。こうして桂の主導した日露戦後体制の形成は、明治三九年一月七日の新内閣の発足によって完了した。

二　挙国一致的内閣期の予算審議過程——第二二議会

挙国一致による日露戦後経営

新たに成立した第一次西園寺内閣は、すでに前年一二月二八日に開会していた第二二議会に即座に対応しなければならなかった。第二二議会は開院式を経てから一ヶ月ほどの休みに入っており、一月下旬に新しい総理大臣による施政方針演説が行われる予定となっていた。休会期間とはいえ議会開会中の政権交代は初めての事例であり、新内閣は旧内閣の編成した予算案について議員から質問を受ける複雑な立場にあった。そこで新政権は、日露戦時中の挙国一致体制を維持すべきであるとの論理を用いて、前政権からの引き継ぎを正当化しようと試みていった。

議会再開を目前に控えた一月二〇日の政友会大会では、病欠した西園寺総裁の演説が壇上で読み上げられた[43]。「余〔西園寺〕は昨年〔明治三八年〕三月、帝国議会の終を告ぐるに際し、本会の代議士総会に於て、挙国一致なる語は唯戦時中に必要なるのみならず、此四大文字は平和克復の後に於て殊に大切なることを諸君に告げたり。而して今や挙国一致以て戦後経営の大計を立て大に経綸を行ふべき時機に到達せり。而して挙国一致の実を挙ぐるは大に襟度を広くし、苟も意見の投合する所は其政党政派の何たるを問はず之と歩調を一にし、以て国論の一途に帰することを努めざるべからず[44]。」すなわち西園寺は、第二一議会後の演説を引き合いにして、「戦後経営の大計」を「挙国一致」で実行するために、「政党政派の何たるを問はず」に「意見の投合する」人々との協力関係を重視する姿勢をここで表明している。この挙国一致による日露戦後経営という方針は、一月二五日の施政方針演説でも度々くり返されている。(45) そして戦時中から桂が行ってきた予算内示会に倣って、一月一七日には貴族院・衆議院の各団体の代表者に対して阪谷蔵相から予算案の説明がなされた。(46)

この挙国一致による日露戦後経営という方針は、第一次西園寺内閣の特徴を顕著に示している。すでに言及した通り、新内閣は政友会総裁を首班に仰ぎながらも桂の協力を欠いては政策を遂行しにくい状態にあった。また日露戦後の財政運営には膨大な内外債務という制約が課せられ、政友会が元来の主張である積極政策を大胆に実施できるような財政資源は乏しかった。そこで政府は戦時中の負担の継続を諸方面に求めざるをえず、その痛みの配分を正当化する時の論理として挙国一致概念を用いたのである。

もちろん政府側が挙国一致体制の維持を提唱しても、それが常に持続されるとは限らない。すでに第二一議会の頃から第二弾の戦時増税について消極的な態度を示し始めていた憲政本党は、この第二二議会を前にして数年間の政友会との提携を断絶し、西園寺内閣へ対決する姿勢を鮮明にしていった。両勢力の対立はまず常任委員の選定方式をめぐって顕在化する。予算委員などの常任委員は戦時中には政友会・憲政本党の両党が独占しており、憲政本党を率いる大石正巳や犬養毅は今回も予算委員を両党で占めるように主張した。しかし政権与党である政友会は、挙国一致による戦後経営を進めるべく、今回から各団体での按分比例に変更するように求めた。これは桂内閣末期に結成された親桂内閣勢力の大同倶楽部へ配慮した提案である。この交渉は妥結に至らず、それを理由にして政友会は憲政本党との提携を止め、代わりに大同倶楽部との事実上の連携を深めていった。(47) 一月二五日の議会再開時における議席数で言えば、一四九名の政友会と七五名の大同倶楽部が政府を支持し、九八名の憲政本党がそれに対峙し、その他に三六名の政交倶楽部と二一名の無所属議員が存在する状況となっていた。これは前内閣との連続性を挙国一致概念で正当化しようとする新内閣の方針が具現した結果であり、このように政友会と桂系勢力の緩やかな提携の上に位置する第一次西園寺内閣の特質を、本書では挙国一致的内閣と呼ぶことにしたい。

第二二議会の衆議院予算審議

戦時中の挙国一致体制の持続と変容を目指す動きがそれぞれ見られる中、日露戦後の財政方針を規定する予算案とその関連法案がまず衆議院で審議入りした。政府は四億九〇〇〇万円の三九年度予算案の他に、四億五〇〇〇万円の臨時軍事費の追加案と五〇〇〇万円の三八年度予算の追加案を提出した。また公債整理のために毎年度に一億一〇〇〇万円以上の資金を国債償還に充てる国債整理基金特別会計法案と、約一億六〇〇〇万円の歳入を確保するために日露戦時に設定された諸税を継続させる非常特別税法中改正法律案も、予算関連法案として併せて審議されることになった。これは関連する内容であり、特に非常特別税の継続案が不成立の場合には、予算案本体に多額の歳入欠陥が生じる恐れがあった。したがって最大の難関はこの非常特別税の継続案であり、これに反対する憲政本党と政府との間で激しい論戦が展開されていった。

非常特別税の継続について政友会は難しい立場に置かれていた。なぜならば日露戦時の第二〇議会において政友会は憲政本党と共に「平和克復ニ至リタルトキハ其翌年末日限本法ヲ廃止ス」という第二七条を加えた経緯があり、それを政権担当後になって恒久的にしようとすることは公約違反だという批判に接したからである。政友会の内部でも継続案には異論が生じており、その対策として将来的な減税を含意する税制整理のための調査委員会を設置する構想が浮上する。そして、この構想を盛り込むことを条件にして、まず非常特別税の恒久化と国債整理基金の設置案の二つを通過させる方針が一月二九日の閣議で決まった。(48) その後この方針は政友会の幹部に諮られ、次に協議員会と政務調査会で合意された上で、二月二日の代議士会で両案の原案通過が議決される。(49) これを受けて院内総務の長谷場純孝と元田肇は憲政本党と大同倶楽部との交渉に取りかかった。(50)

この調査委員会構想は二月五日の非常特別税法中改正法律案の委員会で表明された。冒頭で質問に立った大同倶楽部の横田虎彦は、「近き将来に於て、或は即ち一年とか、二年とかと云ふやうな間に於て、政府は十分に之〔改廃を要する税法〕を修正して、更に議会に問ふと云ふ御決心があるは、新聞紙などの伝ふる所に依ると、或は特に之がためには、調査規定と云ふものを設けて、さうして十分なる調査をして、さうして或期限の間に案を具して議会に附すると云ふやうな意見もあると云ふことも、新聞紙などに出て居ります。果たして当局者に於ては、左様な決心があるか、即ち是を十分に実行すると云ふことの決心があるや否や〔後略〕」と問いかけた。[51] 阪谷蔵相はこれに対して「政府に於きましては、相当なる調査の機関を設けまして、之を十分に調査し、其結果に依って、更に審議を加へまして相当なる整理の方法を立てる見込であります。」[52] と答えている。そして、この日の審議を踏まえて、大同倶楽部から政友会に交渉が持ちかけられる。翌六日の政友会代議士会で承認された方針に基づき、[53] 七日の委員会において阪谷は税制整理の調査期間を二年以内とする答弁を行った。[54] これで大勢は決し、同日に国債整理基金特別会計法案と非常特別税法中改正法律案は委員会を通過する。[55] 翌八日の本会議では先に国債整理基金の設置案が賛成二三〇人、反対一一七人で可決され、続いて懸案の非常特別税の継続案に移り、再び横田が登壇して二年以内に税法調査を終えるという阪谷の答弁を確認するやりとりがなされた後に、賛成二二二名、反対一二五名で原案が可決された。[56]

以上の経緯により、新内閣の政権運営には新たに二年間という時間枠が設定された。過半数を大きく下回る議席数の政友会は単独で議決を押し切れず、挙国一致による戦後経営という論理を駆使して大同倶楽部との提携を模索しなければならなかった。その際に二年以内の税制整理の実施が提携条件として内約されたことの意義は決して小さくない。これは政権与党の政友会側から見れば、さらなる財政負担の増加を引きおこす減税の実施を二年後に先送りできることを意味し、さらに戦時中の第二〇議会で憲政本党と提携した際の戦後に廃止する条件から態度を大きく変化させる理由として大同倶楽部との交渉結果であると主張できることになる。これで新内閣は少なくとも次年度に関しては減税せずとも大同倶楽部からの緩やかな支持を期待できるようになった。そして政友会はこの二年間で勢力を順調に拡張し、税制整理の期限となった二年後には大同倶楽部との提携を打ち切ることを選んでいく。

こうした歳入に関する議論とは対照的に、予算案の歳出については削減事項も少なく、穏やかな査定が展開された。減額対象の一つは臨時事件予備費であり、そこで浮かせた五〇〇万円を生産的事業費に充当するように政友会は主張した。[57]この大部分は製鉄所拡張四ヵ年計画と鉄道改良の費用に充てられ、後から提出された追加予算として成立する。これは金額の規模は小さな修正だが、予算審議と予算編成を連関できる政権与党の有利さを誇示する点で重要である。通常、議会の予算審議の権限は政府の提出した予算案を削減・修正することにとどまる。しかし、政権与党の場合には、その削減した費用をもとに、新たに予算案を追加予算として提出するよう政府に働きかけることが可能になる。これにより議会での予算審議を通して、内閣の予算編成にも間接的に影響力を行使できる。この五〇〇万円の修正は予算全体に占める割合としては微々たるものだが、次年度以降の予算編成過程に与えた圧力は決して小さくなかった。

第二二議会での貴族院予算審議

こうして予算案と関連法案は衆議院を通過し、続いて貴族院での審議を迎えた。政友会総裁を首班とする新内閣にとっては、衆議院のみならず、この貴族院の審議が乗り越えるべき関門であった。かつての第四次伊藤内閣も増税案について貴族院の激しい抵抗にあい、それが短命政権に終わった一因になっていた。しかし今回は挙国一致による戦後経営を新内閣は唱えており、桂内閣の閣僚経験者などの協力も得て、予算案と関連法案を無事に成立させることができた。ここでも挙国一致概念は貴族院からの支持を引き出す上で一定の機能を果たしていた。

もっとも貴族院議員の一部からは非常特別税の継続案に厳しい批判が寄せられた。本会議で提案理由を阪谷蔵相が説明した直後に登壇した伊達宗敦は、かつて大蔵次官として臨時の非常特別税法の成立に尽力した阪谷が今度は大蔵大臣として恒久化を提案することの責任を詰る質問を行った。伊達は非常特別税法案の採決直前にも再び壇上に立ち、前内閣が戦後に廃止すると議会に公約した責任を阪谷蔵相が受け継がないと言うのは不誠実だと厳しく糾弾している。[58]これらの批判は阪谷の困難な立場を的確に指摘するものだった。また委員会審議では、衆議院で阪谷が税法調査の期間を二年以内と表明したことを確認する質問が曽我祐準や澤原俊雄から出された後に、それを逆手に取って非常特別税の継続期間を二年間に制限する修正案が曽我から提出された。これも政府にとっては手強い修正意見であり、西園寺自らが状況の変化を理由に恒久化を求める答弁を行っている[59]。それでも前内閣員の協力もあって研究会と茶話会は原案支持の態度を固め[60]、曽我の修正案は委員会では三名対一〇名、本会議では五七名対一八二名で否決された[61]。もう一つの懸案である国債整理基金特別会計法案は、この非常特別税法の改正案の前に採決され、委員会での全会一致通過を受けて、速やかに可決されている[62]。こうして重要な二つの予算関連法案が成立し、それから予算案本体の審議も順調に進み、三月六日に貴族院本会議を衆議院の査定のままで通過した[63]。

こうして日露戦後の財政方針を規定する三九年度予算案とその関連法案は大きな修正が加えられることなく成立に至った。衆議院の憲政本党と貴族院の一部などを除いた広範な勢力に支えられて、第一次西園寺内閣の打ち出した挙国一致による戦後経営の端緒は開かれた。

鉄道国有法案の審議と鉄道要求

予算案と関連法案の衆議院通過を受けて、続いて政府は鉄道国有法案の提出準備を進めていった。まず閣内では加藤高明外相が公債過多や強制買収に反対して辞意を洩らし、また鉄道事業を運営する実業家からも不満の声が上がり、政府との間で井上馨がその調整に努めていた[64]。そして二月末には買収期限を五年間とすることで井上や政友会の意見がまとまり、加藤外相を辞職させた上でこの第二二議会に国有化案を提出するように閣議決定される[65]。この間に政友会では法案審議に向けた協議が進んでいき、また総理官邸において研究会幹部の三島弥太郎・堀田正養への事前の説明会も行われた[66]。桂内閣末期に閣議決定済みだった鉄道国有法案を西園寺内閣が引き継いで提出する上で、このように井上の協力は重要な役割を果たしていた[67]。

鉄道国有法案は三月六日から衆議院で審議され、連日のように委員会での質疑が行われる。この過程で日本鉄道や九州鉄道の運動が高まり、その影響もあって大同倶楽部内で国有化に反対する意見が日増しに強まった[68]。そこで政友会院内総務の長谷場純孝は政友会を代表して大同倶楽部と交渉を行い、また閣僚の原や寺内から大同倶楽部幹部への働きかけがなされた[69]。三月一四日、政友会は鉄道国有法案に賛成の決定を代議士会で下し、また当初は内紛が危ぶまれた大同倶楽部も賛成の方針を固めた[70]。こうして翌一五日の委員会を通過し、さらに一六日の本会議では憲政本党と政交倶楽部の一部も賛成に回り、二四三対一〇九の大差で可決された[71]。これも挙国一致による戦後経営という方針の成果の一つであった。

予算案や関連法案と同じく衆議院では政友会と大同倶楽部の連携を基礎として順調に可決されたが、この鉄道国有法案にはその後の貴族院の審議で大幅な修正が加えられることになる。政友会が原案支持を決めたのと同じ三月一四日に、総理官邸では貴族院の各団体との事前交渉が開催される[72]。そして衆議院から回付された法案は一九日の貴族院本会議で審議入りした。しかし会期末近くなって連日開催された委員会では、総計四億七〇〇〇万円もの公債を発行することによる国家財政へ過重負荷を危惧する質問が続出し、法案の原案成立が厳しい見通しとなった。そこで政府から貴族院議員への工作が多方面で実施される。まず原は桂に面会し、前閣僚を介した説得を依頼する[73]。また西園寺は山県有朋に協力を要請し、逓信大臣の山県伊三郎から平田東助への相談も行われた[74]。また前逓信次官として鉄道国有法案の取りまとめに携わった田健治郎は、三島弥太郎の求めに応じて研究会で法案の説明に臨んでいる[75]。

これらの協議を経て、三月二四日の夜に貴族院各派の交渉委員が集まって、法案の修正案が作られた[76]。翌二五日の委員会では採決の直前になって三島が法案修正の上での賛成を表明し、一六名対八名で第一読会での法案否決を阻止した。続けて正親町実正が修正案を説明する。その内容は、買収年限を五年間から一〇年間に延長し、買収する私鉄会社の数を三二から一七に大きく絞り、不服の際の訴願を認め、買収公債の発行期限を二年間から五年間に広げる、といった財政負担の緩和を目指したものだった[77]。政府は修正案に不同意を表明するものの、この案は二六日の委員会を二〇五対六二で通過し、議会最終日の二七日の貴族院本会議において賛成多数で委員会修正通りに可決した[78]。この貴族院での修正議決によって再び衆議院本会議での議題となり、政友会と大同倶楽部が貴族院修正を受け入れたことで鉄道国有法案は両院を通過して成立した。ただし時間の切迫を理由に採決前の討論を一切割愛した措置をめぐって乱闘騒ぎとなり、憲政本党と政交倶楽部の議員が一斉に退席したことで反対票は皆無となる後味の悪い議決となった[79]。

この第二二議会では、鉄道国有法案のみならず鉄道敷設法に関しても桂内閣の事業計画を引き継ぐ改正案が提出されている。これは桂内閣の鉄道一〇年計画の中で将来に提出見込みだった路線として残っていた北陸線・北越線を連絡する富山・直江津間と山陰線（陰陽連絡線の名称変更）の和田山・福知山間、米子・今市間を第一期線に繰り上げ、全計画の完成期間を二〇年から二五年に引き延ばすものだった。このように日露戦争を挟んで久しぶりの新規鉄道拡張計画が提出されたことを受けて、次なる第一期線化を求める鉄道要求がこの審議過程で現れ始める。それらはいずれも政党単位ではなく、超党派議員団による地域単位の鉄道要求であった[80]。第一章第三節二で見たように、第一八議会では政友会単位での「鉄道に関する建議案」が成立しており、開会直後に解散した第一九議会と、日露戦時議会である第二〇議会・第二一議会を経て、この第二二議会ではその政友会の建議案に基づく新たな鉄道政策が実施されなければならなかった。しかし実際には桂内閣から引き継いだ政策のみに留まり、新たに大胆な鉄道政策に着手したものではなかった。これも挙国一致的内閣のもとでは政友会独自の主張が自己抑制される事例として位置づけられよう。

鉄道政策において政友会の意向が他の政党の行動によって制約される様子は、北海道鉄道の審議過程でより顕著に見て取れる。政府は三九年度予算案において北海道の鉄道計画の内、既定の厚岸・網走間を利別・網走間に変更する他、新たに留萌・深川間の路線を追加する計画を出した。この留萌・深川間について政友会議員から留萌港はまだ調査中であり急いで確定させずとも良いとする主張が続き、削除を求める党議決定がなされた。しかし大同倶楽部の支持を得られずに、一年間延期させる政友会の修正案は否決されて、原案のまま通過した[81]。この予算委員会総会の採決直前には、政友会の内山吉太（函館区選出）が留萌港よりも増毛港の利点を説いて修正案に賛成し、それに対して大同倶楽部の浅羽靖（札幌区選出）が北海道人民の利益を論拠として原案支持を唱える討論が展開されている[82]。この北海道の鉄道予算に関する両党の競合関係は後年にも持続することになる。

こうした鉄道要求の部分的表出に続いて、この議会では日露戦後の鉄道要求を方向づける鉄道建議が成立する。鉄道国有法案の衆議院通過の翌日三月一七日に、「四幹線鉄道敷設に関する建議案」が全会一致で成立した。これは鉄道同志会所属の超党派議員団が提出したものであり、次期鉄道拡張計画として北陸線（余部・敦賀間、羽越線の新発田・秋田間）、山陰線（今市・浜田・山口間）、四国線（琴平・須崎間、さらに徳島県岩津からの接続線）、九州線（大分・宮崎・吉松間）の四つの幹線の新設を提唱する内容であった(83)。この四幹線の鉄道建議は、これからの議会で鉄道要求が激しく噴出する主要な根拠となる。

第二節　明治四〇年度予算問題の政治過程

一　明治四〇年度予算編成の挙国一致的特質

明治四〇年度予算編成過程での桂の役割

第二二議会で挙国一致による戦後経営の方向性が定まると、第一次西園寺内閣はしばらく安定的な軌道に乗った。日露戦後の財政制約下の挙国一致的内閣を当面は支持する方針は広く受け入れられ、例えば明治三九年一一月の南満洲鉄道株式会社の創立もこの文脈における出来事である。したがって、第一次西園寺内閣が自ら初めて行った明治四〇年度予算編成過程でも、こうした挙国一致的特質を見出すことができる。

挙国一致的内閣の実質初年度にあたるこの予算編成作業は、前年度よりも激しい外観を呈した。先の第二二議会での予算審議に現れているように、この内閣は比較的広範な勢力に支持されており、政府が提出した予算案にはさほど大きな削減は加えられずに両院を通過する可能性が高くなっている。そこで、こうした予算審議過程の予測可能性を前提として、予算編成過程での拡張要求は大きくなる傾向にある。もちろん日露戦後の財政硬直化に対する厳しい認識は政府内で共有されており、だからこそ実質初年度の予算拡大の好機を逃してしまえば、それ以後の年度での予算拡大は一層困難が予想される。そこで金額規模はさほど大きくなくても、何らかの予算拡大の成果を得ることが各大臣に求められたのである。

ここで最も強く新規拡張要求を突きつけたのは、寺内正毅陸軍大臣であった。前節で論じた通り、第一次桂内閣末期の明治三九年度予算編成では陸軍拡張要求は圧縮されており、前内閣から唯一留任した副総理格の寺内陸相は倒閣も辞さないという強い態度を表明してまで新たな陸軍拡張の実現にこだわった。この年には日露戦後の国家目標を規定する帝国国防方針の作成が進行しており、陸軍は日露戦後の目標として平時二五師団の整備を掲げ、その第一期計画として三個師団増設案（年額約一八〇〇万円の経常費と約一億一〇〇〇万円の臨時費）の採用を四〇年度予算案で強く求めた。またこれに刺激された海軍も新規拡張計画を立案し、斎藤実海軍大臣は九月二八日に「海軍整備の議」を西園寺首相に提出する。海軍は戦艦三隻・装甲巡洋艦四隻などの建造を将来的な目標と設定し、その一部として戦艦一隻・装甲巡洋艦三隻の新造費などの合計約二億九〇〇〇万円を九年間継続費で求めていた(84)。

これらの軍拡要求への最終的な対応策は、閣外の桂によって取りまとめられることになる。年末に向けて編成作業が進むにつれて財政を主管する阪谷蔵相と寺内陸相の対立が激化すると、そこに桂が介入して具体的な妥協案が形成されていった。前年度からの経緯を踏まえれば、このように桂が予算編成に強い影響力を行使することは予測可能であり、その途中での寺内陸相の辞意もどこまで本気だったか疑わしい。明治四〇年度予算編成過程における陸海軍要求をめぐる騒動は、この内閣の挙国一致的特質という観点からとらえるべきものであろう。

また後年と比較すれば、この編成作業に内務大臣の原はさほど影響力を行使できなかった。早くから桂は四〇年度予算編成過程での陸海軍拡張要求について原に注意を促し、内閣崩壊が近づく程度まで陸海軍は強硬に予算拡大を求めるはずだが、おそらく最終的には譲歩するだろうという見通しを伝えていた(85)。この桂との会談に前後して、原は閣議において官吏増俸を数回提案している。そして、その否決を通して陸海軍の新規要求の抑制を間接的に試みたのだと日記で自賛した(86)。また予算編成作業が本格化する一〇月には、予算案の年内の衆議院通過を図るために早期の議会召集を求める政友会の希望に基づいて、原は予算編成作業を急ぐように主張した(87)。おそらくこの提案には、編成期間の短縮によって軍拡要求の拡大を防ぎ、さらに第二二議会で出された生産的事業に充てる追加予算案の編成・審議のためにより多くの時間を確保する狙いが込められていたと思われる。しかしこの提案に寺内は消極的であり、早期の議会召集は実現されなかった(88)。また、その数日後の閣議では、外債募集交渉について原が意見を述べるものの、西園寺や寺内から支持されずに採用されなかったことがあった。原がその日の日記に「度量狭隘」の寺内が副総理を気取っていると批判したのは、こうした予算編成過程での存在感の薄さへの苛立ちが投影されたものであろう(89)。

寺内による陸軍拡張要求が強まっていくと、桂はこの問題の解決には西園寺首相のリーダーシップが不可欠であるとして、まずは事態を静観しようとする。九月下旬に寺内の訪問を受けた桂は、そこでの会話などを井上馨に宛てて次のように報告している(90)。まず寺内は、「現下之情勢にては各省各個之動作にて相互間之意思之疏通無之為め、所謂互に競争して過大之予算提出之形勢相見候故、到底最初より最少之物提出は策之得たるものに無之。依て矢張充分なる希望を提出するの外なし」と述べ、実質的には初年度の予算編成に際して各省が競い合って過大な予算要求を提出している状況であり、その中で陸軍だけが小さな予算要求に留めるわけにはいかないと弁明した。それに対して桂は、「戦後之情勢、財政之始末は実に戦争之好果を収むるの第一問題なれは右等競争的問題之為め根本的収集〔拾〕すへからさる形勢を引起候得は、実に国家之不利益なる旨」を寺内に詳しく説いたという。そしてこの「財政之始末」という日露戦後の「第一問題」を解決するために、「此際内閣首相が全般統治之上に於て断然たる決心を以て処置するの外に他に良策も有之間敷候。唯々事を早まり其結果不良に終らさる様致度ものに候。」と桂は主張した。ひとまずは西園寺首相の「断然たる決心」に期待を寄せつつも、ここで井上に今後の動向への注視を呼びかけているように、桂はすでに編成作業へ介入する意思を抱き始めていた。

そして予算編成が進展すると西園寺は閣内での阪谷と寺内の対立を収束できず、予想通りに閣外の桂と井上に助力を仰ぐことになる。年末が近づいた一一月九日に西園寺のもとに阪谷と寺内・斎藤が集まるものの、双方の意見は対立し、妥協の糸口は依然として見えなかった(91)。寺内から状況を聞いた桂は、軽率に辞意を表明するなどの軽挙を慎むように忠告した上で、その経過を山県有朋に報告する(92)。他方で西園寺は井上を訪問して、阪谷が辞任の申し出などをしないように説得を要請した(93)。こうして一一月一二日に、今度は井上の邸宅に西園寺・阪谷と桂が集まって協議が行われた(94)。これが予算編成に桂が介入する直接的な契機となり、翌一三日にも桂は西園寺を訪ね、阪谷に軍備拡張計画を盛り込んだ予算草案を作らせる手配を促した(95)。また西園寺も内閣の維持を優先する方針を決め、やむなく軍拡要求の一部を四〇年度予算案に取り入れる措置を原と話し合っている(96)。

こうして挙国一致的内閣の維持を図る合意が緩やかに形成されると、桂はこの財政問題の解決に一層の力を注ぐようになり、事実上の予算編成の主体として指導力を発揮していった。しかし桂に促されて阪谷がまとめた予算草案は陸軍の要求に厳しく接するものであった。寺内を後援していた山県は桂に宛てて書簡を発し、阪谷の「強硬之態度」を批判した上で、現状の「軍事上を度外視致し候方略」が実行されることの無いように尽力を求めている(97)。西園寺もまた一一月二一日に開かれる桂と井上の会合に解決を委ねる姿勢を取っており、それまでは寺内との直接交渉に応じない態度を示していた(98)。そこで寺内は二〇日に大蔵省内で編成中の予算草案を秘密裏に桂のもとに送り届け、「商工業発展策」に比重が置かれる余り、陸軍拡張計画が切り落とされていることを批難し、場合によっては内閣を「破壊」する行動も検討すべきではないかと訴えて、翌日の井上との会合に向けて桂への働きかけを強化した(99)。

その二一日の桂・井上会談では井上が事前に作成していた妥協案が桂に手渡され、それが桂を経由して西園寺に転送される。これは日露戦時中のように、直接に内閣に送るのは不適切だと井上が考えた故の行動であり、桂の役割を象徴している出来事であった。そして桂はこの井上案では合意形成が難しいと判断して別種の折衷案に作り替え、寺内を呼び寄せて譲歩するように説得した(100)。こうした桂の斡旋により、残りは具体的な金額の多寡をめぐる交渉に落ち着いていく。その後も阪谷と寺内の交渉はしばらく難航するものの(101)、桂の関与もあって寺内は最終段階で当初の三個師団増設を二個師団増設へと縮小する決断を下す(102)。そして一二月四日の閣議において、陸軍拡張は二個師団増設と二年現役制導入のための一一年継続費の約一億八〇〇〇万円とし、海軍拡張は数隻分の新造費として七年間継続費の約二億五〇〇〇万円とすることが決まった[103]。

以上のように、第一次西園寺内閣が実質的に初めて編成した明治四〇年度予算案は、閣外の桂が深く関与して作成されたものであった。これは挙国一致による戦後経営という方針を維持するために桂と西園寺の双方がとった対応であり、前年度との連続性を考えれば理解しやすい現象であった。桂は政権から一度離れたものの、そこから元老として事態を見守る態度はとらず、積極的に内閣の施政に関与することを選んだ。そしてこの介入は、桂の出身母体である陸軍の新規拡張要求を抑制する点では有効に機能した。しかし、この明治四〇年度で一一年継続費が実現したことで、陸軍はしばらく次なる拡張要求を提示しにくい立場となり、それは同時に閣外の桂が存在感を発揮する機会が一つ減ったことを意味していた。

政友会の組織整備と鉄道要求

また第二二議会での鉄道国有法の成立を受けて、明治四〇年度予算編成過程にあわせて具体的な私鉄買収に向けた準備が進められ、それに呼応して政友会の地方組織を整備する動きが見られた。以下ではその動きを九州地方と東北地方について具体的に追ってみたい。

政府は七月二〇日の閣議において第一弾の買収対象となる路線を確定した[104]。もともと大蔵省と逓信省の合意した案では、二億円の外債募集を前提として、北海道・北海道炭礦・日本・岩越・西成・甲武の各鉄道会社が買収対象に盛り込まれていた。しかし、ここで主要幹線を一度に買収すればより経済的であると原が考え、日本鉄道の他、山陽鉄道と九州鉄道を追加して先に買収すべきであると主張する。この原の意見を採用すれば買収公債の発行額は三億円を超えることが予想され、阪谷は消極的であった。そこで寺内が山陽鉄道のみを加えることを提起し、大蔵・逓信案から北海道鉄道を除いて山陽鉄道を加えることが閣議決定された。

この時に第一弾の買収対象から外れた九州鉄道では、近いうちの買収を予測した上で、駆け込み的な建設計画が立案されていた。鉄道国有法の成立から間もなく開かれた九州鉄道会社の重役会では、建設計画の中から最も有利な路線を選んで認可を求める方針が協議されている[105]。そして未成線である大分線や長崎線の新線建設、いくつかの路線での複線化工事、及び唐津線の岸岳支線の敷設などの許可を政府に請求する運動が展開されていった。七月五日に九州鉄道社長の仙石貢と筑豊の炭鉱業者である安川敬一郎は会談し、九州鉄道の短期間の買収はおそらく実現不可能であり、今後の建設費の支弁方法などで政府との妥協を模索することを話し合っている[106]。しかし七月二〇日の閣議決定後も、九州鉄道会社の新線建設申請に対する政府の認可決定は遅れていた。鉄道国有法により新線建設費は買収時の価格算定に反映されることから、政府内で予算膨張を危惧する意見が出ていたためである。そこで安川を初め、同じく筑豊の炭鉱業者である貝島太助や麻生太吉などによって、九州鉄道の新規計画の必要性を訴える運動が諸方面になされていった[107]。

これに筑豊を地元とする野田卯太郎が積極的に反応し、九州鉄道の新線計画を政友会が後押しすることになる。七月一八日には大分県選出の政友会領袖である元田肇から大分線の認可を政府に働きかけるように野田は依頼され、さらに貝島を伴って山県伊三郎逓信大臣を訪問する[108]。また七月二三日には大分県の有力者と野田は面談し、この大分線の陳情を介して政友会の大分県支部の設置を進めることを話し合っている[109]。これらの新線認可運動について西園寺から承諾を得た野田は、貝島の炭鉱業に関係の深い香月線（中間・香月間）の敷設や直方停車場の改修なども含めて、山県逓相への説得工作を行った。逓信省と九州鉄道の交渉にはやがて原も関与し始め、九月二日には大分線新設や直方停車場改築の認可を内定する合意が成立する[110]。この間の八月半ばには貝島・麻生から政友会本部へ多額の寄付がなされ[111]、さらに九月八日には政友会の大分県支部の発会式が催されて、「益々運輸交通の便を進め、就中吾人年来の政策たる鉄道の速成を期す」という条項などを含んだ決議が満場一致で採択された[112]。こうした政友会の拡張を受けて、大分県選出の憲政本党議員である箕浦勝人や木下謙次郎も遅れて運動に着手したようである[113]。この後も九州鉄道の運動は続き、野田や原を接点とする交渉が重ねられ、大分線に加えて長崎線や香月線の新設を許可することが九月二二日に決まった[114]。おそらくこれを契機として長崎県でも支部設立の気運が高まり、一二月九日に支部発会式が開催されている[115]。

以上の九州地方での党勢拡張運動と同時期に、北海道・東北地方を対象とする政友会の活動も展開された。五月には福島県の霜害視察が秋岡義一幹事や地元選出の松本孫右衛門によって行われ[116]、また七月から八月にかけて元田肇と長晴登が北海道の視察に出かけている[117]。そして九月一五日には札幌において東北会大会が開催され、「東北北海道に於ける鉄道港湾の施設を計り、速やかに交通機関の完成を期すること」などの決議書が採択された[118]。それに併せて札幌支部大会も開かれ、また九月二〇日には函館支部の発会式が開催された[119]。これらに参列するために北海道へ出張した大岡育造は菅原伝・長晴登らと共に東北地方の視察を実施し[120]、その際に次のような内容を含む談話を発表した。「奥羽の地方は戦後の勃興、水陸交通の連絡、及び此秋の豊作で非常に好景気である。従来奥羽の地方は久しく悲観に沈んで消極的に若くは姑息的に何事も後れ勝であッたが、日露開戦以来同地にも事業が起り、人心も活気が見ゆる、政治論の如きも従来悲観の人々に消極の議論を注ぎ込んだ進歩党〔憲政本党〕の政策は常に歓迎を受けたが、今や心機一転徒らに他人の成功を猜まむよりも寧ろ自から其局に当らんと期するものの如く見ゆる此情勢が我政友会の行動に望を嘱して我々も意外の歓迎を受けたことと信ずる。」[121]ここで述べられている通り、東北地方は長らく進歩党・憲政本党系の勢力が強い所であったが、政権与党として交通政策での期待感などを利用する政友会の活動を歓迎する機運も少しずつ熟成しつつあった。

しかし、こうした政友会の地方活動を通した鉄道要求は、政府の鉄道政策に直接的に反映されるわけでは必ずしもなかった。一〇月一八日には前年以来の政務調査会が再び設置され、その委員長には大岡育造が、また理事には伊藤大八、野田卯太郎らが就任した[122]。この大岡・伊藤・野田の三名は以後に政友会の鉄道要求が噴出する場面で幾度となく登場する人物である。そして第二三議会に向けて鉄道港湾、教育制度、税法改正の三分野について調査が重ねられていた[123]。四〇年度における鉄道予算の確定時期となった一二月一七日には、鉄道等を調査する委員一同が仲小路廉逓信次官を訪問して鉄道政策の方針を尋ねている[124]。しかし政友会の意向は翌年度の鉄道政策に即座に活かされるものではなく、あくまでも政府に積極化を促す働きかけの機能しか果たしえなかった。先述の九州鉄道の事例も国有化前の間隙を突くような特殊なものであり、他の路線に応用可能だとは言いがたい。それでも間接的な効果は見られ、次の第二三議会中に政府が公表する新規鉄道拡張一二年計画では、大分・宮崎・吉松間の鉄道が最も早期に着手すべき新路線として掲げられていた[125]。これらは翌年度の四一年度予算編成時の政変において重要な意味を持つことになる。

なお、この四〇年度予算編成過程では、税制整理問題はやはり先送りされた。政府は第二二議会の公約に基づき、二年以内に税制整理案を作成しなければならず、そのために大蔵省内で税法調査が進められていった。議会閉会後には局長級の大蔵省高官が集まった税法審査委員会の設置が決まり、五月一七日からその活動が開始される[126]。その際には貴族院議員・衆議院委員の参加に代わる民意調達の手段として、全国各地の商業会議所に宛てて物価や非常特別税の影響などの経済事項に関する諮問がなされた[127]。これもこの内閣の挙国一致的特質の表現方法の一つと見ることができる。それから約半年間を経て、全国商業会議所連合会は「税法改廃に関する建議」をまとめて政府に提出した。そこには塩専売法・通行税・織物消費税のいわゆる三悪税の廃止を筆頭に、所得税・営業税・印紙税・取引所税・関税など広範な減税要求が挙げられていた[128]。政府内では第二三議会での税法整理案の提出を念頭に置いて、研究会領袖の三島弥太郎・堀田正養や政友会の野田などに阪谷が税法調査の大綱を事前に見せて相談を始めていた[129]。しかし、すでに陸海軍拡張計画も取り入れた段階で新たな減税要求が噴出しつつあった状況も踏まえ、税制整理案の提出見送りが翌四〇年一月七日の閣議で決定されている。その席で原は、次年度の第二四議会は総選挙直前の議会となり、これまでの実例によれば四年目の議会は必ずしも強硬なものにはならないから、そこまで税制整理案の提示は控えるべきであると主張した。第一次西園寺内閣の挙国一致的特質をなるべく長く持続させようとする狙いは明らかであろう[130]。

二 初の予算案の衆議院無削減通過──第二三議会

第二三議会における衆議院予算審議

閣外の桂の協力も得て編成された明治四〇年度予算案は、明治三九年末からの第二三議会に提出された。前回と同じく西園寺は挙国一致による戦後経営の重要性を政友会大会で演説し[131]、また議会終了後に作られた政友会の第二三議会報告書でも挙国一致による戦後経営の成果が強調されている[132]。そして四〇年一月一五日には貴族院・衆議院の代表者に対する予算内示会が今回もまた開かれ[133]、さらに阪谷は予算委員長の栗原亮一らと事前に会合して政友会との協調を一層重視する姿勢を示していた[134]。四〇年度予算案は鉄道国有化の進捗などによって六億円以上にまで大規模化したものだったが、衆議院では概ね平穏な審議が進んでいき、議会史上初めて政府の提出した原案に削減が加えられることなく衆議院を通過することとなった。

この予算審議の意義について、衆議院本会議の壇上に立った栗原は、以下のように表現している。「是迄は政府の方でも議会に提出すれば議会の方では直〔値〕切る、又議会の方では政府の持って来るものは懸直〔掛値〕があると、斯う云ふ態度で行きましたが、是は余り面白くないことであります。依って今日吾々は是で削減が出来ないではない、随分すればすると云ふ所も確に認めては居るのでありますけれども、是は当局者が能く使〔支〕払ひに意を注いだならば、それだけの物は剰余になるのでありますからして、今日茲で強いて削って置く必要も無いのでありますからして、今日の場合は暫く当局者を信任致して、此委員会に於て自ら削減を加へたのは一銭一厘も無いのであります。昔は政府の方から一銭一厘も負からぬと云ったのでありますけれども、今日は時勢の変化に依りまして、吾々の方から一銭一厘も引きませぬと、斯う云ふやうな形勢となったのであります。（笑声起る）此大予算を此の如くに奇麗に賛成を致しましたのは、実に戦後の経営である、各派共にやはり挙国一致の精神を以て誠心誠意に之を協賛を致したのであります。〔後略〕」[135]初の予算案の衆議院無削減通過を「時勢の変化」として肯定的に位置づけて、戦後経営のための挙国一致的な支持調達に努めようとする政友会の立場をここから明確に看取できる。

ただし、予算審議過程において全く議論が生じなかったわけではない。その一例は北海道予算をめぐる問題であった。所管する内務省では早くから新たな北海道計画の準備が進められており[136]、北海道の森林経営による収入を財源として、一五年間かけて北海道の六港の築港事業や排水事業に取り組むことが立案された。そして四〇年度では六港のうち留萌港と釧路港に先行的な築港事業が行われる計画となっていた。これについて政友会内で政府の北海道計画に対する異論が生じる。例えば吉植庄一郎や森本駿はより大規模な計画を出すべきだとして政府に積極政策を要求する質問をした。また前年と同じく留萌港の築港自体に疑義を呈する意見もあらわれ、北海道選出の中西六三郎は留萌や釧路よりも限られた予算を小樽港や室蘭港に重点的に配分すべきであると主張した。[137] 他にも再び留萌港と増毛港を比較しようとする質問も出されており、[138] 予算委員会での原案通過は微妙な状況になっていた。

その際に原内相が以下のように応答して政府案を擁護したことは注目に値する。「積極的と云ふことは、直ちに仕事を沢山すると云ふ意味にばかりも見られますまい。財源を見込んで相当の設備をすると云ふことが、必要であって、其設備が積極の方針に基けば宜しいと考へます。日清戦争後の有様と云ふものは、現に御承知の人も居りませうが、予算は度々不成立になり、政府と議会と衝突し、戦争が終ると同時に、遽に戦後の経営と申して、経費が膨張し、殊に三億に近い償金を取って、是に種々な設備其他を始めたのであります。〔中略〕是は前には極めて消極に削減一方であったのが、戦争が終ると同時に、遽に膨脹したのでありますから非常なものであった。此度の日露戦争は是と全く趣を違へて居ることは償金と云ふものはありませぬから、之を以て大きな仕事をすると云ふことは出来ない、又積極の方針を採って種々雑多な政府の方針としてなすべきことは限りがないから、さうする訳にもいかない、無暗に限りなき事業を起して、国力不相当の設備をすることも出来ない、斯うやうな訳であります〔後略〕」[139]

ここで原は、日清戦後経営と日露戦後経営の相違点を明確に指摘している。膨大な賠償金によって様々な積極的事業を遂行できた日清戦後経営と異なり、多大な財政制約下で行われる日露戦後経営は多方面での新規事業に着手する余裕に乏しい。そこで新規事業の量的規模は小さくても、それが質的に「積極の方針」に基づけばよいと原は抗弁しているのである。もちろん、どの事業が「積極の方針」に合致するかは政府が判断する権限を持つことになる。財政制約下での積極政策の展開を考察するためには、その予算規模の量的推移のみでなく、新規事業の選定権限を誰が有するかを質的に分析することがきわめて重要になる論理をここに見出せよう。

こうした予算委員会での議論を踏まえ、政友会内で意見集約が図られて、北海道議員の言動には統制がかけられる。内務省予算に関する予算委員第二分科会の質疑が一通り終わると、二月四日には政友会本部に政友会所属の予算委員が集まり、原内相や松田法相、長谷場純孝院内総務も加わって四〇年度予算案の査定に関する協議が行われた。北海道選出議員からは留萌築港費について反対の声が上がり、そこで栗原予算委員長など五名による調査委員が設けられる。この調査委員と幹部が相談して留萌築港費を賛成する方針がまとまり、それが翌五日に予算委員、政務調査委員会、議員総会でそれぞれ追認された。[140]予算委員会や本会議での議決時には政友会への揺さぶりとして留萌築港費を削除する動議が他党から出されたが、政友会は足並みをそろえてこれを退けた。[141]政友会所属の北海道選出議員はおそらく不本意な沈黙を余儀なくされており、築港費削除を支持する武藤金吉〔無所属〕はその採決前において「私は前会から引続きまして本会に於て中西〔六三郎〕君、内山〔吉太〕君から有力の御意見を拝聴することの出来なかったを残念に思ひます[142]」、「政友会の諸君は昨年此議場に於て留萌鉄道さへ党議を以て一年延ばすと云ふことを決議されたことがあるのでありま す。然らば何ぞ必しも原君が内務大臣たるの故を以て、此杜撰なる調査の原案を通すと云ふことをやらないでも宜からうと思ふのである。殊に北海道選出の議員諸君は如何でありますか。[143]」と、挑発的な発言をくり返していた。

このように政府案を支持させる一方で、北海道議員の不満を宥めるべく、政友会は地方の鉄道要求を表出させる建議案を提出した。それが長谷場や中西、内山などが提出者に名を連ねた「留萌増毛間鉄道速成に関する建議案[144]」である。これは政友会議員六名のみで構成された純政友会系の鉄道建議であり、二月二三日の本会議で議員から提出された議案であると発表された。これらは財政的制約下にある政府案を支持しつつ、より積極的な鉄道政策を要求する建議案を補足的に提出することで、次年度以降の予算編成への地元の期待感をつなぎ止めようとする意図が込められたものである。衆議院の予算審議が円滑化し、政府原案が無削減で通過することが予想されると、ますます次年度の予算編成への期待感は高まり、それが政権与党である政友会単位での鉄道建議の効力となるわけである。この留萌の事例は、後に本格化していく政友会単位での鉄道建議の原初形態として意義を有するものであった。

第二三議会における貴族院予算審議

こうして四〇年度予算案は一切削減されることなく衆議院を通過したが、その後の貴族院の予算審議ではいくつかの論点が取り上げられ、政府提出案には修正が加えられることになった。

まず貴族院で争点となったのは、四〇年度以降の歳入欠陥疑惑の問題であった。陸海軍拡張計画などを盛り込んで六億円まで膨らんだ四〇年度予算案は、次年度以降にも同規模の歳出が見込まれる継続費を多数含んでいた。しかし、この四〇年度予算案の歳入には剰余金や前年度繰入金などで約一億三〇〇〇万円が計上されていた。これらは一時的な財源であって、当然ながら翌年度以降は別の財源捻出が必要となる。この点について衆議院の予算委員会では歳入見込みを尋ねる質問が憲政本党の大石正巳や加藤政之助などからなされていた。これに対して阪谷蔵相は翌年度以降のことは確言できないと保留しつつも、約一億円程度の財源は確保できると答弁している[145]。この論点が衆議院で話題となっていた最中には井上馨が親しい貴族院議員の数名にさらなる歳出削減に取り組むべきとの意見を述べており、政府はその対応を考えなければならなかった[146]。そこで貴族院での予算審議がまだ始まっていない早い時期から、阪谷が研究会や木曜会の幹部に予算案の説明に当たっている[147]。

ここで政府と貴族院の間に入って調整役を買って出たのが桂である。井上の依頼もあって、桂は西園寺に一つの作戦を提案した。それは平田東助の献策に基づくものであり、貴族院の予算委員会で質問が続出した場合には秘密会を開き、政府は四一年度以降も相当の計画を立てる所存であると西園寺が演説することで貴族院議員の懸念を宥める戦術であった。一月二九日の閣議でこの提案を受け入れることが決まり、すぐに桂のもとに受諾の返事が伝えられた[148]。そして貴族院予算委員会で審議入りした二月二一日、阪谷による予算案説明の直後に三島弥太郎が質問に立ち、衆議院での政府答弁によれば四一年度ではまだ財源確保の可能性があるものの、四二年度以降はどうするつもりか、と問いただした。すると西園寺が即座に秘密会を請求し、約三時間にわたって翌年度以降の計画を詳しく話し、公債募集の増額や継続事業の中止なども検討する覚悟であると懇切に説いたようである。[149] さらに三月六日の本会議でも再び秘密会が開かれて二月二一日の西園寺発言の趣旨が確認された。[150] こうして桂との内約に従って政府は貴族院での争点化を防ぐことに成功した。

しかし北海道予算については桂を介した調停はうまくいかず、大多数によって留萌や釧路の築港費と森林経営計画が削除される結果になった。討論の過程で上がった争点は衆議院審議と類似しており、留萌と増毛の比較を求める声や森林経営は財源として不安定であると懸念する意見などが多く出た。また政友会の党勢拡張運動への警戒心が、貴族院議員に削減を促したことは否定できない。[151] 既述の政友会議員団による「留萌増毛間鉄道速成に関する建議案」は、四〇年度での深川・留萌間の着工を受けて、それを留萌から増毛まで延伸させるように求める内容であったが、この政友会の動きを逆手に取って、小松原英太郎や谷干城は増毛まで鉄道を延長させたいのならば中間地点の留萌の築港を即断せずに、増毛港との比較調査を再び実施すべきではないかと主張して、留萌築港費の削除に議論を導いていった。[152] おそらくこの展開を受けて、「留萌増毛間鉄道速成に関する建議案」は衆議院に提出されたまま議題として取り上げられることなく潰えたのだと考えられる。苦しい立場に置かれた原は、先の第二二議会で深川・留萌間の鉄道予算を貴族院は協賛しており、その審議過程では留萌築港を支持する発言も見られたのに、今日になって態度を変化させるのはおかしいと批判した。[153] しかし原の抵抗も空しく、衆議院を通過した留萌築港費などを削除する決定がなされた。政友会の鉄道要求はまだこの段階では貴族院の掣肘で退けられる脆弱な状態にあった。

こうして三月二日の貴族院予算委員第三分科会が全会一致で北海道予算の修正を決めると、[154] 桂は再び政府と貴族院の調停に乗り出した。阪谷と面会した桂は、築港事業の初年度財源は森林経営以外の方策を検討する旨の政府答弁を行うという作戦を提示する。阪谷から桂の提案を聞いた西園寺や原はそれに同意し、桂に対して貴族院代表者と政府との交渉会の仲介を依頼した。この時には桂も西園寺も政府原案での貴族院通過に向けた妥協工作を行っていた。[155] しかしこの交渉は失敗に終わり、四日の予算委員会総会、六日の本会議で削減が確定した。[156]

貴族院で修正された予算案は再び衆議院に回付され、そこで衆議院が修正案を受け入れなければ両院協議会が開かれる運びとなる。桂の介入はこの両院協議会で合意に至らずに四〇年度予算案が不成立に終わることへの危惧に基づくものであった[157]。西園寺もまたこの懸念を共有しており、三月五日の閣議は貴族院の修正案を受け入れる方針で合意されている[158]。翌六日にこの方針が阪谷から桂へと報告され、併せて大同倶楽部への説得工作が依頼された[159]。するとと桂はその条件として政友会による大同倶楽部への切り崩しを止める旨の書面を西園寺が発するように請求した[160]。前年の第二二議会後から大同倶楽部では幹部と非幹部で対立が生じ、第二三議会の直前には所属議員八一名中、一四名が挙って脱党する騒動になっていた。この脱党者のうち、河上英・宮部襄・関根柳介の三名は政友会に入党し、他の一一名は大同倶楽部に復党する[161]。しかし郡制廃止法案をめぐって政友会が攻勢を強めていた二月下旬からこの復党組への切り崩し工作が活発化し、三月二日には小山田信蔵ら八名が一斉に政友会に移動する。これらの活動を桂は嫌がり、予算案に関する調停を試みる代わりに、西園寺を介して大同倶楽部への工作を抑えさせようとしたのだと思われる。しかし、政友会員の意向を西園寺は軽視できず、桂のもとに松田正久を派遣して書面の提出を拒絶した[162]。

そして八日の政友会代議士会において予算案の成立を優先させるために貴族院修正を受け入れる党議決定がなされると[163]、大同倶楽部もそれに従うことを決め、翌九日の衆議院本会議において貴族院修正を受け入れて四〇年度予算案は両院を通過した[164]。結局この間にも大同倶楽部への切り崩しは中止されず、七日・八日でさらに五名の議員が政友会に加わっている。これらは桂の支援を受けて政友会と大同倶楽部が事実上提携した前回の第二二議会とは異なる新たな状況の到来を予感させるものであった。

なお貴族院によって削られた留萌・釧路の築港事業に関して会期末に建議案が提出されるが、そこでも政友会と大同倶楽部の潜在的対立が浮きぼりになる。大同倶楽部の浅羽靖が中心となって函館・小樽・室蘭と留萌・釧路の全五港の築港事業を求める「北海道函館外四港修築に関する建議案」が提出される一方で[165]、政友会の内山吉太や中西六三郎はそこから留萌・釧路の二港を除いた「函館小樽室蘭三港修築速成に関する建議案」を憲政本党の議員と共同で提出する[166]。浅羽が予算審議で削除された留萌・釧路の築港事業を政府に迫るように主張したのに対し、中西らはその二港については政府も調査に取り組むはずであり、議員からの再度の請求は不要であるという態度を示した。内容の類似した二つの建議案を一本化させる動きも憲政本党の平島松尾から見られたが、双方が譲らずに四名対三名の僅差で浅羽の建議案が否決され、内山や中西が提出者となった建議案のみ可決された[167]。これらは小さな争点だが、政権与党として次年度以降の予算編成への影響力を誇示しようとする政友会の戦術を示すものとして決して無視できないものである。

第二三議会における鉄道要求

このように第一次西園寺内閣を支える挙国一致的基盤が変化し始める中で、次年度予算案を念頭に置いた鉄道要求が前の第二二議会の時よりも活発に表出されている。まだ鉄道国有化の途中であり、今回の議会に提出された鉄道敷設法改正案は岩越線の喜多方・新津間と山陽線の岡山・宇野間、それに北海道の池田・網走間と深川・留萌間という小部分のみに留められていた。しかし衆議院での予算審議過程において、山県伊三郎逓信大臣は翌四一年度以後に取りかかるべき第二期線を中心とした新規鉄道計画を作成中であり、年度割まで算定済みの書類を配布する意向を表明する[168]。これに基づき、一月末に予算委員第六分科会の議員に政府の新規鉄道計画案が参考として提示された[169]。これは前年の第二二議会で成立した「四幹線鉄道敷設に関する建議案」なども踏まえて策定された新規事業案であり、明治四一年度からの一二年間で合計二億四七〇〇万円が計上されていた。衆議院議員団の求めた四幹線に加えて、東北地方の横断線や中国地方の陰陽連絡線など、多くの新規路線が盛り込まれていた[170]。

この新規計画は当然ながら議員の鉄道要求を高揚させる機能を果たした。翌四一年度以降の中長期的な新規計画が予算審議過程において逓信省から思いがけず配布されたことで、国家財政の制約を深慮せずに次年度予算編成に向けた予算要求行動を議員が起しやすくなったからである。例えば、衆議院議員一五八名が連名で提出した「鉄道計画の速成に関する建議案」も、そうした圧力行動の一つである[171]。これを受けて第二三議会の直前に政友会入りした佐竹作太郎を筆頭に合計一八名による委員会が設置され、その構成は政友会八名、憲政本党四名、大同倶楽部四名、猶興会二名という超党派の形態となっている。この大同倶楽部から選出された委員のうち、武市庫太と是永歳太郎の二人は前述の切り崩しもあって委員会の開催中に大同倶楽部を脱会する。また政府の提出した鉄道敷設法改正案もこの委員会で併せて扱われ、その審議過程において諸々の新線要求が登場した。そして三月一二日の委員会では、政府の新規計画の期間を一二年間から六年間に短縮すること、改良計画も拡充を図ること、次年度までに未成線の調査に努めること、などの修正案が全会一致で可決された[172]。こうした鉄道要求を背景にして、翌明治四一年度予算編成過程では逓信省から新たな鉄道拡張計画が提出され、それが大きな政変の原因となるのであった。

第三節　挙国一致的内閣の動揺と崩壊

一　挙国一致的な財政計画の再合意と二閣僚更迭

明治四一年度予算編成の背景

挙国一致による戦後経営の実施を課題として成立した第一次西園寺内閣は、これから明治四〇年末から翌四一年初頭にかけての明治四一年度予算編成過程において大きな困難に見舞われ、全閣僚が辞表を提出した後に、財政政策を主管する大蔵大臣と国有鉄道を主管する逓信大臣の二閣僚が第二四議会中に交代する異例の事態に陥ってしまう[173]。これは前年度からすでに顕在化しつつあった挙国一致的内閣の基盤の動揺を背景として起きた混乱であり、第二二議会での二年間の税制整理の公約や、第二三議会における明治四一年度予算編成時の歳入欠陥疑惑に関する質疑応答などの財政課題が複合的に重なったことに起因するものであった。

まず明治四一年度予算編成過程が問題となった背景を概観しておきたい。前節で検討した通り、第一次西園寺内閣が実質的に初めて編成した明治四〇年度予算は、衆議院における予算審議を初めて円滑に通過した。これは次年度である明治四一年度予算編成作業の重要性が増すことを意味した。政府の提出した予算案がほぼ原案で成立することが予測可能になれば、次なる予算案に自らの主張を反映させようとする諸勢力の意思は強まる傾向にある。これが前年度以上にこの四一年度予算編成作業が難しくなった所以でもある。

この予算編成過程に参画できるという期待感を活用して、政権与党である政友会は順調に勢力を拡大していった。すでに前回の第九回総選挙（明治三七年三月一日施行）から三年近くが経過し、次の第二四議会を終えれば必ず衆議院総選挙が実施される日程となっており、四年間の最終年度にあたるこの予算編成過程を党勢拡張のためになるべく有効に行いたいというのが政友会の総意であった。こうした予算編成に関与できる政権与党への期待感を集める戦略は、明治四〇年秋の府県会議員選挙の勝利によっても有益なものとして確認された。九月下旬から一〇月上旬にかけて行われたこの選挙で政友会は大勝を収め、前回よりも約一〇〇名の増員を成し遂げた。これは憲政本党が約一七〇名を、大同倶楽部が約四〇名をそれぞれ失ったことと著しく対照的な結果である[174]。そこですでに先送りしてきた財政課題を何とか取捨選択して政権維持を図り、来たる第二四議会を乗り切って政権与党の実績をアピールして選挙戦に臨むことが、政友会議員の一致した方針となった。

これらの選挙戦に備えて各県の政友会支部大会が多数催される。中には鉄道要求を具体的に明記した決議を採択した県もいくつか見られるものの[175]、総じて国家財政の制約を踏まえた比較的温和な主張が目立っている。また内務省に関しても、政友会の党勢拡張につながる剝き出しの予算要求は抑制される傾向にあった。例えば、第二三議会で削減された北海道予算を再度立案すべく、四〇年八月の道会議員選挙に併せて原は約二五年ぶりの北海道視察を行った。その折には増毛港と留萌港を比較して見て回り、後者の優位性を再確認した感想を日記に書き記している[176]。それでも実際に出された四一年度予算案では、貴族院の反対を予測して前年よりも規模を縮小した計画に直されており、森林経営は整理を主眼とすることや、築港の対象は小樽のみに留めて残りは後年度に回すことになっていた[177]。さらに同年八月の大雨により関東地方で水害が発生し、九月には被害の大きかった山梨県の視察に原は出かけている[178]。その後も関東選出議員から四一年度での治水費の増額要求がなされたが、原は既定の継続費の範囲内にそれを抑えていった[179]。前年度と同じく、予算編成段階で積極政策を大規模に実現できる財政状況ではなく、この予算問題に際して原は一貫して慎重な態度を保持しようと心がけている。

このように今回の予算問題は閣内対立が原因だったとは言いがたく、むしろ閣外からの予算要求の圧力によって引き起こされたものだった。まず二年以内の税制整理の実施という公約に連動した減税要求があった。すでに触れた通り、大蔵省では前年の四〇年度予算編成時から税制整理案の準備が進められていたが、第二三議会での提出は先送りされる決定が下されていた。そして、それに刺激された全国商業会議所連合会は、政府に大規模な減税要求を提示するようになっていた。第二三議会の閉会直後には大蔵省内に税法整理案審査会が設置され、阪谷会長の嘱託により二三名が委員に選ばれた。政友会からは栗原亮一と野田卯太郎の二人が参加し、また全国商業会議所連合会からは中野武営東京商業会議所会頭が委員に選出されている。[180]審査会は四月五日から毎週二回のペースで集中的に開かれ、合計二四回の審議を経て、七月五日に審査案が確定する。それは前年の大蔵省の調査に基づく三種の整理案のうち、約二〇〇万円の減税となる最も小規模の整理に留める案を採用したものだった。そして、減税分の金額を補塡するための新税を設けるかどうかは政府の判断に委ねられ、審査会では特に決議しないこととなった。[181]この審議過程に併せて政友会内にも財務調査会が設置されており、栗原と野田はその委員も兼任して両会の調整に努めている。[182]最も小規模な減税案が採択されたことや、新規増税の検討が政府に一任されたことは、政府の財政運営になるべく制約を課したくない政友会の意向が反映されたものと推測できよう。

これに対して、より大規模な減税を求めていた中野は、その後も三悪税廃止運動を積極的に展開し、一一月には独自の税制整理案を発表する。[183]すると栗原は政友会の党報に「税法整理審査要領」と題する長文を寄稿して、七月の税法整理案審査会での議決内容を擁護した。[184]確かに四〇年一月七日の先送り閣議決定時に原が予測した通り、四年目の議会に向けて政友会内の減税要求は弱まる傾向にあった。しかし同時に、前年の先送りによって一年以上にわたり持続した減税要求が一層の盛り上がりを見せたことは否定できなかった。

元老の増税要求と財政計画の再編

こうして政友会は、一方では減税要求に対して受動的な立場に置かれると同時に、他方では閣外の元老からの増税要求にも直面する。この増税要求が二閣僚更迭の直接的な契機となる。第二三議会でも議論となったように四一年度予算案が一時的財源を利用して編成される点について桂は原に注意を促しており[185]、また一〇月二八日の閣議で四一年度予算案の概算を説明する際に阪谷は翌四二年度において五〇〇〇万円の増税が必要であると発議していた[186]。阪谷は松方正義や井上馨にも相談した上で、四二年度での五〇〇〇万円増税案を閣議で主張していく[187]。

今回の予算編成過程では、閣内での議論を通して作業を進めようとする傾向が前年よりも強まっていた。例えば、前年と異なり各省の復活折衝は閣議の場で行われ、それをきっかけに原と寺内は他省の予算案にも積極的に介入していた[188]。逓信省は四一年度の鉄道予算の既定額三〇〇〇万円に新たに二八〇〇万円を追加する合計四億円の新規拡張計画を提出したが、原や寺内の反対によって規模が大幅に圧縮され、買収した鉄道が国有化前に着手していた工事の遂行費と少額の改良費のみに留めて、四一年度には約五〇〇万円が追加された。また阪谷の増税案については、原は増税の前に繰延べや公債発行による財源捻出を十分に検討すべきであるとして強く反対し、それに寺内や松田が部分的に同調したことで、増税に関する閣議決定は見送られた。総選挙前に不人気な増税案を提示することをなるべく回避したい原や松田の狙いは明確であろう。

このように内閣での予算編成作業が進んでいくのに対し、井上馨が元老間の協議を呼びかけ、閣外から増税要求を政府に突き付けていく。まず井上は四一年度予算案での軍事費の削減を桂や西園寺に主張し、そのために山県有朋と自ら相談する意向を明かした[189]。この動きを警戒した山県は、四一年度概算が閣議決定した一一月六日に寺内に宛てて書簡を送り、「商業者」や「或政派」の支援を受けた井上が四二年度での陸軍予算の大削減を迫ってくることを強く危惧している[190]。山県の消極姿勢も相まって両者の会合は一一月二一日に開かれた[191]。

その上で以前から開催が決まっていた西園寺・阪谷と井上・山県・松方の協議が二五日に行われた[192]。ここで三元老は、今期の第二四議会に増税案を提出するよう政府にそろって求めた。この三元老の意向が翌二六日の閣議で西園寺から報告されるも、またもや原が第二四議会での増税案提出に激しく反対し、事業繰り延べや公債募集にできるだけ努めた上でなお財源不足ならば増税する、という曖昧な覚書が作成された[193]。三元老の増税案を事実上拒否する含意の内閣の方針はまず阪谷から松方・井上に報告され、続いて原が井上を訪ねて直接説得に臨んだ。ここで原は「四十一年度は四十年度と合せ立てたる予算にて帳面上にも始末のつき居る訳故、今日に於て大削減、大繰延などは到底行はれず、何事も明年を待つの外なし」と述べて、井上の唱える軍事費削減・事業費繰り延べや増税論を来年の四二年度予算編成時まで先送りすべきだと力説した[194]。すなわち原は、前年の四〇年度予算と今年の四一年度予算案は二つを組み合わせて編成されており、概算決定後の今日において大きな修正はもはや不可能であるとして、井上らの介入を斥けようとしたのである。こうして元老の介入を内閣の自立性を論拠に排除しようとする動きが強まった。

この三元老と内閣の対立を受けて、桂は増税案を採用させるべく、またもや政策決定への介入を試みる。二六日の閣議で決まった曖昧な方針を阪谷から聞いた桂は、元老の意見も取り入れて増税と繰り延べを一部実施することを提案する。また来訪した野田に対しても桂は、煙草専売の増収や酒税の増加、そして陸軍予算の繰り延べによる解決策を提示した[195]。さらに井上とも協議した桂は自分の提案を採用するよう阪谷に迫り、寺内を介して増税と繰り延べの実施を西園寺に求めていった[196]。こうして井上たちと政府の間に桂が介在する枠組みが形成され[197]、一二月五日には閣外の桂・井上と閣内の原・寺内の四名が一堂に会し、増税と繰り延べの実施について新たな合意が形成された。この会合では、桂が煙草増収と酒税増徴の他に砂糖消費税と石油消費税も増税対象とするように主張したのに対し、原は第二四議会での増税案の提出自体は受け入れる代わりになるべく増税の種類を少なくするよう求めている[198]。井上たち元老の閣外からの要求だけであれば内閣は一応拒絶できたものの、日露戦後の財政運営に知悉した桂が入り込んでくると内閣はその意向を無視できなかった。

この五日の会合で増税と繰り延べを行う枠組みが固まり、残りは具体的な金額をめぐる交渉が重ねられた上で、一二月一六日に重要な決定がなされている。これは挙国一致的な日露戦後財政運営を再編し、桂と政友会の間で新たな財政方針の再合意が形成されたことを意味した。その経緯は以下の通りである。まず一二月六日の閣議後に西園寺・阪谷・原・寺内が集まり、前日五日の会合の趣旨に基づいて増税と繰り延べの具体案の調査に取りかかることを決めた[199]。その後の大蔵省での調査はやや遅れ、西園寺や原の催促を経て、一〇日の閣議後にまた西園寺・阪谷・原・寺内が集合して調査済みの増税案や繰り延べ案を検討している[200]。これで増税と繰り延べの具体案がほぼまとまり、西園寺から各大臣にさらなる経費節約の指示が出され、山県伊三郎逓信大臣は一一月六日の概算で認められた五〇〇万円の鉄道事業費の追加額も削るよう求められた[201]。そして野田を介して井上や桂にもその内容が報告され、一二日には原が桂を訪ねて陸軍がさらなる繰り延べに尽力するように桂に働きかけを依頼した[202]。翌一三日の閣議で今度は海軍の繰り延べが不十分であると判明すると、西園寺・原・寺内は再び桂に協力を要請することを決め、これに快く応じた桂は斎藤実海軍大臣に繰り延べ額の増加を強く求めた[203]。こうして一四日に西園寺・阪谷・原・寺内と斎藤の五人が話し合って、増税と繰り延べの具体案が確定する。増税の種類は酒税・砂糖消費税・石油消費税（後の二種について原は当初反対だったが譲歩した）とし、これなどによって約一一〇〇万円の歳入増加を実現すると共に、陸軍は六〇〇〇万円を三年間で、海軍は五二〇〇万円を六年間で、それぞれ繰り延べることで合意した[204]。そして一五日の臨時閣議で他の閣僚の同意を得た[205]。

翌一二月一六日に元老たちと内閣の合同会議が開かれる。この会議には桂・井上・松方の三人が参加し、すでに閣議決定された四一年度予算案に三人も署名した[206]。この時に合意された新たな財政計画は、明治四一年度から四六年度までの六年間を対象とし、前年度に新規拡張がなされた陸海軍予算を合計六年間で繰り延べて単年度の負担が軽減され、さらに減税要求が高揚しつつある状況下において新規増税による歳入増加策を実施するものであった。

この新たな財政計画を桂と政友会が再合意した意義は大きい。挙国一致的内閣の初期には二年後の税制整理が内約されていたが、その基盤が動揺を見せる中、政友会が新たな増税負担を単独で容認することを選んだからである。そして内閣の編成した予算案を元老が異例にも署名して共に責任を負う姿勢が表明されたことは、政友会が今後も有力な国家統治主体の一つとして位置づけられた証となった。

財政計画の再合意をめぐる閣内の混乱

元老たちと内閣での財政計画の再合意は、すぐさま閣内での予算編成作業に波及した。そして、これから第二四議会の開会に前後して、二度にわたって一二月一六日の決定から逸脱する動きが閣内で現れ、内閣を後援してきた桂らの不信感が極度に高まり、明治四一年一月一四日に全閣僚が辞表を提出する事態となる。しかし議会開会中を理由に内閣総辞職は認められず、騒動の当事者となった阪谷芳郎大蔵大臣と山県伊三郎逓信大臣の二名のみ更迭し、西園寺首相以下は留任することになる。予算審議を目前に控えた段階でその編成責任者が更迭されるのは異例であったが、すでに当初の日露戦後財政方針を再編する新たな六年計画が立案された以上、それまでの財政指導者の役割は自然に終焉を迎えたものとして理解できよう。

まず内務省所管の治水費が第一の争点となる。一二月一六日の決定の翌日、治水費三〇〇万円のうち五〇万円ずつ五年間繰り延べるように大蔵省から内務省に請求が寄せられた。原はこれには同意していないとして、年度割を変更させずに事実上五〇万円ずつ三年間繰り延べる代替案を提示する[207]。阪谷にこの方法を提唱する書簡の中で、原は「茲に御考を煩はしき度は同費目〔治水費〕は各府県に亘り議員は党派之異同に係らず一致行動致候問題に付、此費目を繰延候為めに予算全体に対し妙ならさる影響可有之、殊に増税案も提出可致場合に付、各派議員之感情如何を顧みずして繰延案を提出候事は政府として一考すへき筋に有之、決して内務省一部之問題には無之と存候[208]。」と述べて大蔵省に再考を求めた。治水費に関しては政党単位よりも地域単位で議員は活動しており、その繰り延べは予算案全体や増税案に対する各派の態度にも悪影響を及ぼすと、ここで原は論じている。確かに原は政友会内の関東議員団の治水費増額要求を抑制する姿勢をすでに示しており、それ以上の繰り延べに同意した場合には、他党からの積極政策要求により強く接する恐れがあった。

しかし、この原の主張が寺内を経由して桂の耳に入り、またもや桂から内閣へ圧力がかけられる。桂は阪谷に詰問する書簡を送り、すでに予算案の最終段階として一二月一六日に「確定済調印」がなされた内容を、今さら少しでも修正するような事実があれば自分は保証できないとして自らの署名を除くように迫った[209]。桂のこの要求は過干渉であるとして阪谷は怒り、さらに原の意見に賛成した西園寺が桂の説得に赴くものの、桂はいつになく頑固な態度で内閣側の修正意見を拒絶する[210]。閣外からの介入は一二月一六日の署名で頂点に達しており、それ以後の細部での修正にまで桂が改めて関与することは難しい立場にあったからである。そこで原は内閣を維持するためにも桂の意見に従うこととし、五年間の繰り延べに同意して年度割を変更するように阪谷と取りまとめた[211]。

こうして三〇〇万円という僅かな治水費でも一二月一六日の決定事項を動かせない状況となったにもかかわらず、続いて第二の争点として総計一億三四〇〇万円もの鉄道建設及改良費に関する問題が浮上する[212]。一二月一六日の会合で四一年度から四六年度までの六年間の財政計画が取り扱われた際、逓信省の鉄道予算も議論の対象となり、四〇年度から四六年度までの継続費追加額として約六五〇〇万円が認められた。ところが、前年の第二三議会で逓信省がすでに公表済みだった新規鉄道拡張案は四一年度から五二年度までの一二年間計画であり、この一二月一六日に提案された金額はその半分にしか充たないものだった。逓信省の立案では、四七年度から五二年度までにさらに約六九〇〇万円が追加継続費として存在しており、それに関知せずに署名させられたとして桂は内閣に強い不満を抱くようになる。

もちろん逓信省も厳しい国家財政の現状は理解しており、膨大な新規予算を無節操に要求したわけではない。閣内での編成過程において四一年度における追加額について原や寺内が抑制を試みたことはすでに言及した通りであり、四〇年度・四一年度・四二年度の各追加額は約三〇〇万円から四〇〇万円程の小規模なものになっている。この四〇年度から五二年度までの合計一億三四〇〇万円の追加費の内訳は、建設費が約三四〇〇万円、改良費が約一億円である。改良費の膨張は買収された鉄道会社が国有化以前に駆け込み的に着手した工事の継承などに起因するものであり、また新規建設路線も私鉄時代に建設が決まっていた宇佐・宮崎間と山田・鳥羽間の二つしか含まれていない。第二三議会で衆議院議員に示した合計二億四七〇〇万円の新規計画と比べれば、はるかに限定された提案だったと評すべきだろう。

この一二月一六日の議決と逓信省計画との齟齬が、一二月二七日の鉄道会議の直前になって露呈する。鉄道会議では五二年度までの約一億三四〇〇万円が議題になると会議前日に知った大蔵省幹部は慌て出し、当日二七日午前の閣議において西園寺や原の立ち会いのもと、阪谷蔵相と山県逓相を交えた緊急会議が開かれる。(213) 午後に始まった鉄道会議では鉄道予算の審査は最後の議題まで後回しとされ、(214) その間にも大蔵省と逓信省の交渉がぎりぎりまで続いた。そして、両省で曖昧な合意が結ばれた上で、なし崩し的に五二年度までの約一億三四〇〇万円が鉄道会議を通過してしまう。(215)

そこで翌二八日から寺内を中心に事態の収拾が図られていく。鉄道会議の議長でありながら病気のため二七日の会議を欠席した寺内は、阪谷の来訪を受けると大蔵・逓信両省の仲介に乗り出し、一六日の議決と二七日の鉄道会議通過案の二つの齟齬をすりあわせる妥協策を取りまとめた。(216) そして逓信省の五二年度までの計画は、毎年の公債募集計画を作る際に年度割変更や繰り延べをその都度考えるという条件付きで、そのまま議会に提出する合意が、西園寺・阪谷・山県伊三郎・寺内らの間で翌四一年一月四日には固まった。(217)

もともと一二月一六日の新規六年計画を決める際の桂の権限が不明確だったのであり、それにより逓信省が既定方針として公表済みだった一二年計画との齟齬がやむなく生じた面も否めない。それでも阪谷蔵相をはじめ予算編成に当たる主要閣僚はその溝を埋めようと必死に尽力したと評するのが妥当であろう。

桂の介入と二大臣更迭

しかし寺内の仲裁したこの案に対して、桂が真っ向から異議を表明する。桂は「逓信省之申分を立て従前之財政計画を採用することは到底不可能と存申候」と寺内に述べ、逓信省の鉄道計画を採用すれば財政計画の全部を変更せざるをえず、先に困難を極めて七〇〇〇万円から八〇〇〇万円程の繰り延べや増税を検討しておきながら、ここに新たな一億円以上の公債支弁計画を認めてしまうと本末転倒の状況になると厳しく批判し、「老生〔桂〕之考ふる処にては逓信大臣大奮発にて継続費を変更するを以て最上之策と存申候。」と、逓信省が継続費を変更すべきだと強く再検討を促した[218]。また桂は治水費と鉄道予算の二つの経緯を詳しく報告する書簡を井上に送付し、逓信省の追加継続費を認めるのであれば「小生〔桂〕は到底徳義上之連帯責任は断然撤去すへしと申出置候」と内閣側に明言した旨を伝えている[219]。

一二月一六日の会合での署名は従来の桂の姿勢と比較すれば内閣の施政に対して深く介入し過ぎであり、それ故に少額の治水費ですら変更を許さない厳格な対応を桂は余儀なくされていた。そこにさらなる多額の鉄道予算の問題が発覚した以上、もはや桂は調停の意欲を失いつつあった。この時に桂の相談相手の一人だったのが満鉄総裁の後藤新平であり、桂は後藤宛の書簡において以下のように政府側に返答したと述べている。「幾多の事情あるも既定の事実は今更変更を承諾せす。生〔桂〕は前議に復せさる間は中間に入るを欲せず。此際生を除名して彼れ等行く道を行くべし。彼れが来るとも同様なれは何卒其辺は彼れ等に於て決心すべし。併し彼れ等は彼れ等が信したる道を行くべし。決して生を顧みるに及ばず云々[220]」。その後も政府側からの説得に接するほど、桂は鉄道予算を事前に統制できていなかった阪谷蔵相への不満を強めていき、それを後藤に洩らしていた[221]。ちなみに桂からこの経緯を聞かされていた後藤は、ここで「新省設立」について桂に提案し、おそらく桂の賛同を得てその案を寺内に伝えている[222]。おそらくこの「新省設立」は、鉄道予算の所管を逓信省から切り離して独立させるアイディアを含むものではないかと思われる[223]。鉄道予算の統制を桂が次なる政策課題として認識し、それを当初から後藤に相談していた事実は、来たる第二次桂内閣下の展開を予兆するものとして注目に値しよう。

桂は井上・松方も巻き込んで一二月一六日決定の遵守を内閣に迫っていき[224]、対する内閣側は当初は逓信省の一二年計画を認める方針を貫こうとしたものの[225]、ついには全閣僚の辞表を提出した上で一部の閣僚を交代して留任するという桂の意見に従うことを選ぶ[226]。桂の意図はおそらく蔵相更迭にあり、議会開会中に本気の倒閣を目指していたとまでは考えにくい。新規六年計画を含むこの明治四一年度予算案は今の内閣によって成立させ、その後に政権を奪取するための布石として一部閣僚の交代を提言したのではないだろうか。こうして阪谷蔵相・山県逓相の二人が辞任し、その後任は松田と原がそれぞれ蔵相兼法相と内相兼逓相として当座をしのぐことになった。この経過を山県有朋に報告する書簡で、桂は大蔵大臣の「財政計画之不整理」が原因であるとの分析を披露し、「財政と云ひ、外交と云ひ、内務と云ひ、一つとして内閣全体之統一とては見るもの無之、此侭押し移り候ときは国家丸は何之港に到着可仕か、甚以掛念之至に御座候。」と、「内閣全体之統一」が欠けている現状に深い危惧の念を示している。[227] 桂の批判の対象が鉄道予算の金額論よりも予算編成の責任論に向けられている点については西園寺も把握しており、山県有朋へ送った書簡では「要するに蔵相に対する苦情其根柢をなし候次第にて、予算之事は抑第二義のやう被察候」と指摘している。[228] したがって内閣側で鉄道予算問題の解決に尽力していた寺内は桂の姿勢に疑念を抱き、山県有朋に宛てた書簡の中で、「今日茲に至候迄之桂侯之考慮は何辺に有之候乎は更に合点致不申候得共、熟ら其経過を鑑み候得共、如何にも奇妙不思議之行路と奉存候。」という不満を漏らしている。[229]

この鉄道予算の問題は、新たに逓信大臣を兼任した原によって、桂の意向に沿った修正が加えられて収束が図られる。治水費でも譲歩した原は次の総選挙まで政権与党の地位を保つことを優先したため、[230] 就任するや即座に追加継続費を四六年度までの約三六〇〇万円に圧縮する案を取りまとめ、それを桂や井上・松方に相次いで報告した。[231] これは四七年度から五二年度までの計画は全て割愛し、新規建設路線の宇佐・宮崎間を宇佐・大分間に大幅に短縮する代わりに、四〇年度から四三年度までの金額は前回の一二年計画時と同一にしたものであった。すなわち逓信省が議会に公表済みだった一二年計画の後半六年分が削られ、新規六年計画の範囲内のみが提出されたのだった。この修正案がまとまるまで一月一五日に開催予定だった予算内示会は井上の意向によって延期され、その後は桂・井上・松方の賛同を得た上で一七日に予算内示会が開かれ、[232] 二〇日の鉄道会議でこの修正案は速やかに議決されている。[233] この時に削られた後半六年分は、以後の議会で噴出する鉄道要求の直接的な根拠となる。

二　再度の予算案の衆議院無削減通過——第二四議会

第二四議会における衆議院予算審議

明治四〇年一二月二八日に開会した第二四議会は、途中に西園寺内閣の二大臣更迭騒動を挟んだ上で、休会明けの四一年一月二三日から実質的な審議が開始される。その再開初日から衆議院では大同倶楽部などが提出した内閣不信任決議案が議題に上がり、冒頭から激しい対立が顕在化することとなった。そこで過去二回の議会とは異なり、この第二四議会に向けた政友会大会での演説や議会での施政方針演説において、もはや西園寺は挙国一致による戦後経営という表現を用いなくなっていた[234]。税制整理の先送り決定により、来たる総選挙を前にして政友会と大同倶楽部の対立は明示的なものになっており、また新規財政六年計画の設定により従来の日露戦後経営からの修正も表明されたからである。

当然この内閣不信任決議案は政府の財政政策を批判するものであった。一月半ばに開かれた憲政本党と大同倶楽部の党大会では、いずれも政府の財政運営を批難する決議や宣言書が採択され、その勢いのままに憲政本党・猶興会の共同案と大同倶楽部の決議案の二つが議会冒頭に提出される。前者は在野の減税論を踏まえて増税批判の趣旨がより鮮明であるのに対し、後者は増税のみに限定せず政府の財政方針のぶれを攻撃する内容になっていた[235]。これは事前に行われた野党三党で決議案を一本化する交渉が失敗したからであり、それ故に大同倶楽部が猶興会と協力する可能性は低いと桂は原に事前に伝えていた[236]。しかし、その桂の言葉に反し、大同倶楽部は憲政本党・猶興会の決議案に賛成する態度を突如として示す。大同倶楽部を代表して登壇した臼井哲夫は、第二三議会では挙国一致による戦後経営のための積極的方針で各派はそろっていたものの、政府がその後に閣外の元老の指導も相まって財政方針を曖昧にしてしまったと難じて、不信任決議案を支持する理由を説明している[237]。総選挙を目前に控え、政権与党の政友会とそれに対峙する憲政本党の狭間で、第三党としての存在感を独自に発揮しなければならない大同倶楽部の難しい立場が、これらの不安定な行動に投影されていた。この不信任決議案は一七七名対一六八名での僅差で退けられている[238]。

もっとも議会劈頭で不信任決議案が提出されたことは、裏返せば四一年度予算案には突出した争点がさほど見当たらなかったということを意味している。野党の戦術としては、不人気な政策を個別に掘り下げて対立を明確にした上で、解散に導くために不信任決議案を切り札として提出する方がより望ましい。したがって最初に総論の不信任決議案が否決された以上、その後の各論の審議はさほど盛り上がりを見せることなく進んでいった。政友会は第二三議会終了後から次の第二四議会開会までの間に新たに八名の議員を追加しており、さらに一月二〇日には憲政本党領袖の鳩山和夫らが入党して一八二名の議席数に達していた。これは過半数の一九〇名には若干充たないものの、予算案や法律案の審議を有利に展開していける人数である。こうして前回と同じく四一年度予算案は一切の削減が加えられずに衆議院を通過していくことになる。

まず一月二三日の不信任決議案の否決を受けて、西園寺と原は内閣維持に尽力する方針を改めて確認した。予算編成時の経緯から桂の倒閣行動を両人は強く警戒していたものの、少なくとも議会開会中には露骨な政権交代要求を抑制している様子が伝わると、すぐさま政友会は増税案を通過させる手はずを整えていった[239]。不人気な増税を成立させる以上は、できる限り内閣を維持して来たる選挙に与党の実績を強調していくべきである。増税を通しておきながら、内閣総辞職によって下野してしまうのはもちろん政友会にとって好ましいことではない。こうして予算案の審議がまだ行われている最中に、先行して増税案を通過させる方針が政友会で決まり[240]、二月四日の本会議で年額五〇〇万円の増税案は賛成多数で可決された[241]。また大同倶楽部は桂や寺内から増税案を支持するよう働きかけを受けており、既存の種目の税率を増す酒税・砂糖消費税は賛成しつつ、新たな税を設定する石油消費税には反対するという折衷的な立場を選択した。大同倶楽部が石油消費税に反対したことについて、原は桂らの対応を批難している[242]。

懸案の増税案が通過したことを受けて、残りの予算審議は平穏に行われ、四一年度予算案は今回も全く削減が加えられずに衆議院の協賛を得る。前回と同じく、政友会はこれを業績として誇り、本会議において予算委員会の審議経過を報告した予算委員長の大岡育造は、「特に一言を加ふべきは、是だけの予算を議しましたる間に質問若くは詰問或は希望を表明せられたことはありますけれども、各分科に於ても総予算員会に於きましても、嘗て修正案の一も出たことは無いのであります。」と、今回の予算審議の意義を強調した[243]。

このように政友会が原案通過に導こうとするのに対し、憲政本党や猶興会は予算委員会での討論をあえて避け、二月一三日の本会議において予算返付論を唱えて激しく争うことにした[244]。すなわち内閣不信任決議案での対立を踏まえ、憲政本党の大石正巳や猶興会の島田三郎は財政計画の稚拙さを理由に予算案全体に反対を表明し、政府に一度突き返して再編成を要求する動議を提案した。これは衆議院での予算審議が多数党主導で進められたことを別の角度から示した現象に他ならない。もちろん政友会はこの動議に反対し、予算委員長の大岡は「島田君の御説、是亦予算返上論で、大石君と同一でありますが、成程近頃は議院の権力を余り厖大にせずして、行政の権力を健全に導くと云ふ傾は世界にある。併しながら我憲法の与へたる予算議定権には之に修正は十分に為すことを許されてある。縦令多くとも其金額が多からうが、個所が多分であらうが、それは問ふところでない。一個所を修正するも百個所を修正するも修正は一なり。君方の国家に対する大経綸を移して何故修正を出されぬのである。国費を増加し予算の金額を高めると云ふが如きことは、無論議院の権能にはないが、是を減額すると云ふことに付ては少しも差支はない。島田君並に大石君は老練なる政治家であり、且雄弁家であり、経策家である。少なくも此二十日間に渉る予算会議に於て其君方の政策とするところの削減なり修正なりを出されなかったのは、吾々は甚だ遺憾千万に思ふのである[245]。」と述べ、憲政本党や猶興会の態度は議会の「予算議定権」を軽視するものであると反論した。

この大岡の主張について、続いて演壇に上がった憲政本党の西村丹治郎は、次のような抗弁を試みる。「議院─議会に於ては法律案提出の権能はあっても、決して予算編成の権能は無いのである〔中略〕。それ故に若し予算を修正すると云へば、唯減ずるだけの修正は出来ても、予算の金額一厘一毛だも之を増加すると云ふ修正は決して出来ないのである。吾々の言ふところは唯妄りに予算を削減しろと云ふのでないのである。即ち彼是権衡を失して居る、即ち根本的に於て予算の編成を誤って居るから、彼に減じて此に増せろと云ふ、斯る議論を以て政府に返上致したいと云ふのであるから、大岡君の言はれたのとは全く別なのである。決して陸海軍の費用を削ってそれを以て港湾若くは鉄道若くは電信電話の如き生産的事業の発展に向っての金を議会の権能で即ち吾々の権能で増加することが出来ましたならば、私は大岡君の説に賛成を致すのである。併ながら大岡君悲しいかな、其権能は議会には無いのである。縦令軍事費は削っても其金を振向けて生産的事業の発展に向けることは議会の権能には無いのである。無いことを以て強ひられると云ふのはもう一度あなたに憲法を御一読なされんことを望むと云ふの外ないのである。(246)」

この西村の主張は、一連の予算審議過程の変化が与野党関係に与える影響力の強さを的確に物語っている。政友会が多数を固めて予算審議を実質的にコントロールできるようになってしまえば、野党がいかに修正案を提示しても全て打ち消されてしまう。そして仮にある費用を削減できたとしても、議会は予算編成の権能を有しておらず、その浮いた財源を「港湾若くは鉄道若くは電信電話の如き生産的事業の発展」に向けることは不可能である。「生産的事業の発展」に寄与するためには、与党議員となって直接、政府の予算編成に影響力を行使するしか方法は無い。例えば、第二二議会において政友会が臨時事件予備費を削り、それを用いた追加予算を政府に提出させたような手段である。西村の議論は政友会の横暴を糾弾する一方で、今後の衆議院少数党の苦境を予見させるものであった。これらの西村の演説で議場は紛糾し、しばらくの混乱を経てから採決がなされ、一一七名対二一九名で予算返付の動議は否決された。

こうして二年連続で衆議院は政府提出の予算案に一切の削減を加えない議決を行った。この予算案は不人気な増税案を含み、また編成過程で蔵相が更迭される騒動に見舞われたにもかかわらず、それでも政友会が主導して原案のまま衆議院を通過したのである。こうした多数党による予算審議の統制は、次年度の予算編成への期待感を高める効果を持ち、それが政権与党としての政友会の立場をより強固なものにする原動力となっていた。

税制整理の先送り

こうして新たな六年計画の財政方針を政友会が支持することが明確となり、同時に大同倶楽部との挙国一致的基盤の提携条件となっていた税制整理は先送りされる決定が下された。予算案の衆議院通過の前日二月一二日の閣議において、政府は税法整理案を成立させない方針を決定している[247]。前年の税法整理審査会における議決に基づいて、政府は約二〇〇万円の減税案を議会に提出済みだった。他方で一昨年から続く経済界の減税運動は一向に収まらず、さらなる高まりを見せていた[248]。そして政友会と大同倶楽部の事実上の提携関係はすでに弱まっており、政友会が二年前の公約に固執する必要性は減っていた。そこで税法整理案はしばらく委員会審議が続けられた後、貴族院で増税案と予算案が成立したのを受けて、三月九日の委員会と翌一〇日の本会議でそれぞれ否決されることとなる[249]。ただし税法整理案の内、宅地価修正案については政友会内でも実施を求める声が強く、三月七日の代議士会は混乱の末に辛うじて実施延期の決定となった[250]。それでも政友会幹部は本会議上で党内から異論が噴出するのを恐れ、九日の委員会決定を受けて、一〇日の本会議前に宅地価修正案を地租条例改正案とあわせて政府が撤回する、という異例の手続きに踏み切る。この政友会の強引な議事運営に他党は反発し、大同倶楽部の横田虎彦や臼井哲夫が政友会をたしなめ、さらに猶興会の島田三郎、憲政本党の加藤政之助が厳しい質問を浴びせた[251]。

このように政友会が減税要求に消極的な姿勢を示すのに対して、より強い減税要求を掲げて政府に迫る勢力が野党の中から現れ始める。予算案が衆議院を通過した二日後の二月一五日には、猶興会の島田三郎と早速整爾が提出した織物消費税、通行税、塩専売の三悪税を廃止する法案が本会議で審議入りした。これは増税案への対応の延長線上にある代替法案であり、三月一二日の本会議で政友会・大同倶楽部の反対多数で否決されている[252]。とはいえこの減税要求は、第二二議会での公約の不履行を批判する上で一定の効力を持ち、税制整理の実施が依然として重要な政策課題であり続けることを明らかにする機能を果たした。

これが、この後に続く第二次桂内閣・第二次西園寺内閣・第三次桂内閣・第一次山本権兵衛内閣の各内閣が、いずれも税制整理への対応を常に政策課題に掲げざるを得なかった背景となる。そして、衆議院の中に在野の減税要求に親和的な勢力が一定数生じることで、そうした減税要求から距離をとって国家財政の厳しい現状に理解を示す政友会の立場は桂に相対的に近いものとなっていった。

鉄道拡張政策の先送り

また税制整理に加えて、新たな鉄道拡張政策も次期政権に持ち越される政策課題となる。先に引用した西村丹治郎の演説にも見て取れるように、この第二四議会では党派を問わずに新規の鉄道拡張を要求する声が多く登場した。鉄道予算をめぐって西園寺内閣が二大臣を更迭する事態に陥ったことから、野党は鉄道予算に関して内閣に揺さぶりをかけていく。予算委員会総会において大石正巳は、「鉄道所謂交通機関の発達と云ふことに付ては、申す迄も無く今年の予算などにも、初に計上せられたが変更せられた、初めに計上されて計画して居ったものを見れば収縮した、収縮したと云ふことは、交通機関の上に於て、政府単り収縮して、社会の状態は進んで行く、内外の貿易経済場の発展と云ふ自然的の事は発達しつつある。交通機関の不完全と云ふことは、此進歩を阻害して居る、是は今日此侭で捨置けぬ問題である〔後略〕」と述べて、逓信大臣を兼務した原をターゲットとする質問を展開した(253)。逓信省が当初に打ち出した約一億三〇〇〇万円の追加継続費が大幅に「収縮」されたのは事実であり、この指摘は当然ながら原を刺激した。原は他の予算の多くが繰り延べられているのに対して、鉄道予算は四六年度までに三〇〇〇万円以上もの追加がなされていると何度もくり返し強調した。また大同倶楽部の大戸復三郎も当初の逓信省要求額が大きく削られた点を重ねて質問し、原の不満げな答弁を引き出している(254)。

これらの他党からの批判も相まって、昨年の第二三議会で逓信省が内示していた新規一二年計画はその効力を事実上持続させることになった。仲小路廉逓信次官は前年の一二年計画は依然として有効であり、当初は毎年度に約三〇〇〇万円を見積もっていたものの、今年度は財政上の都合によりその規模を小さくしたと説明した(255)。これを換言すれば、財政状況が好転すれば、前年に見せた新規拡張計画を漸次進めていく予定であると、政府がその意思を表明したことになる。一二年計画では列記された次期建設路線についてある程度の履行順序が付けられていたものの、それは今後の鉄道要求の展開によって幾分は前後可能であろう。こうして一二年計画に盛り込まれた各路線に利害関係を有する議員団から、具体的な路線名を掲げた鉄道建設要求が次第に提示されていくようになる。桂の影響力が及ぶ予算編成段階では新規計画は大幅に圧縮されたものの、衆議院での委員会審議の細部にまで桂の目が届くわけではない。一二年計画の後半六年分の存在は議会答弁の中で半ば既成事実化され、原もおそらくこれを黙認した。

そこでこの第二四議会では次年度以降を意識した鉄道要求が再び提示されている。例えば、「鉄道特別会計に関する建議案」と「鉄道速成に関する建議案」がそれぞれ党派を超えた議員団から提出された。前者は鉄道予算の一般会計からの独立をさらに強化すべく、大同倶楽部が主導して三〇〇名以上の署名を集めた建議案であり、後者は前の第二三議会で成立した「鉄道計画の速成に関する建議案」の趣旨を再確認するものであった[256]。このように総選挙を前にして各党は鉄道要求を増大させる態度を見せ始めていたものの、まだ超党派の建議形態が一般的であり、特に政友会は鉄道予算をめぐって二閣僚更迭が起きたばかりであることから表立った拡張要求を唱えにくい状態にあった。

第二四議会における貴族院予算審議

これらの衆議院審議に並行して、貴族院での増税案と予算案の審議も進められていった。そして今回は貴族院でも大した争点が現れず、衆議院を原案で通過した予算案がそのまま貴族院でも協賛されることになる。予算案が両院を無修正で通過したことは議会開設以来、初めての出来事であった。貴族院議員の多くは前年の第二三議会でも政府の財政政策を懸念しており、四一年度での増税や繰り延べの実施には原則的な賛同を与える態度であった。また編成時に桂が深く関与したこともあって、茶話会の平田東助や小松原英太郎は増税案や予算案の原案支持に向けた説得に努めていた[257]。増税案については伊達宗敦や谷干城のように反対の意見を表明する議員も一部にあり、委員会では衆議院で現在審議中の税法整理案が議了して貴族院に送られてきてからセットで議決すべきだとする動議が徳川達孝から出されたものの、これには支持がさほど広がらず否決され、委員会を一〇名対四名、本会議を一九三名対四五名の賛成多数で衆議院通過案のまま可決されている。[258] そして三月五日の本会議において四一年度予算案は一切の削減が加えられずに両院を通過した。[259] おそらく桂はこの増税案の成立までは現政権を持続させる意図だったのであり、桂に近い貴族院議員は表立って政府批判の行動を取らなかった。結果として予算編成過程での混乱は予算審議過程にはさほど波及せず、新たな六年計画に着手する明治四一年度予算案は粛々と成立に至ったのである。

ところが、内閣での予算編成過程でも桂から自立する兆しを見せていた政友会は、この貴族院審議においても桂からの自立を模索する動きを見せている。貴族院での予算審議が進行する中、原は研究会領袖の堀田正養と木曜会幹部の千家尊福との間で入閣交渉を密かに始め、両団体からの支持獲得を目指していった。[260] そして第二四議会の審議が終わる三月二五日に西園寺内閣は内閣改造に踏み切り、松田と原が兼任していたポストを配分して松田蔵相・千家法相・堀田逓相とする閣僚人事を発表する。これは西園寺内閣が挙国一致的性格を弱めて、政友会内閣としての性格を強めようとしている意図を表明するものであった。

予算審議過程の統制がこうした政友会の台頭の原動力となったことを、原は議会が閉会した三月二六日の日記の中で、次のように的確に表現している。「現内閣となりて已来、予算は第二十二議会には協議上、海陸軍復旧費より五百万円を減じて他の殖産的費用に充てる外一の刪減なく、又第二十三議会には北海道森林費並に築港費を貴族院に於て刪減し、余〔原〕進んで衆議院に於て之に同意したる事の外悉く予算成立し、今回に至りては全く原案の通可決したり。是れ従来の議会中、其例を見ざる所にして政党に根拠を有する政府の力なる事明らかなり。殊に政府党たる政友会の如きは何時も議場に多数の出席を見て総ての案に通過を計りたり。貴族院も亦従来の態度に異りて漸次政府に接近し、殊に木曜会の如き殆ど政府党にして又研究会の如きも大に接近したり。即ち此等の事実は憲政上の一進歩と認むるに難からざるべし〔後略〕」[261]

こうして四年間の任期が満了した五月一五日に、第一〇回衆議院総選挙は実施された。[262] 第二四議会を乗り切って政権与党として迎えたこの選挙で、政友会は待望の過半数にほぼ達する一八七名の当選者を獲得した。残りの主要政党はいずれも数を減らし、第二四議会終了時の議席数と比較すれば、憲政本党は八七名が七〇名に、大同倶楽部は五九名が二九名に、猶興会は三六名が二九名にそれぞれ減少した。代わりに増加したのは無所属議員であり、都市部を中心に実業家の支援を受けた新人議員が多く誕生した。これは二年四ヶ月間の第一次西園寺内閣の施策が評価された結果に他ならなかった。

三　予算編成権をめぐる倒閣運動

桂の次期政権構想

第二四議会が終われば下野すると思われていた第一次西園寺内閣は、議会末期の内閣改造によって今しばらく継続する意思を内外に示した。その後、総選挙の勝利を経て、さらに次年度の明治四二年度予算編成作業を本格化し始め、その態勢を強化するために六月三日に大蔵次官を更迭する人事を断行する。これは第二四議会で新規六年計画が成立するまで暫定的に現内閣を持続させようとする桂の意図とは反する態度であった。そこで桂は、次年度の予算編成の主導権を奪還すべく、閣外の元老を巻き込んだ倒閣運動を次第に強めていき、七月四日に第一次西園寺内閣を総辞職させることになった。

政権奪取を目指した桂の活動は、一月一四日の二大臣更迭騒動の直後から始まっている。まず桂は鉄道予算問題について事前に相談していた後藤新平に書簡を発し、「衝に当るよりも手伝と申ものは難義千万之ものと如今更に有之申候」との心境を洩らして、今後の対策を話し合うために面会を希望した。[263] 会談した両者はおそらく倒閣に向けた展望などを協議し、後日になって後藤は桂のもとに調査書類を届けている。[264] また桂は二月一日に井上馨とも面会して鉄道予算や財政方針について意見を交換し、翌日井上に書簡を送った。[265] その中で桂は、前日の会談で話題に上がった「鉄道財政に関する意見調査書類」を近日中に女婿の長島隆二に持たせて届けると述べた上で、「到底如此之方法を以て一般会計より全く引離し不申候半而は鉄道の目的と一般会計との混雑否将来之目的は相立ち不申事に相考へ申候」と、鉄道予算を特別会計化させて一般会計と完全に分離させる必要性を強調した。この調査書類のことを井上は「公債整理難題御草按」と表現しており、[266]両者の間では国有鉄道の独立会計化は公債整理を進行させるために不可欠だと理解されていたことがうかがえる。

こうした鉄道予算の統制案をもとに、二月五日に桂・井上・伊藤博文による三者会談が開かれる段取りが決まった。[267]この三者会談の開催決定を桂はすぐに後藤に報告し、「多少之難風は覚語之前なれども船は山には参らせ不申候〔後略〕」との決意を明かしている。[268]五日の三者会談では、議会開会中ということもあって桂は倒閣意思を明確にせず、あくまでも政策協議に留めたようである。[269]このように桂は新規六年計画を明治四一年度予算編成過程で盛り込ませた時と同じように、早くから次期政権における政策課題に関して元老の井上と話し合い、二大臣更迭の直接の原因となった鉄道予算の統制を主眼とする特別会計化案などを練り上げつつ、側近の後藤と連絡を重ねていた。

ただし、井上が当初から桂の倒閣方針に協力的だったとは言いがたい。第二四議会が閉会すると、井上はまずは現内閣の下で緊縮財政方針をさらに強化するための行動に取りかかる。四月一日には外遊に出かける阪谷芳郎との意見調整を名目として井上邸に政府高官が集結する会合が開かれた。この出席者は西園寺・松田・原の他、林董外相や堀田正養逓相、それに松尾臣善日銀総裁と高橋是清日銀副総裁である。[270]それから数日後、皇太子の行啓に同行するために桂と井上は共に山口県に出かけ、出先で伊藤を交えた三者会談を再び開催する。[271]そして五月初めに帰京した井上は、またもや政府高官を召集して財政に関する会議を開くよう提唱した。今回の会議には寺内陸相にも声がかかり、水町袈裟六大蔵次官が寺内のもとを訪れて出席を要請している。[272]五月九日に開かれた会合には西園寺・松田・原・寺内・堀田の各大臣と大蔵省・日銀の各幹部が参列し、ここで井上は予算に関して多くの質問を提示して緊縮財政化に努めるべきであると力説した。[273]

こうした井上の主張に反応して、大蔵省内では四二年度予算編成に向けた調査が着手されていった。水町次官が中心となり、行政整理、四一年度における繰り延べ、四二年度以降の財政方針、鉄道特別会計化などについて、具体的な調査が始められていた[274]。ところがこの後の大蔵省調査の進捗が芳しくなく、その過程において井上や松方などの元老に距離が近い水町次官に対して政友会側の不満が高まっていった[275]。そこで西園寺や松田は大蔵次官の更迭を検討し始め、韓国にいる荒井賢太郎統監府参与官を本国に呼び戻すことを考えていた。しかし、この案は伊藤統監の支持を得られずに当面断念する[276]。

総選挙後の政権交代

このように翌四二年度予算編成をめぐって松田大蔵大臣と水町大蔵次官の間で亀裂が生じ始めていた最中に、五月一五日の総選挙で政友会の勝利が判明する。その選挙の余勢を駆って西園寺内閣がさらに政権を維持させる意向を強くしたことで、それに対する外部からの圧力も高まっていく。選挙の終了後、井上は地元の福岡に帰っていた野田卯太郎に急いで上京するように電報を発している。野田はさらに原からも上京を促す電報を受け取り、すぐさま東京に向かった[277]。そして五月二四日に井上は野田と面談し、西園寺が政権を維持するつもりかどうか尋ねるよう依頼した[278]。この井上の様子は野田から原・西園寺に相次いで報告されている[279]。井上はまた山県有朋に書簡を送って、野田を介して政府の内情を探索しようと試みる意向を伝え、今こそ緊縮財政策を「断行」する時期であるとの持論をくり返した[280]。

桂もまた選挙後に政権を奪取したい意思を鮮明にし始めていた。まず桂は韓国の伊藤博文に宛てた書簡において、政府の外交や財政を批難する次のような文章を書いている。「如御承知政治は活物に候へば、政府は自から活動して事を為さざれば終始防禦の地位に立ち、事の起るを待ちて単に其日を暮し候様なる事にては、此難局を一転して好望なる情勢に回転は兎角難事と存申候。例へば過る戦役中の如きは国家安危の判然せざる秋に於てすら、数億の外債をなし得たるには候はずや。是れ外交の働、其当を得て寧ろ信用よりは同情を得たる為め如此の成効を得たるものと確信仕候。然るに今日は決して戦争の如き国家安危の場合には無之候。然るに外債一も成就不仕、加之同盟国すら支那人の後ろに廻り彼れが商権を拡張せんとするに至り申候は判然の事に候。小生の考にては現下財政の事は万事外交の不手廻しより困難を来し候事、其の大に居候半と相考申候。其上財政当局者着々処置を誤り、而して之等を統一するの強力上に欠くるに於ては寔に困難と存候。」[281]すなわち桂は、今日の財政問題を解決するためには外債募集の環境を整える外交政策が重要であり、そのためには内閣の政策を統合する強力かつ能動的なリーダーシップが必要であると伊藤に訴えていた。また桂は選挙当日の五月一五日付でロシアを訪問中の後藤に書簡を発し、「都下之情勢は殊更財界之形勢を嶮悪ならしめ最早極度に近きまでに拱ね居候。」と、経済界で政府批判の声が高まりつつある状況を通して、政権交代の機運が熟しつつあることを伝えていた。[282]

これらの閣外の動きの中に政友会閣僚は倒閣運動の要素を見て取り、予算編成を主導するためにも大蔵省改革に乗り出すことを決めた。[283]その第一弾として企図されたのが、水町次官を更迭して、代わりに日本興業銀行総裁の添田寿一を大蔵次官に抜擢する人事案だった。[284]添田はかつて明治三一年の第一次大隈重信内閣において松田蔵相の下で大蔵次官だった経験があり、その後は台湾銀行・日本興業銀行という大蔵省の主流派から比較的遠い距離にある役職を長らく務めていた。政友会が大蔵省に勢力を浸透させようとする点では適切な人物の一人だったと言えよう。添田抜擢の意向を固めた松田は、五月二四日に井上のもとを訪ねて、この人事案を説明する。同日、西園寺もまた井上を訪問し、添田次官案の賛同を求めた。

おそらくこれが現政権下の緊縮財政論から政権交代論へと井上が態度を修正した契機となった。井上は添田次官案に強く反対し、翌二五日には添田を呼び寄せて厳しく詰問している。[285]そして桂はこの変化を見逃さず、ついに西園寺辞任要求を井上に提示するようになった。桂は六月二日に井上に書簡を送り、政府は「漸次持久之策」を講じており、井上の緊縮財政意見を実現に移すことなく体よく聞き流すつもりのようだと述べる。そして「最早予算調成之時期も切迫仕居、此侭に一日々々と日を送り、終に何等なす事無く送日仕候は為国家如何可有之哉。就ては断然決意政府之政策を助けて進行するか、将又到底見込無之ものに候半は決然辞職せしむるか、いつれか一方に出でざれは直に国家之不利益と奉存候。今日と相成候而は到底円満之所置は不可能之事と確信仕候。仮令希望は有之候とも彼等之決心既に一定候上は、其希望を達する事是又不可能と奉存候。」と、予算編成の時期が迫っていることを理由に西園寺に政権交代を迫るべきだと主張した。[286] 同日、井上もまた西園寺と面会しており、西園寺が総理大臣を辞する意向であると桂への返信で洩らし伝えている。[287]

翌六月三日、突然の水町次官更迭が実施された。[288] 当日朝、松田から呼ばれた水町は「政治上の意味なり」として休職を告げられ、同日夕方に休職が正式に発令される。井上から反対されていた添田次官案は実現しなかったものの、翌四日には桜井鉄太郎主計局長が次官心得となった。松田等はさらに日銀幹部の更迭も模索し出し、松尾総裁や高橋副総裁の排斥運動を起し始める。[289] これらの強行策は大蔵省・日銀の幹部層に大きな衝撃を与え、彼等からの報告を受けた井上たち元老の倒閣運動をさらに加速させた。井上は五日に再び西園寺と会談し、その辞意を再確認した上で、七月頃には辞職する決意であると聞き出し、それを秘密裏に桂と山県に教えた。[290] 前政友会総裁として西園寺内閣を後援し続けた元老筆頭格の伊藤もまた桂の政権を担当する意欲に抗わない態度に変化し、[291] それを知った桂は井上と協力しながら財政整理を断行する決心を改めて伊藤に表明した。[292]

こうした元老の支持を集めた桂の圧力を受けて、西園寺はついに政権を離れることを決断した。六月二七日に大磯で西園寺は松田と原に辞意を表明する。これまで内閣維持を共に目指してきた原はもちろん反対し、最も望ましいのは次期議会後まで内閣を維持することであり、それが難しければせめて予算編成が終わるまでは政権を持続すべきであると訴えた。大蔵省改革にも現れていた通り、原たちの狙いは次の四二年度予算案を政友会が主導して編成することにあった。しかし西園寺の意思は固く、原たちの説得には応じなかった。[293] 明治四一年七月四日、第一次西園寺公望内閣は総辞職し、その後任の内閣総理大臣には西園寺の推薦する桂太郎が就任することが確実となった。[294]

以上の通り、第一次西園寺内閣末期の政友会閣僚と桂の対立は、次年度の予算編成権をめぐる争いであった。ただし、この両者の間に財政政策上の大きな相違点が発生していたとは必ずしも言えない状態だった点に注意する必要がある。明治四一年度予算から始まる新規六年計画は、桂と政友会の再合意によって成立したものであり、両者ともにその枠組みを共有する間柄にあったことは明白だからである。総選挙に勝利した政友会としては、自発的に選挙直後に下野する決断はできなかったものの、前年度から先送りした税制整理などの困難な課題に直面する次年度予算編成にどこまで本気で取り組む意向だったのかは不明である。それが桂の倒閣運動に西園寺が本格的な抵抗を試みなかった理由の一つなのではないだろうか。

そして次の第二次桂内閣は、新規六年計画を前提とする国家財政運営を大きな政策課題として掲げることになり、その時には政友会との全面的な対決姿勢は取りがたくなる。同じく政友会側も、総選挙前に成立させた明治四一年度予算の基本方針を覆すような態度は採れず、桂がその方針を踏襲する場合には大枠でそれに従わざるを得なかった。これが続く第二次桂内閣が三年以上に及ぶ安定政権となった主たる要因となる。そして、次期内閣下で安定的な政権運営が続く中、これまでの各議会で形成された多数党主導の予算審議の仕組みが一層洗練されていくことで、桂と政友会の関係はさらなる変化を遂げていくのである。

第三章　第二次桂太郎内閣期における予算政治

第一節　安定政権期の政治指導――第二五議会

一　国家財政統合者としての内閣総理大臣

予算交渉会方式の一貫性という視角

明治四一年七月一四日、桂太郎による第二次内閣が発足した。すでに四年半に及ぶ第一次内閣を率いた経験を有する桂は、この第二次内閣においても三年一ヶ月（一一四三日間）の長期政権を実現する。この期間は平時における内閣としては、原敬内閣の一一三三日間を上回り、戦前日本の内閣の中で最も長いものとなっている。政権の発足も後任者への移譲もどちらもスムーズに行われ、閣僚の更迭も議会の解散もなく、きわめて安定感のある政権運営がなされていった。

この第二次桂内閣期を桂の政治指導が失敗した時期として位置づける先行研究が多く存在している。例えば、発足当初は非政友会系勢力を集結させて政友会に対抗しようとする「一視同仁」政策を掲げたものの、やがて財政問題の処理に失敗したことでその政策を断念し、ついには政友会と妥協する「情意投合」路線へと転換した過程として描くものが有力な学説となっている(1)。また「情意投合」演説の直接のきっかけとなった第二七議会における鉄道広軌化計画をこの内閣の重要な政策と理解し、その挫折でもって桂やあるいは広軌化を主唱した後藤新平の政治指導の行き詰まりを析出しようとする研究も数多い。(2) 確かにそれまでの第一次桂内閣や第一次西園寺内閣の時期と比べて、この第二次桂内閣期は桂の政治指導に陰りが見え始め、最後の議会となった第二七議会に前後して桂の影響力が急速に減退していく傾向を看取できる。この点では本書の見解も先行研究の叙述と大きな差異は見出せない。

しかし、この桂の政治指導の行き詰まりという事実について、本書はこれまでの分析を活かしてそれ以前の内閣期からの一貫性を強調して解釈しようとする点に独自性がある。第一次桂内閣期において実施された予算交渉会方式はこの第二次内閣期でさらなる制度化が図られることになる。また第一次西園寺内閣期の新規六年計画の再合意に見られた桂と政友会の提携路線が、この第二次桂内閣期でも継続し続ける。こうした桂の政治指導が連続してくり返される中で次第にそれが行き詰まり、ついには鉄道広軌化計画の断念を余儀なくされることが本章の叙述で明らかになる。

それ以前との内閣期との連続性を強調して第二次桂内閣期の政治過程を理解しようとする枠組みは、この間の政友会の行動についても当てはめられる。桂の予算交渉会方式の制度化に伴い、政友会は衆議院多数党としての結束を維持しながら予算審議を主導する方法を一層洗練させていく。それに併せて第一次桂内閣期の第一八議会で初めて現れた予算支持と鉄道要求の交換という交渉方法がこの間の三つの議会を通していよいよ本格化すること、そして政権末期の鉄道広軌化計画の断念はこの文脈上に位置づけ直されるべき事象であることを本章で論じていく。

この第三章では第二次桂内閣期の予算政治の展開を通して、桂の政治指導の到達点とその限界、そしてこの間の政友会の台頭を検討することにしたい。三つの節は、それぞれ明治四二年度、四三年度、四四年度の各予算に対応し、一では編成過程を、二では衆議院での予算審議過程を、そして三では鉄道要求の展開をそれぞれ対象とする。平穏で静かな予算交渉のくり返しを通して、桂と政友会の勢力関係が緩やかに変化していく動態がこれらの分析を通して浮かびあがってくるはずである。

首相兼蔵相という異例の人事

序章で言及した通り、この内閣で桂太郎は非財政専門家でありながら内閣総理大臣と大蔵大臣を兼任する異例の人事を断行する。前章までの経緯で明らかなように、桂はこの第二次内閣の主要な政策課題として財政整理を掲げており、この人事は、前任の第一次西園寺内閣が果たしえなかった財政整理や税制整理、また国有化後の鉄道経営の整理などを行う内閣の施政方針を明示するための決断に他ならなかった。

しかし、この首相兼蔵相という人事は、桂が以前から抱いていた最善の構想を即座に実現したものとは必ずしも言いがたい。なぜならば、財政整理は各省の予算拡張要求を抑制し、または予算削減を迫るなどの不人気な政策であり、首相兼蔵相はその直接的な責任を一身に負うことになるからである。むしろ、本来は予算編成の主管である大蔵大臣には別の人物を置き、蔵相と他の大臣の間での予算調整が困難に陥った際に、総理大臣が仲裁に入れるようにした方がより望ましい人事だったのではないだろうか。また大蔵大臣という重要閣僚ポストを配分することで桂は新たな権力基盤を創出できるのであり、自らが兼任すればその資源を有効に活用できなくなってしまう。

したがって新政権の発足前には、必ずしも首相兼任ではなく、専任の大蔵大臣を起用する案が検討されていたことはほぼ間違いない。政権移行期での大蔵省内部の情報によれば、何人かの蔵相候補者の名前が上がっていた。まず第一次桂内閣で大蔵大臣だった曽禰荒助が再任に意欲を示していた(3)。また同じく第一次桂内閣で農商務大臣を務めた平田東助の就任も有力視されていた(4)。その他にも第一次桂内閣の財政運営に携わった松尾臣善日銀総裁の起用や、さらには阪谷芳郎の再任説も一部でささやかれていた(5)。

しかし、これらの案はいずれも実現しなかった。それには前内閣末期の蔵相更迭やその後の混乱の後始末を新蔵相が担わざるをえないことが関係していたようである。大蔵省内の昇進ルートを通って大蔵大臣にまで登りつめた財政専門家の阪谷であっても明治四一年度予算編成過程において辞任を余儀なくされ、その後は逆に政友会の激しい人事介入に大蔵省は接していた。したがって、次の蔵相には、厳しい国家財政運営の手綱を握りつつ、政党や他省に対して大蔵省の存在感を発揮できる人物が選ばれるのではないかという予測が大蔵省内では立てられていたと推察される(6)。

そこで異色の候補者として後藤新平を大蔵大臣に抜擢する案も検討されていた模様である。かつて後藤は台湾総督府の民政長官を八年半にわたって務め、その間に台湾総督府の財政を建て直した実績を有していた。続いて日露戦後には南満洲鉄道株式会社の初代総裁となり、国庫から充分な財政支援を受けられない状況下においてその経営を効率的に進めていった。これらの過程で桂と後藤の関係は深まっていき、第二章末尾で触れたように、第一次西園寺内閣の倒閣運動を始める際に桂は後藤と綿密な相談を重ねていた。こうした経緯から類推すれば、新内閣の目玉人事として桂が後藤蔵相案を断行するのではないかという予想は、十分に成り立ちうるものだった。台湾・満洲で実績を重ねた後藤には国内での安定的な支持基盤がまだ乏しく、今後の活躍の舞台を広げていくために新たに桂の支援を受けることは有益だった。また桂にとっても、この人事は第二次内閣の施政に大きな躍動感をもたらす効果が期待されるものだったであろう。

結局この後藤蔵相案は実現に至らずに潰えることになる。組閣作業の進展に伴い大蔵省内ではこの人事を危惧する声が高まり、水町袈裟六大蔵次官は阪谷に宛てて、「少しく頭〔首〕を傾けさるを得す」との心境を伝えている。[7] また勝田主計理財局長によれば、後藤は蔵相就任に「随分色気ありたるか如き」素振りを見せていたようである。[8] これらの大蔵省高官の消極姿勢もあって、元老の井上馨が後藤蔵相案に反対を表明し、井上との関係も配慮せざるをえない桂はこの抜擢人事を断念し、自らが首相兼蔵相となる人事を最終的に固めたようである。[9] この経緯を念頭に置けば、首相兼蔵相という異例の人事は外部からの新人登用案を断念した上での次善の策だったと位置づけるべきであろう。

そこで桂は、事実上の大蔵大臣というべき大蔵次官に若槻礼次郎を指名した。これも政友会へ一定の配慮を示した人選であった。若槻は第一次西園寺内閣の前半に大蔵次官を務めており、その後は帝国政府財政委員としてロンドンやパリで勤務していた。若槻の後任の大蔵次官だった水町は既述の通り松田正久等との関係を悪化させており、そのまま次官に留任させた場合、政友会からの反発を招く恐れがあった。そこで桂は前内閣下で政友会と交流のあった若槻を日本に呼び戻し、それと入れ替わって水町を帝国政府財政委員に就任させる人事を決めたようである。若槻はこれから桂蔵相の下で財政政策の事実上の責任者として手腕を発揮していくことになる。

こうして成立した第二次桂内閣の人選は、第一次桂内閣期に培った人脈に加えて、閣外の元老や政友会などの諸方面への配慮を示したものとなった。桂は予算成立に多大な関心を抱く政治指導者であり、その意思が非財政専門家の首相兼蔵相という珍しい形態に現れていたことは明白である。しかし、これは当初のいくつかの試みを放棄した上での次善の策であり、それは同時に今後の内閣の行方を象徴したものであった。すでに桂には第一次桂内閣期の四年半以上の経験があり、また前任の第一次西園寺内閣の予算編成にも介入して、例えば、新規六年計画の立案に深く関与していた。第二次桂内閣はこれらの経緯との連続性を意識して発足したものであり、それが桂の政権運営を手堅く、そして同時に平凡にした点は否めない。三年間の強固な安定政権でありながら、徐々にその活力が失われ、次第に受動的な対応に陥っていくこの内閣の特質は、冒頭での蔵相人事の中に早くも見出すことができる。

明治四二年度予算編成過程

若槻がロンドンから帰朝するまでの間、桂は水町と協力しながら来たる第二五議会に提出する四二年度予算案の編成作業に着手していった。まず四一年度予算編成に介入して実現した六年計画をさらに変更して、新たに一一年間での事業計画に延長させる決定を下していく。これは第一次西園寺内閣との連続性を前提とし、その方向性をさらに推し進めようとする意思の表明であった。また公債支弁事業を普通歳入支弁に切り替えて公債募集を中止させる非募債主義を採った[10]。この非募債主義の原型は第一次桂内閣期の日露戦争前の財政政策にあり、これも目新しい大胆な新方針とは言いがたいものである。

そして桂はこの方針に従って各大臣に各省予算の精査を命じた。その際には各大臣に自発的な財政整理の実施による調査報告を求めており、その交渉過程では激しいやり取りも垣間見える。例えば、新任の逓信大臣となった後藤は、水町大蔵次官から提示された逓信省予算額に不満を抱き、立て続けに二通の書簡を桂に送った。桂はそれに返信をしたため、「右〔水町の提示案〕は予算を推定し、各大臣の意見に接し候次第にて、何れの費目より幾何削減又は整理と申注文を押付候ものに無之、各省にて充分調査の上、兎に角小生〔桂〕之希望を達し候は丶、夫れにて可然事に候。調査表面に付き一見するときは随分多額之削減又は繰延等に相見へ候得共、事実に付き毎年之繰越又は繰延若しくは不要額等参酌せは全く整理無之とも難申〔中略〕、其辺篤と御調査且つ事実に付き御調査相成候上、御意見承知いたし度候。」(11)と述べて、さらなる予算調査の実施を後藤に求めた。この書簡の欄外には「案は水町之案に無之、全く小生〔桂〕の案なり。其辺も御含置可被下候。」と書かれており、財政整理にかける桂の意気込みが明示されている。

この財政整理の対象には陸海軍ももちろん含まれた。第一次西園寺内閣の陸軍大臣だった寺内正毅は、すでに組閣前から桂の緊縮政策を予測し、留任交渉時において桂の財政方針について留保を付けていた。明治天皇からの留任要請を携えて説得役を務めていた山県有朋に宛てた書簡の中で、寺内は桂の財政方針と完全に歩調を一致させることは困難であり、「将来行当り候節に於て、為し得る限り節調を謀り候外無之義と存申候。」と、財政整理が必要な際にはその時々の範囲内での調節を図っていくしかないという限定的な支持を述べている。そして「畢竟は今後之財政問題解決に際し案外にも一難題可相生乎とも被存申候。其節は其相応之決心を為し可申と相考申候。」(12)と、今後の財政問題の展開によっては桂との間で何らかの「難題」が発生するかもしれないとの立場を表明していた。(13)このように陸軍予算への厳しい整理要求には抵抗する意思を秘めた寺内との間で、八月中旬から下旬にかけて桂や水町は陸軍予算の交渉を重ねていた。

また同じく留任した斎藤実海軍大臣との間でも桂は厳しい姿勢で予算交渉をくり広げていた。桂からの指示を受けて、斎藤は前内閣で決定された海軍省予算の繰り越し一〇〇〇万円に、さらに三年間で三〇〇万円を追加で繰り延べる調査報告を出した。しかし桂はこれに満足せず、斎藤のもとに水町を派遣して一層の尽力を迫った。(14)それに対し、斎藤はこれらの整理金額は艦艇補足費や補充艦艇費にも手を着けたものであり、「為し得る限りを為したる儀に有之、計画変更の御方針に無之已上は、大数に於ては最早如何共致方無之候間、此段御諒承奉仰候。」(15)と、事業計画全体の変更がない限りこれ以上の削減はできないと桂に理解を求めた。しかし、この斎藤の返答に桂は納得せず、ついには自分が直接説得に出向くと告げ、(16)さらにもう一通書簡を斎藤のもとに送った。(17)その中で桂は、「一昨日〔八月一八日の閣議時〕も申上候通、此際を去り候ては財政之整理甚困難と存候間、其辺御含を以て充分御尽力相願度旨は篤と御承知之事にて更に申出候迄も無之候。」と、初年度の好機を逸しては「財政之整理」が非常に困難になるとの認識をくり返し示した。その上で事業計画に変更を加えないという自分の意図を斎藤は「誤解」していると批判した。桂は「仮令は三ヶ年に成効すへきものを五年又は六年に変更は物に於て成候得べき事に相考候は丶、其辺は充分御考慮相願度之意味と御了解置被下度候。」と述べ、既定事業の期間を延長させることなどで追加の整理金額を捻出することを求めた。この書簡にある「畢竟前陳之主意に基き此際多少之無理有之候とも一整理いたし置、他日に余地を残候事無之いたし度之心事に候間、充分御酌量被成下度候。」という桂の言葉からは、初年度の予算編成への強い意志が感じられる。

こうした事業の繰り延べなどの財政整理は各省からの抵抗を招く政策である。発足直後の予算編成時から早くも桂がこのように強硬な姿勢を示したのは、この機を逸すると財政整理を求める勢いが弱まってしまうことを熟知していたからであった。後日に余地を残さないようにしたいという表現から看取できるように、国家財政統合者としての内閣総理大臣の施政は、この初年度でどれだけの財政整理を成果として出せるかに命運がかかっていた。それ故に桂は陸海軍にも一律の経費節減を求める態度を一貫して採り、寺内・斎藤との個別の交渉を経て、両省の繰り延べ費用を閣議で確定させた(18)。そして引き続いて経常費の削減額も決めた上で、八月二八日に予算方針の閣議決定に導き、翌日すぐにそれを新聞に公表して新政権の財政方針に対する経済界の期待を高めようとする(19)。これは新政権の実行力を外部に印象づけて各省の不満を押さえ込もうとする意図が込められており、桂のやや性急な焦りも感じ取れるものであった。

さらに第二次桂内閣が誕生する経緯をふまえれば、より重要な意義を持ったのは鉄道予算の統制であった。まず桂は、国有鉄道を逓信省の所管から切り離し、明治四一年一二月に内閣直属の鉄道院を新設して、その総裁を後藤逓信大臣に兼任させた。先の蔵相登用論と同じく、おそらく桂は後藤の財政再建の手腕に期待して、巨大組織となった国有鉄道の監督者に任命したのだと考えられる。これは前内閣末期から桂が抱いていた政権構想の一環であった。そして桂は、鉄道予算を内閣の統制下に置き、事前に貴族院・衆議院議員に繰り延べ総額を内示したことを論拠として、繰り延べの追加実施を後藤に強く求めた。[20] さらに国有鉄道の独立自営化を目指すため、前内閣時から検討されていた特別会計制度の強化策が立案された。具体的には、一般会計からの繰り入れや鉄道益金の一般会計への納付をそれぞれ禁止して鉄道予算と一般会計の峻別を強めるとともに、鉄道建設及改良費には益金を直接充当できるようにし、それに公債や借入金（大蔵省預金部資金の転用）を利用して特別会計の範囲内で運営することにした。[21] こうした新内閣の独自な政策を推進する主体として抜擢された後藤に桂は期待を寄せていた。

しかし同時に桂はこの鉄道政策について井上馨からの支持を得ることにも配慮する必要があった。桂からの報告書簡を興津の別荘で受け取った井上はそれに返信を発し、[22]「不確実なる財源を以補充したる当年度〔四一年度〕之予算より削減之御意見、至極御尤と奉存候。」と、桂の緊縮財政方針への賛意を表した上で、鉄道事業費に大蔵省預金部資金を用いる点についてさらなる説明を求めている。そこで桂は井上が東京に戻る頃合いを見計らって水町など大蔵省幹部を派遣し、財政に関する詳しい調査内容を報告させた。これで井上は満足し、「実に老台下〔桂〕之御精神と御誠意を以、経済的査定を此目前危急之救済上時機を不失様御注意は、為邦家小生〔井上〕も漸完決候様奉祈候。[23]」という謝意と激励を桂に伝えている。こうした井上への配慮は、後藤の大胆な構想に対する制約にもなりうるものだった。

二　予算交渉会方式の復活

「一視同仁」をめぐって

桂が第二次内閣を組織して初めて臨んだ第二五議会は、明治四一年一二月二五日に開会した。この議会では桂の「一視同仁」政策について議論が交わされることになる。「一視同仁」政策とは、桂が内閣発足時に記した「施政方針之大綱」の中に記された以下の一節に基づく内容とされる。「一、対議会方針。外は列国の交誼を全うし、内は民心の堕廃を済ひ、財政の紊乱を理め、民力の発展を期する等、是れ皆当今の急務にして、而も亦渾て容易の業に非す。某等不肖を以て、此の至難の責に当る。唯至誠至公、信を国民の腹中に置んことを期するのみ。故に其の帝国議会に対するも、党派の異同に由て苟も合はす、又苟も拒ます、其の己れと見を同するものは喜て之と与にするも、苟も国家の公を忘れて私に党し、乱に勢力を借て圧迫を加ふるに至ては、縦令幾回解散を行ふも敢て辞せさる所なり」。[24]

この「一視同仁」政策については、後の第三次桂内閣期の新党結成宣言に引きつけて、非政友会勢力の結集を目指したものという評価が定着している。[25] 確かに第二次桂内閣の成立に伴って、憲政本党改革派の中には政権への接近を強める動きが見られ、こうした動向が桂の行動にも影響を与えたことは事実であろう。しかし、財政整理を優先的な課題にし、予算成立を重要視する桂が、第二五議会開会時には一九二名を擁して衆議院の過半数を占める政友会と全面的な対決を招きかねない非政友会勢力への接近を果たしてどこまで真剣に行えただろうか。第一次内閣期にも数度にわたり政友会との予算交渉会方式を桂は実施しており、今度の第二次内閣でも再び予算交渉会方式を採用することは予測しやすかった。また明治四二年度予算案は前年度からの六年計画を前提として編成されたため、政友会がそれに真っ向から異議を述べるのは困難であった。つまり、これまでの第一次桂内閣期、第一次西園寺内閣期の経緯を踏まれば、桂と政友会が全面的に対決する状況に陥る可能性は低かったのであり、「一視同仁」政策は両者の政策的近接を加味して再解釈されるべきであろう。

おそらく「一視同仁」政策の意義は以下のようになる。まず桂にとっては、非政友会勢力へも提携の意思を示唆することで、政友会を牽制する手段を増やす効果があった。また前内閣が「挙国一致」概念を負担の共有という文脈で用いたように、この「一視同仁」概念には財政整理方針による負担を幅広く分担させる含意もあった。しかしながら「挙国一致」概念では、前内閣下の経緯もあって憲政本党や大同倶楽部の反発を招きかねないことから、ほぼ同義の「一視同仁」を打ち出したとは考えられないだろうか。憲政本党改革派の新動向のように、財政整理の負担を共有する態度を示す勢力が増えれば、それだけ桂にとっては好ましい状況となったことだろう。

他方で政友会は、桂との再度の提携を正当化する上でこの「一視同仁」を放棄させるべき政策として位置づけた。総選挙での勝利後に政権を奪われてしまった不満もあり、政友会側から主導して桂への提携を唱えることは難しい。しかし前内閣との連続性の強い明治四二年度予算案に対して、政友会は全面的な対決姿勢を取りにくかった。西園寺総裁は自身の後継首相に桂を推薦したこともあって、四二年度予算案の財政方針について桂に事前に賛意を伝えている。[26]また財政整理のための事業費繰り延べは前内閣下の四一年度予算でも実施されており、その必要性は政友会も認めざるをえなかった。さらに鉄道会計の特別会計化はもともと第一八議会での政友会の建議に端を発したものであり、直近の第二四議会での「鉄道特別会計に関する建議案」には政友会議員の多くも賛成していた。こうした経緯があったからこそ、政友会は「一視同仁」発言を非政友会勢力への接近工作として解釈し、それを断念させたことを予算案支持の論拠として最大限活用しようとしたのである。

「一視同仁」政策をめぐる上記の文脈は、一二月一八日に開かれた予算内示会の人員構成からもうかがえる。第二次桂内閣はこれまで同様に議会開会前から各党派に予算案を配布し、予算審議の準備のために事前に説明する会を継続した。そこには衆議院の各団体のうち、憲政本党九名、大同倶楽部八名、戊申倶楽部六名、新団体四名の他に、政友会から二五名が招かれた。[27]選挙によって議席数を六〇人から三〇人に半減させた大同倶楽部が若干優遇されているが、実際には優越的な第一党の政友会の意向を無視して予算案を成立させることはきわめて困難である。このように「一視同仁」政策とは、政友会が過半数を占めている現状に対して、その比重をいくらか下げようとするものにすぎず、非政友会勢力を中心とした後年の立憲同志会創設の結果から遡ってその意図を深読みすべきものではないだろう。

政友会の「一視同仁」攻撃

以上のように、第二次桂内閣と政友会の政策対立の幅は大きくなく、双方がいずれ再度の提携に舵を切る戦術を選択肢に入れながら、「一視同仁」政策を挟んでまずは対峙する状況が生じていた。そこで第二五議会の初期には、予算案全体に与える影響の小さな争点をめぐって、予算審議が意外な盛り上がりを見せることになる。この政友会議員による攻撃の標的となったのが、台湾・満洲での華麗な実績をもとに初入閣を果たした逓信大臣兼鉄道院総裁の後藤新平であった。

衆議院の予算委員会は明治四二年一月二二日から実質的な審議に入り、この日は各大臣からの概要説明がなされた。ところが翌二三日にまず台湾総督府の阿里山開発事業に関する議論が紛糾する。かつて後藤が台湾総督府に在任していた明治三九年に民間企業の藤田組によって阿里山の森林開発事業が着手されていた。ところが台湾の棲蘭山での林業許可も求める藤田組と台湾総督府の方針が対立し、明治四一年には藤田組による事業が頓挫する。そこで総督府はその官営事業化を企画し、藤田組への補償金を含む約二六〇万円を四二年度予算案で見積もっていた。

桂内閣は財政整理の一環として農商務省所管の製材所を民間に貸し下げる方針を打ち出しており、阿里山の官営事業化はそれと矛盾するように見えた。そこで内閣全体の方針の一貫性を追及すべく、政友会議員から総理大臣の答弁を要求する質問が発せられた。これには桂の説明を契機として政府と企業の間で不透明な癒着が生じていないかを探ろうとする意図も込められていた[28]。桂は二三日の朝に当時の民政長官である後藤や現在の民政長官の大島久満次と打合せを行っており[29]、おそらく事前に決めた手順に従って自分の代わりに直接の所管者ではない後藤に阿里山経営の沿革を説明させた。ところが阿里山と棲蘭山の林業発展の可能性について、より後者を評価した後藤の答弁の後に大島がより前者を評価する答弁をしたことで矛盾が生じ、ついには桂が両者の答弁を糊塗しなければならなくなった[30]。委員会閉会後には、桂の指揮のもとで両者の答弁を整合させる作業が行われている[31]。

また一月二六日の予算委員会でも再び後藤の答弁をめぐって混乱が生じた。まず午前中に戊申倶楽部の片岡直温が鉄道政策について質問し、後藤がそれに対して答弁を行っていた。その途中で政友会の森本駿が割り込み、後藤の答弁資格に関して、逓信大臣としての発言かそれとも鉄道院総裁としての発言か、という疑義を呈した。鉄道院総裁と認めると答弁資格は政府委員となり、その主任者は総理大臣の桂となる。したがって逓信大臣としての答弁であるという立場を政府はとった[32]。午後になると政友会の長島鷲太郎がさらに後藤の答弁資格を問いただし、逓信大臣としての答弁ならば主管事務外の発言となり、他の国務大臣も連帯責任を負わなければならないと追及した。これにより鉄道政策に関して後藤が答弁するのは困難な状況となり、政友会議員の狙い通り、桂が直接答弁に立たなければならなくなった(33)。翌二七日の予算委員会でも長島はこの国務大臣答弁資格問題と阿里山問題や内閣の「一視同仁」政策とを結びつけて批判を試みている(34)。

これらの質問の意図は、まだ議会答弁に不慣れな後藤を攻撃することで、桂内閣の側から政友会に歩み寄らせることにあった。他にも、逓信省の新規事業である南米航路の補助金や電話度数制の導入、または国有鉄道の運賃の不統一など、小さな論点が政友会議員の質疑の対象になりがちだった。いずれ第一次桂内閣期と同じく、桂が政友会に予算交渉会を申し込んでくる可能性は高く、だからこそ政友会はこれらの後藤批判を通して「一視同仁」政策を挫いたように演出することに力を注いでいた。

予算交渉会方式の継続

こうした政友会の攻撃に直面した桂は、早くも政友会幹部へ協力を要請し始める。そもそも事前に予算委員長の栗原亮一から桂のもとに、予算委員会では各党派の委員が二、三名ずつ演説する予定であるとの通知が届いていた。しかし、その予想に反して上記のような細部での討論が政友会議員との間で突発した。この状況について桂は後日に山県有朋に宛てた書簡の中で、「政友会所属之委員、政府に突貫の情形相顕れ、之れ全く同会不統一之結果と判断仕候〔後略〕(35)」と表現している。このように桂の批判は政友会の「不統一」に対してまず向けられた。そこで桂は一月二七日に政友会幹部の松田正久との会見の場を設けた。松田は協議員長や政務調査委員長などの党内の高位の役職にはあったものの、議院内の公職に就いておらず、桂が政友会議員の統制を求めても明確な返答を避けたようである。そして議会内での政党指導については大岡育造・鳩山和夫・元田肇という三人の院内総務と協議するように斡旋した(36)。ちなみに松田と共に第一次桂内閣期において交渉役を務めた原敬は、第二次桂内閣が誕生した直後の明治四一年八月から外遊に出かけており、この第二五議会の途中まで日本を離れていた。したがって桂は「例之不得要領(37)」とその能力に疑問を抱きながらも、当面は松田を交渉相手に選ばざるをえなかった。その松田の手配に基づき、今度は院内総務と桂の会談が行われたが、ここでも満足する回答を桂は得られなかった模様である。[38]

そこで桂は酒匂に滞在中の西園寺に書簡を発し、政友会の態度について問い詰めた。山県宛の事後報告の中での表現だが、この意図について桂は、「到底此侭推移仕候時は衝突は難免、斯ては他日之為め政府は極正当之順序を取り置候事、後日之必要を感し、議会之真情、殊に政友会之挙動を書翰に認め秘書官に持たして西園寺侯へ遣し、且つ口頭を以て侯之真意を尋問せしめ候〔後略〕」[39]と書いている。すなわち、松田や院内総務との会談を経ても政府と政友会の「衝突」は免れない状況だと予測したため、「他日之為め」に政府は極めて「正当之順序」を取ることが必要だと考えて西園寺との交渉を開始したと説明している。この西園寺に宛てた書簡の発送は、従来と同様の手順に則って予算交渉会の準備に着手したものとして位置づけられよう。

桂の照会に西園寺はすぐに応答し、一月二九日に上京して桂の邸宅を訪問する。ここで両者は予算案の衆議院通過に向けて話し合い、西園寺は「会員鎮静之手段等、松田其他へ充分注意可致旨」[40]を述べ、また桂は「従来屢々仄めかせし『一視同仁説』は最早や廃めにせり」[41]と言明したとそれぞれ伝えられている。この日の桂と西園寺の会合は、第二次桂内閣が第一次桂内閣と同じく、多数党との予算交渉会の開催を継続する方針を表明した点で有意義なものであった。こうしてこの議会での予算交渉会方式の継続が早くも明らかとなる。

翌三〇日から予算交渉会の開催に向けた段取りが整えられた。まず西園寺が院内総務や松田を招き、桂との会見の結果を報告した上で政府の財政方針に賛成である旨を述べた。そして政友会幹部に桂との予算交渉に臨むように訓示し、続いてその経過を桂に伝えた。[42]この西園寺の周旋によって、政友会内の協議を経た後に、桂と松田の間で予算交渉会が開催される見込みとなった。[43]二月一日には政友会の協議員会と代議士会においてこれらの桂との会談経過が報告され、また同日には院内総務と桂が会見して、政府が重要と見なす財政問題については賛成し、それ以外で対立する問題は政友会の予算審査の結果によっては否決する方針が確認された。[44]

桂と松田による予算交渉会は二月六日に開催された。二月に入ってから予算委員各分科会での審議が進み、五日と六日には政友会の政務調査会で予算査定の方針が取りまとめられた。[45]その正式決定に至る直前に桂と松田の予算交渉会が開かれた形である。その成果を山県に報告する書簡において、桂は次のように述べている。[46]「本日〔二月六日〕議会に於て松田に面会、同氏之意思も全く西園寺侯訓示之旨を奉し、多少政府之譲歩にて無事通過之運に取計申度との事申述候。政府譲歩は例之阿理〔里〕山外二、三問題にして、一般に関係少なき電話度数、製材所位にて大体予算は相纏まり可申予定に可有之候。右之次第に御座候間、現今の処余りに御心配を煩候様之事有之間敷候。」ここで桂は、四二年度予算案の衆議院通過を成し遂げるために政府が多少譲歩する条件を松田と話し合い、批判が多かった阿里山事業費の外、比較的小さな争点である電話度数制の導入や製材所の貸下げの予算削減を受け入れた経緯を述べている。この予算交渉会によって予算成立の楽観的な見通しが立ったことから、同じ書簡の中で桂は「大体彼等〔政友会〕之心底は無事を好みなから多少強硬之体を外面に相顕居候事は実際之情況に有之申候。」という政友会議員の心理への分析を披露していた。

ところが、翌七日に開かれた政友会政務調査会の総会では、前日の予算交渉会での合意に背く内容が含まれた議決がなされる。具体的には、予算委員会でも批判が挙っていた南米航路に対する約五〇万円の補助費について全額削除することが盛りこまれた決議となった。[47]八日の協議員会・代議士会でも討論の末に政務調査会の査定通りに可決され、[48]三人の院内総務はその議決内容について酒匂の西園寺のもとへ報告に向かう。この動きについて桂は井上馨に宛てた書簡の中で憤り、「現に〔南米〕航路〔補助費〕問題の如きは将来不容易関係の事件にも関せす、彼等〔政友会〕内部に於ける問題（金を取りたとか取らぬとか）の為め否決の情況相顕候に付、終に西園寺へ電話を以て申遣し、且つ態人をも遣し訓示を乞ひ候為体、実に如此多数党の不統一は為国家将来存在せしむるは国家進運の為め害多大の義と確信仕候。[49]」と、ここでも再び「多数党の不統一」を厳しく批難した。

しかし、この南米航路補助費の削除決定は翌九日の代議士会で再び覆されることになる。まず政務調査会が査定案を話し合っていた六日に所管大臣の後藤のもとに政友会内で否決の意見が強まったという情報が入り、後藤は仲小路廉逓信次官らと政友会幹部への対策を協議し始める[50]。翌七日には院内総務や松田のもとに仲小路を送り、併せて後藤は桂と会談する[51]。そして後藤は八日の朝に西園寺に電話をかけ、さらに仲小路を派遣して事前に原案賛成の内諾を一旦獲得した。その後、政友会代議士会の決定を携えた院内総務が西園寺を訪問したことで、西園寺の説得は「不成功」になったと知らせる電報が後藤のもとに届く[52]。しかし西園寺は院内総務に対して南米航路補助費の原案復活を望むという希望を伝えていた[53]。九日朝には桂のもとに寺内正毅陸軍大臣・平田東助内務大臣・大浦兼武農商務大臣・後藤逓信大臣が集まって、政友会の査定方針への対策を協議する。そして後藤は議会内で政友会院内総務と会談し、南米航路補助費の原案復活に向けた交渉を取りまとめた[54]。こうして九日午後に再開された代議士会において、いくつかの反対説を押し切って政友会は南米航路補助費の原案復活の決定を下した[55]。

これで確定した政友会の査定方針に基づき、明治四二年度予算案は二月一〇日に予算委員会を修正通過し、二月一三日の衆議院本会議で委員会修正通りに可決された。直前で南米航路補助費の原案賛成へと政友会が態度を変更したことは不透明な印象を与え、又新会の島田三郎からは度々の批判が寄せられている。しかし政友会議員からは南米航路補助費の必要性を主張する演説がくり返され、当初の予定通りに原案のまま通過した[56]。このように政府と政友会の予算交渉会によって締結した内容を他党が議論を通じて変更を迫ることは今回も難しかった。

「一視同仁」政策の放棄

予算案の衆議院通過からしばらく経った二月下旬に、原は東京に帰着し、それから第二五議会への関与を開始する[57]。すでに原の留守中に桂は予算交渉会を従来通りに継続する方針を示しており、また桂と松田による交渉では南米航路補助費のように小さな混乱が伴った。第二五議会の閉幕に際し、原は次のような分析を日記に残している。「桂が各政党に対し一視同仁などと称し居たるも、形勢非なるを見て俄かに西園寺に泣き付き辛ふじて無事なるを得たるものの如し。

故に政府は大体に於て政府案の通過を得たるものにて、苦痛を感ずる如き事はなかりしも、其体面は甚だ不可にて且つ世間をして会々到底政党に依らざれば何事もなし得ざるを了解せしめたるが如し。是れ桂は巧に切抜けたる積ならんも、政府の威信は多少失墜したる訳なり」[58]。自身の不在中に桂が予算交渉会の開催を求めた経緯を、原は「一視同仁」政策の放棄としてやや辛辣な表現で総括している。ここからは、第二次桂内閣が予算交渉会方式を継続することにより、今後も交渉担当者としての自身の役割が持続することが予想できた原の安堵の心境を読み取れないだろうか。

確かに第二五議会では、「一視同仁」政策を放棄する代わりに、第一次桂内閣期と同様に予算交渉会方式を継続することが表明された。それにより新たに一一年間に繰り延べ直した財政計画の着手が決まり、非募債主義に基づく明治四二年度予算案も大きな混乱もなく衆議院を通過した。財政整理を最優先課題に掲げた桂内閣にとっては、この予算案の衆議院通過は一定の成果と位置づけることができる。そして予算交渉会方式の持続により、第一次桂内閣期と同じくこの第二次桂内閣もまた政友会との提携を基軸として毎年度の予算政治が展開される予測が強まった。

しかし、桂はこれから予算交渉会方式を有効に実施する手段をこの時点で早くも失いつつあった。まずこの提携により、衆議院を解散する戦術を取りにくくなった。第一次桂内閣期の予算交渉会方式は、政府の予算案に政友会が従わない場合には、解散総選挙に踏み切るシナリオが含まれていた。それにより解散を忌避する議員団を介した懐柔策を桂は行うことができた。だが第二五議会では、前年度からの六年計画を発展させた一一年計画が、桂内閣と政友会の合意で成立した。以後はこの長期計画に則って財政整理が進行していくのであり、次年度以降に衆議院解散による予算不成立となってしまってはこの長期計画に悪影響を及ぼしかねない。単年度の予算問題についてその都度、予算交渉会が開かれた第一次桂内閣期と、第二次桂内閣期の予算政治の大きな相違点はここにあろう。

また「一視同仁」政策の放棄により、桂は衆議院第二党への提携策を政友会との交渉時の牽制手段に以後は使いにくくなった。第一次桂内閣期には、選挙時の両党間の競合関係を意識させて、より優位な交渉を桂は何度も試みていた。しかしこの第二次桂内閣期には、第二党の憲政本党非改革派は在野の減税要求に親和的な態度を示しており、例外的に政権参加を目指した憲政本党改革派はこの「一視同仁」政策の破棄によって桂内閣に接近する姿勢を取りにくくなった。これにより、桂は財政整理を推進するためには、政友会に協力を仰ぎ続けることになった。

第二五議会閉会後の四月七日に、桂と原は会談する。ここで両者は提携方針を確認し、桂は次の後任には西園寺を候補とすることを否定しなかった。桂は政権移譲という最大の交渉カードを原に早くも示している。そして桂が次年度予算案の編成までは蔵相兼任を続ける意向であると述べると、原はその次年度予算案を成立させる次期議会まで兼任すべきであると促した(59)。桂が首相兼蔵相である限り、予算編成過程での内閣崩壊はなかなか発生しがたい。そして議会においてはその桂と原が予算交渉の最前線に立って予算案の通過に尽力することとなる。このように財政問題を優先課題とする第二次桂内閣はおそらく安定的な長期政権となるだろうが、そこでの予算交渉をくり返す度に桂から政友会へ予算成立の主導権が移っていくとの見込みを、この会談時から原は抱いていたに違いない。政権初期の「一視同仁」政策の蹉跌は、この衰退過程を桂が直感的に把握しつつも、有効な解決策を発見できなかった結果であった。

三　政友会による鉄道要求の提示

政友会九州議員団の鉄道要求

第二次桂内閣が初めて臨んだ第二五議会では、政府と政友会の予算交渉会によって、停会や解散に至ることなく明治四二年度予算が無事に成立した。これにより第二次桂内閣がしばらく安定的な政権運営を続けることが見込まれ、そして早くも桂と政友会の交渉の場面ではいずれは次期政権を政友会に譲らざるをえなくなる主導権の移行が起り始めていた。なぜ第一次桂内閣期と比べて、この第二次桂内閣期の予算交渉で早くも桂は不利な状況に陥り始めたのか。その最大の理由は、政権から下野したにもかかわらず衆議院の過半数を占める政友会が分裂騒動などを引き起こすことなく結束を維持していたからである。厳しい国家財政状況は続き、非募債主義などの緊縮方針を強化した予算案ですら政友会は協賛し、以前のように予算問題を介して桂内閣に対決を挑む姿勢を取らなかった。これは西園寺と原と松田の三人を中心とする政友会の幹部が所属議員を統制した結果であり、それ故に桂との予算交渉の場面でも政友会の意向を効果的に主張できたのだった。

このように在野の政友会が過半数の結束を維持し、多くの議員が幹部の統制に従うようになったのは、次期政権獲得への期待感を利用して鉄道拡張の要求を提示する仕組みが整っていったことが関係している。第一章第三節二で扱った第一八議会での予算交渉で現れた予算支持と鉄道要求の取引という交渉方法を原型として、これから第二次桂内閣期において、政友会は予算交渉の場面で鉄道要求を代替的に提示する方法を多用するようになる。この第二五議会中にはまだ小さな動きであったが、後年に続く先駆的な形態としてここで触れておきたい。

真っ先に見られた鉄道要求は野田卯太郎による九州地方への鉄道建設運動であった。第二次桂内閣の発足から二週間程たった明治四一年八月一日に野田は桂を訪問し、財政問題などを話し合っている。その日の野田の日記には、「桂侯訪問。午前十一時より一時迄、財政其他政治上のことを相談す。」、「桂侯則内閣の鉄道縮少政策に反対し、且超然内閣にて到底不可能なる事を忠告す。」[60]との記載が見られる。桂が財政問題を解決するためには「超然内閣」では到底不可能であり、多数党の政友会の協力を得ることが不可欠である。そして桂内閣が鉄道予算の統制に配慮するあまり「鉄道縮少政策」を取ることには反対であると野田は桂に伝えていた。野田は第一次桂内閣の頃から政府と政友会の連絡役を務めた議員であり、予算交渉会方式を桂が続けてくると早くから見込んで鉄道拡張の要求を代わりに提示していた。

この桂と野田の会談から数日後の八月四日には、政友会の九州選出議員が集まって九州地方の未成線の拡張要求について協議した[61]。九州の鉄道は、明治四一年六月に八代から人吉まで開通し、残る人吉から吉松までの建設工事が完了すれば、門司から鹿児島までの縦貫線が完成する段階に達していた。この日の会合では縦貫線完成後の要求として、大分から延岡・宮崎を経て吉松に接続する路線、八代から分岐して水俣・米ノ津などの西海岸を経て鹿児島に接続する路線、そして大分と熊本の横断線、の三つの速成が提案された。参加者には鹿児島選出の長谷場純孝幹事長や大分県選出の元田肇などの有力者が含まれており、彼等の地元である鹿児島や大分の意向がより反映された案となっていた。特にこの大分・宮崎間は、第二三議会で政府が示した鉄道一二年計画で早期着工路線に掲げられていながら、明治四一年度予算編成時には提出直前で当時の原遁相によって削られた路線であり、その建設開始を要望する声は強かった。

こうした九州代議士会の動きは次第に活発となり、九月一〇日には政権交代後に全国に先駆けて政友会所属の代議士会を鹿児島で開催する。[62]出席した長谷場は、西園寺内閣が下野しても落胆せずに、三年か四年の後には到来する次の政権交代を目標にして政友会の地盤を固めていくべきであると演説した。[63]この会合では「財政を整理するは今日の急務とす。然れども歳計緊縮の結果、偏に消極に馳せ、国家必要の産業を沮廃せしむるか如きは吾人の断して取らざる所なり。」など、新内閣の「緊縮」財政による「消極」政策を牽制する内容を含んだ決議が成立した。また一ヶ月前に打ち合わせていた吉松から大分までの路線、八代から西海岸経由で鹿児島に至る路線、熊本から大分までの横断線の三路線に、福岡県吉塚から分岐して唐津・伊万里・田平を経て佐世保に接続する路線を加えた合計四つの鉄道速成を期待する議案が満場一致で採択された。[64]

野田はこの会合には参加できなかったが、一〇月に九州に戻って上記の新線要求地域の視察を実施する。[65]具体的には、人吉から小林を経て都城・宮崎に到達するルートと鹿児島から川内・佐敷を通って八代に接続するルートの二つを、鹿児島・宮崎選出の代議士と共に見て回った。そして野田は九州地方の鉄道建設要求の取りまとめ役となり、第二五議会では「鉄道建設に関する建議案」の提出者に名を連ねることになる。[66]この建議案は予算案が衆議院を通過する前の二月二日に先陣を切って政友会の九州議員団から出された。

第二五議会における鉄道要求

第二次桂内閣は第二五議会において帝国鉄道特別会計法案を提出し、国有鉄道の独立自営化の推進を図っていた。その鉄道建設及改良費にはまず鉄道益金を直接用い、当面は公債募集を控える代わりに大蔵省預金部資金と貨幣整理基金からの借入金を充当する計画となっていた。予算委員会において野田は今後の鉄道建設資金を問い合わせ、若槻礼次郎大蔵次官は四二年度既定額約二九二〇万円の財源には約七五〇万円の益金と預金部資金約一二七〇万円、そして貨幣整理基金からの借入金約九〇〇万円をもって充てる計画だと答えた。また桂蔵相も若槻次官も共に四三年度以降に鉄道益金が増加するとの楽観的見通しを伝えた(67)。この政府答弁に対して二月三日の帝国鉄道特別会計法案の委員会では政友会議員から批判の声が寄せられる。長晴登は桂内閣の鉄道政策を「姑息」だと評し、第二四議会で成立した鉄道建設の一二年計画を六年計画に短縮するよう求める建議を尊重するように迫った。また恒松隆慶は、政府の案では第一期線のみに止まっており、未成線の計画は立てていないのかと尋ねた。これらの質問に答える中で桂は、自分も鉄道計画の完成を図りたいと考えており、財政の都合が立てば時機を見て新規計画案を提出して議会の協賛を求めたいと述べた。この答弁に長も恒松も関心を示し、さらなる言質を取るべく桂に具体案の作成を求めていった(68)。

二月六日には長や恒松が提出者となって政友会議員による「鉄道速成に関する建議案」が出された。本会議で趣旨説明を行った長は、第二二議会・第二三議会・第二四議会での建議を政府が取り入れていないために本建議案をまた提出したと述べ、さらに帝国鉄道特別会計法案の委員会において政府は一二年計画を一四年計画に延長させる見込みを明らかにしたと紹介した。すでに述べた通り、第二二議会と第二三議会では超党派議員団によって、そして第二四議会では政友会と憲政本党の連名という形式で、それぞれ新規鉄道計画の提出を求める建議案が成立していた。ところが、この第二五議会では、政友会議員のみが単独でこの建議案を提出するようになる。全国の鉄道建設を全般的に要求するこの建議案は、先に出された九州地方の四路線の速成を求める建議案と併せて同一の委員会で審議されることになる(69)。この建議案の委員会の求めに応じ、二月二二日の審議には桂が出席し、恒松たちとの間で議論がくり広げられた。恒松は二月三日の桂の発言を引き合いに出して鉄道建設の約束を桂から取りつけようと試みたが、桂は経済や財政の状況が整ってから具体案を作成するので今から建設時期を明言することはできないという態度を貫いた。この日の委員会では政友会のみならず、憲政本党の斎藤宇一郎や又新会の才賀藤吉からも地方への鉄道建設計画を明示するように迫る質問がなされた。しかし桂は、四二年度は衆議院の協賛を得た約二九二〇万円以上の支出はできないという立場を守った(70)。これらの答弁により政府が未成線の計画をすぐさま具体的に提示するのは困難であることが判明した。そこで、次年度に向けて衆議院議員の希望を宣言するために、全国の「鉄道速成に関する建議案」が全会一致で成立した。(71)

この全国的な鉄道要求に引き続いて九州地方の四路線に関する建議案も審議が進められた。そして四路線のうち、吉松・宮崎・大分の路線と大分・熊本の路線は予定線に含まれており、すでに成立した全国の「鉄道速成に関する建議」で包含できるので割愛し、八代・鹿児島間の路線と吉塚・佐世保間の二路線の調査を求めることで建議が成立した。(72) これに刺激されて長を中心とする政友会の東北選出議員団は、福島県の郡山から平町に接続する路線の建設着手を求める「鉄道建設に関する建議案」を提出した。(73) 岩越線を経由して日本海と太平洋を接続させようとするこの建議案は、二月三日の桂の発言も相まって即座に全会一致で成立に至っている。(74) この先駆的な九州地方の建議とそれに続けて出された福島県の建議の二つが、第二五議会において政友会議員から発せられた鉄道建設要求であった。

このように第二五議会では、主に九州地方と東北地方の鉄道拡張要求が政友会単位で提示された。この二つが政友会領袖の松田正久および原敬の所属団体の利害を強く反映しているのは明白である。こうした地方大会での決議に則って政友会議員のみが提出者となる鉄道建議案はこの第二五議会から開始され、これ以後の議会において急速に増加していくことになる。これらはまだ小さな予兆に過ぎないものの、後年の変化を先取りする重要な鉄道要求の提示であった。

第二節　日露戦後税制整理の政治過程——第二六議会

一　地租問題の再燃と鉄道予算の拡張

明治四三年度予算編成での政策課題

第二五議会閉会後の明治四二年四月七日に開かれた原との会談において、桂はすでに翌四三年度予算案の編成方針の概要を示している。(75) ここで桂は、専売収入による約九〇〇万円と租税の自然増収として約一五〇〇万円から二〇〇〇万円程を見込み、これらに追加の各省経費の節減額を加えて財源を捻出して、第一次西園寺内閣の調査に基づく官吏給与の約三割増俸や、日露戦時に導入された織物消費税や砂糖消費税などの諸税制の整理を行う意向を述べている。この税制整理はもともと日露戦後にすぐに検討されるべき宿題であり、それを第一次西園寺内閣が先送りしたことによって第二次桂内閣が受け継いだ経緯がある。先の明治四二年度予算案は編成過程の途中において政権交代がなされており、桂が全面的な税制整理に着手する時間的余裕は乏しかった。そこでこの二年目の予算編成の冒頭から、重要な税制整理の着手を政策課題に掲げ、その事前交渉の端緒を政友会幹部との間に開いていたのであった。

税制整理の対象には政党の基盤である地主層の利害に強く関係する地租も含まれていた。日露戦争時に二度にわたって地租は大幅に増徴されており、その軽減を求める声は決して小さくなかった。そして先の第一次桂内閣期において桂は憲政本党と提携した政友会に譲歩して地租増徴継続を断念した経験があり、今回も地租問題を再燃させて政友会との予算交渉が難航することを危惧したはずである。もちろん新たに立てた財政一一年計画は始まったばかりであり、四三年度予算案においても非募債主義や緊縮財政方針は継続されることが予想される。この長期財政計画の枠をふまえ、三〇〇〇万円程度の比較的小さな金額をやり繰りして税制整理に伴う減税と官吏増俸を実施することを、桂は次期議会での課題として設定した。実際に提出された明治四三年度予算案は約五億三四〇〇万円であり、政府原案での税制整理による歳入減は約一〇〇〇万円が見込まれていた。このように金額でいえば、税制整理による減税はさほど大きな規模のものではなかった[76]。

他方で第二五議会において政友会から発せられた「消極主義」批判に対しても、桂は応答しなければならない立場にあった。財政整理や税制整理だけでは新たな支持基盤の調達は難しく、鉄道会計の整理によって益金の増収を図りつつ、限られた財政資源を有効に活用して鉄道の発展を考える必要があった。かつて第一次内閣期においても、就任二年目にあたる三六年度予算案は公債支弁事業の普通歳入支弁化を維持しながら大規模な鉄道一〇年計画を打ち出していた。そして二度目の二年目の予算編成となる四三年度予算案でも、再び鉄道事業費の増額が実施されることになる。

この鉄道予算の拡張を主導した人物が鉄道院総裁の後藤新平であった。後藤は台湾でも縦貫鉄道の早期敷設を成し遂げたことがあり、また満鉄の初年度からの黒字経営を達成した業績の持ち主だった。内閣発足時の蔵相抜擢案の時と同じく、後藤はこの第二次桂内閣に躍動感を与える役割を期待されていた人物であり、明治四三年度予算編成での積極的側面を体現した活動を展開していくのである。

後藤新平の地方視察と鉄道予算拡張

第二五議会が終わると後藤は九州・北海道・東北といった遠隔地から順番に視察旅行に着手していく。これらの多くは第二五議会で建設要求の建議案が提出された地域であった。後藤は逓信省や鉄道院の関連組織を見て回り、無駄な経費支出がないかを調査しながら現業員等に意識改革を説いていき、累積した国債の整理を進めていくために鉄道会計について「積極的節倹」が求められると現場の職員に規律を守るよう促していった[77]。このように国有鉄道の経営を国家財政の整理と連関させて把握する一方で、後藤は生産的事業であり産業開発の根源となる鉄道の普及をさらに図っていくべきだとも唱えている[78]。これらの主張に基づき、所管する行政組織の視察に併せて後藤は、全国各地で官民有志者から鉄道建設などを求める陳情に接していき、それらを四三年度予算案の編成時に取り込もうとした。以下では後藤の日記等を用いて、彼の視察の経過を詳細に辿っていくことにしたい。これは一見細かな作業であるが、すでに萌芽的に現れていた各地域での政友会単位での鉄道要求がこの後藤の行動によって刺激され、これからますます高揚していく経過を明らかにするために有益である。

全国視察の第一弾として後藤はまず九州地方に向かった。明治四二年四月二一日に東京を発した後藤は、下関港を巡視した後に福岡に入り、三池港の開港式に臨席する[79]。その際には三池地域を地元とする野田卯太郎が福岡で後藤を出迎えて炭鉱や港の視察に同行している[80]。続いて長崎に寄った後、熊本から建設途中の人吉・吉松間を通って鹿児島に到着する[81]。そして後藤は第二五議会で野田等が鉄道速成を唱えた路線を二つ見て回ることにした。第一に、鹿児島から都城を経由して宮崎に行き、帰路は小林を通って吉松に接続し、そこから鹿児島に戻ってくるルートである[82]。後藤はこの間、各所で三〇〇人に及ぶ地元有志者の盛大な懇親会に連日招かれている。そして第二に、鹿児島から川内を経て米ノ津に至るルートを通過した。ここでも有志者の熱心さに感心した後藤は、「歓迎頗る盛大なり」、「途中歓迎頗る盛なり」とくり返し日記に書いている[83]。またこの間には懇親会などを通して、後藤は鹿児島選出の政友会議員と様々な交流を持っていた[84]。この鹿児島から海岸沿いを通って八代に達する路線はかつての鉄道一二年計画には含まれていなかったが、おそらくこの視察時の好印象もあって次期議会での新規計画に盛り込まれていく。

続いて夏の時期になると後藤は北海道・東北地方の視察に出かけた。八月一日に函館港に到着した後藤は、二〇日間かけて後藤は北海道の各所を見て回った。主な行程は、札幌・小樽・留萌・旭川・帯広・釧路・旭川・砂川・夕張・登別・門別・新冠・室蘭である[85]。政府は次期議会に向けて新たな北海道経営策を準備中であり、後藤の来訪は北海道の人々の期待感を高揚させた。例えば、札幌での懇親会において、区長は台湾や満洲で植民政策を成功させた後藤の来訪を歓迎し、交通機関の拡充を要望するスピーチを述べている[86]。他にも、函館でも陳情を受け、帯広でも網走線の分岐について有志の陳情に接し、さらに門別では浦河支庁長から日高沿岸鉄道敷設に関する要望書を受領し、そして室蘭でも町長から交通通信設備の建造を希望する声が寄せられた[87]。これらの陳情には北海道選出の衆議院議員も協力したようであり、政友会所属の白石芳郎は地元の案内役として釧路で同行している[88]。

北海道からの復路は青森から秋田・山形へと日本海側を通過し、ここでも各所で熱心な陳情に接していった[89]。青森や秋田では懇親会で地元の有力政治家から交通機関の整備を求める声が相ついだが、後藤は具体案の提示はできないとの返答をくり返した[90]。長晴登の地元である山形県を通った際の日記には、酒田でも鶴岡でも特に熱心な歓待を受けた記述が見られる[91]。また第二五議会で鉄道建議が成立した福島県に入ると後藤の主張はやや強まり、「余〔後藤〕の職責上、通信機関に関し、奥羽の開発に資するは当然」であると述べたり、「現政府の方針は決して消極に非す。前内閣の政策を踏襲して着々線路の拡張を計り、内部の改良に力を尽し居る事は諸君の知る所なり。」と演説したりしている[92]。

また四三年度予算案の編成作業が本格化した九月末には急いで新潟県への視察に赴いている。これは政友会所属の衆議院議員で新潟県選出の高橋光威の働きかけによるものだった。(93) 高橋と会った二日後に後藤は東京を発し、福島県から岩越線を経由して新潟県に入り、新発田・村上・新潟・新津を見て回り、一〇月六日に東京に戻ってくる。(94) 特に高橋の地元である新発田を通る村上から新潟までの旅路では特に盛大な歓迎会が行われていた。(95)

これらの視察の成果は第二六議会に提出される新規の鉄道事業計画に反映されることとなった。既定の鉄道事業総額は一億七三〇〇万円となっていたが、新たに建設費四四〇〇万円と改良費八三〇〇万円を継続費総額に追加する計画が作成された。かつて四一年度予算編成時に逓信省が提示した総額が約一億三〇〇〇万円であり、桂が事前に知らされずに怒った四七年度から五二年度までの追加継続費は約六九〇〇万円であった。二閣僚の更迭を引き起こしたこれらの金額に匹敵する規模の新規計画である。(96) 新たに建設が着手される路線には、まず奥羽線の新庄から分岐して酒田に至る路線と、新庄から東北線の小牛田までの横断線と、九州の宮崎から吉松までと鹿児島から川内までの二つの路線に建設費用が付けられた。また新潟の新津・新発田間にも新たな予算が組まれ、さらに北海道鉄道でも砂川と下富良野の間に新路線が策定された。この他に房総線の拡張計画があったが、総じてこれらの新規計画では後藤が熱心な要望に接した地域に集中して予算が配分されているのが見てとれる。また追加の改良費では東北・北陸・九州線の複線化と支線延長などが企画されていた。第二六議会の直前に開かれた鉄道会議（明治四二年一二月二二日）では、この新規計画について政友会の衆議院議員である望月右内が「本案は近来にない鉄道の提案としましては大なる案であります」(97) と発言している。確かに今回の拡張案は鉄道国有化後における最大規模のものだった。また同じく政友会の衆議院議員の板東勘五郎が九州や東北・北陸地方に偏っており四国や山陰地方の新線が含まれていない理由を尋ねたのに対し、政府の責任者として説明に当たった平井晴二郎鉄道院副総裁は、四四年度以降にも新線計画を随時提出したいという考えに基づき、毎年四二〇〇万円から四五〇〇万円程の金額を建設費と改良費の二つの費途に用いる意向を述べている。(98)

このような鉄道予算の増加は後藤の熱心な主張によるところが大きい。後藤は予算編成の段階ではより大規模な追加要求を提示しており、建設費約五六〇〇万円、改良費約八五〇〇万円という継続費追加額を出していた。そしてその採用を桂に強く訴えるために作成された自筆覚書の中で、後藤は以下のように論じている。(99) 鉄道事業費として公債が追って発行されることは内外の人民がすでに察知しているところである。それなのに公債発行を控えると「一時的即姑息的方法」によると推知されてしまい、公債未募集策でもって我が国の財政が強健だということを内外にアピールする好手段とは言えなくなる。すでに鉄道特別会計が設置されており、公債の元利償却において一般会計に累を及ぼす危険性は少ない。そこで一般会計の非募債主義を妨げることなく、鉄道特別会計において公債か借入金での新事業を進めるべきである。以上のように述べた後藤は、「四十三年度に於て提出鉄道予算を減削せられざれば、一般会計の基礎を危殆に陥らしむべしと認めらるるほど、薄弱なる帝国財政計画なり又不確実なりとせば、是迄の大蔵大臣の宣言は頗る信を欠くものと疑わざるを得ざるなり。」と、新規鉄道拡張計画の採択を桂に強く働きかけた。これらの後藤の主張にもかかわらず今回も鉄道公債の発行は見送られ、また要求金額から建設費を中心に圧縮が加えられた案が提出される運びとなった。それでも合計約一億二七〇〇万円の継続費追加額がかなりの大規模な計画だったことはすでに見た通りである。地方への鉄道建設の予算拡張は、まず第二次桂内閣側から着手されたのであった。

相次ぐ政友会の地方大会

これらの桂内閣の動向を踏まえつつ、続いて政友会側の対応を見ていきたい。前年と比べると、この明治四二年には全国で政友会の地方大会が相ついで開催され、それらの地方決議の積み重ねによって年末からの第二六議会の方針が少しずつ形作られていった。

まず八月三〇日には青森で東北会大会が開かれた。原も出席したこの大会では、港湾整備や学校創設と並び、鉄道建設要求を数多く盛りこんだ決議が採択されている。具体的には、大湊鉄道、横手・黒沢尻・大舟〔大船渡〕間鉄道、石巻・小千〔牛〕田・船〔舟〕形間鉄道、米沢・坂下〔坂町〕間鉄道、酒田・船〔舟〕形間鉄道、秋田・新発田間鉄道、追分・船川間鉄道、陸羽横断鉄道、郡山・平間鉄道の九路線が列挙されている。[100] これらは東北各地の鉄道要求を羅列したものであり、具体的な財源を度外視した願望の表明にすぎない。しかし、すでに見た通り、この一週間ほど前に同地方を後藤が視察で通過していた文脈を考えれば、次期議会に政府が提出する新規計画に対して、この決議は一定の圧力となったはずである。また五月にも前議会で衆議院議長を務めた長谷場純孝が長晴登と共に山形・秋田を視察して現地有力者と鉄道建設などの意見交換を重ねており、[101] これを下地として九月一日には秋田県支部の発会式が開かれた。[102]

この東北会大会の決議には「積極的北海道経営案の確立を求め、之れが実行を期する事」[103] という条項も含まれており、第二六議会に政府が出す新たな北海道経営案について「積極的」なものを求める態度を表明していた。一一月一五日には札幌支部の総会が行われ、「今期帝国議会に対し、政府より提出せらるべき本道経営案は拓殖の進運に伴ひ、目下の機宜に適するものと認む。以て極力其成立を期すること。」と、政府案の成立を優先する姿勢を示した上で、「本道拓殖経営案は鉄道延長と相伴ひ、既定線路の外、別に必要なる線路を選定し、軽便なる方式に依り其速成を期すること。」というように、新規路線の選定と速成に大きな期待を寄せる決議がなされた。[104]

東北会大会に続いて重要な意義を持ったのが一〇月二日の九州大会だった。この秋頃から政府の四三年度予算案の概要が固まっていき、税制整理によって事実上の減税が実施されることが次第に明らかになっていくと、地租の軽減を要求する声が高まり始めていく。そして第二六議会で大きな争点となるこの地租軽減問題の登場を考える上で九州大会の動向は注目に値する。かつて第一七議会において地租増徴継続問題が発生した際にも、九州地方は継続反対の姿勢を全国に先駆けて鮮明にしたことがあった。そして今回も九州大会の決議はその後の他地域の決議に波及しうる影響力を持っていた。ところが、松田正久・長谷場純孝・元田肇といった幹部が参加したこの大会では、意外にも地租軽減を明言しない決議が可決されている。すなわち、「税制整理は国民負担の権衡を較量し、偏重偏軽に失せざらんことを要す。」という国民負担の均等化を要求する抽象的な表現となっている。あわせて「消極的財政の整理は積極的国力発展の計画と相阻凝せざるを要す。」という「積極的」政策の必要性を説く条項も含まれており、さらに別途の決議案として前年同様の四路線の鉄道速成が再び議決された[105]。税制整理による国民負担の是正と交通機関の拡充などの積極政策とを求める九州大会の方針と、その他の地方大会の決議は似たようなものとなった。一〇月二七日に下関で開かれた四国中国連合会も、一一月一四日の新潟での北信大会でも、一一月一六日の東海大会においても、いずれも地租軽減を明言したものはなかった[106]。これらは第二六議会での政友会の態度を予見させる重要な変化であった。

これに対し、全国でいち早く地租軽減の要求を表明した地域は群馬県である。一〇月二六日の群馬県支部評議員会では「国庫の剰余は第一着手として地租軽減の資に充てんことを要す。」という決議が採択された。この群馬県支部の行動の背景には、おそらく七月二五日に開かれた補欠選挙での敗戦が関係していよう。日糖事件による政友会の佐藤虎次郎の退職に伴って行われた補欠選挙で、群馬県では憲政本党の中島祐八に議席を奪われた。前職の小暮武太夫が立候補の意思を持っていたが、それを党本部の調停によって抑え、代わりに政友会総務委員経験者の鶴原定吉を擁立するという候補者選定上の混乱もあり、当初の優勢にもかかわらず政友会は議席を守れなかった[107]。この選挙戦を指揮した日向輝武が、野党勢力との競合関係をより強く意識して、これから地租軽減要求を声高に唱えていくことになる[108]。また同じく関東の埼玉県選出の斎藤珪次も、日向と並んで先頭に立って地租軽減の提唱者となった。このように今回の地租軽減要求は、地方大会が態度を明らかにする前に、比較的鉄道の普及した関東圏の議員団が強く訴え出す傾向にあった。したがって彼等が集結した一二月一八日の関東大会には政友会幹部がこぞって臨席し、原や長谷場、そして杉田定一幹事長らがいずれも地租軽減要求の節制を呼びかける演説を行っている[109]。

二　予算交渉会方式の制度化

第二六議会前の予備交渉

地租軽減問題の勃発に対し、桂は早くから政友会との交渉による解決を目指す姿勢を示した。四三年度予算案の概算が閣議決定された翌日の明治四二年一〇月一四日には、桂は原のもとを訪ねて予算案に関する協議に着手している[110]。桂は地租軽減の実施を翌四四年度かさらに四五年度へと引き延ばしたい意向を伝え、それに対して原は、地租軽減論が今後盛り上がると予測した上で、四三年度予算案の成立に向けて可能な限りの助力をすると返答した。またこの席で原は、「国庫に余裕あらば消極的に使用せずして積極的に国家の発展に使用したし。交通機関の如き、又港湾の如き、設備を待つもの甚だ多し。」(111)という有名な発言を行っている。そして同時に、この「積極方針」を打ち立てて予算案に反対を試みることはしないとも原は言明した。この言葉に象徴されるように、政友会の「積極方針」は政府との協調路線と組み合わせることで威力が発揮される利益要求であった。

年末の第二六議会に向けて政友会の地方決議が相次ぐのに併せて、第一次桂内閣期の後半と同じく桂と原が予算交渉を図るための仕組みが再び整えられていった。まず交渉に向けた連絡役として外遊から帰国した野田卯太郎が両者の間を往来し始める。(112)議会開会後も野田はこの役割を独占し、時には政友会内から疑惑と嫉妬の声にも接した。(113)また井上馨が桂と原の間を取り持つ動きを見せた。(114)実際には井上の仲介を要せずに両者の交渉が開始するが、この井上の協力は交渉を円滑に進める雰囲気を作る手助けとなったことだろう。さらに桂は西園寺とも度々面会して好意的な関係の維持に努めた。(115)もっとも議会開会直前には西園寺は上京を避けて沼津に滞在し、桂からの面会の申し込みを避けようとしていた。(116)そして一二月一八日には前年にならい予算内示会がまた開かれている。(117)

こうした複数の協調的な関係が整備されつつ、議会での論戦が始まる以前から桂と原の間では実質的な交渉が進められていった。まず明治四三年一月四日に両者は会談し、地租軽減をこの四三年度予算案で実施せざるをえない状況になったことを確認した。(118)これで今後の交渉は地租の軽減率とそのための財源捻出策が焦点となる。原はこの日に素案として官吏増俸を三割から二割に引き下げて財源を確保することを主張した。これにより政友会の求める地租の軽減率と政府の求める官吏給与の増加率をセットにして交渉する枠組みが設定された。予算交渉会方式によって大枠はこの時点でほぼ固まり、あとは細部の金額的調整が残された。最終的に妥結した官吏増俸二割六分による原案からの減額は僅か二〇〇万円程度であり、また地租八厘減による減額も約一〇〇〇万円の規模に留まった。

桂と原はこの交渉の経過をそれぞれ内閣と政友会の同僚に報告し、次回の交渉に向けて具体案の作成に取りかかった。まず桂は翌五日に開かれた宮中新年会の席で、前日に原から提示された案などを後藤に教え、後日に面倒を引き起こさないためにも極秘にするように言い渡し、原への返答を寺内等と協議して決めることへの同意を求めた(119)。後藤は桂に宛てた返書の中で「原敬拝趨之件、勿論秘密に可致」と秘密厳守を誓っている(120)。そして桂は様々な財源案を検討し、一一日の閣議で議会対策について提議して、これまでの交渉経緯や原からの提案への対応を話し合ったようである(121)。他方、原も九日に松田と会い、一月二一日に議会が再開される前にもう一度桂と交渉した上で、政友会主導の地租軽減案を議会にすぐさま提出する手はずを整えた(122)。

桂と原の第二回の交渉は閣議の翌日一二日に開かれた(123)。まず桂から、田畑地租を五厘下げ、それにより生じた六一三万円分の歳入不足を補うために、所得税改正案による減税約四〇〇万円を延期し、さらに予備的な剰余金を利用して財源に充てる案が提示された。この案は官吏増俸を三割のままに維持するものであり、原は二割に引き下げるべきだと反対して、妥結に至らなかった。桂の提示したこの案を以下では第一案と呼ぶことにする。

この第二回の交渉は原が第一案について西園寺や松田と協議して返答すると述べて終わりとなった。桂はこの交渉の進捗具合を一四日の閣議で報告した。その日の寺内の日記には、「［桂より］本議会に於ける政友会との交陟〔渉〕の関係、演説案等に就き協議あり(124)。」と記されている。このように桂と原の間で展開される交渉は、政府と政友会の公式な事前協議として、その都度、閣議で内容が報告させるものとなっていた。一方、原は一六日に上京した西園寺を松田と共に訪問し、第一案をもとにして、地租軽減五厘、官吏増俸二割とし、所得税改正案の延期に反対する方針を確定した(125)。

続いて一月一七日には桂が西園寺のもとを訪問して話し合いが開かれた(126)。ここでも桂は官吏増俸二割案に反対し、増俸三割を維持する代わりに地租軽減率を六厘に増加させることを提案した。以下ではこれを第二案と名付ける。第一案と比べて、この第二案は地租を軽減する比率が一厘増えている。わずか一厘とはいえ、これは政友会の要求次第では地租軽減率がさらに増える可能性があることを示唆するものであった。桂の第二案を西園寺から聞いた原は、政友会から提示する地租軽減率を一分に引き上げる方針で松田と意見を調整し、西園寺もそれに同意を与えた(127)。他方、桂もまた西園寺と面会した概要を翌一八日の閣議で報告し、おそらく政友会による地租軽減案の提出方針とその後の交渉の見通しについて話し合っている(128)。

そして一九日に政友会大会が開かれ、地租軽減要求を明言する西園寺の演説が松田によって代読された後、「税制を整理し、地租を軽減し、以て国力の涵養を謀るは、最も勉むへきの急務たり。但偏に消極に流れ、退縮不振の弊に陥る如きは、断然之を排斥せさるへからす。」という文言を含んだ宣言書が採択された。その際には、前日一八日に政友会院外団体によってなされた地租の一分軽減を求める決議の趣旨を尊重するように日向輝武から発言がなされている。西園寺の演説や宣言書の方針はこうした強硬派からの要求にも反応したものだった(129)。

議会再開の前日の一月二〇日に原は桂を訪問し、地租減税率一分を要求する政友会の方針を伝えた。ここで桂から最終的な妥協案として三つ目の案が提示される。この第三案は、官吏増俸を二割五分に譲歩し、地租軽減を五厘として、さらに所得税の一部を引き下げるものだった。これに対して原は諾否の確答を避けたが、この第三案の提出により官吏増俸率を下げる意思が桂にあることが判明した(130)。結論を先取りすれば、二月八日に政府と政友会が交渉でまとめる合意案は、地租軽減率八厘、官吏増俸率二割六分であり、すでに議会前に検討されていた諸案の範囲内に概ね位置するものとなる。つまり実質的な交渉は、議会での論戦が開かれる前にすでに桂と政友会幹部の間ではほとんど妥結に近い状況に達していた。党内の強硬論に共感する姿勢を見せて地租軽減を強く主張する松田ですら、桂の第二案を知った一月一七日の時点で地租軽減八厘、官吏増俸二割五分という妥協案が実現可能な範囲であるとの態度を示しているのは象徴的であろう(131)。

予算交渉会の制度化過程

このように政府と政友会の政策対立の幅は小さなものであり、議会開会前に妥協に至っても決して不思議ではなかった。しかし、これから予算審議を経て二月八日に予算交渉会が行われるまで両者は交渉を中断し、合意の成立を急ぐことはなかった。たとえ事前に事実上合意に達していても、議会の予算審議を通し、正式な手続きを踏まえた予算交渉会によって合意にたどり着く手順を両者は重視していたからである。すなわち、これから二月八日での合意表明までの期間は、予算交渉会が公的に制度化されていく過程として理解することができる。これまで桂が実施した予算交渉会は、議会での審議過程の中で非公式に開催が提唱されてきたものだった。政府と政友会が激しく対立して衆議院の解散が目前となった停会中であったり、あるいは挙国一致体制の維持が要請される日露戦時中であったり、いずれも外在的要因を背景として桂から予算交渉会の実施が呼びかけられてきた。それがこの第二六議会では議会での予算審議と結びつけて開かれることでより公式な制度としての特徴を帯びるに至る。実質的な合意にほぼ達していた小さな争点であっても、予算を媒介に行政府と立法府を結びつける一つの制度として、予算交渉会による解決方法がより洗練された形で実施されたのだった。そしてこれが桂の推し進めてきた予算交渉会方式の頂点でもあった。

まず一月二〇日に桂を訪問した際に今回は原の方から予算交渉会の開催方法を提議している[132]。政友会は地租の一分軽減を求める提案をするが、もし政府が妥協を望むのであれば、これから一〇日ほど経って予算案の審査の決定が近づいた時機に政府から交渉を申し込むべきであると、原は桂に伝えた。この提案により、予算案の審議が進んで政友会が決議を行う頃に政府側から予算交渉会の開催を求める手順が、桂と原の間では内約されたことになる。これならば政府の申し出を受けてから政友会が議決し、それを携えて交渉の席に着くという形式となり、実際は政友会が主導的な立場にありながらも他動的な外観を維持できるわけである。

また予算交渉会に向けた段取りを円滑に進めるためには、予算委員会での討議を丁寧に指揮して強硬論が高揚しないように警戒しなければならない。久しぶりに松田と共に院内総務に就任して議会指導に当たった原は、予算委員長には就任を希望するベテランの元田肇を抑えて、党歴の浅い鳩山和夫を任命して予算審議の統制に留意した[133]。元田は代わりに地租条例中改正法律案などを扱う委員会の委員長に起用され、予算委員会で議論を盛り上げるよりも自らが管轄する委員会の進行を優先させる態度をとった[134]。

こうして前年の第二五議会と比べて予算委員会での審議は穏やかなものとなった。桂が出席して答弁したのは元田肇・大岡育造・吉植庄一郎の三人の政友会議員からの質問だけであり、その他の質問に対してはほとんど答弁に立たず、さらには委員会を欠席しがちであった。焦点となっていた地租軽減については、予算委員会よりも優先して開かれた一月二六日の地租案の委員会に出席した桂が地租軽減に政府は反対ではなく財源の許す範囲内での軽減に取り組む意向であると早々に表明したことで[135]、残りの委員会審議は政府委員を対象とする細かい技術論となり、一月三一日の委員会を最後にして閉会状態となっていた。予算委員会も一月二八日には総会での質疑が終わり、続いて各分科会の審議が順調に進んでいった。こうした委員会審議の外部では、予算委員に選ばれなかった日向輝武や斎藤珪次らを中心にして地租の一分軽減を要求する運動が盛り上がりつつあったが、原は委員会での審議中を理由として党決定を引き延ばすように導いていた。また同じく強硬論への対策として、原は今回の予算交渉会には松田が担当者として一人で参加するように何度も強引に主張した[136]。すでに原の工作によって予算交渉会の実施は確実な見通しが立っており、重要なのは交渉会で決定する合意内容を政友会内に納得させることにあった。原が交渉会への松田の単独参加を強く促したことには、予算交渉会の制度化を推し進める意図を読み取るべきであろう。

このように原が予算交渉会に向けた手はずを整えていく一方で、桂も交渉申し込みのタイミングを見計らっていた。二月一日には兼ねてから進行させていた国内の銀行団との公債借換え計画が合意に至り、それに促されて米価が上昇する傾向を見せ始めていた。桂はそれによって「院内に於ける農民云々の問題も此形勢にて多少之関係を生し、下火とも可相成哉と被察申候[137]。」という見通しを山県に述べている。そして予算委員会の各分科会での質問が終局に近づきつつあった二月四日に桂は予算交渉会の申し込みに着手した[138]。翌五日に桂の秘書官の西園寺八郎と面会した原は、桂からの申し込みを公表する方針を述べ、政友会の予算査定案が決定した後に交渉会に応じる意向を伝えた[139]。週が明けた二月七日には桂は寺内を初めとする閣僚を召集し、政友会との予算交渉における妥協条件について協議した[140]。風邪によりこの日の会合に欠席した平田東助内相は桂などから妥協条件の決定事項について報告を受け、それに対する返信の中で内務省の所管事業の予算通過を確実にしたいと述べて、予算交渉会での桂の尽力を期待している。[141] こうして内閣側も来るべき予算交渉会での解決を一致して支持する態勢が整えられていった。

二月五日に予算交渉会の申し込みを受諾した原は次々に政友会内の手続きを進めていく。まず鳩山予算委員長を初めとする予算委員会の理事や各分科会の主査を集めて予算審議の状況を聞き取り、続いて西園寺や松田と共に予算審査の方針や会議の順序を内定して、西園寺から党幹部に「政府の交渉に応ずべく、及び交渉成立の上は夫れにて党員を纏むる様に尽力すべき旨」を内談するように打ち合わせた。[142] 六日には予算委員会や税制整理関係の各委員会の委員長等を集めて予算査定の方針を決定して、それを政務調査会の議題に付する。[143] 翌七日に政務調査会の査定案が確定し、地租軽減一分、官吏増俸一割五分、そして実質的な予算削減額として約二〇〇万の減額を行う案をまとめた。[144] これが二月八日の午前に協議員会と代議士会を通過し、その決定を踏まえて原と松田が党を代表して予算交渉会に参加することになった。[145]

二月八日午後二時から総理官邸で開かれた予算交渉会は、午後八時過ぎにようやく合意に達した。政府側からは桂の他に寺内が参加し、原と松田を加えた四名の署名入りの合意文書が作成された。寺内の臨席はおそらく桂の意向によるものであり、副総理格として後継首相の有力候補者であった寺内にもこの合意内容を保証させることで、予算交渉会の制度化を一層推し進める意図が込められていたのであろう。合意内容は、地租軽減八厘、官吏増俸二割六分の他に、所得税改正案の来年度への延期や通行税の否決などが含まれた。桂と寺内は合意文書をもとに閣僚から賛同を得、また原と松田は翌朝三時までかけて政友会代議士会で合意案への支持を求めた。この合意内容は八日午前の党決定からは譲歩を余儀なくされるものであり、党内の強硬論者からは反対の声も上がった。しかし近畿会や東北会が支持を表明し、九州会も事前の長谷場らの説得もあって八厘軽減で納得し、最終的には大多数の賛成を得て代議士会の議決に到達した。[146]

予算交渉会の翌日に桂は山県に宛てて政友会との合意が成立したことを報告する書簡を送っている。[147] 桂はまず「帝国議会も如御案内、衆議院予算審査之時日も最早明日迄に有之候故、過日来時機を見計ひ、多数党との交渉相開度、敵情偵察仕居候処、機熱せる哉に相考へ、三、四日前、彼等に向ひ意思相示候処、昨日午後二時会見致度旨申越候間、官邸に於て寺内陸相同席之上、原、松田両人と会談、所謂外交談判に時を移し、九時に至り相互交譲之結果、左の通妥協仕候。」と、予算交渉会に至るまでの経緯を説明した。桂が「多数党との交渉」を一貫して重視してその実現に向けて予算審議を進行させ、ついに予算交渉会での「相互交譲」によって「妥協」が成立したことを喜んでいた様子がこの文面から見て取れる。また桂は合意内容についても肯定的に評価する表現をくり返している。「政府案の中重要のものにして計画に係はるものは悉皆可決し、些少のもののみ自由に任せることに致し、承諾せしめ申候。」と、これで政府の立てた重要な計画を全て可決させることができると述べ、さらに「此辺にて妥協仕候は国家前途之為め安全と相考へ決心仕申候。」と、「妥協」を「国家前途」の安全のために必要だと位置づけている。「一ヶ年中重要なる予算も前途光明を得、仕合申候。」との言葉には、予算成立を最優先課題とする桂の考え方を改めて確認することができる。

三　予算交渉と鉄道要求

予算交渉過程での鉄道建議

元来地主層を基盤としていた政友会にとって地租問題は最も関心の高い争点の一つであり、一分軽減を求める党決議よりも低い八厘軽減での譲歩には相当のコストが伴うことが予想された。かつて第一七議会では地租増徴継続問題をめぐって衆議院の解散に至っており、続く第一八議会での妥協への反発から政友会は脱党者の続出に直面した。しかし、この第二六議会では政友会が地租問題で妥協したにもかかわらず、脱党騒動といった混乱はほとんど発生していない。確かに税制整理は第一次西園寺内閣以来の課題であり、それについて全面的な対決を政友会が政府に挑むのは難しい状況であった。それでも政権から離れた過半数政党が長らくの在野生活を強いられたにもかかわらず分裂などを起こさずに団結し続けたことは新しい現象であった。

この要因を検討するためには、政友会の決議等で減税要求と並んで再三くり返されてきた積極政策要求の展開について分析していく必要があるだろう。すでに論じた通り、桂内閣はこの議会において総額一億三〇〇〇万円近い鉄道拡張計画を提出していた。このように政府が新規鉄道事業により前向きな姿勢を示したことで、第二六議会では一層の鉄道事業の拡大を要求する声が議会で高まることとなる。こうした鉄道要求は予算審議の段階から起こり始め、次第に政友会によって予算交渉と連関した主張へと整えられていった。予算交渉会方式の制度化に連動して、議会における鉄道要求の提示方法を政友会が一元化する動きを見せたことが、この第二六議会に特徴的な現象であった。

桂との地租軽減交渉が事実上始められた明治四三年一月四日の会談において、原は政友会側の鉄道要求を桂に伝えて交通機関の発達のために外債を募集して鉄道事業費に充てる方法が必要だと論じた。この主張に対して桂はことごとく同意を表し、帝国政府財政委員の水町袈裟六に命じて欧州での募債準備に当たらせていると返答した[148]。前述のように政府の中でも予算編成段階で鉄道院総裁の後藤が公債募集による鉄道計画を提示しており、さらに後藤はその前年の四二年度予算編成においてもロンドン市場での公債発行に基づく鉄道事業計画を立案したことがあった[149]。原との会談の翌日一月五日に桂が後藤に極秘に洩らした内容には、原との鉄道事業に関する意見交換も含まれていたと推測して大過ないだろう[150]。そして予算交渉と連動した鉄道要求が桂への圧力となることを感じ取った原は、政友会の鉄道政策の調査委員長を務める大岡育造に命じて外債募集による鉄道拡張を求める建議案の起草に着手する[151]。

大岡は一月二四日の予算委員会で政府の鉄道政策を不十分だと批判する質問を行った。実質的な予算審議の初日に当たるこの日に、地租軽減などの全般的な質疑を展開した元田肇に続いて、大岡は鉄道・港湾等の生産的事業をより積極化すべきだと説き、北海道の砂川・下富良野間に新規路線を引く余裕があるならば、むしろ山陰地方や四国地方の建設事業に予算を配分した方がよいと論じた[152]。この大岡の質問は予算審議の序盤に扱われる議題にしてはかなり微細な論点であり、予算委員会での減税要求の高揚を警戒しつつ鉄道要求の圧力を示そうとする政友会幹部の意図を読み取ることができるだろう。

桂から答弁者を引き継いだ後藤は、大岡の質問に対して政府も地方の鉄道要求に答えたい意向であると述べた上で、財政上の都合を考慮して立案した政府計画に理解を求めた。後藤は「現在の調査に依りまするると、新線路は延長致しまするに従って、全体の利益は減少を致します。これは建設線の増加するに従って其利益は減少致す傾であります。」と述べて、収益性の低い地方路線を無制限に拡張させる計画は不可能だと示唆し、続けて「資本勘定中、改良費を以て施設する利益の多いところのものを以て、利益の少ないところの線路の延長に対して、損失のあるところのものを補って、彼是調和の宜しきを得せしむると云ふことに当局者は苦心致したのであります。」と言って、改良事業などで鉄道益金の逓増を図りながら新線建設との「調和」を模索する当局者の「苦心」を披露している。その上で後藤は次年度にも引き続き鉄道建設費の拡充に取り組む希望を表明し、例えば山陰線について本年に竣工予定の今市からさらに山口方面へと延長させる企画中だと明かした(153)。

こうした政府の新規計画に刺激された鉄道要求は政友会のみに留まるものではなく、一月二八日の予算委員会では又新会の早速整爾からも鉄道事業のための公債募集計画の有無を尋ねる質問がなされた。それに対して若槻礼次郎大蔵次官は、本来の鉄道経営は公債を財源としてなされるべきであるが、現在の経済状況を鑑みて今後二、三年間は公債ではなく一時借入金などでの支弁を続ける見込みであると答えた(154)。

政友会が有名な「全国鉄道速成及改良に関する建議案」を提出したのは上記の文脈における出来事である。大岡が準備したこの建議案は、一月二九日に政友会の政務調査会と代議士会を相次いで通過し(155)、二月一日の衆議院本会議で議題に取り上げられた。登壇した大岡は建議案の提出理由を演説し、鉄道事業のための公債募集を当面見送るとした予算委員会での政府答弁を批判して、公債募集による鉄道事業の拡張を強く訴えた。この建議案の対象には地方への新線建設のみならず改良事業の拡充も含まれており、東海道線の改良の不十分さを追及したり、また動力の電力化を推進する必要性を説いたりしている(156)。このように支出の方向性は抽象的かつ全般的なものにしたまま財源捻出方法の差異を際立たせることで政友会の積極政策への期待感を高めようとする点にこの建議案の特徴があった。

政府の鉄道政策を消極的だとして一層の拡張を求める建議案は、第二二議会・第二三議会・第二四議会・第二五議会の各議会でも成立している。しかし、この第二六議会で出された建議案は、政友会の正式決定を踏まえて政友会幹部がこぞって提出者に名を連ねた点で、これまでとは性質を異にするものであった[157]。党の正式決定に至った一月二九日に、原は日記に「此建議に因りて鉄道政策に一生《ママ》面を開らく事を得る様に努めたしと思ふなり。[158]」と記し、この建議案の効果に大きな期待を寄せていた。そして、予算交渉会に参加して地租軽減問題を話し合うのに併せて、政友会から政府へと鉄道要求が一元的に突きつけられる仕組みが少しずつ整えられていく。

政友会による鉄道要求の一元化

もちろん鉄道要求は決して政友会のみから発せられるものではなく、他の政党に属する議員からも従来から唱えられてきた。それを政友会が一元的に扱おうとする動きを見せると、すぐに他党からは警戒する声が挙っている。大岡による建議案の趣旨説明に続いて発言した又新会の細野次郎は東海道線の改良や電化事業計画の具体案の提示を求める質問を行い、さらに憲政本党の福田又一は誰も異議を唱えない漠然とした内容ではなく、もう少し具体案を出すように要求した。さらに同じく憲政本党の高柳覚太郎は、「現政府に向って、斯る建議を為すよりも、効果なきところの建議を為すよりも、寧ろ近き将来に於て予望されつつあるところの次に来る内閣に於てです（拍手起る）、其内閣に於て自ら御実行なさると云ふ覚悟が宜いではないか、斯う云ふ御決心であるならば、斯かる建議は寧ろ其際に御譲りになった方が便利であるかと思ひます。」と演説して、政友会の建議内容に次期政権獲得後までの拘束力を持たせようと試みた[159]。この発言にも表れているように、第一次桂内閣期の経緯から類推して次の内閣は政友会を中心に構成されるだろうとの予測はすでに広まり始めており、それが政友会への期待を高めつつ党の結束を固める機能を果たしていたことは間違いないだろう。

こうして委員会での審議では個別の鉄道要求が出席議員から次々に発せられた。政府の提出した鉄道建設及改良費の四三年度分は予算委員第六分科会で扱われ、その主査は大岡が務めた。また同時に鉄道敷設法や北海道鉄道敷設法の改正案を話し合う委員会も設置され、委員長には政友会の伊藤大八が就いた。この二つの委員会の審議過程で出された鉄道要求は以下の通りである。政友会では、恒松隆慶と古井由之が第二二議会での建議にあった四幹線を優先するよう発言し、また高知県選出の町田旦龍と高松市選出の田中定吉からは四国での幹線作りを求める声が上がった。さらに大分県選出の佐藤庫喜は大分・宮崎間、大分・熊本間の見込みを尋ね、新潟県選出の田辺熊一は新潟から秋田へ通じる羽越線の計画を質問した。もちろん他党の議員も質問に立ち、憲政本党の高柳覚太郎（静岡県選出）は駿甲鉄道の速成を求め、大同倶楽部の小河源一（山口県選出）は四幹線に含まれる山陰線や山陽山陰連絡線の拡張などを主張した。政府計画が今年度は九州地方に重点的に予算を配分した点にも批判が集まり、特に予定線になかった鹿児島・川内線の必要性には疑義が呈されることが多かった。九州選出の政友会議員からも、また戊申倶楽部の片岡直温や又新会の守屋此助からも批判がなされている。[160]

このように議会審議で鉄道要求が活気づくのを受けて、政友会によって予算交渉と鉄道要求を連関させる動きが強まっていく。二月三日の鉄道敷設法の委員会には政府を代表する桂と政友会を代表する大岡が出席し、「全国鉄道速成及改良に関する建議案」について議論を交わしている。桂は建議案の趣旨に賛同すると共に、経済や財政との「調和」を考えた上で具体案を検討するという立場を堅持した。これを受けて大岡が後日にもう一度桂との議論の場を設けたい意向を述べて、この日の審議は終了となった。[161]そして、すでに論じた通り、翌四日から桂は予算交渉会の準備に着手し、二月八日には政府と政友会の合意が確定する。それに基づいて予算案の議決が予算委員会で順調に進行していた二月一〇日、議会内の一室に原・大岡・伊藤大八と桂が集まって鉄道に関する会談を開いている。[162]予算案の衆議院通過を目前に控えたこの状況で、政友会側は鉄道拡張の具体案を提示するよう桂に改めて迫った。桂は未だ決定に至っていないとしてこれを拒むものの、次回の会合時には具体的な成案を出すように約束した。

四三年度予算案が衆議院を通過した二月一二日にも、鉄道要求を少しでも盛り込もうとする政友会の動きが見られる。まず午前中に鉄道敷設法の委員会が開かれ、この第二六議会での具体案提出を求める大岡と鉄道要求に理解を示しつつも提出時機の明言を避ける桂との問答が行われた後に、政府の提出した鉄道敷設法と北海道鉄道敷設法の改正案が委員会で可決された(163)。そして午後には本会議が開かれ、地租八厘軽減などの税制整理の関連法案が順番に討議されていった。これらが政友会の賛成多数によって全て可決されたところで長晴登から緊急動議が提出され、当初の予定に含まれていなかった鉄道敷設法と北海道鉄道敷設法の改正案が本会議で審議される(164)。そして即座に可決され、引き続いて四三年度予算案の審議に移り、賛成・反対の双方から演説が行われた後に予算案は衆議院を無事に通過した。税制整理と予算案の議決の合間に鉄道敷設法と北海道鉄道敷設法の改正案の採決を挟むようにした議事日程の修正は、減税要求での譲歩よりも鉄道要求の期待感を強く意識させることで予算交渉会の成果を強調しようとする政友会の演出の一部だったのであろう。

予算案や関連法案の衆議院通過を受けて、政友会の建議案の審議はしばらく中断され、二週間近く経った二月二四日に原・大岡・伊藤大八と桂による会合が再開された(165)。すでに会期も残り一ヶ月となったことから、政友会側はこの第二六議会での具体案の提示要求を断念し、今年末に開かれる次の第二七議会での新案提出に向けて調査に励むように桂に求めた。これに桂は同意し、さらに鉄道事業用の公債募集の方策を内々に示している。この桂の企図に対して、原は「恰も余〔原〕の考案と一致の意見を述べたり。」と日記で評している。このように予算案の通過によって本議会での鉄道政策の駆け引きは終局に近づいており、両者の焦点は次年度予算編成に移り始めていた。この席で桂が洩らした広軌化構想に対して原が早くも詳細な批判を展開したことも、次期議会に向けた牽制の一種と位置づけられよう。こうして政友会の「全国鉄道速成及改良に関する建議案」は三月二日の委員会と翌三日の本会議で満場一致で可決された(166)。

政友会の圧力を受けて政府が次の議会にさらなる新規拡張計画を提出すると表明したことで、鉄道建設を要求する建議案は前回よりも数が多くなる傾向を見せた。まず第二五議会で成立した政友会議員による建議の趣旨をくり返すものとして、野田卯太郎ら九州議員団による九州地方の三路線の建議と、長晴登ら東北議員団の郡山・平間の建設要求などを挙げられる(167)。また議会前の政友会地方大会で鉄道要求を具体的に掲げた東北選出議員団からは郡山・平間の他にも活発な建議案が出されている。まず長を代表者として盛岡・大曲間、追分・船川間、花巻・大船渡間、盛岡・宮古間の四路線の速成を求める建議案が提出された。これに加えて、同じく長を中心とする議員団は同時に「予定鉄道線路改定に関する建議案」も提出する。[168]これは鉄道敷設法で岩手県黒沢尻から秋田県横手へと横断する予定線となっているものを、黒沢尻から途中の川尻で分岐して横手を通らずに直接大曲に至るように路線変更を求める内容だった。四路線の建議案の方は無事に成立するが、予定線の路線変更に関しては秋田県選出の憲政本党議員である斎藤宇一郎が強く反対し、議事進行上の偶然的要因も相まって否決される。[169]これは秋田の鉄道要求に政友会が積極的な反応を示そうとしたことで対抗的に憲政本党議員を刺激した事例である。さらに長は青森選出の二議員と連名で東北会大会の決議に含まれた野辺地から大湊に至る鉄道速成を求める建議を出して成立させている。[170]

政友会の鉄道要求の積極化はこれらに留まらず他の地域でも見て取れる。東北会大会や札幌支部総会で決議された北海道の鉄道については政友会所属の二名だけによる「北海道釧路根室間鉄道速成に関する建議案」が出され、賛否双方からの声が飛び交う中で委員付託されずに即座に可決された。また中国地方に関しても、政友会の四国選出議員団が「四国鉄道の急設及鉄道敷設法改正に関する建議案」を提出し、愛媛県松山から高知県須崎に至る沿海部の路線を新たに予定線に編入させて四国循環鉄道計画を目指す建議を全会一致で可決した。[171]その上さらに政友会の意向を押し切る建議が成立している。第二五議会閉会後に憲政本党から政友会に移った福井三郎（岡山県選出）が提出した「山陰山陽横断線速成に関する建議案」は、鳥取県米子から岡山県津山に接続する路線の速やかな調査と建設に着手することを望むものであり、政友会の川島亀夫（岡山県選出）、恒松隆慶（島根県選出）と、戊申倶楽部から中央倶楽部に加わらずに無所属となった安藤敏之（名古屋市選出）が提出者に名を連ねた。しかし山陽地方と山陰地方を横断する路線にはこの米子・津山間に対して鳥取・津山間、倉吉・津山間、そして米子・備中湛井間という比較線が存在しており、合計四路線の競合関係が存在した。これらの複雑な関係を踏まえ、米子・備中湛井間の地域に住んでいる国民党の西村丹治郎（岡山県選出）は路線を限定させないように修正案を提示したが、政友会の意向によって退けられて原案のまま可決された。[172]

以上本節で見てきた通り、第二六議会の予算政治の展開もこれまでとの連続性を意識した解釈が可能である。桂は予算交渉会の制度化を推し進め、税制整理という重要な課題を達成した。これが桂の政治指導の頂点となった。また政友会は予算交渉と鉄道要求を交換する交渉方法を整え、政府の鉄道政策の積極化に対応して一層積極的な鉄道建議を打ち出した。次の第三節で扱われる鉄道広軌化問題はこうした一連の変化の延長線上に位置づけ直されるべき問題である。

第三節　桂太郎の政治指導の限界——第二七議会

一　新規予算要求の登場

新規海軍拡張要求の先行

第二六議会において年来の課題であった税制整理を達成したことで、議会閉会後から桂の後継者がいよいよ具体的に話題に上がり始める。これまでの二年間の非募債主義の予算成立、外債の借換えや公債償還などの進展を受けて、明治四三年には公債価格も回復傾向を見せていた。(173) また予算交渉会方式をさらに洗練させてその制度化を推し進めたことによって、安定的な政権運営の見通しも立った。このように政権発足時の課題が概ね完成に近づいてきたことを受けて、後はタイミングを見計らって桂が後任者に政権を引き継ぐだろうという予測が広まり、それを見越した行動が諸方面から次第に起きていく。

第二六議会終了直後から、政友会では西園寺への政権移譲の確約を求める声が高まりつつあった。明治四三年四月六日には西園寺のもとに原と松田が集まり、桂から西園寺へ後継者の内談があった場合には即座に受諾する方針が話し合われている。また この頃に西園寺と並ぶ後継首相候補者に名前が挙っていたのが寺内であり、原や松田はその動向を深く警戒していた。(174) 五月一二日には原が桂のもとを訪ねて予算編成などの諸問題を話し合い、併せて後継者に関する桂の意向を探ろうとする。しかし桂は西園寺への移譲を明言せず、代わりに海軍が新規拡張計画の提出準備を進めている状況を明らかにし、これらは桂内閣と政友会の協力関係に亀裂を生じさせかねない動きであるとの見方を示した[175]。

日露戦後の軍備拡張は明治四〇年度予算において陸海軍で同時に実施されて以来すでに三年間が経っており、今回は久しぶりの新規拡張を目指して海軍側が先手を打った行動に出ていた。この動きは在野の山本権兵衛に期待を寄せる薩摩出身者に支えられており、新たに海軍次官に着任した財部彪がその中心的な構成員となっていた[176]。すでに第二六議会中から財部は斎藤実海相と新規拡張計画の立案に着手し、二月下旬には議案の起草に取りかかっている[177]。まだ四三年度予算案が審議されている第二六議会中であるにもかかわらず、このように早くも海軍は次年度予算編成を目指した活動を進めていた。

これらの行動は桂が政権移譲を意識し始めた状況を先取りし、いち早く膨大な予算要求を突きつけることでその部分的実現を目論んだものだった。第二六議会で四三年度予算案が衆議院を通過した直後の二月一五日には、薩摩出身の山之内一次鉄道院運輸部長から財部に宛てて、六月か七月頃には桂が政権を明け渡すだろうと原や野田卯太郎が述べているという情報が伝えられており、それを聞いた財部は海軍拡張要求がその原因になりうるとの意気込みを日記に記している[178]。また新式の巨砲を搭載する大艦の建設要求は難しいとする斎藤海相に対して、山本権兵衛は具体的な艦型の議論は予算獲得後の最終的な問題であり、まだ予算編成段階に過ぎない時期から桂の圧縮要求に応じる姿勢を見せるべきではないと説いていた[179]。

四月から五月にかけて海軍内の協議は進んでいき、軍事参議官の諮問を経た新規拡張計画が五月二三日に斎藤海相から桂に手渡された[180]。この「海軍軍備充実ノ議」は、ドレッドノート型やスーパードレッドノート型の登場による建艦技術の革新や国際情勢の変化を背景として、戦艦七隻・装甲巡洋艦三隻の新造費として約三億六七〇〇万円の八年間継続費と、既定計画での未着手艦の戦艦一隻・装甲巡洋艦二隻の艦型改良費として約三九〇〇万円の六年間継続費を併せて要求するものだった[181]。合計で四億円を超える大拡張計画である。これから約二ヶ月の間、山本権兵衛や財部はこの新規拡張案の採択を諸方面に強く訴えていった。山本はこの拡張案を突き通そうとすることで政府内に多少の波瀾が生じる

いている。(182)

のはやむを得ないと財部にくり返し述べており、こうした海軍の強硬姿勢に桂が苦慮しているとの情報が原のもとに届

この海軍による新たな予算要求に直面した桂は、内閣の一員である斎藤海相を介して拡張計画の縮小を試みる。強硬論を唱えていた財部が佐世保に出張して東京を離れた時機に、桂は若槻大蔵次官を斎藤のもとに派遣し、拡張計画を二段階での実施に分割する修正協議を行っている。すなわち第一段階として既定計画の未着手艦を再編成して戦艦二隻・装甲巡洋艦三隻の艦型改良（四四年度から三年間継続費）を実施し、続いて第二段階として金額や年度割は確定させずに将来の全計画の履行を閣議決定しておく、という方式である。(183)帰京した財部はこの二段階方式に不満を抱きつつも斎藤の意向に従い、第一段階分の金額について若槻と交渉を重ねていった。こうして第二七議会に提出される新規予算は八年間継続費の約八二〇〇万円となり、当初の四億円以上の大拡張計画から比べれば圧縮されたものとなった。(184)

しかし桂は同時に第二段階の履行について四六年度からの実施を約束せざるをえなくなった。二段階方式に賛同して桂に譲歩する姿勢を示した斎藤を山本権兵衛は厳しく批判しており、また伊集院五郎軍令部長は辞意を抱きつつ桂への陳情に力を注いでいた。(185)これらの海軍からの激しい圧力に接した桂は、七月一二日の閣議において四六年度から財政一一年計画を変更して海軍拡張案を履行するという覚書に署名する。(186)もちろん二年後の予算編成に桂が直接携わるかどうかは未定であり、この覚書に未来の財政計画を拘束するような強い効力があったとは必ずしも言いがたい。それでもこの内約は翌年の予算編成時からの海軍拡張要求の論拠として一定の機能を果たしていくことになる。

このように四年ぶりに海軍が先行して新規予算要求を提出したことは、陸軍にも刺激を与えることが予想された。桂は陸軍拡張に飛び火することを危惧しており、若槻次官を派遣して二段階方式について斎藤から同意を得た段階で、自ら山県有朋のもとを訪れて新規海軍拡張への内諾を求めている。桂は山県に財政計画書を見せ、財政一一年計画の範囲内に押さえ込んだ拡張計画であると強調すると共に、新規の陸軍拡張を行う財政的余裕に乏しい状況を説明したものと思われる。(187)七月一日の閣議で桂から海軍拡張案を内示された寺内陸相は、韓国併合に伴う在朝鮮二個師団増設を求める

内容と推察される陸軍拡張意見書を翌二日に桂と山県に宛てて即座に提出した。[188] この時は不採用に終わったが、これも翌年度以降の予算編成の課題として存在し続けることになった。

鉄道要求の高揚と新規鉄道拡張計画

上記のように政府内で新たな予算要求が現れ始める一方で、政友会も第二六議会での鉄道建議に基づく活動をさらに積極化していった。例えば、五月二五日の山形県支部総会では、鉄道港湾に対する政策などは「第二六議会に於ける我党の主張に準拠し其の遂行に努むべし」という決議が通り、さらに奥羽横断鉄道の速成、羽越線及び奥羽横断鉄道を第一期線に編入させることなどの具体案を記した決議が採択された。[189] また前議会で焦点となった四国地方において政友会の勢力を広げようとする動きが見られ、六月二五日には高知県支部の設立総会が開かれている。高知県は国民党の最高指導者である大石正巳の地元であり国民党の固い地盤の一つであったが、[190] 政友会は四国への鉄道敷設の期待感を高めることでその切り崩しを図っていった。[191] その他、政友会が勢力の浸透を目指した重点地域として福島県での動向を指摘できる。福島県も国民党領袖の河野広中の長年の地元であるが、政友会はこれまで何度も建議に盛り込んだ郡山・平間のみならず、岩越線の支線として会津若松から田島方面に延びる路線や東北線を須賀川から分岐して小名浜へ敷設させる路線などの新線候補地の視察を通して、精力的に党勢拡大を目指していた。[192] この伊藤大八幹事長らによる活動が後の第二七議会における国民党との激しい競争の布石となる。

このように政友会が積極的な活動を展開する中、鉄道院総裁の後藤もまた前年と同じく全国視察に取り組んでいた。六月に入ると後藤はまず急いで名古屋経由で中央線の視察に出かけ、[193] 続いて七月下旬には長野を通って直江津に入り、北陸地方を順に見て回って京都に到着した後、東海道線で東京に帰るルートを移動した。[194] さらに八月末には奥羽線の板谷峠や横断線と東北線の中継地である小牛田、そして信越線の碓氷峠を見て回り、帰京後はすぐさま山陰・山陽地方に出かける。[195] この中国地方巡視から東京に戻ってくると後藤は再び九州地方に向かい、今度は熊本・大分間や大分・宮崎間に足を運んだ[196]。そして予算編成が大詰めとなる時期においても後藤は四国の巡回を実施している[197]。以上の経過から明らかな通り、第二六議会において全国各地から鉄道要求が発せられたことを受けて、後藤は前年の旅程に含まれなかった土地を中心に長期間かつ広範囲に及ぶ視察を行っていた。

これらの後藤の視察は新線建設要求への応答に加えて、鉄道院や逓信省の組織の統制という意図が元来含まれていた。後藤による整理の効果もあって四二年度の国有鉄道の収益は八一八万円の予測を超えて一〇〇四万円という増収になっていた[198]。こうした財政整理による鉄道益金の増加は、特別会計の範囲内で漸進的な新線建設を進めていく上での好材料となる。例えば、明治四三年八月一日付で金沢から桂に宛てて発した書簡の中で後藤は次のような表現を記している。「小生〔後藤〕巡視も連日晴天、昨日当金沢市に入り候。到処鉄道熱に狂し居り、殆んと冷却にこまり居候。各地工事並現業追々整理の模様に見受けられ、是は閣下〔桂〕に御報告可申上一大真報に御座候[199]。」後藤は「鉄道熱に狂し」ている金沢市の人々を「冷却」させるのに困っているが、各地の工事や現業については順調に「整理」が進んでいる様子であり、この点は桂に伝えるべき「一大真報」であると述べている。

鉄道予算の特別会計制度の趣旨によれば、こうした財政整理の進捗に伴う益金増収の程度に併せてその範囲内での新線拡張が図られるのであって、収益性の乏しい地方路線でも次々に建設してほしいという鉄道要求に即座に応答することは後藤には難しかった。ところが、こうした後藤の「冷却」姿勢は現地の「鉄道熱」を鎮めることなく、むしろ代わりに政友会への期待感を高める機能を果たしていく。長らく後藤の到着を待ちわびていた金沢市の人々が後藤に対して十分な陳情をなし得ずにその「冷却」姿勢に落胆してしまった様子は、次の新聞記事からも見て取れよう。「〔後藤は〕午後五時、当地〔金沢〕に引返し、北間楼における官民合同の歓迎会に臨めり。当地有志者は、北陸鉄道速成、急行列車運転、長距離電話架設、金沢名古屋間鉄道敷設に関し意見を開陳せん筈なるも、総裁〔後藤〕は視察に忙殺されて之を聞く暇なく、且此程今回視察の結果、北陸地方の民度未だ其必要を見ずとの口吻を洩せしより、有志者も之を持出すことを躊躇の体なり[200]。」

こうした経緯を踏まえると、それから数ヶ月経った一〇月二二日に金沢にやってきた原が政友会支部の招待会で「我積極の方針」を演説した意義は一層明確となるだろう[201]。前日の一〇月二一日に富山市で開かれた北信大会では数多くの鉄道要求を含んだ協議案が採択され、富直鉄道の速成、敦鶴鉄道の速成、羽越沿岸鉄道の敷設、飛越鉄道の敷設、金沢・福光間の鉄道敷設、信越西線の鉄道敷設、信飛線の鉄道敷設、七尾・高岡間の鉄道敷設が掲げられた[202]。後藤が必ずしも即座には吸収できないであろう北陸地方の鉄道建設の期待感を原が回収しようとする競合関係がここに形成されている。これまでの二年間の経緯をまとめると、まず第二五議会で九州や東北の政友会議員団が鉄道建議を提出し、次に後藤の携わった四三年度予算で九州や北海道・東北の建設予算が大きく延び、それを受けて第二六議会では政友会がさらなる鉄道要求を発し、その後は四四年度予算編成を見越して前年以上に全国各地で鉄道要求が高揚し、それをいかに吸収しうるかという点で後藤と政友会の間で競合関係が形成されていった、という流れを見出すことができる。

治水対策という新課題

またこれらの鉄道要求への対応に加えて、桂は四四年度予算編成において新たに治水費の捻出に取り組まなければならなかった[203]。明治四三年八月上旬から中旬にかけて関東地方を中心に大雨が続いたことで、一〇〇〇人以上の死者を出す洪水被害が発生する。河川の氾濫や土砂崩れによって鉄道や電信などの断絶が生じ、軽井沢の別荘に滞在中の桂自身も身動きが取れなくなり、これにより一時的に官邸が総理大臣と音信不通になる非常事態に陥っていた。帰京した桂はこの災害の復旧費用のみならず、根本的な対策として主要河川を対象とする治水及び砂防工事に着手する計画を立案し始める。すでに九月段階では予算編成の大綱はほぼ決まっており、急いで新たな財源の創出に桂は取りかからなければならなかった[204]。

この治水対策の必要性は政府のみならず政友会も強く認識していた。八月一五日には臨時水害調査会が設置され、各地の被害状況の視察団が早急に派遣された[205]。また特に被害の大きかった関東地方の議員団は活発に動き出し、九月五日には関東代議士会を開催して水害対策を政府に強く求める決議を行っている[206]。一一月一日には関東大会も開かれ、「根本的治水策を確立する事」などの決議が満場一致で可決された[207]。こうして他の地方と比べて鉄道要求では控えめだった関東選出議員はこの治水問題を契機として新種の予算要求を積極的に提示するようになった。政府が臨時水害調査会の設置を進める一方で、政友会も治水調査会を独自に設置して政府の提案よりも広範囲に及ぶ治水対策案を提示していくことになる[208]。

　こうした政友会等の主張を念頭に置いて、桂は治水対策の財源捻出に苦慮していた。山県に宛てた書簡の中で桂は、「水害善後之計画も追日《ママ》地方より之調査も相出て、所謂火事場之序に政党等か党勢拡張又は将来撰挙之準備等にて種々の要求を持出し来り申候。〔中略〕目下の処にては此度の水害の為め既定の財政計画を変更する如きの場合には立至り居不申事と切角苦辛中に有之申候[209]」と、「火事場之序」に「党勢拡張」を企てる政党の要求に「苦辛」する心境を伝えている。また韓国併合によって朝鮮総督府に赴任した寺内に対しても、「水害善後之方法に付ては多大之費用を要し、財政上些か迷惑不少候。目下調査中に夫々調査を重ね居申候[210]」と、治水費が予算編成に与える影響を述べ、さらに別の書簡において「来年度〔四四年度〕之計画に付、御注意相願度義は如御承知本年之水害は非常之事にて臨時支出之多大なると収税之減少と相待つて歳計上に於て困難を究め申候。」という「困難」な心境を伝えた上で、朝鮮総督府予算案の編成ではなるべく臨時事業費を公債支弁に移し、国庫補充金による現金支出を可能な限り減少するように強く求めている[211]。

　このように四四年度予算編成において桂は新たな予算要求への対応に次々に追われていった。他方で円満な政権受け渡しを期待する政友会は、当面は桂の予算編成を見守る姿勢を保っており、原が日記で的確に指摘したように、「目下は官僚派も政党も一種の低気圧に苦み居る[212]」ような膠着した状況となっていた。こうした諸方面からの新予算要求を統合する役割は桂の一手に集まっており、それ故に財源捻出の責任を直接負うと同時に、予算圧縮に対する諸方面からの不満を全身に浴びる立場に陥りつつあった。おそらくこれらを解決する一つの方法は公債発行による歳出拡大にあったが、それは従来から唱えてきた緊縮方針と相容れないものとなる。この桂の苦境を見抜いた原は、治水費について政友会側から公債発行を提言することを諌める文脈において、次のように治水調査委員長の元田肇に指示している。「我治水調査会に於ては財源に論及するを要せず、且つ政府の非募債主義を政友会より破るは愚策なり。政府は非募債主義を標榜して変ぜざるに因り、自縄自縛の窮境に陥り居るもの故、我より募債主義を唱へて彼に便利を与へ、公債下落の非難をのみ我に於て受くるの不得策を示して其方針を与へ置きたり。」[213] 桂の方針を「自縄自縛の窮境」と批判するこの姿勢には、財源捻出策を伏せたままで政府以上の積極策を提示する第二六議会での鉄道要求と相通じるものを看取できる。桂は結局、治水費には大蔵省預金部資金を活用し、その代わりに鉄道財源には短期証券を発行する措置を決め、一一月一五日に非募債主義を継続する四四年度予算案を公表した。[214]

以上の通り、明治四四年度予算編成過程で新たな予算拡張要求が登場した際に、桂の対応はこれまでの二年間と比べて受動的なものに留まった。それでも従来の非募債主義は継続し、桂が自ら歳出拡大へと舵を切ることは避けられた。しかしながら、これらの新規政策を主導的に推進する姿勢が見えにくかったことは否めない。この予算編成を通して次なる政策課題を主体的に掲げたわけではなく、また後継移譲の時期を有利にしようとする戦術も欠けていた。この安定的ながら停滞した状況下において、急に総額二億円以上の鉄道広軌化計画が突出した政策として登場する。

二　予算交渉における鉄道広軌化問題

さらなる予算交渉会方式の制度化

桂が非募債主義を貫いた四四年度予算案は四三年末からの第二七議会に提出され、主に鉄道広軌化計画に関する予算が削減された以外は大した修正が加えられることなく無事に協賛された。この議会でも政府と政友会はこれまで築き上げてきた予算交渉会を通した協調路線を持続し、それを前年の第二六議会よりも一層洗練された形式に整っていった。しかし、その一方で桂が打ち出した鉄道広軌化計画は政友会の抵抗によって実現されずに潰えることになる。これは予算交渉会方式の限界を如実に示すものであった。以下ではこの鉄道広軌化問題を予算交渉の展開の中に位置づけ直すことで、桂の安定政権が緩やかな衰退過程へと移っていく動態を明らかにする。

四四年度予算案を公表した桂は、今回も政友会へ接近する動きを早くから見せ始める。まず桂は西園寺を訪問して予算編成時の諸問題を報告すると共に、「自分も今期の議会は最終の議会なり」と述べて西園寺への後継移譲を示唆しながら予算案への理解を求めようとした。(215) また妻の死去に伴い福岡に戻っていた野田卯太郎に上京を促す電報を桂は何度も送り、政友会との連絡ルートを整備し始めた。(216) 東京に戻った野田は松田と相談した上で一一月二四日に桂と面会し、「第一　来秋内閣明渡すこと　二　連合内閣に改造のこと　三　断然政友会と絶縁すること」の三つの方針のいずれかを選択するように申し入れた。(217) 桂に返答を迫らなかった野田は、翌二五日に西園寺のもとを訪れて桂との会談を報告した後に、西園寺からの使命を帯びて桂に面会する準備をする。(218) この段階では西園寺は後任受諾意思を明示することに消極的だったようであり、桂が軍籍を外れて元老となって西園寺と共に後進者の内閣を支援するという構想について、野田経由で伝言しようとしたようである。ところが鎌倉に滞在中の原がここで介入し、野田を介した桂と西園寺の連絡を一旦凍結させ、これ以後の野田は原の指揮下において桂との連絡役を務めるようになる。(219)

原はこの桂の歩み寄りを利用して西園寺への後継移譲の確約を迫っていった。桂から西園寺へ再び政権交代が実現する場合、原がそこで何を重視しようとしていたのかは、一二月二日の原と西園寺の会話の中に見て取ることができる。(220) 原はまず新内閣において非募債主義を終わらせることを強調し、政権交代による財政政策の転換を訴え、外債を発行して鉄道の改良や延長を進めることで各地の経済を回復させる案を示した。また寺内と西園寺による連立内閣構想を否定し、次期西園寺内閣は第一次西園寺内閣と異なり政友会領袖を主要構成員として組閣すべきだと主張した。こうした政権交代を目指す上での一里塚として、原は今期議会において桂の提出する鉄道広軌化計画を断念させる必要性を説いている。つまり、広軌化計画の断念はこれまでの桂内閣と政友会の事実上の協調路線を全て断絶してしまうような大争点では決してなく、従来の予算交渉会方式の延長線上にある政権交代要求を対外的に正当化するための手段として原たちに認識されていたのであった。

西園寺からこれらの内容について賛同を得た原は、一二月四日に桂との会談に臨んだ(221)。この日の会談は四四年度予算案に関する意見交換が主たる内容であり、原は議会で批判が出そうな論点をいくつも鋭く桂に突きつけていった。例えば、新規の海軍拡張予算を盛り込んでいる点や、それにより所得税改正案の提出を来年度以降に先送りした点は、第二六議会での政府答弁と矛盾しているとして原は厳しく指摘した。そして会談の終わり際に桂が説明した鉄道広軌化計画については多くの批判的見解を述べて、しばしば桂が答えに窮したと原は日記に書いている。この日には肝心の政権移譲に関する桂の方針は明示されず、第二七議会に向けた話し合いとしてこの会談は終わった。原はこの桂との会談の様子を西園寺や松田に伝えると同時に、野田を介して引き続き桂の動向を探るようにした(222)。

他方、原との会談を経た桂は、四四年度予算案の通過をより確実なものにするために政友会との提携をさらに進める決心を固め、平田東助内相・後藤新平逓相・大浦兼武農商務相といった重要閣僚にその旨を諭した上で、自身の意図を野田に伝えた(223)。また政友会との提携を外部に公表するために年が明けた明治四四年に懇親会を開催したい意向を桂は述べ、それを原に伝えるように野田に依頼した。こうした政友会との提携強化を山県有朋に報告する一二月一三日付書簡において、桂は次のように述べている。「現下之政況は誠に静謐にて元より各地方議員も未た上京不致、各政党政派之幹部員等も未た対議会策講究の最中に相被伺申候。一見仕候処にては本年政府より提出可仕予算案並に諸法律案等余りに簡単にて、彼等議員等に於ても論難すへき事件無之存候哉と被存申折候。尤も先達来政友会総裁及ひ原、野田等には面談仕、彼等意見は余り政府之意見と異なる処も無之、否可成一致協同致度哉之趣にも相見へ、切角目下彼等中間に於て講究中之由内報に接居候次第に有之申候。（尤も極々秘密中なり。）(224)」第二七議会直前の状況を桂は「静謐」と表現し、予算案や諸法律案の通過に楽観的な見通しを立て、さらに西園寺や原、野田との間で「一致協同」を推進する協議が進んでいる様子を山県に明かしている。ここに見られるように桂は政友会との提携強化を主体的に推進しており、その進捗を望ましいものとして認識していた。

こうして一二月一四日に桂と原は再び会談の場を設け、桂は近いうちに次期政権を政友会に譲る意向を明言し、その代わりに政友会は四四年度予算案の通過に尽力するという提携の約束が成立した。そして提携の公表機会として翌年に懇親会を実施することで合意し、それに向けて原は松田と共に今回も院内総務として議会指導に率先して取り組むことになった。この日の原の日記には、政友会の状況を「順境」と形容する有名な言葉が記されている。(225)

鉄道広軌化計画の争点化

このように前年の第二六議会の時と同じく、今回もまた議会開会前から政府と政友会の協調路線が事実上決まっており、後は予算審議を進行させて予算交渉会へと運んでいく段取りとなっていた。そして前議会で地租軽減と官吏増俸が焦点となったように、今回の第二七議会においては鉄道広軌化問題が双方の最後の意見調整が求められる争点となった。先ほど引用した一二月一三日付山県宛書簡において桂が四四年度予算案について議員が「論難すへき事件」はほとんど無い様子だという楽観的な展望を述べているのとは対照的に、(226)一二月一四日の桂との会談の席で原は広軌化問題が大きな争点となる可能性を強調している。(227)原は一二月四日の桂との会談でも同様に広軌化問題に関して追及しており、(228)野田もまた広軌化問題が桂と政友会の提携を進める障害になることを危惧する記述を日記に残している。(229)すなわち鉄道広軌化問題の争点化は政友会が主導して行ったものだった。

第二七議会に桂内閣が提出した鉄道広軌化計画とは、新橋・下関間の東海道線と山陽線を中心に改良工事を施して従来の狭軌から広軌に変更するものであり、その費用には総額二億三〇〇〇万円の一三年間継続費が組まれていた。かつて満鉄の広軌化を実現させた鉄道院総裁の後藤がこれを主導し、一一月半ばに閣議を通過して四四年度予算案に盛り込まれた。同年六月五日に書かれた後藤の覚書には、四四年度の鉄道予算として地方への狭軌線の建設費の追加や軽便鉄道の官設計画を進めると同時に、広軌鉄道の敷設案を立論することと軽便鉄道補助法案を作成することが課題として挙げられており、早い時期から後藤は四四年度予算案での広軌化計画の導入を模索していた。その背景には、民間の金融市場が緩慢状態にあるという判断があり、それによる鉄道への投資熱を利用して積極的な鉄道事業を起すことは可能であると後藤は考えていた。(230)

東海道線の改良工事の必要性は前年の第二六議会で政友会の提出した「全国鉄道速成及改良に関する建議案」でも主張されており、以前に建議案の提出理由を演説した大岡育造も政府案のこの点には賛同する発言を予算委員会で行っている。(231) したがって政府側は政友会の方針との間で大きな差異はないという立場であり、例えば広軌化計画に異議を唱える質問を行った政友会の小川平吉に対して、桂は「小川君も東海道並に山陽鉄道の改良の必要と云ふことは、既に御認めになって居るのであります」と述べて広軌化計画への理解を求めている。(232) このように政府案は東海道線と山陽線の改良工事の必要性が広く共有されていることを前提にして立案されており、その上で応急の改良工事をする場合には車両費を含めて総額一億三〇〇〇万円、また狭軌の最強度の改築をする場合には一億九〇〇〇万円、そして広軌化の場合には二億三〇〇〇万円という三種類の改良工事費の見積もりが出されていた。この調査に基づけば狭軌の最強度改築と広軌化との差額はわずか四〇〇〇万円に過ぎず、この機会に輸送力を強化して鉄道益金のさらなる増加を図るべく思い切って広軌化に着手するのだと政府側は説明していた。(233)

もちろん後藤の覚書にも記されていたように、政府案は広軌化計画のみならず狭軌線の新線拡張にも配慮されており、前年に引き続き四四年度予算案においても建設費四七〇〇万円と改良費四五〇〇万円が継続費総額に追加されている。四三年度での建設費追加は四四〇〇万円であり、鉄道益金の逓増に伴って少額ながらも前年度以上の建設費継続費の追加がなされている。明治四三年の後藤の全国視察を踏まえて、新たな第一期線として東北地方の郡山・平間、中国地方の今市・浜田間と今市・杵築間と小郡・山口間、四国地方の川田・池田間、九州地方の大分・佐伯間（さらに吉松・宮崎間を都城経由とするように修正する増額）といった諸路線の建設計画が盛り込まれていた。(234) これらは第二六議会で成立した鉄道建議に留意しながら、限られた財源の範囲内で全国的なバランスを考慮して新線建設に取り組もうとする計画であった。さらに桂は、広軌化計画に消極的な政友会を説得する材料として、今後の益金増収を全て地方鉄道の建設や改良に充てる方式や地方の軽便鉄道の補助額を上乗せする案などを原や野田に提示して、地方の鉄道要求に応じようとする姿勢も見せていた[235]。

政友会による拒否権行使的交渉

以上の通り、既設の東海道線と山陽線の改良事業に対する必要性は政友会にも共有され、さらに政府は政友会の求める地方路線の建設費を拡大させることにも配慮していた。これらの方針に関しては政府と政友会の対立は不可避のものだったとは必ずしも言いがたい。それではなぜ桂内閣と政友会の間では金額の調整による合意が成立しなかったのか。それは改良費と建設費の量的なトレードオフ関係を直接の原因とするというよりも、むしろ狭軌線の普及を進める最中に新技術の広軌線を一部分でも導入することにより鉄道敷設計画の全国規模での質的な再編成が生じかねないことを政友会議員が危惧したからであった。

この四四年度予算案で提示された広軌化予定の路線は新橋・下関間だけであったが、当然ながら広軌化の対象には全国各地の主要幹線が網羅されるべきであり、この広軌化計画は中長期的な鉄道政策の大革新として位置づけられる政策であった。政府の説明でも、新橋・下関間の次は東京・青森間が最有力候補であり、その後は縦貫幹線をもう一本広軌化し、さらにはそれに関連した横断線の広軌化というように漸次改良の対象を広げていく計画とされていた。しかし同時に財政上の制約からまずは新橋・下関間に着手し、それ以後の計画を具体的に明示することはできないとして、政府は全国規模での広軌化構想の進行表を出さずにいた[236]。こうした広軌での敷設を標準として全国の鉄道計画が一度再編成されると、それ以後に狭軌線の建設や改良に投入される費用はいずれも広軌化前の旧式設備への投資という「不経済」なものへと性質が変化する。この論理に基づき、狭軌の最強度の改築費一億九〇〇〇万円を「不経済」に投入するぐらいならば、四〇〇〇万円を追加支出して一気に広軌化することにしたい、というのが桂等の打ち出した方針であった[237]。将来的に主要幹線を全て広軌化するという長期計画に対して政友会議員が真っ向から異議を唱えることは困難であり、またその第一段階として着手すべき路線が東海道線と山陽線であるのはごく正当な選定だった。そしてこの一本目の広軌化が決まれば、次に訪れるのは幹線周辺地域での広軌化要求の高揚であり、それは政友会が地方に普及するとしてきた狭軌線の魅力を弱めてしまい、さらには狭軌線の建設費自体が「不経済」な支出との性質を帯びるようになる。もちろん広軌化と狭軌線建設の間での予算上の競合関係も発生し、政友会が政権を奪取してもこの困難にすぐ直面することになる。広軌化計画を話し合う鉄道会議の席で、政友会の板東勘五郎が広軌化の導入は「鉄道政策を茲に一新するものである。」と評し、現段階では新橋・下関間のみが掲げられていることについて「全国を広軌にすると云ふ鉄道政策の根抵が非常に弱くなる、吾々が此広軌に賛成すれば全国の国民は非常に失望するであらうと思ひます。」と述べているように[238]、この広軌化計画の着手は政友会がこれまで提唱してきた地方の鉄道要求を根源的に再編成する効果をもたらすものであった。その変動に柔軟に適応できなかった場合に国民からの「失望」に直面することに対して政友会議員は大きな懸念を抱いていた。

政権獲得を目前に控えた原がこの鉄道広軌化問題の争点化を企て、桂に撤回や延期を何度も強く迫ったのは、上記の文脈を踏まえればより理解しやすくなる。原が桂を論難したと日記に誇らしく記した一二月四日の会見の場では、反対に持ち込むための強引な論法を用いている個所が見られる[239]。原は広軌化によって「地方は延引となりて遅々の弊を免がるる事能はざる事」を桂が認めたとして地方の建設費への財政的圧迫を批難する一方で、「広軌にすると云ふも新橋、馬関間に十三年を要するとは何事ぞ、金さへあれば六、七年もあらば竣成すべし、又斯くして竣成の必要あるべし」とも述べている。後者の発言は広軌化計画へ賛成した上で一年当たりの予算配分を倍増させてでも早く竣成すべきであると読みとれ、予算委員会でこの主張を代弁したのが野田であった。野田は期間を短縮することでその間に投じる狭軌への改良費の節約が可能になり、また一三年後より早い時機から発生する広軌化の利益を新線建設費に充当できると主張している[240]。しかしそれでも完成を急ぐことによって単年度の支出額は拡大し、それが地方の建設費に与える財政的負荷はますます大きくならざるを得ない。この点について原も野田も整合的な代替案を提示したわけでは必ずしもなかった。

これでは地方の建設費に与える影響を小さくするために一三年間の継続費を設定したという政府の方針とは平行線を辿る議論に陥っていく。[241]

したがって広軌化計画は政友会によって明確に否決されるのではなく、延期して調査会を設置するという折衷的な帰結となった。一二月一五日に開催された鉄道会議では、伊藤大八が広軌化計画は「百年の大計を茲に決するものであります」として特別委員会の設置を提案した。[242] 翌一六日に行われた特別委員会では最後の議決の段階で伊藤が賛否の決議を引き延ばして調査報告のみに留めるべきであると強く主張する。[243] こうして特別委員会としての態度を決定させずに調査報告のみが一七日の鉄道会議でなされた。[244] ここではかつて第一次西園寺内閣の逓信大臣を務めた堀田正養が「本員は広軌鉄道と云ふことに付いては熱心なる賛成者の一人である」と述べつつも、「今百年の長計を議する時分に向つては其辺を十分調査して着手しなければならぬ」、「もう少し調査時間を与へて下さることは出来ますまいか」とくり返し発言して決定の先送りを試みていた。[245] この採決の引き延ばしは二〇日に議会召集を控えていたことから失敗に終わる。しかし、その後の予算委員会での審議においても、政友会議員は総論では賛成だが十分な調査を経るまで決定を先送りすべきであるとの意見をくり返した。大岡は「広軌鉄道が必ずしも悪いとは申さぬ、広軌鉄道の性質上、狭軌鉄道に比べて、遥かに其輸送力の優等なることは論を俟たぬのであります。」と計画自体への全般的な賛意を表しつつも、広軌の導入によってこれまでの狭軌線の建設改良費が無駄となってしまうような「不経済」は避けるべきだとして計画の延期を主張した。[246] そして「広軌其のものには絶対的反対と謂ふ意志ではない」と述べる野田は、政府の提出した参考書の細部にわたる質問を展開し、事前の調査が不十分であると印象を浮かび上がらせることで計画実施の延期へと議論を導いていった。[247]

こうした政友会議員の態度は、後藤には理解しがたいものに映った。政友会の広軌化計画の先送り戦術に接した時機に書かれたと思われる覚書の中で、後藤は次のような批判を展開している。[248] 議員は広軌化計画には直接反対しないものの、財政上の疑念などを理由に時期尚早であると言う。しかし広軌化の導入がより経済的なのは明らかであり、「広軌改築説は演繹的の意見に非らすして帰納的の確信なり。」と後藤は力強く記している。またこの中で後藤は「鉄道に対する世人の希望は歓迎する処なるが甚だ矛循するもの少からず」として、以下のような態度を批難する。「広軌の幹線を設けず複線をも設けずして各地に鉄道網を普及して幹線の運輸を如何にせんとするか。或局部の線路は既に運輸渋滞を見る。之を以て単に当局者怠慢に帰し之を責むれは万事改善し得へしと信ずるものあり。」、「各地方線路の普設後に幹線に改善をなすの必要あることとすら注意せず、単に地方眼のみを以て見るものは、其首張する処矛循を免ざるや知るべきなり。」、「鉄道に対して島人根性を遺憾なく発揮して広軌不賛成を唱ふ。さりとて狭軌首張の材料もなく勇気もなく智識もなく、真反対とも看做し難きものあり。」これらの指摘はいずれも具体的な財源論に立ち入らずに「積極政策」を唱える政友会の行動を後藤の立場から的確に糾弾したものであろう。

このように鉄道広軌化問題は政府の予期に反して政友会が争点化を図り、さながら拒否権を発動するかの如く事実上の中止へと追い込まれた政策となった。桂や後藤にとっては財政的な工夫を凝らした技術革新策だったが予想外の政友会の激しい拒絶に直面することになったのである。

予算審議過程における鉄道広軌化問題

こうした拒否権行使的交渉を政友会が行えるのは、これまでの議会で予算交渉会の制度化が進んだことで政友会内の査定が事実上の予算審議の場となりつつあったからである。そこで以下では予算交渉の展開を軸に鉄道広軌化問題の帰結を検討する。

明治四三年一二月一四日の桂との会談で合意が成立すると、続いて原は合意の実現に向けて政友会の統制に取り組んでいく。そして前回と同じく松田と二人で院内総務に就くことを決め、肝心の広軌化問題については予算委員会での審議の行方を見ながら転回の方法を検討するとして桂との話し合いを終えた。(249) しかしこの党幹部の方針に対して元田肇を中心とする勢力から批判の声が上がり始める。一二月二一日の代議士会の前には五〇人近い議員が集まって常任委員を幹部の指名ではなく公選によって決めることなどの要求を突きつけ、原はこの要求を受け入れた[250]。また翌二二日の代議士会では全院委員長の選定方法について議論が起こり、幹部に一任する案や各団体から二名の委員を出して幹部と協議する案がいずれも否決され、公選の結果、幹部への反対勢力から支持を得た竹越与三郎が一四九票中七四票を獲得して選出される[251]。これらの動きに危機感を強めた原は伊藤大八幹事長を元田のもとに派遣して予算委員長の就任希望を断念するように説得を試みるものの、元田はこれを拒絶した。それを受けて深夜に原・松田・伊藤・大岡・長谷場の五人が集まって対策を協議する[252]。

この協議によって第二七議会で原が予算委員長を務める人事が固まった。院内総務が予算委員長を兼任するのは異例であり、原が予算委員長を務めるのは明治三五年の初当選直後の第一七議会以来のこととなる。この人事は西園寺の指名で行う準備が整えられ、翌二三日の幹部の協議の席で原の予算委員長兼任をすぐさま内定させた[253]。一二月一四日の桂との約束を履行するためには予算委員会の審議を統制することが重要であり、やや強引な手続きであっても原はその役割を直接担うことを選んだ。元田は第二六議会でも予算委員長就任を拒絶されており、一方で一二月二二日の深夜に集った五人はいずれも第二六議会において予算交渉会や鉄道交渉を現場で指揮した人物である。これらの党内抗争は、第二六議会での予算交渉会の枠組みを維持しようとする幹部層と、そこから排除された有力者の反発によって起きたものとして理解できるだろう。

こうして予算交渉の枠組みを整えながら、既述の通り原は鉄道広軌化問題の争点化を推し進めていった。政友会の臨時政務調査会で鉄道予算の審査にあたる第五分科長には野田が選ばれ、その野田は原と連絡を取りつつ桂に広軌化の撤回を何度も促していた[254]。原は野田に対して桂に決断を迫るように指示し、予算委員会が開かれる直前の明治四四年一月二〇日には桂はすでに撤回の決心を野田に示唆し始め、その撤回の契機として西園寺との面談の設置を求めるようになった[255]。原は松田と共に西園寺と桂の会合を準備し、予算委員会総会での質問を短期間で終わらせる方針で指揮することを決め、その終了予定日の翌日一月二六日に四人での会合の場を設けることにした[256]。

一月二三日から実質的な討議に入った予算委員会総会では、原委員長の指導のもとで迅速な審議が次々に進んでいった。原は通例となっていた冒頭の各省大臣の説明会を省略し、政友会と国民党が交互に質問する形式を採って発言の順番をコントロールし、本会議と日程が重複しても予算委員会を続行し、総会の終了予定日を何度もくり返して簡略な質疑を促し続けた(257)。これらは予算委員会で長時間の質疑を展開することで存在感を示そうとする国民党の行動を制約するものであり、例えば大石正巳や島田三郎からは多数派の横暴であるとの不満が発せられている。そして政友会を代表して質問に立った大岡育造・小川平吉・野田卯太郎はいずれも鉄道広軌化問題に関する細かな質問をくり広げ、広軌化問題が際立って重要な争点であるように議論を導いた(258)。こうして政友会から広軌化計画の撤回を迫られた桂は、井上馨に宛てた書簡の中で、「今日迄之処政友会員等之動作、実に難解極之体度を以て議論をなし、此の如き会員等之意見は他日彼等之責任上如何所理可致候哉。政党等之挙動とは乍申了解に苦之事不少候。若又彼等将来之方針果して如右ものとすれは国家之将来実に案せられ申候(259)。」と、政友会員の「動作」や「挙動」の中には後日に彼等自身が国政を担う際に生じるはずの責任から乖離したものが見られ、理解に苦しむことが多いとの批難の言葉を述べている。

そして一月二六日の西園寺・原・松田との会談において桂は広軌化計画を延期する方針を表明し、昨年末から企図してきた政友会との懇親会を開催することを決めた(260)。この会談結果を報告すべく、桂は翌二七日に井上と山県の両元老に書簡を送っている。井上には、広軌改築を否決することなく臨時調査委員会を設けて一年間調査することで合意し、その他の政府の予算案は政友会が賛成することとなったと伝え、「右〔一月二六日の会談〕にて衆議院之大勢は相定まり申候間御安心可被下候、否国家将来之為めにも漸次良好之道に進み行申候。」と、政友会との提携強化が国家の将来にとって「漸次良好之道」に進むことであるとの喜びの心境を語っている(261)。また山県に対しては昨年末から予め理解を求めておいた政友会との提携強化方針を進行させた経緯を詳しく報告し、西園寺たちとの会談については「兎に角温和なる彼等を仕用し、国勢之進運に任せしむるも亦時勢に適したる法弁〔方便〕と相考へ候。殊に一方猛悪志素《ママ》之発生し来候に於ては彼等温和なる分子を利用する時宜に相応する次第ならんかとも被存申候。」と述べて、「温和なる分子」と提携して「国勢之進運」を共に担わせることは「時勢に適したる」方法であると説明した。[262]

予算交渉の帰結

鉄道広軌化問題での合意が成立したことを受けて、後は順調に政府と政友会の予算審議の段取りが進められていった。一月二九日には桂と政友会の懇親会が行われ、有名な情意投合演説をここで桂は披露する。[263]そして一月三一日の予算委員会第六分科会（大岡主査）で桂と野田の議論が交わされ、広軌化計画に関する調査を実施するために延期する方針が明言された。[264]その後も各分科会での予算審査は平穏に進み、二月七日には政友会の予算委員と政務調査委員の連合会が開かれて予算査定案が確定する。[265]翌二月八日には原・松田と桂の間で予算交渉会が開かれた。衆議院が議決する前に、やはり政府と政友会の各代表の間では予算交渉会が開催されているのである。その妥結内容は午後に開かれた政友会の予算委員と政務調査委員の連合会と代議士会をそれぞれ円滑に通過した。[266]この案は九日の予算委員分科会、一〇日の予算委員会総会、そして一四日の本会議で無事に議決された。

政府と政友会の予算交渉会の制度化によって予算審査過程から事実上排除されていた国民党は、予算委員会や本会議でそれに抵抗を試みる動きを強めていた。予算委員会の議決日である二月一〇日には、国民党の武富時敏や高木益太郎が来たる本会議において政友会の方針との対立点を明らかにするとして具体的な討論を行うことを拒否した。また同じく国民党の早速整爾も減税案や国債整理基金の繰り入れ額を二〇〇〇万円減らす案などを示しながらも予算委員会で議論することは避けるとして、これらについて本会議で争う意向を表明した。こうした国民党の姿勢に対して政友会の斎藤珪次は衆議院の予算審議権を軽んじる行為であると批判している。[267]

二月一四日の本会議では政友会と国民党の間で激しい討論が交わされた。予算委員長として審査結果の報告演説を行った原は、「此修正を致して予算を決定するに当りまして予算総会に於ては一人の異議者もござりませぬ。多少の異議は或る場合に於ては称ふるであらうと云ふ予告のやうなことを云はれた人がありますけれども、現に此案に付ては一人も反対論を申されませぬから、是は併せて御報告致します。」と述べて、政友会の査定に基づいて審議を推し進めた予算委員会の正当性を強調した。[268]それに対抗して国民党議員からは予算審査のやり直しを求める発言がなされた。国民党の守屋此助が発言機会を求めた上で改めて鉄道広軌化の意義を問い直す質問を行い始めると、すかさず政友会の長晴登から緊急動議が出される。長の動議は、予算委員会のメンバーである守屋が今更予算総体に関する質問をするためには一定の賛同者を募った質問主意書を事前に提出する必要があり、それを欠いた質問演説は議院法の規定に反するとして発言停止を求めるものであった。これについて賛否双方の主張で議場が騒然とする中で採決が行われ、政友会の希望通りに守屋の質問は中止された。すると今度は順序に則る形で守屋が引き続き予算案に関する質問を行うも、壇上に立った桂は予算委員会で説明済みとして簡略な答弁に留め、特に広軌化についての質問に対しては全く答えなかった。また武富時敏は予算委員会総会での予告通りに予算委員長の報告に反対する立場を表明し、政府に予算案を返却して予算編成をやり直させるという動議を提出した。[269]予算委員会の審議の正当性を問うこの武富動議に対して、政友会の大岡育造や井上角五郎[270]からは強く反発する演説がなされ、両者はいずれも鉄道広軌化計画の削除を予算査定の正しさの論拠として強調した。さらに国民党の早速整爾から予算委員会総会でも示された修正案が出されたが、これも武富動議と共に政友会によって否決された。[271]

これらの本会議での激しい討論は、政府と政友会の予算交渉会の制度化が一層洗練されたことを受けて、予算委員会での審議過程が形式的なものに変質したことに伴うものだった。原を初めとする政友会からすれば、桂の方針に連動して多数党の査定が強い影響力を行使できる仕組みが整うことは、政党勢力の台頭を示す上での望ましい変化であった。この点に関する大岡の演説は象徴的であろう。「武富君にしろ、島田君にしろ、大石君にしろ、皆予算委員である。此予算を斯く改むべし、斯様にすべしと委員会に於て修正の議を提出せらるるが当然の道理であるにも拘はらず、何等是等の立憲的行動を執らずして、濫りに虚偽とか何とか云ふやうな大道演説的のことを言ふのは非立憲の甚しきものであると申さなければならぬと思ひます。[272]」こうした多数党による予算審議の統制は第二七議会において一層強化され、鉄道広軌化問題の争点化もこの現象と結びつけて理解すべきものであった。

三　政友会による鉄道要求の集約

軽便鉄道案の交渉

すでに論じた通り、桂は四四年度予算案の成立を確実なものとするため、予算審議の比較的早い段階で鉄道広軌化計画の延期を決めた。そして先の第二六議会において政友会は予算案を支持する代わりに、全国各地への鉄道建設を求める建議案を提出して具体的な鉄道計画の作成を政府に迫る動きを見せていた。これらは予算交渉会の制度化が一層進んだ帰結でもある。この戦術は第二七議会でも用いられ、政友会は予算交渉と鉄道要求を連関させる活動をさらに積極化していった。今回は予算案の通過前から鉄道要求が提示され始め、建議案の数も前回より増加し、さらに建議案のみならず鉄道敷設法改正案が政友会議員から次々に提出されるようになる。以下ではあまり知られていない情意投合演説後の鉄道要求の展開について見ていきたい。

まず一月三一日の予算委員第六分科会で桂が鉄道広軌化計画の延期を表明すると、引き続いて四四年度予算案に盛り込まれた軽便鉄道の補助費が争点となった。政府の新鉄道政策は、広軌化計画に連動して地方での軽便鉄道の敷設を促進させる方針を採っていた。したがって広軌化計画を延期するならば、それに併せて軽便鉄道計画も変更すべきではないかとの質問が政友会から寄せられた。しかし後藤は、広軌化計画の延期とは別問題であるとして、軽便鉄道補助費の支持を訴えていた[273]。

この問題に関しても二月二日に桂と原が会談して協議を行っている[274]。原は民間会社への補助金をめぐる悪評が立つことへの懸念を伝え、広軌化計画と共に撤回するように求めたが、桂は「後藤の案のみたたく様にて誠に内情困る」と言ってこの要求を拒んだ。この会談の前には後藤から桂に宛てて、原からの撤回要求を拒絶するように求める書簡が届けられている[275]。原との交渉で軽便鉄道補助法案が話し合われる予定であると聞いた後藤は、政友会の吉植庄一郎からの情報として以下のように桂に伝えている。「吉植昨夜大岡〔育造〕訪問之際、委員長としての意見は、鉄道院へ内交渉し線路其他工事上利益に付承諾不致候に付、補助法案否決可致意気込みなり。又原総務は桂総理に於て強硬の意見なれは兎も角、先否決したしとの意中なれは、首相より本日強硬に御首張被下候事必要なりと申居候由に御座候。」軽便鉄道補助法案を審議する委員会の委員長を務めていた大岡は、「線路其他工事上利益」に関する鉄道院との交渉が失敗に終わったことで法案を否決する意気込みであり、原もまた否決したい意中のようなので、法案を成立させるためには本日の交渉時に桂から強硬に主張する必要があると、ここで後藤は強く依頼していた。

こうして軽便鉄道計画は二月八日の予算交渉会で扱われる議題の一つとなった[276]。前日七日の政友会の政務調査委員と予算委員の連合会では官営の軽便鉄道建設費と民営軽便鉄道の補助費の査定方針について院内総務に一任することが決まっており[277]、原と松田は八日の予算交渉会でこの問題を桂と話し合った。そして約七〇〇万円の継続費となっていた軽便鉄道建設費のうち、四五年度以降に使用される分の中から着工時期や路線が具体化されていない約三八〇万円を削減することが決まり、また民営の軽便鉄道を対象とする軽便鉄道補助法案は今後の委員会審議で適宜修正が加えられる見込みとなった[278]。

鉄道敷設法改正案の審議

このように鉄道広軌化問題の交渉が一段落した後にも、今度は軽便鉄道補助法案に関して政府と政友会は交渉の場を持ち続けていた。そしてこれらの交渉が行われる最中に政友会は新たに鉄道敷設法の改正案を提示して、より直接的に鉄道要求を表出する動きを見せていった。

先に引用した二月二日付桂宛書簡の中で、後藤は次のように政友会から発せられる鉄道要求を表現している[279]。「大岡外に伊藤大八なと利己的関係よりゆすりきらされは反対と申態度らしく、政友会内部全体には軽便補助法にも反対無之様子に御座候。」すなわち政友会全体での意見は軽便鉄道補助法案に決して反対の様子ではないようだが、大岡育造や伊藤大八などは「利己的関係」から政府に圧力をかけており、その交渉が成功しなければ反対する態度のようであると、後藤は大岡や伊藤の姿勢を批判的に論じている。さらに後藤はこの追伸として、「彼等の交換問題も相当のものは聞届候も不苦、全然峻拒候にも及ひ不申と相考へとも、情意投合の誤用も宜しからす、彼の如く情意投合の実なく利己一偏に相成候も固よりよろしからす、此間よろしく御取捨奉願上候。」とも書いている。ここで言う「彼等」とは、大岡や伊藤、あるいは原を含んだ政友会幹部を指していると考えてよいだろう。すなわち後藤は、「彼等」が提示する「交換問題」も相当のものは受け入れることは可能であり全てを峻拒するわけでないが、彼等の「利己一偏」の姿勢は「情意投合の誤用」であって好ましくないと批難している。原・大岡・伊藤は第二六議会でも予算交渉と鉄道要求を連関させて桂に迫っていた人々であり、今回も予算案支持の「交換問題」として早くから様々な鉄道要求を突き付けていた。

この書簡が書かれた二日後の二月四日には大岡育造の提出した鉄道敷設法中改正法律案が本会議での議題となっている。[280]これは島根県の益田から萩などを経由して山口県の下関に達する海岸沿いの路線を新たに予定線に加えようとする改正案である。大岡は、昨年に自ら技術者を派遣して調査済みであり、これによって青森から下関まで日本海側を貫通する路線が完成することになると主張した。しかし後藤はこの路線の予定線化に消極的であり、[281]大岡の「利己的関係」に基づくものとして批難していた。

この改正案は軽便鉄道補助法案の修正協議と結びつけて扱われることで威力を発揮し、ついには政府の合意を得て衆議院を通過する。まず二月一六日に軽便鉄道補助法案の修正方法について桂と原・大岡が議会内で会見し、それを受けて桂は担当者の後藤に法案修正に向けて取り調べを命じた。[282]翌一七日には後藤が原のもとに説明に赴き、今度は原が修正案の取りまとめを大岡に指示する。[283]そして二月一八日に政友会の政務調査委員と軽便鉄道補助法案の委員会メンバーが連合会を開催し、大岡・伊藤・吉植の他、野田卯太郎等を加えた特別委員会が設置された。[284]その後は特別委員会と桂・後藤の間での修正協議が重ねられ、[285]二一日に原・松田・大岡・野田と桂・後藤が集まって修正案を合意し、[286]それに基づいて軽便鉄道補助法案は衆議院を修正通過した。[287]この修正過程において政府は大岡の出した鉄道敷設法の改正案に同意する方針に転換し、特別委員会が設置された一八日の連合会では、政府の提出する鉄道敷設法中法律改正案に組み合わせて大岡の改正案を通過させる決定が下されている[288]。大岡の改正案は二一日の政友会代議士会でも可決され[289]、二三日の委員会と二五日の本会議でほとんど実質的な審議が行われず速やかに成立に至っている[290]。

大岡の要求する新路線が予定線化される可能性が高まったのに併せて、二月二五日の本会議では他の政友会議員から提出された三本の鉄道敷設法中改正法律案も衆議院を通過している。一つ目は望月右内等の出した岩手県盛岡から秋田県大曲までの路線を予定線化するものであり、これも後藤の消極的な意見を覆しての通過であった[291]。二つ目は翠川鉄三等による長野県辰野から愛知県新川に達する路線の予定線化要求であり[292]、これが伊那地方を地盤とする伊藤の「利己的関係」に基づく要求なのは明らかである。三つ目は渡辺修たちが求めた香川県多度津から愛媛県松山に至る鉄道を延長して、愛媛県宇和島まで予定線を引き延ばす改正案である[293]。これらの三つは大岡の改正案と同じく新たな予定線化を推し進めようとしたものだった。

これらの改正案の提出者がいずれも前年末に政友会幹部への反対運動を主導した議員であった点は注目に値する。例えば、明治四三年一二月二二日の政友会代議士会において、望月は全員委員長の公選説を率先して提唱し、また渡辺も各団体の代表者と幹部で協議すべきとして幹部一任説とは異なる立場を表明していた[294]。そして翠川は常任委員の公選論を掲げる反対派集会の発頭人として原が警戒心を露にした人物であった[295]。したがって、これらの予定線化要求は、幹部の主導する大岡改正案の進展を受けて、党内の非主流派勢力が次々に提出したものであり、それを党内融和の観点から原たちが桂に追加要求として突き付けていったと考えられる。これらの他にも、この第二七議会では、村上先等の提出した大船渡・花巻間、吉田虎之助等の主張する大津より敦賀に至る路線、中村啓次郎等の和歌山から新宮に達する新線の三つの敷設法改正案が衆議院を通過している[296]。このうち、村上と中村も翠川と一緒に反対派の中心議員として原が日記に記している人々であり[297]、これも同様に党内融和の観点から盛り込まれた改正案だったと推察される。

こうして前議会までとは異なり合計七本の鉄道敷設法中改正法律案が衆議院を通過したが、これらは全て貴族院によって否決された。まず政府の提出案と大岡等の四つの改正案は三月一日に貴族院本会議の議題となり、政府委員の平井晴二郎が大岡改正案については反対しないという立場を表明した上で委員付託となった[298]。翌二日の委員会では「此益田より山口県の下関に至るの鉄道と云ふ方は、是だけ位はどうか御賛成成くださる訳には行きますまいか、どうか一つ諸君の御再考を願って置きます。」という後藤の発言もあって[299]、委員会は大岡・望月・渡辺の改正案を可決し、翠川の改正案のみを否決するという決定を下した[300]。ところが、この日の委員会審議には参加できなかった田健治郎を中心に、「政友会の御土産案なり」として本会議での改正案否決を模索する運動が起こり、四日の本会議では委員会決定を覆して四つとも否決される。この貴族院の動きに原は不満を抱き、松田と一緒に桂を訪問して「衆議院に対し悪感情を与ふるものなり」と批判した[301]。ここからも政友会提出の鉄道敷設法改正案は、桂と原・松田の間での予算交渉と連関させて提示された要求だったことがうかがえよう。

政友会による鉄道建議の独占

以上の通り、この第二七議会では鉄道敷設法を改正して予定線に追加させようとする新たな要求が政友会から出されていた。こうした鉄道要求の積極化は、これまでも数多く成立していた鉄道建設の建議案においても見て取れる。前回までと異なる点は、鉄道建議の主体を政友会が自分たちで独占しようとする動きを見せ始め、それ故に他党との軋轢が生じていたことである。この政党間での衝突は、主に東北地方と北海道を対象として発生した。この変化について、以下では五つの路線の事例を取り上げてみたい。これらはいずれもやや微細な争点だが、地方への鉄道建設の期待感を政友会が独占していく態様を明らかにするもので興味深い。

第一に、岩手と秋田をつなぐ横断線に関する事例である。第二六議会では東北議員団から四路線が併せて提示されたが、今回はまず盛岡・大曲間と追分・船川間の二路線についての建議案が先行して出された。委員会審議では長晴登が趣旨を説明し、すでに岩手と秋田の横断線として予定線となっている横手・黒沢尻間は南部に偏っている傾向があるとして、この盛岡・大曲間の方を速成すべきだと主張し、さらに盛岡・大曲間を予定線に盛り込もうとする鉄道敷設法改正案を提出して、既述の通りその同意を政府に迫っていった。この改正案も建議案も政友会によって可決されるが、本会議での採決の際には国民党の福田又一・卜部喜太郎・斎藤宇一郎によって反対する修正案が出されている。前回の第二六議会でも長たちは横手・黒沢尻間の予定線を大曲・黒沢尻間に変更する建議案を出して斎藤の激しい反発を招いたが、今回もまた横手よりも大曲を優遇させようとする政友会の意向によって対立が生じたのだった。[302]

第二に、秋田・山形・新潟を通る羽越線の事例である。この路線についても予算案の審議中である一月三一日に政友会の高橋光威を代表として「羽越沿岸鉄道敷設に関する建議案」が提出された。当初この建議案の提出者は、秋田・山形・新潟の選出議員一二名によって構成され、政友会五名、国民党五名、中央倶楽部二名という超党派の建議となっていた。[303]ところが二月四日にこの建議案は撤回され、同日に二種類の「羽越沿岸鉄道敷設に関する建議案」が再び提出される。一つは高橋光威を初めとする政友会議員一〇名によるものであり、もう一つは斎藤宇一郎など国民党一二名と中央倶楽部二名によるものである。[304]従来から地域単位で共同提出だった建議案が、会期途中からやや不自然に政党単位での提出に分裂したのだった。同じ内容の建議案は同一の委員会に付託されて、両案ともに満場一致で可決される。[305]その後、二月一六日の政友会代議士会でこの二案が討議され、高橋案がすでに可決された上は同じ内容の斎藤案は議論する必要がないとして否決する方針が決まり、[306]二月二一日の本会議で高橋案が成立した後に、斎藤案は「同一案なるに依り、最早決議を要せざる者と看做」す決定が下された。[307]

第三に、福島県内の新線建設要求をめぐる対立事例である。前記した二つの事例とは逆に、今度は国民党の平島松尾（福島県選出）が先に、栃木県今市から福島県会津を経て山形県米沢に至る鉄道と福島県の福島から相馬地方へ向かう鉄道の二路線の建設を求める建議案を提出した。すると政友会からそれを追跡する二種類の建議案が遅れて出される。この二種類の建議案の趣旨説明は同じく福島県選出の政友会議員である佐治幸平が行い、平島案の二路線をより具体化したものであると主張した。[308]そして二月一三日の政友会代議士会において佐治案と平島案の審査方法について話し合われ、伊藤大八からの説明がなされた上で平島案を否決する方針が決まる。[309]翌一四日の委員会では政友会の否決方針に対して、国民党や中央倶楽部から修正案が提示されており、無所属の星一（福島県選出）は「二つの案に付て両方の提出者が妥協して、一括の案とする方法はないものでせうか。同じ所から出て同じ所に終る鉄道ですから、別々に採択しないで合併してやったら良からうと思ひます。」と発言したが、政友会提出の二つの建議案が可決され、平島案は否決された。[310]本会議での採決の前に平島は反対意見を演説し、後から出された二つの建議案が先に可決され、その自然の結果として先に出していた自分の建議案が否決されるのは奇怪であると述べ、「此の如きことは甚だ大政党諸君のために遺憾とするのであります」と政友会の行動を厳しく批判している。[311]

第四に、同じく福島県の小名浜港に関する事例である。三つ目に取り上げた福島県の新線建設の争いが一段落すると、続いて政友会の長たちは「小名浜港改良に関する建議案」を提出した。政府は近くの平潟港の調査を行っているが、小名浜港の改良に向けた調査にも取り組むべきであると長は求めた。[312]これを平島は逆手に取って、二日後に「平小名浜間鉄道建設に関する建議案」を提出する。二月二五日の衆議院本会議で政府の提出した鉄道敷設法中改正法律案が可決されたことで、これまで政友会が求めてきた郡山・平間の建設着手がほぼ確定した状況を踏まえ、平島等はそれを平から小名浜へと延長させる要求を提示した。これは長が訴えた小名浜港の改良にとっても有益な内容であり、地元選出の議員ならば二つとも賛同すべき建議案となった。[313]ところが政友会はまず小名浜港の調査を政府に求める建議案のみを先に満場一致で委員会通過させた上で、平・小名浜間鉄道の建議案は否決させる戦術に出た。長は港湾調査の結果が出なければ小名浜港の価値は判明せず、それ以前に鉄道敷設を建議するのは時期尚早であると強弁して、国民党の建議案を委員会否決に導いていった。[314]三月一八日の本会議では、先に小名浜港の建議案が可決され、続いて平・小名浜間鉄道の建議案が否決される。[315]国民党の堀江覚治は採決前に少数意見を披露することで建議案のために「殉死」しなければならない状況になったと述べて、次のように政友会を批判した。「本員は茲に政友会諸君に対して大に襟度を披かれんことを望みます。諸君は諸君の大多数、大勢力、大信用を以ては、もう明日にも天下を取れるのです。其諸君がこんなつまらぬ鉄道問題に対して力瘤を入れられる必要はなからう（「つまらない置いたらどうだ」と呼ふ者あり）、況や又こんな鉄道や港湾のやうなものを虎の子のやうに御大事になさる必要はないと私は思ふ（「大にあるよ」と呼ふ者あり）。諸君は決してそんな狭量でないと云ふことを本案採決の結果、則ち今日唯今事実の上に表明されんことを切望致します。[316]」

第五に、北海道での鉄道建設に関する事例である。まず中央倶楽部の小橋栄太郎が「北海道拓殖経営基礎確立及北海道拓殖鉄道急設に関する建議案」等を提出し、政府の北海道経営策を不十分だと批判して一層の予算拡大を訴えた。すると政友会に所属する高橋直治たちが後から「北海道軽便鉄道敷設に関する建議案」を出して小橋の主張への対案を提示する。政友会議員は財政上の制約から収益性の乏しい北海道での普通鉄道の建設は難しいと考えて、当面は軽便鉄道での敷設に切り替えてその速成を図るべきだと主張した。これを受けて小橋はさらに「北海道鉄道敷設法中改正法律案」を出して、地元である長万部から輪西へと至る普通鉄道を予定線に追加する提案を行った。[317]最初の小橋建議案に基づく委員会では政友会は九名中四名しか占めていなかったが、高橋建議案を同一委員会に付託することで人員を追加して一七名中九名という過半数を創出し、それによって小橋案を否決へと導いていった。小橋が長万部・輪西間の提案を出した後には、長万部線にまつわる小橋のスキャンダルを取り上げて攻撃し、政府からも長万部線に消極的な答弁を引き出して、小橋案を全て否決した。[318]国民党ではなく中央倶楽部から、より積極的な鉄道要求が発せられた場合においても、政友会は鉄道要求の独占化の一環として強引に否決に持ち込む方針を貫いていたのだった。

以上の事例はこの間の政友会の積極政策の実態を解明する重要な素材となる。第二次桂内閣期に政友会は全国各地への鉄道建設要求を活性化させた。これは次期政権の最有力候補としての位置を背景にして展開され、具体的な財源論には踏み込まずに将来的な建設の期待感を集約することを目指して行われた。重要なのは、その際に衆議院の多数党である政友会のみが次年度以降の鉄道建設計画の決定に関与する権限を行使できる状況を作ることである。小さな地方鉄道の建議案をめぐって政友会が強引に争ったことは、これらの仕組みを確立するために有益な行動であった。こうした激しい政党間競合が原の強い影響下にある東北地方を中心にまず顕在化したことは決して偶然ではないと思われる。

第四章　大正政変期における予算政治

第一節　第二次西園寺公望内閣の自律的予算――第二八議会

一　政権交代に向けた新規予算要求の拡大

桂から政友会への権力移行過程

第三章で確認したように、第二次桂太郎内閣期において予算交渉会方式は制度化し、日露戦後の財政課題も概ね達成された。そして三年目にあたる明治四四年度予算編成過程では新規拡張要求が現れ始め、それらに受動的な対応を余儀なくされた桂は西園寺公望への政権交代を約束する。またこの過程に併せて政友会は次第に桂から自立する勢力を養っていき、多数党で予算審議を統制する一方で、鉄道要求に代表される積極政策を提唱して政府への圧力を強めていった。こうした在野時の経験を踏まえ、再び政権を獲得した政友会はいよいよ桂からの自立を確固たるものにしていく。

本章では、政友会を中心とした政党内閣が確立する過程における予算政治の展開を分析する。まず第一節では、第二次西園寺公望内閣の初年度予算（明治四五年度予算）の編成・審議過程を検討し、この予算成立がもたらしたインパクトを明らかにする。続く第二節では、二年目の予算編成過程で生じた二個師団増設問題やその後の第三次桂内閣の失敗など、大正政変期のよく知られている事実について、前年度までとの連続性を意識した再解釈を試みる。そして本書の結びとして、政友会を中核とする第一次山本権兵衛内閣の下での予算編成・予算審議過程を考察する。この内閣はジーメンス事件の勃発によって一年強という比較的短期間で崩壊に至るが、これを桂に代わり政友会が予算成立の権限を集約するようになる一連の変化の帰結として位置づけることを本書は目指したい。

次期西園寺内閣への期待感

桂が政友会との提携を公表した第二七議会が終わると、三年間近く続いた第二次桂内閣が近いうちに下野し、次は政友会を中心とする新政権が発足するのではないか、という予測がさらに広まった。かつて第一次桂内閣期においても、政友会の与党化が進んだ第二一議会が閉会した後に、桂と原敬が交渉を重ねて西園寺への政権移譲が行われたことがあった。今回もまた議会終了後の明治四四年四月から桂と原は数回にわたって交渉の機会を持ち、八月末の政権交代に向けて準備を整えていった(1)。

この政権移譲が進められていた五ヶ月間には、新政権の発足を念頭に置いて翌四五年度予算案での予算拡張を目指す動きが次々に出現する。すでに第三章で考察した通り、予算交渉会の制度化が進んだ第二六議会を経ると、海軍などからは新たな予算要求が提案され始めていた。そして第二七議会後には、政友会を中核とする新政権が次の議会に臨むことを想定して、予算編成段階での新規予算要求が一層拡大することになる。このように予算がスムーズに通過する可能性の高まることは編成段階での拡張要求を強める機能を果たしていた。

まず指摘すべきは、久しぶりの政権復帰を目前に控えた政友会の動向である。これまで一方では桂の提出する緊縮予算を協賛しながら、他方では鉄道要求などの積極政策を主張して支持者を獲得してきた政友会は、この政権交代前の期間においても党勢拡張を全国各地で図っていた。こうした活発な動向について政友会の党報は、以下のように表現している。「第二十七議会閉会後、去五月までの間に於て遊説員の出張したるもの既記の如く既に数府県の多きに及べり。而して爾後各地方に対し遊説員を派したること三十府県以上に及び、全国中遊説員の足跡の及ばざるは僅に十二三県に過ぎず。遊説員の盛んなること、本会創立以来未だ曾て例を見ざる所なり。即ち六月中旬には名古屋、京都、大阪、神戸、姫路等の各都会に於て大演説を開き、我党の名士挙つて出席するあり。次で長谷場純孝氏一行の高知県等に約半月の久き出張せるあり。松田正久氏一行の九州地方に向ひ各県を巡遊して一ヶ月の長きに亘れるあり。其他、元田〔肇〕、大岡〔育造〕、杉田〔定一〕、尾崎〔行雄〕の諸氏を始め、夫々各地方に出張せるもの六十余名の多きに達し、中には一人にして出張五六回の多きに達せる者も少からず。演説会を開けること実に五百個所の多きに達すべし。此夏季両三月の間に於て我政友会が遊説の為に如何に多大の力を費せるかを知るに足るべきなり。」(2)

この期間には政友会の地方大会が相次いで開催され、全国八団体の全てが集会を開いている。最初に行われたのは四月一二日の金沢での北信大会であり、そこでは「既定の主義方針に則り非立憲的行動を排除し憲法政治の実を挙る事」などの決議と、「北信八州に関係ある地方問題に就ては吾等協力一致して其遂行に努むる事」という申合事項が、それぞれ満場一致で可決された。ここは前年の四四年度予算案の編成時に具体的な鉄道要求を提示したにもかかわらず、後藤の作成した鉄道拡張計画では不採用となっていた地方であり、それ故に他地域に先駆けて次なる四五年度予算案での「地方問題」の遂行を強く訴えていた。この会合に出席した松田正久は、「此時勢の斯迄進歩した今日なるに拘らず、只今故らに非立憲的行動を排除すると云ふが如き文字を掲げたるのは、其必要を見ざる様であつて甚だ惜しむ処でありま す〔後略〕」と演説して、政友会への期待感が過度な強硬論へと転化しないように自制を促している。(3)

その他の地方大会でもこれまで唱えてきた積極政策の意義を再確認するような決議が次々に採択された。北信大会に続いて、従来は比較的穏やかな行動だった近畿大会や東海大会でも、積極政策を全般的にくり返す決議がなされている。(4) また第二七議会で活発な鉄道要求が見られた地域である中国四国連合大会では、「四国中国鉄道の速成、港湾の修築を期し、産業の発達を図る事」などの決議が採択され、出席した原もこれまでの政友会の方針や近年における政党の台頭を述べ、「将来益々我党の発展に努むべし」という趣旨の演説を行った。(5) そして政権交代間際の八月には原と松田の地元である東北大会と九州大会がそれぞれ開かれ、さらに全国で最後の開催となる関東大会も新政権発足直前の八月二七日に行われた。(6)

これらの政友会の活動を踏まえると、新政権での鉄道院総裁のポストは重要な意味を持った。第二次桂内閣期における政友会の鉄道要求は、具体的な財源論に深く立ち入らずに全国各地の期待感を一律に高揚させることで威力を発揮してきたものであり、翻って政権を獲得した後には鉄道敷設に着手する優先順位を具体的に定めていかなければならない。今度は逆に政友会の担当者の方が、地方の鉄道要求と国家財政の制約とのバランスを直視せざるをえないわけである。また第一次西園寺内閣の時のように、国家財政に大きな負担を課す鉄道政策を政友会が採用しないかどうか、桂は依然として警戒し続けており、おそらくその対策の一つとして後藤新平の鉄道院総裁留任を西園寺や原に求めていた[7]。後藤はこの頃の政友会の地方遊説について「全く従来の機動と一変致し来り候」と桂に伝えて、全国での党勢拡張の趨勢に警戒心を示していた[8]。しかし政友会にとっては鉄道政策の積極化こそが政権交代に寄せられた期待の最たるものであり、前政権の方針継続を意味する後藤留任案は決して受け入れられる人事ではなかった。原は当初これまで鉄道要求を先頭で率いてきた野田卯太郎を鉄道院総裁に抜擢する案を示し、最終的には西園寺の意向を受けて原自身が内相兼任で就任することを決め、桂の後藤留任案を退けたのだった[9]。

新規海軍拡張要求の再燃

また前年に引き続き海軍も、四五年度予算案での実現を目指した予算要求を展開していった。すでに第三章第三節一で触れたように、前年の四四年度予算編成の際に海軍は総額四億円を超える大拡張計画を閣議に提出していた。そして既定計画の未着手艦を再編成して戦艦二隻・装甲巡洋艦三隻の艦型を改良する費用の約八二〇〇万円（八年間継続費）が第二七議会で協賛されると共に、それ以外の拡張計画全体は四六年度から履行するという覚書が明治四三年七月一二日の閣議において秘密裏に締結されていた。ちなみに、この艦型改良費で認められた計画は、実施段階において戦艦一隻・装甲巡洋艦四隻に修正されている[10]。

そこで海軍側は前年の覚書の効力が失われないように、今年も再び拡張計画の実施を要求しておく必要があった。四四年五月一日には財部彪次官から斎藤実海相に宛てて、「海軍軍備緊急補充閣議案」が提出されている。これは国際情勢の変化に伴い、四六年度からの履行の内約を一年繰り上げて、四五年度からの実施へと変更することを求める内容だった。これを斎藤に提示した際に財部は、「陸軍の二個師団増加等の提議なきに先ち本議提出せらるる事最も時宜に適したるものなるべき事」と述べている。(11) このように前年の経緯を鑑みて、陸軍の二個師団増設要求に先んじて閣議に提出する重要性を海軍指導者は強く認識していた。

財部等の意見に同意した斎藤は、五月九日に「海軍軍備緊急充実ノ議」を桂に提出する。これは前年の閣議決定を踏まえ、一等戦艦七隻、一等巡洋艦二隻などを七年間で建造する費用として約三億五〇〇〇万円を要求する計画となっており、初年度に当たる四五年度には六〇〇万円の支出が予定されていた。(12) しかし桂はこの繰り上げ計画に反対し、その抑制を試みていたようである。こうして新たな海軍拡張要求に関する交渉は、当面は桂と斎藤の間での非公式なものに留められ、桂内閣下では閣議で議題にはならなかったようである。(13)

この海軍拡張計画については、新内閣への海軍大臣の留任人事と連動して、西園寺と斎藤の間で交渉されることになる。桂内閣の総辞職に伴って辞表を提出した斎藤は、西園寺からの留任要請時において、前年七月での捺印済み覚書と今年五月に桂に渡した「海軍軍備緊急充実ノ議」をそれぞれ見せて、これらの新内閣への引き継ぎを要求した。西園寺は原や松田と協議した上でこの拡張計画を閣議に提出することには同意し、斎藤から留任の合意を得た。(14) このように四五年度への繰り上げの是非は、今後展開される四五年度予算編成での課題として新内閣に引き継がれていった。

斎藤が留任時に拡張計画の引き継ぎを強く求めた背景には、海軍内でさらなる拡張を迫る意見が高まっていたことが関係している。斎藤が辞表を出したのと時を同じくして、藤井較一軍令部次長から財部次官に宛てて、四五年度から四八年度までの四年間で戦艦三隻を建造すべきとの意見書が提出されている。これを受けて財部は、五月の拡張計画に続く第二案として、戦艦三隻・特殊巡洋艦一隻を四五年度より建造する計画を立案し、留任交渉を進める斎藤にそれを手渡していた。ただし、斎藤は五月の意見書の採択を迫っている時に、新たに別種の拡張意見書を追加提出することには消極的だったようであり、この留任交渉時には五月段階の拡張計画のみの提示に留めていた[15]。この斎藤の方針に対する海軍内の不満が、これから四五年度予算編成において少なからぬ影響を及ぼすことになる。

対抗的な陸軍拡張要求の提示

こうした政友会と海軍の活動に加えて、第三の予算要求として陸軍の動向にも注目する必要がある。すでに述べた海軍拡張計画と同様に、前年の四四年度予算編成時から陸軍は対抗的な二個師団増設要求を示し始めていた。そしてこの四五年度予算編成においても、陸軍は桂に対して二個師団の増設を訴えており、桂はそれも抑制しようと試みていた[16]。この陸軍拡張要求の場合においても、新内閣での陸相人事と連動することで、従来とは異なる動きが現れ始めていた。すなわち今回の政権交代では、これまで九年以上にわたって陸軍大臣を務め続けていた寺内正毅が退く意向を表明していたことで、後任陸相に関する陸軍内外の運動が活発化し、その過程でいくつかの新しい予算要求が表出されていった。

まず四四年五月に桂から寺内に対して、近いうちに西園寺に政権を移譲する見込みであると伝えられる。日本に一時的に戻っていた寺内が朝鮮に戻る頃合いを見計らって桂は寺内と会談し、西園寺への政権交代に関する同意を求めた。この桂の方針に寺内も従い、併せてこの機会に陸軍大臣と朝鮮総督を共に辞職したい希望を表明する。そして寺内は桂との会談結果について山県有朋に書簡で報告し、重ねて自身の辞職の希望を述べた上で朝鮮への帰途に着いた[17]。この辞意に関する山県からの伝言を聞いた寺内は、朝鮮から別の書簡を発送して、「小子〔寺内〕身上に関し深御尊慮を奉煩候事恐縮に不堪、将来眷々服膺可仕候。出達前は失礼にも愚痴之言を呈し恐縮千万に奉存候[18]。」との謝意を述べている。これに対する山県の返信の中にも、「赤裸之御報道に付而は頗致満足候。曾而老生〔山県〕、総理〔桂〕より示説之概要は既に御内話に及置候処、全く主旨致符号候。此難問題に付而は頗る苦衷考慮罷在居、孰御帰東之上篤与御熟談可相試と存候[19]。」という一節がある。これらの「愚痴之言」や「難問題」などの言葉からは、次期首相候補として第二次桂内閣に留まっていた寺内ではなく、西園寺へ次の政権を譲ろうとする桂に対する両者の違和感を看取できよう。一方で桂は、寺内の陸相辞任は許可した上で朝鮮総督専任として留任させるべきであると原に対して述べている。[20]

こうして近日中の政権交代とそれに併せた寺内の辞意を確認した山県は、ここから新規陸軍拡張に向けた活動を精力的に行っていく。まず上記のやり取りから間もなく山県は寺内に書簡を発し、以前に内容を見せていた二通の意見書の「軍隊戦闘力増加之議」と「輸送機関整備必要」を同封して、今後は財政や経済の状況を考慮して具体的な金額の積算に取りかかる意志を伝えている。[21] その後も山県による新規拡張要求は続き、七月末には「我が国陸軍戦闘能力を増加するを要する議」などの意見書を桂や閣僚に提出した。[22] さらに今後一〇年間で六個師団の増設を図る計画を記した「我国常備陸軍の拡張と財政との関係を論ず」を寺内に宛てて送り、四五年度予算編成の時期が迫っているとして寺内に尽力を求めている。[23]

これらの山県の拡張要求に接した桂は、若槻礼次郎大蔵次官を山県のもとに派遣して、新規計画に着手する財政的余裕に乏しい状況を説明させた。[24] しかし、その若槻の訪問を受けた同じ日に、前掲の「我国常備陸軍の拡張と財政との関係を論ず」が山県から軽井沢の桂の手許へ発送されている。[25] また若槻との面会時において聞いた四五年度予算編成の概要を山県は書き記して、それを後日に寺内に宛てて郵送した。その書簡の中で山県は、「何に致せ不日政海之大変動を惹起可致に付、是等之議論を試候余地無之と存候へとも、増兵之意見に伴随致したる財政論之結果に付相認試候。為国家痛嘆之至に候。」と述べている。[26] この書簡は、山県が桂等の姿勢に対する不満を寺内に洩らしていたと考えるのが妥当であろう。こうした山県による新規拡張要求への対応が、新政権が取り組むべき潜在的課題の一つとなっていく。そしてこの時に寺内と山県の間では、新政権下の陸軍省軍務局長に田中義一を抜擢する人事が合意されていた。[27] これが翌々年度の予算編成時の騒動の重要な伏線となる。

また元老である山県の拡張論は、参謀本部内での新規拡張論の高まりと連動することになった。六月に山県から意見書を受けとった寺内は、岡市之助軍務局長に宛ててそれを転送する書簡を発している。[28] その中で寺内は、現在すでに二個師団増設計画を政府に要求している最中であることは山県や奥保鞏参謀総長も承知しているはずなのに、今回また別個の拡張意見を提出されその実行を促されても、それを政府に追加要求することは困難であるとの見通しを述べた上で、「就ては次官〔石本新六陸軍次官〕と相談の上、要すれは元帥〔山県〕其他部内要路の諸公にも此書面の意を述へ、参謀本部と打合せ、先つ第一に陸軍要路者の意見を纏め、責任ある国防計画按を立て、真に帝国の現況に鑑み、国防上止むを得さる軍備充実の議を策定する事に致度候間、右御含にて夫々御協議相成度」と、山県や陸軍省幹部、そして参謀本部との間で統一した軍備拡張案を策定する協議に取りかかるように命じている。

この寺内の書簡から見て取れる通り、参謀本部では翌四五年度予算案での実現を目指した新規拡張論が現れ始めていた。例えば、寺内の後任陸相に上原勇作を擁立する工作に励んでいた宇都宮太郎参謀本部第二部長は、六月一四日に福島安正参謀次長や大島健一参謀本部総務部長に軍備拡張を求める書簡を発し、その二日後には参謀本部内で開かれたと推察される「軍備拡張相談会に関する報告」を部下から受領している。(29) 政権交代目前の八月一六日の日記には「此日軍備問題（二十五師団にする為め六師団の増設を至急実施すべき議）に参謀総長の室にて部長会議を開き確定(30)」と記されており、山県の意見書と同じく六個師団の増設を求める方針が参謀本部で確定されたことがうかがえる。

もっとも上原擁立論者における陸軍拡張論はすぐに先鋭化する性質のものとは言いがたかった。海軍の事例にも現れているように、新政権への拡張計画の引き継ぎを迫るためには、前政権と新政権の提案者は連続していることが好ましい。長州閥と親しい関係にあった大島健一が宇都宮に述べた「軍備拡張の為めには新進者よりは寧ろ居坐りを有利と考ふ」という発言は一定の説得力を有する主張だった。したがって上原陸相案を実現させるべく政友会への接近策を試みた際に、宇都宮はむしろ財政上の困難を理由にして軍備拡張要求をある程度譲歩しうる柔軟な姿勢すら強調していた。(31)このように新内閣下の陸相ポストを獲得するまでは、上原擁立論者の陸軍拡張論は自制される傾向にあったと考えて大過ないだろう。この時の上原陸相案はかなり広範な支持を獲得しつつあったが、新政権発足直前の八月二四日の寺内・山県会談によって石本次官の昇任が合意され、上原擁立論者は当面推移を見守ることになった。(32)

このように三年間に及ぶ第二次桂内閣の下で抑制されてきた新規予算拡張要求が、新内閣の発足を予期して様々に発せられていた。政友会を主たる構成主体とする次期政権では帝国議会での予算審議は従来よりも円滑になることが予測され、それ故に予算編成過程での新規拡張要求が強まる傾向が見られた。これらの予算拡張要求を新内閣はいかに処理したのかを次に分析することにしたい。

二 政友会内閣による自律的予算編成

第二次西園寺公望内閣の成立

明治四四年八月三〇日に発足した第二次西園寺公望内閣は、本格的な政党内閣が将来的に成立しうる可能性を強く予感させる内閣となった。西園寺・原・松田という政友会最高幹部が第一次西園寺内閣と同じポストに挙って再任し、さらに長谷場純孝が新たに文相に入閣したことで政友会の大臣数は前回よりも一つ増えた。また第一次西園寺内閣に参加した牧野伸顕と林董をそれぞれ農商務大臣と逓信大臣として再入閣させて、陸海軍大臣以外の閣僚を准政友会系の人物で固める方針を取った。桂からの小村寿太郎の留任要請を退けて外相に選ばれた内田康哉は、後年の原内閣や高橋是清内閣などの政友会内閣でも外相を務めていくことになる。これらの組閣人事は、桂の影響力を排除すべく西園寺や原たちが意図的に推し進めたものであった(33)。

中でも特に重要だったのは大蔵大臣の人選である。首相兼任で三年間務めた前任者の桂は、若槻次官を初めとする大蔵省幹部への強固な影響力を培っていた。またかつて第一次西園寺内閣の蔵相人事についても桂は介入し、阪谷芳郎の昇進や更迭を主導した経緯があった。これと同じく今回の政権交代でも桂は第二次西園寺内閣の財政政策に影響力を残そうとする動きを見せており、例えば阪谷と共に第一次桂内閣の財政政策を担った松尾臣善日銀総裁を後任蔵相とする案を井上馨に提示していた(34)。したがって新内閣にとって桂から自立した新蔵相を樹立できるかどうかは政権交代の意義を問う重要な試金石となった。

ここで新蔵相に抜擢されたのは日本勧業銀行総裁の山本達雄であった。政権交代前の構想段階では、他にも原が蔵相に就任する案や、第一次西園寺内閣の末期に大蔵次官候補になったこともあった日本興業銀行総裁の添田寿一を擁立する案なども挙っていたが、最終的には桂と対抗的な人物として山本が初入閣を果たすことになった。(35)山本はかつて明治三六年に日本銀行総裁の地位を桂に追われた経歴の持ち主であり、(36)またこの四四年の第二七議会では日本勧業銀行法の改正案をめぐって桂と対立した経緯があった。(37)この山本もまた第一次山本権兵衛内閣、原内閣、高橋内閣という後年の政友会系内閣において農商務大臣を歴任していくことになる。

当然ながらこの山本蔵相人事について桂は好意を示さなかった。政権発足当日になって組閣人事の事後報告にやってきた原に対して、山本蔵相は実業界にも勢力がなく大蔵省でも重視されていない人物であるとして賛同しない感想を桂は洩らしている。(38)さらに新内閣の顔ぶれを山県に報告する書簡の中で桂は、山本蔵相について「之れは意外千万なり」と評した上で、「内閣組織丈けは出来候得共、如何之事に相成候哉、殊に大蔵の如きは覚束なきものと心配に御座候。」と、その力量について「覚束なきもの」との懸念を表明している。(39)山県もその返信で「如諭大蔵は意外之抜擢にて、将来之活動如何可有之哉、何卒円満に被行かしと存候。」と、桂の不満に同調する姿勢を見せていた。(40)

首相兼蔵相の激務を三年間もこなし続け、卓越した指導力を発揮してきた桂にとっては、これまで閣僚経験もなく、国家財政の運営にほとんど携わってこなかった山本の蔵相抜擢は、大きな疑問を抱かざるをえない軽量級の人選と映ったことだろう。そしておそらく原たちもまた財政運営を主導する即戦力として山本に期待したわけでは必ずしもなかった。むしろ、この第二次西園寺内閣の初年度予算編成で注目すべきことは、閣議での予算協議とは別の枠組みとして、西園寺・原・松田の三名がときに山本を交えたインナーキャビネットを事実上形成し、そこが予算編成の主体として大きな役割を果たした点にある。すでに三年間の第二次桂内閣期において予算交渉の最前線で従事してきた原と松田は、国家財政の厳しい状況と衆議院多数党の利害関係とを調整する経験を十分に蓄積してきた。それにより政権交代に伴って新規予算要求が拡大する傾向を示す中、このインナーキャビネットが中心となって桂から自律した予算編成を推進していったのである。

八月末に発足した新政権は、年末の議会開会に向けて時間的余裕の多くない状況で予算編成作業に着手した。まず九月八日の閣議で山本蔵相が困難な財政状況を報告し、九月末までに各省の概算要求を提出する段取りが決められた(41)。すると新事業費の抑制を求める山本の姿勢を懸念した原は、西園寺・原・松田と山本が集まって財政方針を話し合う場を設けるように取りまとめた(42)。消極主義を唱える山本について、原は「如此様子にては第二の渡辺国武たるに至らん(43)」との危惧を述べている。かつて第四次伊藤博文内閣が政友会閣僚と渡辺蔵相の対立によって、次年度予算編成に着手した直後に崩壊に至った記憶を原はここで想起し、その失敗をくり返さないためにもインナーキャビネットによる政策統合の必要性を主張したのだった。こうして一〇月三日の閣議の後に四名での昼食会が催され、今後の予算協議の端緒が開かれた。また二日後の五日には、西園寺・原・山本の他、井上馨と高橋是清日銀総裁も加わった夕食会が行われている(44)。

このように閣議での論議が本格化する前にインナーキャビネットでの予算協議の枠組みが緩やかに整えられていく状況を、在野にいる桂は見守るしかなかった。九月中に山県に宛てて書かれた二通の書簡は、こうした桂の不安な心境を伝えてくれる。まず桂は九月一六日付書簡において、「交代草々旅行も不面白、且つは成立後之情況如何も都下に在りて側視仕候も亦将来之為め要用之義と相考へ今日迄終止在京〔後略〕」と、しばらく東京に留まっていた理由を政権交代後の情況を監視するためであると説明した。そして新内閣の施政について以下のように表現している。「政海其後之実況は時々御聞取被成候半、未た何たる方針も公然発表不致、否発表可致程之準備も有之候哉無覚束、又必要も有之間敷、余り珍敷事は為君国無之方希望之至に御座候。殊に財政上に於ては所謂積極とか消極とかは文字上之問題にて、実力之如何は其眼前に迫り居候。帝国現下之必要条件之外に出つるの方法は誰れ局に当り候ても妙案無之は自然之結果に有之申候。而るに機を好む者等は頻りに口に筆に吹へ立候故、当局者も噂〔無〕かし困難之場合に罷在候半と気之毒千万に御座候。」すなわち桂は、新内閣が施政方針を発表するに至っていない状況を指摘し、そして現在の国家財政の余裕の乏しさを考えれば誰が当局者になっても妙案はほとんどないはずであると分析する。しかしながら政権復帰を果たしたことで「積極」政策を求める声が政友会内で高まっており、それ故に当局者は「困難之場合」にあるのだろうと推測している。この部分に続けて桂は、先日に西園寺や原などと面会した様子について、「未だ砂上建築に取掛り候模様にて成案とても話得さる有様に有之申候。兎に角財政方面将来之施設如何は政局之将来如何之定まる処に有之可申候。要する処、中央政海に於ては何等目覚敷事は無之、地方撰挙区之拡張、党勢拡張之二件位が山々之事ならんかと被察申候。」と山県に伝える。桂は新内閣の姿勢を「砂上建築」に取り掛かっている模様だと喩えた上で、地方での党勢拡張を背景にした今後の予算編成の行方によって「政局之将来如何」が決まるとの見通しを述べている(45)。

また葉山に移ってから発送した九月二二日付山県宛書簡においても、西園寺内閣への不安を同じようにくり返した。「都門の近況も何等著しきものも不相顕、考案又考案に日を送り居候ならんかと被察申候。是又大変動之後にも無之候間、人目を驚かす底の仕事は無論出来不申候。可成出来さる方に千万禱る処に有之候(46)。」このように西園寺内閣の予算編成の進め方を危惧しつつも、当面は事態の推移を観察するしかない立場に桂は置かれていた。

明治四五年度予算編成過程

政権発足からしばらくの間、西園寺内閣が財政方針を明示せずに先に予算協議の枠組みを整えていた背景には、前内閣から引き継いだ海軍拡張計画を巧みに処理しなければ政権崩壊に至る危険性もあったことが影響していた。政権から離れた桂はこの海軍拡張計画に反対する意思を原に伝えており(47)、インナーキャビネットの初会合が開かれた席でも海軍拡張案が閣議での突出した議題とならないように抑制する方針が確認されている(48)。八月末の留任交渉時には拡張計画の閣議提出までは合意が成立していたが、その後に西園寺は斎藤海相との個別交渉をくり返して閣議提出を引き延ばさせていた(49)。四五年度からの繰り上げ実施を迫る斎藤は、財部次官に命じて大蔵省への働きかけを強め、一〇月一八日には閣議案を大蔵省に内覧させた上で西園寺との交渉に臨んだ(50)。翌一九日に西園寺は原と協議して、一〇月三日のインナーキャビネットでの会合に基づき、山本蔵相から斎藤に財政状況を説明させるように決めた(51)。そして二一日に山本が斎藤のもとを訪れて、四五年度での新事業の着手は全て見合わせたい意向を説いている(52)。しかし斎藤は満足せず、二三日に再び西園寺と会見して臨時閣議の開催を強く求めた[53]。このように閣議での争点となる以前から、西園寺を結節点としてインナーキャビネットと海軍大臣との間での編成作業が事実上進行していった。

もともと五月に作成され、九月に西園寺に引き渡された海軍拡張計画の「海軍軍備緊急充実ノ議」は、一〇月三一日の閣議でようやく扱われた。しかし同時に山本から歳入減少に伴う緊縮予算を主張する財政書類もあわせて閣議に提出された。この日は新規事業に対する節減を説く大蔵省の提案について原が異議を唱えたために、両議題の審議は二日後の次回の閣議に先送りされた[54]。この翌一一月一日に、西園寺・原・松田の会合が開かれ、次の閣議で海軍拡張について合意に至らなければ、原が出張から戻る一一月下旬まで決定を延期することが話し合われている[55]。一一月二日の午後一時から一〇時まで開かれた閣議は、前日の打合せ通りに確定的な決定を行うことなく終わり、原が出張している期間は決定が引き延ばされることになった。この席で斎藤は三億五〇〇〇万円の全計画の着手は不可能かもしれないが、緊急実施が必要な約九〇〇〇万円分をまず求める修正案を提出して、四五年度分の一五〇万円を海軍の経費節減によって支弁する意見を述べた。原は一般会計の経費節減には賛同するものの、鉄道などの生産的事業については新規事業を実施し、さらに減税も行う希望を述べ、そのために翌年度から行政改革に取り組むことで財源を捻出するアイディアを提示した。この海軍拡張計画の討議に連動して陸軍からも二個師団増設要求が示されていたようであるが、おそらく斎藤や原の主張に押されて石本陸相は拡張論を大して強くは主張できなかった模様である[56]。

こうして原の二週間ほどの出張期間中、閣議での予算編成作業は事実上凍結された。この間にも海軍拡張計画の四五年度からの繰り上げ着手について西園寺と斎藤の交渉はなされたが、二日の閣議での主張がくり返されるに留まった[57]。この予算編成作業の長期化は、既述のインナーキャビネットで話し合った方針に基づくものだったと思われる。まず閣議で各々が組織利益をそれぞれ主張し、次にしばらく決定を先送りして予算編成の期限を近づけ、各人が妥協の必要性を意識し始めた段階を見計らって、一挙に閣議レベルでの合意を形成する。おそらくこれが原たちの描いていた予算編成の手順だったと推察される。もっともこの方針は外部には分りにくく、桂も寺内に宛てて、「内政は未た予算の径常部も確定不致有様に有之申候。余程困難を究め居候趣に候。」と、予算編成の遅れを憂慮する書簡を送っている。[58]

原が出張から帰った翌日の一一月二〇日に、西園寺・原・松田が集まって重要な覚書が作成された。[59]一〇月三一日と一一月二日の閣議での議論を踏まえ、予算編成の方針を事実上決定することになる政策がこの場の会議で取りまとめられている。まず翌四五年度において大規模な行政整理を実施して余剰財源を捻出する。それにより浮いた金額は、減税と生産的事業、そして海軍拡張計画を含む国防の充実に用いる。その他、事業費の削減を求める大蔵省の緊縮要求には同意する一方で、逓信省の第三期電話拡張と内務省の港湾改修補助費は預金部資金を流用して四五年度から実施する。また鉄道事業は公債募集によって行うことを内定する。以上の政策にはこの後の閣議での協議によっていくらかの修正が施されるものの、ここで示された予算編成方針は第二次西園寺内閣や、その後の第一次山本権兵衛内閣までの財政政策を大枠で規定する基本原則として機能していった。

この政策の最大の特徴は、複数年度での予算編成を提唱した点に見出せる。行政整理によって捻出できる具体的な金額は翌年度になってみなければ判明せず、減税も生産的事業も軍備拡張も全て実施の見込みに過ぎない。これは政策課題を一括して先送りすることを意味する。しかし同時に、政権交代に伴って噴出し始めた新規予算要求をひとまず凍結し、かつ翌年度以降での予算拡大の期待感をつなぎ止められる方法でもある。すでに前回の四一年五月の衆議院選挙から三年以上が経過し、遅くとも翌四五年五月には総選挙が行われる日程となっていた。次の選挙が近くなってきた状況で、国家財政の制約を受け止めつつ積極政策への期待感を維持する点において、これらの政策はかなりの工夫を凝らしたものだったと評価できないだろうか。そして次の選挙で次の勝利を獲得すれば、その民意を背景にして果敢に行政改革に取り組むことができ、それは政友会内閣の基盤を一層強固なものにするはずである。

この二〇日の覚書が翌二一日の閣議で西園寺から閣僚に提示された。この日は併せて大蔵省の査定に対する各省の復活要求も出されており、斎藤の発議によって海軍拡張案の審議は次回に延ばされた。[60]次の閣議は二四日に開かれ、まず前回からの復活折衝を取りまとめ、続いて第三期電話拡張と港湾修築補助費、それに海軍拡張を全て四六年度からの実施に延期することが決まった。港湾修築補助費の延期について原は強い不満を抱き、また海軍拡張費を四五年度予算案に計上しない措置（ただし四五年度から秘密契約の着手は可能であると秘密裏に合意された）は財部らの深い憤りを引き起こした。なお陸軍の二個師団増設も四六年度での決定に先送りされている。これらの修正は、二〇日の覚書の方針を基軸とし、そこから財政規律を若干強めようとする西園寺首相の意志が反映されたものと見てよいだろう。(61)

このように覚書作成から短期間で閣議はほぼ合意に達しており、後は一一月二八日の閣議で陸軍と海軍の各拡張計画について修正が加えられて、懸案の四五年度予算編成は終局に近づいた。二八日の閣議では、二四日の合意をより具体化するために海軍が決議案を出し、戦艦三隻分の九〇〇〇万円を四六年度から着手する旨を明記した書類に各大臣が署名した。(62)また陸軍からも二個師団増設について四五年度において実施の見込みに修正する要求が出され、これも閣議決定された。この日の閣議に欠席した原は、一二月一日の閣議の席で、陸軍拡張の内約は閣内での秘密裏なものに留めて公言しないことを条件に追認する。(63)よく知られている通り、ここでの陸軍拡張の内約をもとに翌年度予算編成時には二個師団増設問題が勃発し、それにより第二次西園寺内閣は倒壊する運命をたどる。しかし海軍や陸軍から新政権での新規拡張を求める声が高まっている状況で、寺内前陸相と比べて陸軍内での基盤の弱い石本新陸相を介しながらも四五年度での着手を一先ず引き延ばせたことは、政友会内閣による自律的予算編成の成果として位置づけることも可能ではないだろうか。少なくとも第一次西園寺内閣時の四〇年度予算編成に比べて、陸海軍の拡張要求について桂の介入を排して独自に処理する能力を政友会内閣が養っていたことは一定の評価に値する現象だと考えられる。

この四五年度予算案について、桂は山県に宛てた書簡の中で、次のように不満を表明している。「内政に付ては予算決定之報世上に公布致申候通に而、縮少は名のみにて昨年之予算に二百五十万円を増加して経常費丈け決定仕、海軍の如きは行政整理を抵当に明年度より着手之由、之れは随分驚入りたる事に而、所謂予算之引当なくして明後年已後之費用を承諾仕候と同一之筆法に有之申候。議論之出つるは難免事ならんと被存申候。(64)」ここでの桂の批判は、当初の緊縮財政方針がかけ声だけに終わってしまった点に向けられている。特に四五年度での行政整理によって捻出される財源を予め見込んで、それを四五年度以降の海軍拡張の財源に充てることを厳しく批難している。確かに政友会内閣の採った複数年度での予算編成は、桂のこれまで行ってきた方法とは異なる性質のものだった。衆議院に基盤を持たない桂内閣は、毎年度の予算案についてその都度、衆議院多数党との予算交渉に臨まなければならない。必然的に予算編成は単年度での収支バランスに関心が集まる傾向にある。対する西園寺内閣では議会に提出する予算案の成立可能性がより高く、それ故に二、三年先の予算案まで視野に入れて複数年度での予算編成に取り組むことが容易となる。桂の視点からは課題の先送りに見える四五年度予算案でも、一度成立すれば以後の複数年度にわたって内閣の予算編成を拘束する効力を有しており、それが政友会内閣の凝集性を高める機能を果たすことになる。ここに政党を基盤とする内閣が初めて自律的予算編成をなし得た意義を見出せよう。

鉄道予算の編成過程

こうした桂の不満とは対照的に、原は一一月二四日の日記に以下のような分析を記している。「此予算は殆んど前年通にて又前年同様逓信省の歳入を遣繰して他の復活案にも大蔵省は応じたる次第なるに、之を緊縮方針なりとか消極方針なりとか吹聴し、政友会多年の主張なる積極方針を捨て国民党の消極案に降服したるが如きことを大蔵省筋より世間に流布し、西園寺も恬然として一時の纏りを喜び居るは国家の前途に対し甚だ寒心すべき次第なり。(65)」確かに編成された四五年度予算案は、桂内閣による前年度までの財政方針を大枠で継続するものであった。これまで主唱してきた「積極方針」を具現する目新しい新規予算はほとんど見られず、予算編成は失敗に終わったという野党からの批判に政友会は敏感にならざるを得なかった。例えば、一一月二九日に野田卯太郎が西園寺や松田を訪問し、四五年度予算案が「緊縮主義」に流れており不同意であるとの陳情を行っているのは、内閣に対する党側の不満を象徴的に示している。(66)半年後に選挙を控えた政友会にとって、限られた財政資源を有効に活用してこれまで提唱してきた積極政策をたとえ部分的であっても実現させることは、政権交代の意義を訴えるための喫緊の課題であった。

予算案の編成方針がまとまった一一月末から第二八議会が開会する一二月末までの一ヶ月間に、原が自らの職を賭して新規鉄道拡張を強硬に主張したのは、上記の観点に基づけば当然の行動であった。予算編成が概ね合意に達した一一月二四日の閣議の席で、原は山本蔵相から新規鉄道拡張の財源について原則的な同意を得ている。[67]ところが、ここでの合意内容の解釈をめぐって大蔵省と鉄道院は激しい対立を引き起こし、ついには原が辞表を提出する騒動へと発展していく。

まず原は先の第二七議会で争点となった鉄道広軌化計画の延期を推し進めた。第二七議会後に設けられた鉄道広軌改築準備委員会は政権交代直前の八月に報告書を提出してその活動を終え、広軌化計画の実施時期については新政権の決定を待つ段階にあった。そして一一月二四日の閣議を経て、原は広軌化計画を四五年度予算案に盛り込まない方針で西園寺の同意を獲得した。[68]続いて原は広軌化延期の方向で鉄道院の意見をまとめた上で、西園寺・山本との会合に臨み、「広軌改築は東京より京都、大阪と云ふが如き距離まで改築したる後に中止ともならば之を使用することを得べきも、短距離の処にて中止ともならば其不経済甚だし、又新橋、馬関間を広軌とせば漸次全国に及ぼす必要ある理由」を論じて、財政負担を理由として実施を延期するように主張した。[69]鉄道広軌化計画は「若し財源の供給安全なりとせば必ずしも之を断念すべき事業にもあらず[70]」とも原は日記に記しているが、断片的な広軌化ではかえって「不経済」であるという論理を再び展開して、広軌化計画の延期を明言する閣議決定に導いていった。[71]

第二七議会での政友会の主張に基づけば、この鉄道広軌化計画の延期は、新線建設費の拡張と対になる政策でなければならない。しかし四五年度予算案は新規事業を抑制する方針を採っており、すでに内務省所管の港湾修築補助費も一一月二四日の閣議において四六年度へ先送りされていた。そこで一二月一二日の閣議後における西園寺・原・松田の会合で、原は港湾修築補助費の先送りを促した西園寺の措置を厳しく詰問した上で、「今後に於て余〔原〕は余の主管たる内務省及び鉄道院を守りて一切他に関係せざるべし、而して其内務及び鉄道は予算の許す限り積極方針を取り、水道下水の補助も悉く其請願を容れたり、鉄道も財源の許す限り普及の方針を取れり〔後略〕」と宣言して、鉄道予算の拡張を求める強硬な姿勢を表明した[72]。

ところが議会開会までの残り日数が僅かとなった一二月二二日になって、一一月二四日の閣議における鉄道財源の合意内容をめぐり、鉄道院と大蔵省の解釈の違いが露呈する[73]。鉄道院側は四五年度以降の全ての年度に関して、新たに鉄道証券の発行などで四〇〇〇万円の費用を捻出することを大蔵省が約束したと理解して、新規建設計画を立案していた。ところが、大蔵省側は四〇〇〇万円の捻出は四五年度限りであるとの立場を取り、四六年度以降にわたる継続費の追加には不同意であると伝えた。これに原は激しく憤り、西園寺が大蔵省の主張に理解を示したのを受けて、辞表を提出して鉄道予算の協議を拒否する強硬手段を取った[74]。

鉄道予算をめぐる所管大臣と大蔵大臣の対立は、これまでの政友会による内閣で度々くり返されてきた鬼門のようなものである。第四次伊藤内閣は政友会閣僚と渡辺国武蔵相の対立によって短命で崩壊し、第一次西園寺内閣は山県伊三郎逓信大臣と阪谷芳郎蔵相の調整不足に端を発して全閣僚が辞表を提出する事態に陥った。これらの事例と比較すると、今回の場合は、最終的には閣内の合意にたどり着き、閣外の元老による介入を防いだ点が印象的である。第二次西園寺内閣が政権崩壊を避けられた要因には、ここでもまた西園寺・原・松田によるインナーキャビネットの存在を指摘すべきであろう。原の辞表提出を受けてから、西園寺や山本との間で松田が調停に乗り出し、その尽力が短期間での合意形成に大きく寄与したのだった[75]。

合意が成立した鉄道予算は、四〇〇〇万円の捻出は四五年度のみに留める点で大蔵省の意向に基本的には従ったものである。しかし当初の鉄道院の立案では四六年度以降にも四〇〇〇万円の公債募集を予測しており、それが削除されたことで公債発行の利払い用に計上していた金額が不要となり、それを新線建設費に上乗せして追加継続費総額を増やす修正を加えていた。しかしこれは確定的な財源を明記せずに新線建設費を増加させる措置に過ぎず、実際には四七年度以後での公債募集を不可欠とするものだった。四五年度予算案における複数年度での予算編成という方針はここでも貫かれていたと位置づけられよう。この鉄道予算の合意成立後に西園寺・原・松田が会合した際には、「四十六年度予算編成に際して政治的予算を編成したし」という方針が確認されている。[76] このように四五年度予算編成が終わった直後から、すでに翌々年度（四六年度）が話題に上っていることは、政友会内閣による複数年度での予算編成方針をよく表している。

鉄道益金の増収などと組み合わせて捻出された新規鉄道予算は約五六〇〇万円であり、その内の約五二〇〇万円が新規建設費に充てられた。[77] そして第二七議会で争点となった益田・萩間を新たに予定線に加え、さらに第一期線として一三年間の新規継続費を設定した。前の第二七議会で貴族院が否決したこの鉄道敷設法改正案を再び政府案として提出することは、政権交代の意義を占う重要性を帯びた政策となった。かつて桂もこの路線の予定線化を主唱した大岡育造を批判しており、[78] 原もまた貴族院からの反対を予測した上であえてこれを新規計画に盛り込んでいた。[79] 他には羽越線の一部である新発田・村上間、山陰地方の浜田・山口間、四国地方の多度津・川之江間がそれぞれ設定され、また第二次桂内閣期には見過ごされてきた北陸地方の新線として敦賀・舞鶴間が含まれた。[80] 益田・萩間の追加は、これらの新線計画と組み合わせて、政友会が長年提唱してきた日本海側の縦貫線を完成させるものとして位置づけられていた。

この第二次西園寺内閣の鉄道政策は、第二次桂内閣の鉄道政策と比べて、著しく積極化したものとは言いがたい。確かに新規建設費により重点的に配分されているが、金額で言えば前内閣での建設費からの逓増といった規模に留まっている。だが、益田・萩間の予定線化と第一期線編入を打ち出したことの意義は決して小さくなかった。鉄道敷設法の予定線に含まれていない路線を一挙に第一期線に盛り込むことは、これまで高めてきた全国各地の鉄道要求を持続する上で大きな威力を発揮するからである。前の第二七議会で否決された鉄道敷設法改正案を再び提出する方針は、この問題に対する政友会の強い意志を内外に表明することになった。

三　予算審議と鉄道政策

第二八議会における衆議院予算審議

上記の予算編成過程を踏まえ、続いて四四年末から開かれた第二八議会において、四五年度予算案と新規鉄道拡張案がいかに審議されたのかを続いて分析していきたい。すでに前回の衆議院選挙から三年半が経過しており、この第二八議会の閉会から間もなく次の選挙が行われる予定であった。したがって各政党は選挙戦を意識して対立をアピールしようとする傾向にあった。もっとも過半数を占める政友会内閣が臨む議会であり、衆議院での予算や法律の実質的な審議は前回以上に円滑に進んでいった。そして政友会内閣にとっては貴族院の審査が衆議院での審議に劣らずに重要だった。

衆議院での予算審議は政友会主導で順調に進行した。前議会では原が兼任した予算委員長には、原の支持を受けて野田が選ばれた[81]。前回までの経験も活かして野田は迅速に予算審議を進めていき、政友会の団結を維持して原案通過へと導いた。予算委員会総会での質問は僅か四日間で終わり、すぐに各分科会での質疑に移行する。そして四五年二月五日と六日には政友会の政務調査会と予算委員の連合会が開かれて、野田が取りまとめた所得税改正に関する建議案の処置方法が定まった[82]。予算査定方針は翌七日の予算委員会分科会の理事と主査の打合せ会において原案通りと決定し、八日の政友会政務調査会と予算委員の連合会、九日の政友会代議士会で、野田の報告に従って原案支持で確定した[83]。このように前回までと同じく政友会の査定が事実上の予算審査となり、一〇日の各分科会、一二日の予算委員会総会、そして二月一三日の衆議院本会議において、四五年度予算案はいずれも政友会の賛成多数で原案通りに可決された。

こうした政友会主導の予算審議に対し、もちろん国民党や中央倶楽部も抵抗を試みようとした。先の第二七議会でも国民党は予算委員会での議論を避けて、最終段階である本会議において予算審査のやり直しを求める動議を出して争っていた。そこで今回は予算案から一律に削減する「天引き修正」を主張して、政友会との対決姿勢を示そうとした。国民党は二月五日に党幹部や所属予算委員が集合し、一般会計から六〇〇〇万円、各特別会計から一〇〇〇万円を削減する方針を定めた。また中央倶楽部も政務調査部の調査と代議士会の議決を経て、歳出総額より五〇〇〇万円を削減する査定を行うことにした。どちらも具体的な項目に沿った削減ではなく、まずは削減総額を提示し、個別の削減費目は政府に再検討を促すという茫漠とした要求となっていた[84]。国民党は武富時敏が、中央倶楽部は加治寿衛吉と浅野陽吉が、一二日の予算委員会総会や一三日の本会議でそれぞれの「天引き修正」案を提出するも、即座に政友会によって否決されている[85]。政友会の小川平吉は、ただ漠然と削減総額だけを示して政府に予算案の再編成を求めるこれらの主張は、予算を議定するという憲法で規定された議会の権限や職責を蔑ろにするものであるとして厳しく批判した[86]。予算委員会審議の形骸化に伴うこれらの議論は、前回の第二七議会で繰り広げられた論争に類似していた。

第二八議会における鉄道政策の展開

このように四五年度予算案の衆議院通過は比較的容易に実現したのに対し、政友会が政権交代による積極政策の意義を強調することには一定の困難が伴った。実際に作成された新規鉄道拡張計画は、これまでの議会で政友会が高揚させてきた全国各地の鉄道要求のごく僅かな一部分しか満たしていない。国家財政に制約される桂内閣に対して積極的な鉄道要求を提示してきたように、今度は西園寺内閣が国民党や中央倶楽部から同じ批判を向けられる可能性も拭えなかった。実際に第二八議会に向けて国民党が公表した宣言書には次のような文章が掲げられている。「政友会総裁西園寺侯爵が其〔桂内閣の〕後を襲て内閣に立つや、従来の言責を実行する能はず、政治家の面目と徳義を抛棄し、其積極政策なるものは一時国民を煽動したる辞柄として葬り去りたるものの如し。何となれば明治四十五年度予算を編成するに当りては、世間の所謂緊縮方針を取り、一切新経費の要求を排除して、政友会が多年唱道せる鉄道港湾の改良の拡張等は遂に其計画を実行する能はざるに至りたればなり[87]。」また中央倶楽部の宣言書には、「開国進取の皇謨に則りて積極的方針に執り、建設政策を講するは吾人同志平昔の主張なり[88]。」と、積極政策を唱える表現が盛り込まれた。したがって政友会は、一方でこれらの他党の批判を退けて自らの積極政策の意義を強調し、他方で新規鉄道計画に対する貴族院の抵抗を跳ね返さなければならない状況にあった。

そこで政友会は予算審議と鉄道政策を連関させることで他党からの批判と貴族院の抵抗にそれぞれ巧みに対処していく。まず政友会代議士会で四五年度予算案の原案支持が確定した翌日の二月一〇日に、衆議院本会議で鉄道敷設法中改正法律案が審議入りする。そして政府提出の鉄道敷設法改正案は、予算案が予算委員会総会を通過した翌日の二月一三日に開かれた委員会ですぐさま可決された。政友会の委員は財政上の都合がつけば計画を繰り上げて建設期間を延長させるという答弁を政府委員から引き出した上で、僅か一時間強の短期審議のみで採決を行っている(89)。

これに対し野党の議員はより積極的な鉄道建設を求める修正案で揺さぶりをかけた。国民党の守屋此助は政友会が推し進める益田・萩間の必要性に疑問を呈してその削除を主張し、それによって生じる金額を東北地方の横手・黒沢尻間と花巻・大船渡間の二つに分配する案を提示した。この修正案は政友会の弱点を的確に突くものだった。今回の新規鉄道拡張計画には、これまで政友会議員から積極的な鉄道要求が出されていた東北地方での新線建設が含まれなかった。これはおそらく東北議員団に強い影響力を持つ原が鉄道院総裁だったことも関係したのではないだろうか。そしてこの間隙を突いて、東北地方での鉄道要求を今度は国民党が積極的に提示し始めたのである。横手・黒沢尻間は従来から政友会と国民党の争いが生じていた路線であり、また花巻・大船渡間は第二七議会で政友会議員団から鉄道敷設法改正案が出されていた路線であった。さらに同じく国民党の長場龍太郎（新潟県選出）は、今回提出された羽越線の着工区間が新発田・村上間に留まっている点をとらえて、それを新発田から秋田までに拡張させる修正案を出した。この羽越線も第二七議会で政友会の建議と国民党の建議が激しく対立した路線であり、それを踏まえて今度は国民党側がより積極的な建設案を提出したわけである(90)。

これらの議論で守勢に回った政友会は、すでに予算審議が進行済みであるという理由で、新規鉄道計画の審査を急いで進めていった。すなわち新規鉄道拡張計画に必要な初年度分の予算はすでに四五年度予算案の一部として原案通りに予算委員会で可決されており、それと連結しているこれらの法律案の審議は速やかに進めるべきであるとして短時間での審議終了に導いていった。[91] そこで国民党はこの争点を本会議の場でも再燃させて政友会の政策を批判しようとする。守屋は二月一五日の衆議院本会議に再び修正案を提出して、益田・萩間を削除して、横手・黒沢尻間と花巻・大船渡間を優先すべきだと説いて、東北選出の政友会議員を挑発するような演説を展開した。続いて演壇に立った原は、「東北に対する御厚意は私も東北の一人として殊に感謝する」としながらも、「予算が通過した後に予算に伴って居るところの法律案の修正と云ふことは、已に時機を失して居るやうに見えるから〔中略〕強て之に対して弁明するも、余り有益ならざることと考へる〔後略〕」と述べて、速やかな守屋修正案の否決を促している。こうして四五年度予算案の通過から間もなく、鉄道敷設法中改正法律案も衆議院で可決された。[92]

また政友会は小規模しか着手できなかった新規拡張計画を補うべく、今回も鉄道建設を求める建議案を提出して、積極政策への期待感をつなぎ止めようとする。まず今回の拡張計画では全体の一部区間しか盛り込めなかった羽越線と四国の多度津・松山間について、残りの区間の近いうちの着工を求める建議案が出された。[93] この羽越線については先ほどの鉄道敷設法中改正法律案委員会でも争点となっており、この建議案に関しても政友会と国民党の対立が顕在化する。この建議案を扱う委員会で、国民党の斎藤宇一郎は修正案を出して、羽越線の全通を八年以内と明記するように提案した。これは時間的制約を付すことで政友会が履行する責任を強めると同時に、政友会よりも積極的な鉄道政策をアピールする効果を持つアイディアだった。これに中央倶楽部の委員も同調し、委員会での採決は政友会五名と国民党・中央倶楽部四名での僅差での決定となった。[94] さらに本会議での審議でも斎藤が少数意見として八年間の期限を付けるべきだと演説する。これに対して政友会を代表して演壇に上がった山際敬雄（新潟県選出）は、斎藤が予算案の審議では「天引き修正」を主張しておきながらここでは財政負担を要する積極的意見を展開することの矛盾をとがめる反論を行っている。[95] ちなみに、この対立は同時に審議された「陰陽連絡広江鉄道速成に関する建議案」[96] にも波及し、中央倶楽部の森田俊佐久（広島県選出）が同じく八年間の期限を設ける修正案を出したが、ここでも五名対四名の差で政友会の意向が通っている。[97]

なお羽越線の他にも第二七議会で争点となった路線に関する建議案が出された地域があった。その一つは福島県の小名浜港に関して軽便鉄道の建設を求める建議案と港湾改良に関する調査を求める建議案である(98)。ただし今回は第二八議会前に政友会に入党した星一が代表として趣旨説明を行い、国民党の平島松尾や鈴木寅彦（福島県選出）の賛同も得て、穏やかな満場一致での可決となった(99)。もう一つは中央倶楽部の小橋栄太郎による「北海道拓殖経営に関する建議案」で、こちらは前回に政友会の反対によって否決された経緯もあって、今回も激しい感情的対立を伴う審議が展開された後、再び政友会の支持を得られずに否決されている(100)。

他にも全国各地を対象にする鉄道建議案が政友会議員団によって提出され、どれも全会一致で成立している。第二五議会から続く一連の鉄道要求の積極化傾向は今回も見られ、来たる選挙に向けて四会期分の鉄道要求を総決算するような活発な建議案提出がなされた。その際には前回の経緯もあって政友会議員団で提出者を独占する方針が固く貫かれていたようである(101)。

第二八議会における貴族院予算審議

以上のように衆議院での予算案や鉄道拡張案の審議は、第二七議会までに構築されてきた政友会主導の仕組みに基づいて円滑に進行していった。そして二月半ばから貴族院での審議へと論戦の舞台が移っていく。結論を先に述べれば、第二四議会の時のように今回も貴族院は衆議院の意向に従って原案での通過を支持した。そして懸案の益田・萩間路線を含む新規鉄道拡張計画も、予算案と連動させた審議手順も相まって政府案通りに可決されている。

貴族院での予算審議の鍵となったのは、前内閣の閣僚経験者を指導者に仰ぐ幸倶楽部の動向であった(102)。茶話会内の十金会メンバーの田健治郎は大浦兼武や小松原英太郎と会合を重ね、第二八議会において辛亥革命勃発後の政府の外交政策を批判すると共に、四五年度予算案での財政計画の欠漏を追及することで一致した。そして武井守正、有地品之丞、目賀田種太郎、沖守固らと一緒に田は桂を訪問して、外交と財政に関する方針を協議する(103)。しかし、おそらく桂の意向を受けて彼等の政府批判の姿勢はやや弱まり、予算案が貴族院で審議入りした二月一五日には田と大浦の間で、外交については弾劾的行動を採らず、政府の財政政策については後日の実現を約束させる言責を引き出した上で、削減を行わない査定方針が取り決められた[104]。

しかし貴族院の予算委員会総会の審議では論点が多岐に拡散する傾向を見せ、幸倶楽部の幹部が目指す答弁を政府から引き出せずにいた[105]。そこで二月二〇日の昼になって急遽、田らと研究会指導者の三島弥太郎が西園寺のもとを訪問して、四五年度での行政整理や四六年度での海軍拡張や減税の実施見込みを確実なものであると明言するように交渉がなされた[106]。これに基づいて、その日の午後に再開された予算委員会総会における目賀田や田の質問に答える形で、四六年度での海軍拡張や減税の実施を西園寺は確言した[107]。この交渉会と西園寺発言によって貴族院での予算審議は事実上方針が確定し、三月二日の各分科会、三月五日の予算委員会総会、三月七日の本会議では、毎回二月二〇日の西園寺発言の遵守を条件とする旨がくり返された上で、四五年度予算案は原案通過となった[108]。

こうした貴族院での審議を桂は好ましいものとして評価した。二月二〇日の西園寺発言の報告にきた田に対し、桂はこの穏健な対応は貴族院の態度として最適であり一大成功であると喜び、そして西園寺がその言葉通りに四六年度で実行できるか疑問を呈している[109]。これは複数年度による予算編成という西園寺内閣の方針を当面は見守ろうとした行動と位置づけられる。すでに桂から自律した予算編成を政友会内閣が行った以上、桂が直接の介入を即座に始めることは難しく、それ故に貴族院での強硬論の高まりを警戒したものと思われる。

予算審議の転機となった西園寺発言の翌二月二一日には、続いて鉄道敷設法中改正案が貴族院で審議入りした。しかし委員会の審議では予想通り益田・萩間の新線建設について疑問の声が上がり、原は貴族院対策に着手する。それを受けて田と三島らが協議し、広軌化計画の実施見通しを問いただす条件付きで政府計画を可決することで話し合われた[110]。二月二九日の委員会で、原がこの新線拡張によって広軌化計画に影響を及ぼすことは無いと発言したことを受けて、益田・萩間を含む政府案は可決された。こうして三月七日の貴族院本会議において、四五年度予算案が通過する直前にこの新規鉄道計画も可決されている(111)。

第二七議会で否決された益田・萩間の新線が今回は貴族院で認められた背景には、予算審議と鉄道政策を連関させる政府の方針がうまく作用したことが考えられる。二九日の委員会採決の直前に、これまで益田・萩間建設に否定的な見解を述べていた肝付兼行は、次のような発言を行っている。「今之を考へて見ると、予算と関連して出て居るし、衆議院からは既に法律を可決して回って来、予算もこっちに回って来て居る、それを修正すれば大騒ぎになる、そこで意見を述べて見ても、却ってそんなことをして不成立にでもなると、却って不本意になる、そこで説が述べたくても述べ兼ねる、それは何かと云ふと政府の余ほど宜い御手段であるかも知れませぬが、予算と共に出したと云ふのは巧い手段かも知れぬ、俗に云ふ王手飛車取手でございまして、王手飛車取手で、議員としては説が吐きにくい、〔中略〕此内の浜田山口、益田萩までは無駄と思ひますが、無駄だと思っても止めれば余ほど妙なことになりますから、それで是は涙を揮って賛成をしなければならぬ、〔中略〕将来はどうか予算と法律案と共に出すと云ふことをなさらぬことを希望します(112)」。すなわち、四五年度予算案がすでに通過に向けて審査が進んでいる状況ではこの鉄道敷設法の改正案も原案のまま通過させるしかない、という論理がここから見出せる。予算審議の方式を洗練させることで積極政策の意義を強調していく政友会の戦術は、貴族院審議においても有効なものとして機能した。

以上の通り、第二八議会において、第二次西園寺内閣は自律的に編成した予算案を原案のまま成立させた。これは、それ以前の第四次伊藤博文内閣や第一次西園寺内閣が果たせなかった成果であった。もちろん桂から自立したとはいえ、まだ盤石な政権基盤を備えた状態ではなく、必ずしも万全な予算成立だったわけではない。複数年度の予算編成方針は課題の先送りでもあり、鉄道政策についてもごく部分的実現に留まっている。議事運営方法を駆使して今年度の議会は乗り切れたが、次年度以降の議会審議をも円滑にする慣行とまでは言いきれない。したがって政友会を中心とする政党内閣の確立はまだ脆弱なものであった。それでもこの議会は政党内閣化が不可逆の趨勢であることを強く印象づけた。このインパクトが次節で扱う大正政変の背景になったことは間違いないだろう。

第二節　政友会による国家財政統合——第三〇議会

一　二個師団増設問題の展開

次年度予算編成過程への意気込み

第二八議会も終盤に差し掛かった三月一三日に、原は桂と久しぶりの会談を持った。その席で桂は、前年八月に第二次西園寺内閣の人選について事前の相談がなかったことを蒸し返し、さらに貴族院議員に政府案支持を促したことを誇示した。[113]そしてこの会談結果を朝鮮の寺内に報告する書簡の中でも桂は、「予算之成立も貴族院に於ては随分之言質を取られ、漸くにして成立致候へは今後之約束実行は困難至極のものと気の毒千万、唯々一時遁れの応答と被察候。[114]」と の見通しを述べている。しかし、これは桂の強弁であり、実際のところは政友会内閣が自律的に編成した予算案の成立を当面は見守るしかない難しい立場にあったと理解すべきであろう。「今後之約束実行」の手綱はすでに政友会内閣を束ねる西園寺や原や松田のもとに握られており、それは桂個人の力量に支えられて政権が運営されていた時代の終焉を十分に予感させるものであった。

第二八議会閉会後の明治四五年五月一五日に行われた第一一回総選挙で、政友会は予想通りの勝利を収めた。選挙直後の移動も加えれば、全三八一議席中、政友会は二一二名の過半数を獲得し、国民党の九二名、中央倶楽部の三三名に大差を付けた結果となった。ちなみに、この選挙時の政友会幹事長は野田卯太郎が務めている。この勝利によって、これまで政友会内閣が推し進めてきた党勢拡張は一定の信任を得たものと位置付けられた。

選挙での勝利が判明すると原は西園寺を訪問し、すぐさま行財政整理に取りかかる準備を始めた。その席で原は「次の議会に於ては必らず官僚系と衝突を免がれざるべし、何となれば此情況を以てせば官僚系は益々其勢力範囲を減縮せらるる実際より猶ほ彼等の目には過大に見る事なるべし、故に必らず衝突を企つる事なるべしと思はるる次第なるが、其衝突に打勝つて次の議会を通過せば我憲政の基礎も鞏固なるに至るべし」と西園寺に述べて、次年度予算編成への固い決意を促している。[115] そして六月七日の閣議でまず各省での行政整理の調査に着手することが決まると、原は所管する内務省と鉄道院において何度も会議を重ねていった。[116]

このように前年の方針に基づいて政友会内閣が行政改革を推し進めるのに対し、この頃から桂もまた政友会から自律した勢力基盤の新たな開拓に意欲を見せ始める。選挙後の六月七日に野田と面会した際に、桂は政友会に対する不平を述べた上で、自前の新党結成を仄めかすような言葉を洩らした。当然ながら政友会幹事長である野田はこの新党構想に反対する意見を即座に表明し、その後も寺内に反対姿勢を伝えるなど桂の新党結成への警戒心を強めていく。[117] もちろん新党構想の情報は原の耳にも届いており、桂自身も原の懸念を和らげるべく新党結成を否定する発言をくり返していた。[118]

また桂が後藤新平や若槻礼次郎を従えてロシア経由での外遊に出かけたのも、中長期的観点からの新たな政策課題の発見を目指した行動であったと考えられる。かつて桂は明治三三年に第四次伊藤内閣の成立後に陸相を退いた際にも外遊を企画したことがあり、今回の外遊はその十年来の志望を果たそうとするものであった。外遊について寺内に同意を求める書簡の中で、桂は「元より隣邦の変、国内の情勢等も顧みざるを得ざるは当然なれとも、目下之処内外共急激に変動の来るへき情勢にも無之と相考申候。[119]」という情勢分析を示しており、寺内もまた「当分政海も無事なる可しとは小生〔寺内〕も御同感にも有之候間、本年末迄に御帰朝相成候御旅行は御意に任せ可然乎と存申候[120]」と、年末の議会開会までの外遊に賛同する返事を伝えている。

陸軍の強硬な新規予算要求

二個師団増設問題が浮上するのは、桂から自律した政友会内閣の基盤が次第に固まりつつあるこれらの状況下の出来事だった。すでに触れた通り、陸軍の二個師団増設要求はまだ第二次桂内閣だった明治四三年から始まったものであり、これまでも二年間にわたって抑制され続けてきた経緯がある。ところがこの大正二年度（明治四六年度に相当）予算案の編成過程では急激に一大争点へと拡大し、ついには第二次西園寺内閣の崩壊や広範な民衆運動の引き金となっていく。[121]以下では二個師団増設問題の展開について、昨年までの予算編成過程を念頭に置きつつ考察していきたい。

まず石本新六陸相の病死に伴って、これまで軍政経験を欠いた上原勇作が明治四五年四月に新たな陸軍大臣となった。田中義一を媒介として山県・桂・寺内の間での合意で成立したこの人事には、政友会内閣による来たるべき行政改革に抵抗する期待が込められていた。[122]これにより四五年度予算編成時の閣議決定に直接関与していない新大臣が、政友会内閣への不満を抱く閣外勢力の支持によって登場したことになる。他方で上原陸相の誕生によって陸軍拡張問題の進展を求める声も陸軍内で強く、例えば宇都宮太郎は早くから上原と増師問題の協議を始めている。[123]

桂が外遊の希望を明かして次の予算編成時に日本を離れる見込みが強まった五月末には、すでに二個師団増設要求の提出に向けて陸軍高官での合意がほぼ形成されていた。この時も田中が、上原や山県、寺内の間を往来して次年度での増師要求の支持を取りつける役割を担っていた。[124]そして明治天皇の死去による動揺がまだ続いていた八月上旬に、陸軍側から大正二年度予算案での二個師団増設要求が西園寺首相に提示され、さらに上原陸相と長谷川好道参謀総長が連署した二個師団増設要求が秘密裏に上奏されていたようである。[125]

以後の四ヶ月間における展開は、前年からの政友会内閣による予算編成方針を維持するか、それとも修正を図るか、という対立として理解できる。前年の予算編成時において明治四五年度の行政改革と大正二年度の減税・軍拡・生産的事業を連動させる閣議決定を行った以上、大正二年度から別種の新規拡張要求を盛り込んでしまえば前年の方針の根柢が揺らいでしまう。したがって原は、前年の合意に基づいて大正二年度での新たな二個師団増設案の採用は不可能であると主張した。[126]そして前年に引き続き、西園寺・原・松田によるインナーキャビネットが形成され、陸軍との予算交渉における統合主体として機能していった。[127]

このような内閣の統一性を維持する動きに対し、新規拡張要求の採用を迫る陸軍側は閣外勢力への働きかけを強めていく。こうした陸軍の行動の背後に山県の支援があったのはすでに言及した通りであり、それ故に西園寺は山県の説得に力を注ぎ[128]、他方で上原は閣議の状況を山県に報告する書簡を送っていた[129]。また田中の活動によって今回は井上馨も二個師団増設を支持する意向を原たちに示しており[130]、さらに外債非募集を政府に説いていた松方正義も宇都宮による陸軍拡張の説得を受け入れる発言をしている[131]。陸軍高官は内閣をバイパスしてこれらの元老への説得工作を進め、外部から二個師団増設を認める声を高めようと試みていった。さらに政友会のライバルである国民党への説得も実施され、田中による大隈重信との接触の他[132]、宇都宮から犬養毅や大石正巳への運動が展開された[133]。

これらの活動の延長線上には、すでによく知られている通り、陸軍による寺内正毅内閣の樹立構想が存在していた。増師問題に関する上原陸相の交渉方針とその破談後の寺内内閣構想を論じた陸軍内部の覚書には、以下のような作戦が記されている[134]。政府は行政整理の実施を通して政友会内閣の評価を高め、政党内閣の基礎を固めようとしている。しかし陸軍の強固な主張によって首相の意思を断行できない場合には、内閣の総辞職を奏請して、行政整理や海軍拡張、減税が実行不可能になった責任を陸軍に転嫁し、後継内閣の立場を一層困難なものにするつもりである。そして首相は総辞職を選択肢に含んだ上で、まず陸軍以外の各大臣に対して閣議の外側で個別の交渉を内密に進めていき、最後になって陸軍大臣に形式的な交渉を試み、それでも撤回や延期の合意に達しなければ閣議において陸相を包囲して圧迫を加え、ついには内閣の統一の名のもとに陸相へ辞職勧告を行うはずである。そこで陸軍側は、まず閣議の場において国防問題は陸軍大臣の専断できる事項ではないとして首相の要求を拒否し、山県や桂を介した妥協策を断念させて倒閣に導き、元老会議の指名によって寺内内閣を成立させる、という作戦を立てていた。以下に引用する陸軍の状況認識は、この争点における妥協成立の困難を的確に物語っていよう。「現下に於ける情況は単純なる師団増設問題にあらずして、政府は此機会に於て政党内閣の基礎を作成せんとする底意なるが故に、増師問題は之れが犠牲たるに過ぎず、実に我国是に関する重大なる時機なり。即ち日本帝国は民主国たるか将た君主国たるか、所謂る天下分け目の場合にして、実に鞏固なる意思は堅実なる協同の力に依り大に努力せざる可らず。」

この作戦は朝鮮にいる寺内にも事前に伝えられ、そして寺内も後継首相への意欲を表明していた[135]。これが上原の強硬姿勢を背後で支えた要因となっていたのは、内閣の状況を寺内に報告する次の上原書簡からも見て取れる。「両〔行財政〕整理も首相と各相と各別に交渉中にて未だ小生〔上原〕に対しては何等之交渉も無之候。此辺之事情は御回附仕候計画（？）にて御承知被下度候。陸軍之鞏固なる主張と整理を為すと言明しあるには流石に彼等も反弁之辞に究したるものと相見得、上原の拡張論は根本に於て現閣の主義に反するものなれば全然排斥す可し、区々たる金額之論にあらずと原など公言憚らざるに至り候由に承及候。ここに於て彼等之意志は鮮明に現出し来れる次第にて『アンチミリタリズム』を露骨に発表せしなり。如此始末にては誠に為国家由々敷大事と奉存候。時節到来の上は申迄も無之も御決神切に希上候。」[136]

確かに金額上の問題であれば内閣と陸軍の間で妥協の余地は残るが、両者の対立が「現閣の主義に反する」かどうか——逆に陸軍側から見れば「日本帝国は民主国たるか将た君主国たるか」となる——という政治体制の次元にまで波及すれば、この帰結は折衷的なものにはなりえなかった。そして原もまた桂と会合した際に、「此増師問題ほど訳の分らぬものなし、世間にては大騒ぎをなし居るも内閣にては上原一言をも余〔原〕等に洩らさず、余も度々種々の問題に遭遇せしも、此問題の如きものに出逢ひたることなし」[137]と、政友会内閣とその外部勢力との間での争点となってしまった異例の事態を批難している。

妥協の模索とその蹉跌

その後は内閣崩壊の直前まで、衆議院の過半数を占める政友会内閣の継続を前提として、今回の予算編成で譲歩する代わりに翌々年度（大正三年度）での着手を約束する、という複数年度での妥協を模索する動きも見られた。[138]最初は増師反対の強硬論者に見えた原も、対立が先鋭化するにつれて逆に柔軟な態度を示し始め、例えば宇都宮太郎はそこに妥協の可能性を見出していた。[139]しかし、これまで予算編成に携わった経験を欠き、かつ諸方面からの相矛盾する働きかけに連日接した上原は、ついに陸軍の要求を声高に唱えて突進する道を選び、第二次西園寺内閣の崩壊を引き起こす。このように二個師団増設問題の展開は、まず政治体制間の相違を印象づけるような手続き上の齟齬に端を発し、一時は金額の議論に収斂するかに見えたものの、最終局面において再び原則論の対立に戻ったが故に大きな亀裂となっていった。

この間における桂の関与について最後に検討しておきたい。かつて明治四〇年度予算編成において当時の寺内陸相が強硬に陸軍拡張を主張した際には、閣外の桂が調停に乗り出してその倒閣意思を抑えたことがあった。それとの比較で言えば、この大正二年度予算編成時における桂の不作為が際立っている。その理由の一つは、大正元年八月に内大臣兼侍従長となり、これまで行ってきた政治活動が大きく制限されたことが関係していた。大正天皇を支えるために甘んじて犠牲となると述べた桂は、従来の政治的関係を一切断絶する意思を公言せざるを得なかった。そして明治天皇の大喪費用を話し合う臨時議会（第二九議会）の直前に開かれた十金会の席では、このグループの指導者を桂から寺内に切り替えることが議決されている。[140]このように新たに宮中に入った桂は、内閣と外部勢力の対立に表立って介入することが難しい立場に置かれていた。

そしてもう一つの理由として、前年の四五年度予算編成過程において、すでに政友会が桂から自律した予算編成に着手していたことが挙げられる。内大臣に就任する前日の大正元年八月一二日に原と面会した桂は、本年度での行政整理と翌年度での減税や陸海軍拡張をセットにする予算方針を一切中止して、当面は事務整理のみに留めてみてはどうか、という意見を披露した。[141]もちろん後日に原はこの提案は実現不可能であるとして断っている。[142]そして二個師団増設要求への対応策を西園寺が桂と相談しようとしても、桂はまず山県と直談判すべきであるとして積極的な介入を避け、[143]また陸軍と内閣の対立が深まった一一月下旬においても大正二年度実施案と大正三年度延期案のどちらとも取れる曖昧な折衷案を示して、本格的な調停意思が無いことを明らかにした。[144]他方で桂は陸軍側の動向についても情報を入手し続けており、少なくとも上原や田中らの強硬姿勢を強く抑制しようとはしなかった。[145]事務整理による歳出削減のみ行い、翌年度での軍備拡張や減税は一先ず延期する、という解決策は、この後の第三次桂内閣が打ち出した方針に他ならず、おそらく桂はその政策的妥当性を確信していたが故に、今回は中途半端な調停に乗り出そうとしなかったのだと推察される。

二個師団増設問題は陸軍による明示的な倒閣行動の最初の事例であり、後の昭和前期に頻発する陸軍の政治介入に引きつけて注目されてきた事象である。その成果を踏まえつつ、この事例を桂から政友会への国家統合主体の移行過程の過渡期に発生したものと位置づけることは十分に可能であろう。すでに第二章第二節で扱った第一次西園寺内閣期の明治四〇年度予算編成過程においても、当時の寺内正毅陸相は倒閣を含意する辞意を表明していた。その際には閣外の桂が調停に乗り出し、同時に内閣の予算編成に強い影響力を有していた。それと比べて今回の二個師団増設問題では、第二次西園寺内閣が桂からの自律性を強めていたことで合意形成が困難になった。こうして勃発した大正政変について、大正二年度予算案をめぐる予算政治という観点から分析することが残された課題となる。

二　予算交渉会方式の終焉

第三次桂太郎内閣の発足

第二次西園寺内閣の後に成立した第三次桂太郎内閣は、僅か六二日間の短命政権に終わる。これは戦前日本の内閣の中では最短期間をなしており、それまでの二度の内閣の通算（二八二四日間）が歴代内閣の最長期間を超えていることと著しい対比を見せている。したがって第三次桂内閣期の経過については、これまでの首相在任時の桂の行動との連続性を意識しつつ、それが新たな状況と不適合だったことを解明しなければならないだろう。民衆運動が巻き起こる中、桂が唐突な新党構想を打ち出したこの間の政治過程を以下では再検討することにしたい。

西園寺の辞表提出を受けて、今回は新天皇下で初めての元老会議が召集された。第一次西園寺内閣・第二次桂内閣・第二次西園寺内閣の三内閣は、いずれも前任者が後任者を指名する形式によってスムーズな政権移譲が行われており、後任選定のための元老会議は明治三四年の第四次伊藤内閣の崩壊から一一年半ぶりの開催となった。そして第四次伊藤内閣の崩壊後に井上馨の大命拝辞などの混乱が一ヶ月近く続いたように、今回も後任者が確定しないままに元老会議が数多く重ねられ、その間に議会外での運動が次第に盛り上がりを見せていく。二個師団増設問題を発端とする以上、当面の最優先課題は予算問題の処理にあり、政友会と陸軍の対立を調停しうる人物が第一の候補者たりえた。長らく政権から遠ざかっていた財政通の松方正義がまず指名され、その後も平田東助や山本権兵衛など首相経験のない新人の名前が挙がったことで、この問題の解決には従来の政権担当者からやや離れた位置にいる新勢力の登場が求められる外観を呈していった。

しかし、元老会議による後継者選びが行き詰まると、ついに桂が宮中から飛び出して従来の方針を一層推し進めた第三次内閣を組織するに至った。かつて第一次桂内閣の発足時に元老会議がくり返される中で自らへの支持を山県・井上・伊藤から徐々に集めていったように、今回も同じく元老会議の最中から桂は自らの提示する解決策への支持を求めていった。まだ松方に組閣の大命が下っている大正元年一二月九日に、桂は国防会議の設置案について山県と相談を始めている。すなわち国防方針の調査を理由に二個師団増設要求を海軍拡張と共にしばらく延期し、その間の陸海軍の行政整理額は他省と区別せずに一般会計に提供することを桂は主張した。これに対して山県は、陸海軍の整理額は将来の増師時における使用を妨げないように減税等の経常支出には充てないことを留保条件として、この桂の提案に同意した(146)。また同じ頃、桂は後任陸相に側近の木越安綱を擁立することを提唱して、上原や山県を渋々納得させている(147)。こうして要の陸軍大臣を抑えた桂は、自身が候補者として浮上すると大命降下前にもかかわらず組閣人事に取りかかり、第二次桂内閣の大蔵次官だった若槻礼次郎を大蔵大臣に登用する他、後藤新平の逓信大臣兼鉄道院総裁再任、大浦兼武の内務大臣就任、加藤高明の外務大臣抜擢など、主要閣僚の人選を速やかに進めていった(148)。

これらの組閣人事と並行して、桂は大正二年度予算案の編成方針をすぐさま打ち出した。議会開会を目前に控えており、桂は西園寺内閣の編成した明治四五年度予算を原則的に踏襲することを決めた。すでに論じた通り、明治四五年度予算は翌大正二年度予算案と連動させた複数年度での編成方針を採用しており、その踏襲によって桂もまた複数年度での予算編成に取り組むことになった。すなわち桂は、大正二年度の行政整理によって五〇〇〇万円から六〇〇〇万円の財源を捻出し、その成果を大正三年度の予算編成に取り込む方針を示した上で、大正二年度での陸海軍拡張や減税の実施を延期することにした。この五〇〇〇万円から六〇〇〇万円という総額は論拠のある数字では必ずしもなく、西園寺内閣の行政整理額約三七〇〇万円に漠然と上乗せしたものに過ぎない。このように複数年度での予算編成に一歩踏み出しながらも、同時に桂内閣は単年度での収支均衡により多くの注意を払う姿勢を保っていた。例えば大蔵省証券の発行額を抑制するように努め、また鉄道予算については鉄道証券の発行を控えて鉄道益金や預金部資金の範囲内に留める従来の方針に戻し、前年度に伸びた鉄道建設及改良費を五〇〇〇万円から三〇〇〇万円に削減する修正を加えることにした。(149)

この編成方針において例外的に前年度よりも予算が伸びたのが海軍拡張費である。すでに二個師団増設問題の対立が深まっていた大正元年一一月五日に、斎藤海相は新たに「海軍軍備緊急充実計画実施の議」を西園寺首相に提出していた。これは陸軍の二個師団増設要求と同じく明治四三年から毎年提出され続けてきた海軍拡張計画の全体に当たる約三億五〇〇〇万円を大正二年度から着手するように改めて求めるものであり、四五年度予算編成時には内約に留まっていた全計画の履行を追認する意味合いが込められていた。したがって海軍の行政整理額がほぼ確定した時期になってから、複数年度での予算編成という方針を再確認すべく、斎藤と西園寺の間での交渉が本格化し始める。(150)そして西園寺内閣が崩壊し、元老会議での国防会議案によって大正二年度での海軍拡張の実施が危ぶまれ出すと、次期政権に向けてこの意見書の採用を強く迫るべきだという声が海軍内で高まっていく。(151)こうして桂と斎藤の留任交渉は激しいものとなり、大正天皇の勅語を利用し、前年度から秘密裏に着手していた戦艦三隻の建造費として大正二年度のみ六〇〇万円を追加する措置を施して、斎藤海相の留任に落ち着いたのだった。(152)

唐突な桂新党構想

このように内閣の凝集性を高めて予算案を束ねる桂の方針はこれまで同様に手際よく進行していき、二個師団増設問題に伴う政府内の混乱は短期間のうちに収束していった。ここまでは桂の狙い通りだったと評してよいだろう。その桂が国家財政統合者としての内閣総理大臣でありえた所以は、これまでの一〇年間以上、衆議院多数党の政友会との予算交渉の場面において他の追随を許さない力量を発揮してきたことにあった。そして彼が最も自信のあった予算交渉会方式がこれから機能しなくなることで、瞬く間に桂の時代は終焉へと向かうのである。

政権発足当初の勢いに乗って、桂はまず新党構想を急速に具体化させていった。桂が新党結成の中心人物の一人として期待を寄せた田健治郎は、桂から新党構想を直接打ち明けられた様子を以下の如く日記に書き残している。[153]大正二年一月八日の朝に来訪した田に対し、桂は西園寺内閣が辞職した真相と新内閣組織の大命をやむなく拝受した理由を説明した。続いて桂は、施政方針大綱の所存、財政整理、国防方針などの要領を語った上で、将来の憲政運用のために現在の政党を改造すべく新政党を組織し、自ら進んでその党首を務める決心を田に伝えた。あわせて桂は、陸海軍大臣には文官を任用すべきであるとの制度改革案を論じて、田に意見を求めている。田がこれらの意向に賛意を示すと、桂は田に貴族院議員の指導に当たるように依頼した。以上のやり取りからは、桂の新党結成が目前の財政整理や国防方針の統一といった政策課題と一体化されたものだったこと、そして同時に軍部大臣武官制の廃止という一大改革案まで含まれた中長期的構想に支えられていたことが見て取れよう。これを換言すれば、現存する政党人と綿密な連絡を重ねた上での新党結成では必ずしもなく、行政機構改革への意欲に導かれたやや希望的観測に基づく新党構想だった、と位置づけられよう。

またすでに触れたように、前年度予算を踏襲したことで桂は複数年度での予算編成にも着手し始めており、そのために衆議院において安定的な多数派を形成することが望ましかった。上記の田との面談から数日後に書かれた山県有朋宛書簡の中で、桂は政友会系の新聞に政府批判の記事が多いことを嘆いた上で、「小生〔桂〕は彼等〔政友会〕之我に対する体度之如何は彼等に一任し、一意専心真直線に進行する外、手段無之事と決心仕居申候。突貫其効奏し候得は天下之幸福なるは勿論に候得共、若し突貫事を破るも亦国家之不幸とも不相考候。唯々其時こそ予て御内話仕置候善後之所置を取るの時機を早め可申候。何れ之道、今期之議会は差したる事変も有之間敷、大正三年度之議会は国家将来之為め充分之決心を要するの時と存申候。」[154]と書いている。つまり桂は、政友会の態度にかかわらず自分の方針を貫き通し、それがうまくいかない時にはかねて山県に相談済みの「善後之所置」（これは新党結成を指す）[155]の時機を早めるつもりだと述べ、それを目前の大正二年度議会のみならず次の大正三年度議会への対策として正当化しているのである。複数年度の予算編成を採用した以上、桂が早くも大正三年度予算案を意識した行動を取るのはやむを得ないことだった。同じ書簡の中で桂は、「実際之情況は未た判然不仕候へ共、都門と田舎とは大いに其趣を異にするもの有之候哉に被察申候」[156]という表現で、都会において政府批判の運動が高まりつつある状況下でも地方での支持獲得に一定の自信を覗かせている。これらの楽観的予測が桂の新党結成をさらに加速させたのは間違いない。

こうした桂の新党構想にいち早く反応を示したのは、長い間政権から疎外され続け、また議会でも少数派に追いやられてきた野党勢力であった。議会の再開予定日が近づくにつれて、桂新党への参加をめぐって国民党内部の対立が深まり、一月二〇日に桂が新党結成を公表すると改革派領袖はこぞって参加を決めた[157]。大石正巳・河野広中・武富時敏・片岡直温といった参列者は、これまでの政友会主導の議会運営において、予算や鉄道要求などで激しい対立が生じた場面にたびたび登場してきた人物である。また斎藤宇一郎を初めとする秋田県選出の議員団や福島県選出の平島松尾など、後藤の鉄道政策に刺激された鉄道要求の噴出過程において政友会と対決した議員もその多くが桂新党に集う傾向にあった。そして先の第一一回総選挙で議席数を半減させた中央倶楽部も、大浦内相に率いられて新党の重要な構成主体となる。桂が打ち出した大正二年度における五〇〇〇万円から六〇〇〇万円程の行政整理の実施案は、第二八議会において国民党や中央倶楽部が主張した「天引き修正」と類似しており、それも彼等に新党参加を促す要因となったことだろう。そしてこれまで桂とは最も遠い関係にあった大隈重信までもが、桂の新党結成について支持を表明するに至った[158]。

しかし、これらの野党勢力の結集はあくまでも新党構想の副産物に過ぎず、桂の主たる狙いは政友会への工作にあったように思われる。政友会が過半数を占めている以上、国民党の半分と中央倶楽部を併せても、肝心の予算案通過は覚束ないままだからである。一月一七日の西園寺・後藤会談によって、原や松田などの幹部が桂内閣との対決姿勢を強めている状況を知りながら[159]、一月二〇日に先手を打って新党結成を明らかにした桂の行動は、かなりの数の政友会議員を切り崩せる自信に裏付けられていない限り、無謀な作戦に終わってしまう。一月一七日に大浦等と共に桂と会合した田は、桂の意図は政友会の分裂を目指すものであると日記に書いている[160]。そして一月二一日に議会の停会が決まると、田はこれからの数日間で脱党者や除名者がどれだけ出現するかが勝敗の分岐点だと観察していた[161]。

もちろん政友会幹部も、桂による党の分裂工作を最も警戒した。もともと桂が組閣に着手した頃には、中央倶楽部を指揮する大浦を内務大臣に据えたことに西園寺や原は不信感を抱きつつも、おそらく桂は西園寺との提携を模索するはずだと見込み、当面は「不就不離の態度」を維持するように話し合っていた[162]。しかし年が開けて桂が新党構想を諸方面に示し始めると、政友会幹部は桂内閣への不信任決議案を議会再開の冒頭に出す方向で意見をまとめ[163]、一月二一日に内閣不信任の趣旨の質問主意書を提出する[164]。そして停会中にも党の結束を固める会合を重ね、桂による切り崩しに全力で対抗した。

このように政友会議員が結束を強めた要因の一つとして、全国各地の地方支部の動向を無視できない。西園寺内閣による大正二年度予算編成の進行に伴って、前年までとは異なり、明治四五年と大正元年には政友会の地方大会がほとんど開催されていない。行政整理の結果が判明するまでは、鉄道要求などを自制するようにおそらく指示されていたのであろう。そして第三〇議会の開催が近づくにつれて、都道府県支部単位での集会が準備されていた最中に、二個師団増設問題による内閣崩壊が生じる。すると政友会の各支部は一斉に倒閣行動を批難する決議を採択し、短期間で全国各地での憲政擁護運動に拡大していった[165]。年末年始を地元で過ごした議員は、より熱気を帯びて一月半ばに東京に集結し、議会再開に向けて強硬論を強めていったと考えられる。前掲の山県宛書簡で地方での支持獲得に自信を示す桂に対して、山県はその返信において「各県之情況に付ては数人を派出し各県下之真情を見聞為致候事は急務と存候。遠眼鏡之判断は違算可有之と存候。知事又行政官共、人々所見を異にしたる状況に伝承致候[166]。」と述べて、桂による地方の情勢分析に疑義を呈し、注意を喚起していた。

予算交渉会方式の終焉

こうして桂の政友会工作はすぐさま暗礁に乗り上げた。一月二一日の議会停会後から衆議院議員の動向を偵察していた田は、政友会議員の結束が固いという情報を入手した上で、一月二五日に桂や大浦に新党結成の見合わせを直言する。[167]新党による過半数獲得はほぼ不可能だと田は論じ、当面は不信任案の成立回避に努め、それが難しければ停会・解散を実施し、新党組織の発表は総選挙後まで延期すべきであると田は力説した。しかし桂はこの提案に賛同しなかったようであり、ここから急速に田は桂新党から距離を取り、事態の傍観者へと変化していった。

そして桂は、一方において新党設立の準備を進めて政友会議員への入党活動を続けながら、他方において従来の政友会幹部を介した予算交渉会の開催を模索する動きを見せる。この二つはもちろん矛盾する方向性を含む。しかし、事前の見込みが甘かったとはいえ、すでに動き出している新規計画を今さら強引には止められず、同時に事態の打開策を求めて慣れ親しんだ解決方法にも慌てて取りかかる、という追いこまれた政治指導者の苦しい心境の投影でもあった。

桂が新党結成を謳っている以上、政友会幹部が桂との妥協交渉に応じるわけにはいかず、桂の対応策は後手に回りながら次々に整合性を失っていく。まず野田や井上馨を媒介とする交渉に着手するものの、政友会内の「硬軟二派」に注目する従来の予算交渉会でも用いられた桂の言葉は、入党工作を進めている文脈では異なる含意を政友会幹部に意識させた。[168]そこで桂は原との接点を探るために新たに望月右内を介したルート作りに取り組むも、かえって交渉過程を複雑にしてしまう。[169]こうして桂と原をつなぐ連絡役が失われつつある状況で、今度は後藤が妥協交渉に多く介在するようになる。もともと第二次桂内閣時には、桂は政友会との交渉を直接担当し、妥協交渉の不得手な後藤には極力関与させなかった。それがこの局面では逆に桂の意向を忖度した後藤が、西園寺や野田との交渉に励んでいたわけである。[170]そして一月一七日の西園寺との会談記録を後藤は公表し、ついには新聞に掲載される事件が発生して、政友会との関係を一層悪化させてしまった。[171]

こうして解決策の目処が立たないまま、二月五日に議会が再開されることとなった。冒頭にまず桂の施政方針演説と若槻蔵相の財政方針演説がそれぞれ行われ、両者ともに大正二年度予算案は前年度予算を踏襲している点を強調した。続いて元田肇が一月二一日に提出した政友会の質問主意書への政府の回答に不同意を表明し、桂内閣は宮中府中の別を混同するものであるという弾劾演説を行って、桂と問答を展開する。(172) そして政友会が内閣不信任決議案を提出し、尾崎行雄が「玉座を以て胸壁となし、詔勅を以て弾丸に代へて政敵を倒さんとするものではないか」(173) という有名な演説をくり広げた。

この尾崎演説の中には、次のように「立憲的動作」という用語をめぐって桂新党を批判する個所がある。「内閣総理大臣の位地に立って、然る後政党の組織に着手すると云ふが如きも、彼の一輩〔桂内閣〕が如何に我憲法を軽く視、其精神のあるところを理解せないかの一班が分る。彼等が口に立憲的動作を為すと云ふ。併ながら天下何れの処に先づ政権を握り、政権を挟んで与党を造るのを以て、立憲的動作と心得る者がありますか。(「政友会にあり」と呼ふ者あり)。凡そ立憲の大義として、先づ政党を組織し、世論民意のあるところを己の与党に集めて、然る後内閣に入ると云ふのが其結果でなければならぬのに、彼等は先づ結果を先にして而して其原因を作らんとするが如きは、所謂逆施倒行の甚しきものであって順逆の別を識らない者であります（拍手起る）、又此の如き非行を見て立憲的動作などと考へて、之に服従する者があるに至っては、其無智亦大に驚くものがある（拍手起る。「妥協はどうだ」「黙れ」と呼ふ者あり）。(174)」ここではまず桂たちが新党結成を「立憲的動作」として正当化していた点に注目すべきだろう。これまで行政府と立法府を結ぶ予算交渉会を、桂は「立憲的動作」として位置づけてきた。したがって桂内閣との「妥協」に従来応じてきた政友会も、予算交渉会を「立憲的動作」の一種と見做す点では異議を述べにくい立場にある。しかし、桂新党と予算交渉会はどちらも行政府と立法府の円滑な関係を求める方策であるとはいえ、政友会にとって全く異なる意味を持つ。桂新党の長期的に目指す所が政友会と同じく政党内閣であるが故に、政友会は全力で桂新党構想に反対しなければならなかった。そこで政権担当者のままに新党を結成する行為は、政党内閣樹立に向けた立憲的な順序を逆転させる行為であって認められない、という「立憲的動作」の読み替えでもって応戦したわけである。

ここで桂に残された唯一かつ最後の手段は議会の解散しかなかった。しかし政友会からの内閣不信任決議案を受けて、桂は議会を九日まで再び停会させ、その間にまたもや西園寺を介した妥協工作を試み、しまいには長らく日本の内政から遠ざかっていた加藤高明外相の助言にすがって、大正天皇から西園寺へ事態収拾を求める勅語を出させるという大失策をなす。(175) そして民衆運動の沸騰によって一〇日に議会を再開できず、翌一一日に桂内閣は総辞職した。この停会中の七日には立憲同志会の組織と宣言書が発表され、また一〇日にも解散の可能性をぎりぎりまで判断し続けていた通り、桂はこの間も解散を具体的な選択肢の一つとして考えていたはずである。だがその戦術はついに実行されずに終わった。その原因を最後に考察しておきたい。

二月五日に衆議院が再停会となった後、桂は解散を大正天皇に奏請する理由書を作成している。そこにはこの停会を「立憲的動作」として位置づける桂の論理が見て取れる。桂は前内閣の編成した前年度予算を踏襲して大正二年度予算案を編成した理由について、以下のように主張した。「惟ふに、立法行政相協和して、政務の進行を円満ならしむるは、憲政の妙用と為す。特に大正新政の劈頭に於て、立法行政二機関の衝突を来たすか如きは、不祥是れより大なるはなし。此を以て、政府は平明寛正の態度を持し、民情を尋酌し、公論を採択し、以て時局の安静寧一を謀れり。乃ち勗めて前内閣の施設に憑拠したるか如きも、徒らに事端を紛起せしめす、水到渠成の目的を達せんと欲したるに外ならさるなり。」そして「政府の解散を奏請せすして、五日間の停会を奏請したるは、一は此の如き無意義なる争闘を持続するの不可なることを自覚せしめ、衆議院議員をして悔悟反正、立憲的動作の軌道に復せしめんか為め、一は総選挙後未た一年ならさるに重て之を以て国民を煩はすに忍ひさりしか為めなり。」として、この停会期間を通して衆議院議員を「立憲的動作」の軌道に戻そうとするのだと桂は説明した。(176)

これまでの二度の桂内閣で展開されてきた予算交渉会方式は、以下のような手順に従って進行される。行政府と立法府が予算案をめぐって対立関係に陥った場合、それぞれの代表者が一堂に集まって予算交渉会が開かれる。議会の停会は、その交渉会実施に向けた態勢を整えていく期間として位置づけられる。そして双方の意見が合意に至らなかった場合には、財政政策の対立を理由として議会は解散されることになる。桂は自らの政治生命を賭けた最終局面において、この方式にもう一度だけ則ろうとする道を選んだ。それ故に、自分に対する不信任決議案が提出されてもなお直ちに解散に踏み切らず、その再停会期間に何とか西園寺との話し合いの端緒を見つけようと試みたのではないだろうか。

二月八日に西園寺との面会を果たした場面で、桂は「目下議会に現はれたる内閣不信任案によれば、自分〔桂〕が内閣に立ちたる事を不可とするものにて、政策の為めに非ざるが如し。是れ甚だ不本意の事なり。何とか緩和の途なきや〔後略〕」と発言したという[177]。確かに桂の言うように、桂内閣と政友会の対立はもはや財政政策の差異に起因するものではなくなっていた。桂の敷いた財政方針を後継の西園寺内閣が遵守させられるだけではなく、その政友会内閣が自律的に編成した予算を続く桂内閣が踏襲する関係にまでなっていた。だからこそ桂は最後の局面で解散に打って出ることを躊躇したのではなかろうか。そしてこれは同時に、桂個人の力量によって国家財政統合がなされた時代が幕を閉じ、代わりに政友会という政党が国家財政統合を担う新時代の到来を象徴する出来事であった。

三　政党内閣への不可逆過程

第一次山本権兵衛内閣の成立

第三次桂内閣の崩壊によって、第三〇議会は開会中に政権が替わる異常事態に陥った。かつての第二二議会中の第一次西園寺内閣の発足はその前年から準備が進められていた予定通りの政権交代であり、この第三〇議会の政権崩壊はそれとは性質を大きく異にしていた。議会開会中の政権交代は、虎ノ門事件の勃発による第四八議会中の第二次山本権兵衛内閣の辞職と第五一議会中の加藤高明首相の死去による第一次若槻礼次郎内閣の成立という二つの突発的事例を除けば、この第二二議会と第三〇議会の他には、昭和一二年の第七〇議会中における広田弘毅内閣の崩壊、昭和一四年の第七四議会冒頭における第一次近衛文麿内閣の総辞職と、翌昭和一五年の第七五議会劈頭での阿部信行内閣の倒壊の三つしか見当たらない珍しいものである[178]。おそらくその理由の一つは、議会開会中の政権交代が予算案の編成責任を不鮮明にする危険性を含むことにあった。したがってこの第三〇議会についても、翌年度の予算案を残したまま編成責任者が下野してしまった後に、この問題がいかに処理されたのかを分析する必要があろう。

桂首相の辞意を受けて、その後任者には先の元老会議でも候補に挙った山本権兵衛がすぐに選ばれた。開会中の議会を円滑に切り抜けるために、山本は政友会の支援が不可欠であると即座に判断し、大命降下当日の二月一二日から西園寺・原・松田との組閣交渉に取りかかった[179]。本来ならば政友会総裁の西園寺への大命再降下も選択肢となるはずだが、桂内閣末期の勅語に違反したとの理由で西園寺は総理就任を拒んでいた。そこで実質的には政友会を構成主体としながらも、形式的には山本が首班に指名されたわけである。そして二月一三日に議会の暫時休会が決まり、そこから山本と政友会の交渉が重ねられ、二月二〇日に第一次山本内閣が発足した。

新内閣は首相・外相・陸相・海相以外の全閣僚が政友会員である准政党内閣となった。二月一六日までに政友会の各団体は山本内閣支持で意見を固め[180]、続いて一七日の協議員会と議員総会で、「内閣員には首相及陸海軍の三大臣を除くの外、全部政党員より推薦する事」などの山本内閣支持の条件が決議された[181]。そして一七日夜と一八日に山本と原・松田の間での組閣交渉が行われ、外務大臣も非政党員とすることで合意がまとまった結果、翌一九日の協議員会と議員総会で山本内閣の支持が正式に承認された[182]。

ここで新任の大蔵大臣となった高橋是清が政友会に入会した意義は非常に大きい。現職の日銀総裁だった経済政策のエキスパートが蔵相として入会したことは、政友会が国家財政統合の主体に成熟したことを顕著に示している。言うまでもなく高橋はこれから原内閣・高橋内閣・田中内閣・犬養内閣の全政友会内閣で大蔵大臣を歴任し、さらに斎藤・岡田内閣にも政友会を代表する蔵相として入閣した人物である。第四次伊藤内閣の法制局長官だった奥田義人新文部大臣と、第二次西園寺内閣で蔵相を務めた山本達雄新農商務大臣がそれぞれ政友会に入会したことと比べて、高橋と政友会の関係は従来さほど深いものではなく、それ故に政友会の台頭を一層際立たせる人事となった。

こうして成立した山本内閣は、真っ先に大正二年度予算案の対応策に取り組んでいく。発足直後の二月二一日の閣議では桂内閣が提出済みの大正二年度予算案を一度撤回することが決まるものの[183]、新内閣は前内閣が編成したものと全く同一の大正二年度予算案を二七日に再提出した。先だって政友会の出した桂内閣不信任決議案は予算案への賛否と分離した内容になっており、それがこの措置を採る上で幸いしたことは否めない。そして山本首相が二二日の政友会議員総会に出席して第二次西園寺内閣の調査した行政整理案の遂行を宣言し[184]、また二六日の政友会の政務調査会と予算委員の連合会に原や高橋らが出席して、翌日に再提出する大正二年度予算案の協議を行った。この席で第三〇議会での減税案の実施を求める動議が政友会議員から起こり[185]、それを受けて翌二七日に再開された衆議院本会議で高橋蔵相は、所得税改正案を提出する予定であること、営業税改正案も提出に向けた調査中であること、また塩の価格引き下げを実施することをそれぞれ明言した[186]。つまり、第二次西園寺内閣が本来設定していた明治四五年度での行政整理と大正二年度での減税・国防・生産的事業の実施という枠組みを、その間に桂内閣を挟むことによって実質的に一年間延期し、大正二年度での行政整理と大正三年度での新規事業という形に修正しつつ、減税については大正二年度から一部前倒しして着手する方法が取られたのである。減税を前倒しで実施することは、高揚した民衆運動を宥める即効薬としての期待によるものだったと思われる。

第三〇議会における予算審議

こうして桂内閣の編成した予算案の成立をその反対勢力である山本内閣が図るという特殊な状況が生じた。そして約一ヶ月という異例の短期間の審議を経て、この大正二年度予算案は何らの修正が加えられることなく衆議院と貴族院を原案のまま通過する。桂の作った予算案が桂抜きで成立したことは、桂の時代がすでに過去のものとなったことを如実に示す出来事だった。

ただし、山本内閣の成立に伴って政友会は過半数の議席を僅かに失っており、今回はきわめて僅差での予算案通過となった。桂内閣との対決において政友会は国民党と共闘を進めていたが、山本内閣の支持をめぐって両者の提携は断絶し、それに反対する尾崎行雄や岡崎邦輔ら二四名の政友会議員は脱党して政友倶楽部を結成した。[187] これで政友会の議員数は一八八名となり、依然として圧倒的な第一党でありながらも過半数に三名足りない規模となっていた。第三〇議会の当初には元田肇が予算委員長に選ばれていたが、元田の逓信大臣就任に伴って後任の予算委員長の人選が必要となり、政友倶楽部や国民党との交渉を経て井上角五郎が後任の委員長になった。[188] この後任人事と並行して開かれた予算委員会総会は野党議員が次々に質問を行い、僅か三日間の審議のみで分科会へと移っていった。政府は同一の予算案を提出した理由を時間の切迫に求め、行政整理で捻出する金額は現時点では確言できないという立場を取った。これでは野党議員は実質的な対案を提示しがたく、やむなく桂内閣が五〇〇〇万円から六〇〇〇万円の行政整理の実施を明言したことを根拠にして、第二次西園寺内閣の調査額よりも大規模な行政整理を行うように政府に迫っていった。

それでも採決の場面では政友会と対峙する野党各派の力が結集したことで、いずれもごく少数の差での予算案通過となった。当初は政友会内にも予算削減の査定を施すべきだとの意見があったが、三月六日の閣議の後に山本・高橋・原・松田が政友会幹部や井上委員長と会合して政府原案での通過を説いた効果もあって、一一日と一二日の政務調査会・予算委員連合会と代議士会で原案通過の方針が議決された。[189] そして翌一三日に各分科会で可決され、一四日の予算委員会総会と一五日の本会議を共に僅差で通過する。前年までと同様、野党勢力は分科会での討論を避け、委員会総会において次々に「天引き修正」案を提出する戦術を採った。まず国民党が約九四〇〇万円の削減を求める修正案を出し、続いて桂新党への賛同者たちが約一億二〇〇〇万円の削減案を、そして政友倶楽部も約五〇〇〇万円の削減案をそれぞれ提出する。[190] さらに同志会の早速整爾からは予算案を政府に返付して再編成を促す動議が出された。[191][192] これらの提案時には、井上角五郎が早速の動議について「決を採る時には一番に葬って上げます」という失言を行って議場が紛糾し、休憩を挟んで委員長を辞任する混乱も生じた。[193] この時点では予算委員会総会の総数六三名のうち、政友会議員は委員長を含めて三一名に過ぎず、野党各派と無所属議員を合算すると三二名の過半数となる情勢であった。そこで原の働きかけによって無所属の日向輝武が予算委員を急に辞任し[194]、さらに採決の最中にもかかわらず同志会の三谷軌秀の場所に元田肇が近づいて反対から賛成へと寝返らせる説得工作を成し遂げて、賛成三一票、反対三〇票の一票差での可決にこぎ着けた[195]。翌一五日の本会議では、前日の元田工作への批判が同志会の小泉又次郎や国民党の増田義一から展開され、さらに予算委員会総会と同じく早速の予算返付論、国民党・桂新党・政友倶楽部の各修正案が再び提出されるものの、全て少数で否決された。肝心の予算案は賛成一八六名、反対一八一名の五票差での可決であった[196]。当日の政友会の出席議員は議長を含めて一八四名であり、薩派の山之内一次内閣書記官長の働きかけで同志会の松方幸次郎が賛成に回った他に、無所属議員二名が賛成したことで一八六票となった。それでも政友会以外の各派は連合して反対しており、上記の三名を除いても総数は一九〇名を超えていた。結果的には政府側の説得工作などで三谷軌秀を初めとする一〇名の欠席者や退場者が現れたことで、予算案は際どいながらも通過しえたのだった[197]。

貴族院での予算審議は、僅か一〇日間の短期日程で進められた。前の第二八議会でも政友会内閣による複数年度の予算編成方針に関して貴族院は西園寺首相に言明を迫った経緯があり、今回も同じく田健治郎は予算案が想定していない大正二年度での減税を一部実施することを危惧し、五〇〇〇万円の行政整理や翌大正三年度での陸海軍拡張の実施を政府が明言するように山本首相に求めていた[198]。しかし山本は行政整理の金額も国防問題もいずれも現段階では確言できないという立場を堅持し、首相から明確な答弁を引き出せないままに幸倶楽部は予算案の原案通過を認めた[199]。会期末になって衆議院で審議中の所得税改正案が政友会の意向によって大正二年度から実施するように修正される見込みが高まると、予算案の算定した歳入額が減少することがほぼ確実となり、厳密には大正二年度予算案は収支均衡が釣り合わなくなる可能性が高まった。そこで山本首相と田の交渉を経て、山本の予算委員会答弁をもとにして大正二年度での行財政整理の確実な実施を求めるという付帯決議を伴う形で、予算案は全て原案での貴族院通過となった[200]。第二八議会の時と比べて、これらの審議過程に桂はおよそ影響力を行使できず、今回は貴族院団体が山本首相との交渉を自律的に進め、修正無しの予算案可決を実現させていた。

このように政友会が主導して大正二年度予算案の審議が進むのにあわせて、第三〇議会からは政友会議員による鉄道要求の噴出も一定の範囲内に収斂する傾向を示していく。前回までとは異なり、今回からは鉄道建議の数は減り、提出される路線も固定され、他党との喧しい討論も見られなくなった[201]。例えば、これまで何度も政党間対立が顕在化していた羽越線については、村上から秋田までの速成を唱える「羽越沿岸鉄道建設に関する建議案」が斎藤宇一郎の修正案を取り入れて全会一致での成立となっている。斎藤の提案は鉄道敷設法の文言と統一させるために秋田県本荘経由であると明記する微修正であったが、前回までの激しい対立を踏まえればこれは鉄道要求の噴出が一段落を迎えたことを象徴していよう[202]。これらは政友会内閣がしばらく続く見込みが高まったことで、鉄道要求にも一定の統制が掛けられたものと考えられる。

大正三年度予算編成過程

こうして懸案の大正二年度予算案は原案通りで成立し、大混乱の生じた第三〇議会は通例の三月下旬に閉幕した。桂内閣の編成した予算案を独力で成立に導いた政友会内閣は、そこで引き継いだ方針に則って次の大正三年度予算案を滞りなく作成していく。これは政友会による国家財政統合を確立する予算編成となった。

まず第三〇議会の閉会直後から、山本内閣は行政整理の実施を急いで進めた。議会閉会の翌日三月二八日の閣議では、議会中の山本の宣言通りに第二次西園寺内閣の立案を基礎とする方針が確認され、全ての省の整理案が出そろわなくても決行することが決まった[203]。これにより二個師団増設問題の時のように、陸軍が整理案の提出を拒んで新規要求を交渉する作戦は採りにくくなった。そして山本内閣は、四月から五月にかけて精力的に調査を行い[204]、六月一三日の閣議で行政整理案の発表を決め、その日のうちに政友会の政務調査会などを通じて公表に踏み切った[205]。節約する金額は約七〇〇〇万円に達し、西園寺内閣の調査による約三七〇〇万円を大きく上回る財源捻出となった。この前には知事の大規模な更迭も行われ[206]、さらに行政整理によって官吏人員も大幅に削られたことで、行政機構に対する政友会の強い統制力をアピールする効果を持った。

この課題の達成を受けて、原は松田と共に大臣を辞職して、閣外に去る意向を洩らし始める[207]。おそらくその狙いは内閣と議会をつなぐ役割を担い、政友会による国家財政統合をより強固にすることにあったと考えられる。実際には山本の慰留によって原は閣内に留まり続け、これから大正三年度予算編成での統合主体として圧倒的な力量を発揮する。それは以前の桂の姿を彷彿させるものであった。そしてこの予算編成は過去二年間のような大波乱もなく平穏な帰結となる。奇しくもそれと時を同じくして大正二年一〇月に桂は死去し、さらに同じ頃に松田も胃癌に倒れ、翌年にはこの世を去っていく。

大正三年度予算案はもともと西園寺内閣時の大正二年度予算案に相当し、行政整理による財源を用いて減税や国防、生産的事業に着手することが求められた。そして西園寺内閣と同じく、山本内閣もまた陸軍の二個師団増設要求に慎重に対処しなければならなかった。陸軍側には大正三年度における増師着手を目指すべきとの意見も多く[208]、新任の楠瀬幸彦陸相に対して宇都宮太郎は強い増師要求を期待していた[209]。しかし山本と原は当初より大正三年度での二個師団増設を行わない方針を固め、七月末の閣議で高橋蔵相が翌年度予算編成の方針を提議すると九月下旬まで編成作業の着手を延期するように導いた[210]。この間に楠瀬陸相は松田と接触し、大正三年度では提出のみに留め、翌四年度での実現を模索する動きを見せている[211]。前年のように閣外勢力を利用して増師賛成の気運を高める方法を陸軍側は取ることはできず、原たちの推し進める方針に受動的に対応していた。

この大正三年度予算編成は、行政整理による財源捻出によって、従来よりも財政上の余裕が大きい状況で始められた。したがって高橋は陸軍の拡張要求に比較的好意的な態度を示していた。しかし原は大正三年度での着手に強く反対する姿勢を保ち、一〇月六日に山本と面会した際には大正四年度での予約すら認めない意見を述べている[212]。こうした状況について原は日記に「余〔原〕と松田が承知すれば何んでも出来る様に陸軍側にては云ひ居る由[213]」と記している。他方で田中義一は寺内正毅に宛てた二通の書簡の中で、政友会に関して以下のような不満を書き送っている。「陸軍問題は此偲陸相、首相間の曖昧なる処置に放任し、陸軍が原、松田の膝下に趨るが如き状体と相成ては由々敷く、陸軍の威信を損し成立の根本を破壊し、自ら陸軍を政党の渦中に投するに等しかるべく〔後略〕[214]」、「首相は海軍の首相にあらずと云ふ態度を装ふて超然の位置に立ち、陸軍をして直接政友会に交渉せしむる如き誠意なき仕組を為し、陸相は此陥井を覚らずして前便云ふ通り、原、松田の気息を伺ふと云ふ有様、若し此偲陸軍の主張を屈すれば全然陸軍を挙げて政党之渦中に投することと相成候事〔中略〕昨今の問題は増師にあらずして大権の問題に推移し、陸軍は今将に政党の陸軍たるの偏を作らんとする危機に迫り居り候[215]」。昨年の二個師団増設問題と比較すれば、政友会による国家財政統合が一層確立した状況がここから顕著に見て取れるだろう。

このように陸軍拡張要求の交渉が粛々と進行する最中の大正二年一〇月一〇日に、桂太郎はその生涯を閉じる。第三次桂内閣の崩壊後、しばらくは新党結成に向けた活動を続けていた桂だが、すぐに体調を悪化させ、長らく病床に伏せていた。死期の迫った一〇月八日に原が桂を見舞い、これが両者の最後の会談となる[216]。だがこの時すでに桂は言葉を発することができない状態になっていた。かつて予算交渉の場面で丁々発止と渡り合った両雄は、冷厳な時間の流れを痛感したことだろう。もっとも原は桂の死を冷静に見つめており、この訪問の前日には「桂が自分の心中を知る者は独り原のみなりと云ひたる趣、秋山定輔内話せし由なるも、余〔原〕の知れる桂と、桂が知れりと思ふ桂とは如何なるものなりしや不明なり[217]。」という感想を日記に残している。桂の予算交渉会方式は原の存在に支えられていたこと、そして原にとって予算交渉会方式は政友会内閣への通過点に過ぎなかったことが、この記述から改めて確認できよう。

一一月に入ると閣内での予算編成は本格化し、一一月四日には財政方針が閣議決定される。楠瀬陸相が増師提案を控えている間に、斎藤実海相は「海軍軍備補充計画実施の議」を閣議に提出して、戦艦七隻、巡洋戦艦二隻などの建造費約三億五〇〇〇万円を要求していた[218]。これを踏まえ、大正三年度での新規海軍拡張の着手が決まり、その具体案と鉄道拡張計画が追って提出されることとなった[219]。すると各責任者は次々に原を訪問し、閣議提出前に具体案の協議を行っていく。一一月九日には斎藤実海軍大臣が原のもとを訪ねた。ここで原は明治四五年度予算で決定済みの既定三艦の九〇

○○万円のみに留めるように主張した[220]。その前日八日には鉄道院総裁の床次竹二郎もまた原を訪問していた。内閣は鉄道事業費に外債を用いる方針を決めており、その募集額について大蔵省は毎年三○○○万円と見積もっていた。床次は毎年三五○○万円への増額を主張するも、原は大蔵省の算定に従うべきだと説得している[221]。また一七日には大演習先の名古屋で楠瀬が原を訪ね、増師案について協議した。ここでも原は大正三年度での実施は難しいと主張し、楠瀬に陸軍内部を説得するように促した[222]。これらはいずれも原が拡張要求の抑制に努めていた事例として位置づけられる。

この三つの拡張要求は、以下のように閣内で取りまとめられた。まず海軍拡張は一一月二七日の閣議で約一億六○○○万円の新規計画を盛り込むことで合意される。これより前の二一日の閣議では、斎藤の提案を受けて、高橋蔵相から三つの具体案が提示された。それらは、既定三隻の九○○○万円、斎藤案の三億五○○○万、斎藤案を三期に分割した約一億三○○○万円の三案であり、海軍側の今後の交渉は約一億三○○○万円にどれだけ増額できるかに事実上絞られた[223]。斎藤は約二億二○○○万円から三○○○万円程度への上積みを求め、山本首相も約一億八○○○万円という数字を折衷案として提示した。これを経て約一億六○○○万円という金額が二八日に確定する。原は既定の九○○○万円に四○○○万円追加する約一億三○○○万円までは同意したものの、さらなる大正六年度からの戦艦一隻の建造費三○○○万円の増額には難色を示し、議会審議によっては削減する余地について予め斎藤から内諾を得ている[224]。もっとも高橋は二億一○○○万円程度までの増額を認めようとしたようであり、一億六○○○万円への減額は原の「横暴議論」の結果であると、海軍次官の財部彪は日記に記している[225]。

次に陸軍拡張は、やはり大正三年度の着手が見送られた。原の説得が困難だと考えた楠瀬は大正三年度に増師案を提出しない方向で陸軍内を説得する意思を固め、そのためにも翌四年度での実施可能性に関する原の内約を欲していた[226]。原は「陸軍側にては内閣は更迭するものとして、首相の言質よりも政友会の同情を切望する事情なるが如し[227]」との分析を日記に残している。そして一一月二八日に概算が閣議決定された後、一二月二日の閣議において、楠瀬が増師の趣旨説明のみを行い、山本や原がそれを預かり置く発言をしてこの要求は先送りされた。

また鉄道計画についても必ずしも大規模な拡張案とはならなかった。行政整理で捻出した財源は生産的事業にも充てられるものであり、政友会の政務調査会の内閣部会と大蔵部会は連合して独自の鉄道拡張案を取りまとめていた[228]。そして大正三年度予算案の概算決定を受けて、一二月一日に政務調査会の総会を開き、「帝国鉄道経営に関する向後の方針は帝国鉄道の純益に加ふるに公債募集金を以てし、毎年少くとも七千万円を支出し、其建設改良を速成することを要す」との決議を採択した[229]。これが政府の予算編成への圧力を意図したことは明らかであり、公債募集に基づき約五億二六〇〇万円を一〇年間で追加する大拡張計画が併せて発表されていた[230]。しかし政府はこの年度では鉄道事業費の拡張案は提出せず、一二月五日の閣議では既定計画の範囲内での財源捻出方法を大蔵省との協定に沿って進めることが確認された[231]。そして九日の閣議で毎年三〇〇〇万円の外債を鉄道資金に用いることが決定する。既述の通り、この毎年三〇〇〇万円は大蔵省案を原が支持した結果であり、政友会政務調査会の毎年七〇〇〇万円の鉄道事業計画が約五一〇〇万円の公債募集を見込んでいたことと比べれば、一定の抑制が行われたものと評することができる。

第三一議会における予算審議

以上のように原を中心に編成された大正三年度予算案は年末から開かれた第三一議会に提出された。周知の通り、この議会はジーメンス事件によって大混乱に陥り、予算不成立のまま閉会し、会期末には第一次山本内閣は総辞職を余儀なくされている。ただし争点となったのは海軍拡張計画だけであり、残りの予算は全て原案のまま両院を通過している点に注意すべきであろう。民衆運動の高揚の最中であっても、これまで確立してきた政友会を中心に予算成立が図られる仕組みは、少なくとも衆議院では十分に機能していた。それ故に原にとってはこの議会も従来の延長線上に位置づけられるものとして認識され、議会終盤においていよいよ後継首相に就任することに意欲を示したのだと思われる。この経過を締めくくりとして略述する。

ジーメンス事件の疑惑は衆議院予算委員会での審議が始まってから徐々に拡大した。大正三年一月二一日の衆議院本会議で審議入りした予算案は、翌二二日から予算委員会総会での議題となる。そして二三日朝の時事新報にジーメンス事件の第一報が掲載されると、同日の予算審議で島田三郎がその疑惑に初めて言及した(232)。週末を挟んだ二六日の審議でも島田がこれを再び取り上げ、翌二七日の審議で加藤政之助、守屋此助、小山谷蔵などの野党議員が次々に質問を展開した(233)。こうしてジーメンス事件への関心が次第に高まり、予算審議が分科会に移った二九日には本会議でジーメンス事件に関する集中審議が行われている(234)。ここで早くも野党勢力は政府との全面対決の日付を二月一〇日頃と定めてその準備を進めていた(235)。これは予算委員会での審議が終わり、本会議で予算案が審査される時を狙って激しい対決を引き起こそうとする戦術であった。

こうした中、政友会は従来通りの方法で予算審議を進行させていた。各分科会での審議が終わりに近づいた二月五日に政友会所属の予算委員が集結して査定案を取りまとめ、六日には同予算委員と政務調査会の連合会が開かれる(236)。ここで海軍拡張予算への異論が起こり、原が政友会を代表して政府と交渉する方針が決まった。久しぶりに予算の交渉役を務めることになった原は、七日に山本首相や斎藤海相と会合して、予算編成時から事前に内諾を得ていた三〇〇〇万円分の削除を実施することで同意を得る。その後の政友会代議士会では既定の九〇〇〇万円以外の新規七〇〇〇万円分を全て削るべきという意見も上がり、各団体の代表者を交えた協議の末に、原の交渉に一任することが決まった(237)。もっとも八日には三〇〇〇万円の削減でまとめる方針で原と政友会幹部は合意しており(238)、野党勢力の主張する七〇〇〇万円削減論に原たちが与する意思は無かった。そして翌九日の原と山本と斎藤の交渉会で予定通り三〇〇〇万円の削減が決まり、それが代議士会で支持された後に、予算委員会の分科会及び総会で即日修正される議決がなされた(239)。

当初の予想通り、衆議院本会議での予算審議は白熱したものとなった。二月一〇日の本会議において、立憲同志会と国民党はそれぞれ修正案を提出し、さらに中正会は予算返付動議を提出する。また予算審議に入る前には野党代表者が連名で内閣弾劾決議案を提出し、ジーメンス事件に関する激しい討論が交わされた。これは結束した政友会によって一六三名対二〇五名で否決される。この日の議事堂には約三万人の群衆が押し寄せ、警察官との間で衝突も発生していた(240)。

それでも一二日の衆議院本会議で政友会は各党の修正案を次々に否決し、海軍拡張費三〇〇〇万円のみを削った予算委員会の査定案を強引に通過させた(241)。

もともと内閣の一員である原が衆議院多数党を代表して政府と予算交渉すること自体がやや不自然であり、またその結果として小規模な予算削減のみを多数党の力で押し切ったことは疑惑隠しとの印象を拭えなかった。こうした政友会の行動について田健治郎は政府党が多数を恃んで「正義公論」を総て抑圧するものと厳しく批難している(242)。そして予算案が貴族院に回付されるや即座に新規拡張費の七〇〇〇万円削減に向けて活動を始め、今こそ貴族院本来の役割を果たすべきだと力強く主張した(243)。貴族院での予算審議は冒頭から対決姿勢を鮮明に打ち出したものとなり、政府との歩み寄りの余地はほとんど無かった。三月九日の予算委員会総会で七〇〇〇万円削除の修正査定が決まり、それが三月一三日の本会議で二四〇名対四四名の大差で可決された(244)。

この混乱の渦中にいた原は、こうした貴族院の反対を利用して、山本に対して政権移譲の交渉を始めている。九日の貴族院予算委員会の査定を経て、翌一〇日に山本と会談した際には、原はなるべく予算成立を図ることで山本と一致していた(245)。しかし一三日の貴族院本会議での議決を受けて開かれた政友会幹部の協議の席では、山本が原に政権を譲る意思があるならば貴族院の修正を受け入れて予算を成立させ、山本にその意思がない場合は無理に成立を図らない方針が話し合われている(246)。そして原は翌一四日に山本に対して「予算を成立せしむると否とは政友会の考次第なり」と告げて、両院協議会への対応策を話し合いつつ政権移譲交渉を事実上始めた。一五日の政友会幹部の協議を経て、一六日には原を除いた院内総務たちが山本を訪問し、原を後継指名するように迫った(247)。両院協議会が開かれた当日一九日にも同時に開催された閣議の席で交渉が続けられたが、山本は政友会の求めに最後まで応じなかった。そして両院協議会では衆議院査定案が一〇対九で通過し、これで予算不成立の可能性がきわめて高くなった。

これを受けて三月二〇日に、山本は近いうちに政権を去り、後継首相の候補者として原を推薦する意向をついに表明する。その後も総辞職の時期に関する交渉が行われ、二三日には両院協議会案に関する衆議院と貴族院の議決が割れて停会命令が下り、まだ議会開会中の翌二四日に山本が辞表を提出して原を後継首相候補に推薦した。(248)こうして全閣僚が辞表を提出し、さらに予算が不成立のまま、第三一議会は三月二六日に閉会された。

この間の原の行動は、やはり性急だった感が否めない。二月九日の予算交渉会の開催も、また三月一四日以降の予算協賛権を圧力とする政権移譲交渉も、桂内閣が相手ならば十分に成り立ちうる戦術だっただろう。しかし、この山本内閣は政友会を中心的な構成主体としていた。その閣内にいた原が擬似的な予算交渉や露骨な政権交代要求を行うことは、予算編成の責任を蔑ろにしてしまう行為だったように思われる。確かに桂の時代は幕を閉じ、代わりに政友会が予算成立の権限を集約する時代へと移っていた。しかしこの仕組みは、やや窮屈な、硬直した印象を外部に与えるものだった。政友会の意向に反する予算成立は難しく、編成過程と審議過程において原の役割は確実に大きくなった。それ故に、桂内閣を打倒しても新規予算がさほど伸びるわけでもなく、また大規模な減税が実施されるわけでもない状況への不満は、原に率いられた政友会に集中した。こうして原の意欲にもかかわらず、次期首相の大命は、まず貴族院を代表する徳川家達と清浦奎吾に降下し、その拝辞後には非政友会の筆頭格である大隈重信に再び下ることになったのである。

終　章　桂太郎の政治指導と政党内閣の確立過程

予算交渉会方式の到達点と限界

本書では、明治三三年の立憲政友会の創設から大正三年の第一次山本権兵衛内閣の終焉までの期間を対象に、政党内閣の確立過程における予算政治の展開について考察した。特にこの時期に内閣総理大臣を長く務めた桂太郎の政治指導に注目し、彼が「立憲的動作」と位置づけた予算交渉会の具体的経過を詳しく追跡した。それにより、桂の長期政権下で予算が円滑に成立する慣行が徐々に形成されたことを明らかにし、また政友会を中心とする政党勢力が台頭する態様を予算政治の展開に引きつけて理解する視角を提示した。これらの叙述を通して、国家財政の制約下において桂が長期政権を実現したこと、やがてはその安定的な体制が崩壊に至ったこと、そして藩閥から政党へと国家統治主体が漸進的に移行したことが改めて確認された。

分立的な統治機構を定めた大日本帝国憲法の下で毎年度の予算を成立させるためには、多元的な政治主体が協調する慣行が不可欠であった。この慣行の重要性を強く認識していた桂は、自らが内閣総理大臣を務めていた時に、衆議院多数党の政友会幹部との間で予算交渉会をくり返し実施し、その緩やかな制度化を推し進めていった。第一次桂内閣期の政治対立の中で始められた予算交渉会は、第二次桂内閣期においてより定期的に実施されるようになり、大混乱の第三次桂内閣期でも最終局面でその開催が模索されていた。桂はこの慣行を「立憲的動作」の一つであると意義づけ、それを積極的に運用することで長期政権を成し遂げ、その行き詰まりによって政治的役割を終えることになった。

「立憲的動作」という言葉に現れるように、桂の政治指導は大日本帝国憲法を遵守しつつその枠内で展開される、やや地味かつ平静なものであった。それには明治国家を建設した伊藤博文・山県有朋・井上馨という長州出身の先輩の活躍を間近で眺めながら、彼等の作った国家機構の整備を通して立身出世を遂げていった桂の世代的位置が多分に関係している。年齢を重ねた明治国家の創業者が次第に役割を分化させて独力では国家統治を担えなくなった時に、桂は彼等との協調関係を維持しながら憲法で定められた分立的な統治機構を束ねる使命を負った。制度創業者の影響力が多方面において残る中、その複雑な利害関係を冷静に計算しつつ自らが統合の中心となるべく、桂は柔軟かつ積極的に行動してその重責を長期間担い続けた。制度の創設、あるいは制度の改革といった元老集団の華やかな政治指導とは異なるが、制度の運用によって政権を安定させた堅実な政治指導の好例として、桂の予算交渉会方式は注目に値するものであろう。

もっとも利害関係の調整や国家機構の統合はあくまでも政治権力の作用であり、より高次な目標を実現するための手段の問題に過ぎない。それでは桂にとって政治権力を運用する目的は一体どのようなものだったのか。財政整理の実現がその重要な目的の一つだったことは間違いない。総じて桂は多額の公債発行に依存する国家財政の運営に批判的な人物であり、それを財政上の「進歩」と「退歩」という対概念で方向付けて認識していた。第一次西園寺内閣への介入も、第二次桂内閣期の蔵相兼任も、あるいは第三次内閣期の新党構想も、その背後に財政整理という目的を一貫して見出すことができる行動である。そして桂にとって予算交渉会方式は、政友会が国家財政の制約を受け入れて政権運営のパートナーとなることを促すための手段として位置づけられるものであった。

しかし、財政整理は消極的という外部からの批判を受けやすい。経済活動の拡大に伴って国家財政の規模が膨張することはいわば自然の趨勢であり、これに抗おうとする歳出削減策について人々は総論賛成各論反対という態度で接することが多い。そして痛みを伴う財政整理の先にある新たな希望を示せなければ、消極政策への不満は積もり続けることになる。桂の言説はこの点で物足りなさを拭えなかった。確かに財政整理は一定の成果を収め、予算交渉会方式は洗練されていった。そしてそれが完成に近づいた時、次なるビジョンを桂は十分に提示できなかった。課題の達成により強固な政権基盤を築いたように見えた桂は、独自の制度的基盤を持つ陸軍や海軍、あるいは政友会からのさらなる積極要求に次々にさらされ、二度の安定政権とは対照的に第三次内閣をきわめて短期間で崩壊させてしまう。

おそらく桂も自らの政治指導が次第に縮小再生産される状態には焦りを感じていたのではないだろうか。第一次桂内閣期には衆議院の停会や解散、あるいは日露戦争といった数々の危機をくぐり抜けた桂が、次の第二次桂内閣が発足した当初において「一視同仁」方針をふいに強調し、新たに後藤新平を抜擢しようとしたことは、何とかして第二次政権に躍動感を与えようとした試みだったのであろう。また第二次西園寺内閣の自律化傾向を見て急に外遊に着手し、その後も拙速な新党構想に深入りしていく過程からは、洗練された自身の政治指導が徐々に効力を失いつつある状況への桂の危機感を強く読み取ることができる。第二次桂内閣の末期から第三次桂内閣期にかけての顚末を踏まえれば、これらの初動段階での模索が功を奏さなかった影響は決して小さくなかった。

そして桂は内閣総理大臣を辞めた後に国家の元老として君臨するには責任感が強過ぎる人物であった。後任の西園寺内閣の施政にも影響力を及ぼそうとすれば、後継者との間で中途半端な連帯責任を負うことになり、自分が再び政権を担当する際の選択肢を狭めてしまう。他方で後継者たちは桂の介入を決して快くは思っておらず、次第に自律化していくことは半ば不可避である。それにもかかわらず、桂は国家財政統合への関与を止めようとはしなかった。これは財政整理の困難と重要性を信じ続け、たとえ不人気政策であっても自分の課題をそこに見出した政治指導者の強固な意思の現れに他ならない。この点で桂は、伊藤・山県・井上といった元老集団と比較すれば、やや散文的性格が顕著であった。政権から暫時離れても結束できる独自の人脈作りに桂はあまり関心を示すことなく、常に次なる政策課題への対応を考えることに興味を持ち続けていたように思われる。大日本帝国憲法下における最長期政権と最短政権を同一人物が兼ねたこと、そして自らの政治的役割の消滅とほぼ同時にその生命を終焉させたことは、やはり象徴的である。

政友会の台頭と予算政治の展開

また桂の退場を引き起こした政友会の台頭過程について、本書は予算政治の観点から体系的な分析を試みた。この期間には桂による予算交渉会方式がくり返されるのに伴い、そこに参加する政友会幹部の交渉スタイルも次第に洗練され、予算支持の代わりに鉄道要求を一元的に突き付ける方法が確立していった。予算成立を重要視するために予算交渉会の制度化を図った桂の政治指導は、衆議院の予算審議を統制できる政友会の役割を逆説的に向上させることになったのである。こうして政権を奪取した政友会は、予算編成過程を幹部で主導しつつ次年度以降の拡張の期待感を維持することに努める戦術を次第に整えていく。このように在野時の予算審議過程と政権与党時の予算編成過程を連関させて把握することで、この間の政友会の台頭は地方利益要求を直接的に充足していなくても次年度以降の予算案を成立させる権力を集約することで促された現象であることが判明した。大日本帝国憲法で衆議院に付与された最大の権限は予算審議権であり、政友会を中心とする政党内閣の確立過程はこれらの予算政治の展開に結びつけて理解されるべきだろう。

確かに原敬たちに統率された政友会は、他の政治主体と比べてひと際有利な位置にあった。在野時には予算審議権を多数の力で占める一方で、国家財政の制約を考慮する行政府に対して積極政策要求を独占的に提示し続ける。その圧力によって政権を獲得した後には予算編成権の掌握を図り、在野時に高揚された地方利益要求を選択的に充たしていく。複数年度の予算編成を提唱すれば次年度以降の予算拡張の期待感をつなぎ止められ、それが政友会内閣の基盤をより強固なものとする。仮に一度政権を離れても次期政権が非政党内閣となれば、再び予算交渉の場面で積極政策を打ち出して次期政権の有力候補の地位を確保できる。この一度政権を離れても独自の制度的基盤に依って復権を狙える選択肢の有無が、桂と政友会を分岐させた最大の相違点であった。

しかしこの方式はやや窮屈で、硬直した印象を拭えないものであった。鉄道政策の事例を見ても、政友会を支持しなければ鉄道が建設される可能性は低くなるが、政友会内閣ができたからといって即座に鉄道が通る保証は必ずしもない仕組みとなっている。そして政権獲得後の政友会が限られた予算をいかに配分するかはしばしば不公平な外観を呈した。

厳しい国家財政の状況を背景として、桂と同じく原敬もまた第一次山本内閣で予算を決定する権限を一手に集中させていた。それは鞏固な政治指導を可能にしたが、同時に諸方面からの批判を一身に浴びる危険性も高めた。こうしてジーメンス事件を発端として原の主導する政治体制を一度打破しようとする不満がいよいよ高まり、政友会内閣に代わるもう一つの政党内閣を創出する可能性が真剣に検討され始めたのだった。その道は決して平坦ではなく、この後に二大政党間での激しい競合がくり広げられたことは、本書が対象とした期間における予算政治の展開においてすでに予兆が見て取れるものであった。

吉野作造が「民衆的示威運動を論ず」という有名な論文を脱稿したのは、第三一議会の貴族院本会議で海軍予算が大幅に削られた翌日の大正三年三月一四日のことである(1)。この論文で吉野は、一方では二年連続で大規模なデモが発生したことを民衆が政治に自覚的になった喜ぶべき現象であるととらえ、他方においてこれらの民衆運動は政府反対を唱える一部の煽動家によって引き起こされたものだと批判的な評価を下している。このように不健全な方向にも進んでいる憲政をより健全な方向に発展させるために、吉野は政党内閣の樹立を提唱し、そして政友会内閣に対抗できる別の政党勢力の育成を説いた。その際に吉野は、貴族院予算委員会や衆議院予算委員会における政友会以外の議員の質問を好意的に取り上げ、民衆の支持に基づく政党間の討論によって政治を活性化させる新たな憲政構想を提示している。政友会による予算審議の形骸化を嘆き、民衆が議会での議論を日々注視していくことが憲政の発達に通じる道筋の一つだと示そうとする意図を、そこから読み取ることができよう。そしてそれは桂太郎の新党構想に賛同した後継者たちが目指した方向性とかなりの程度重なっていたものでもあった。

注

【序　章　大日本帝国憲法下の予算政治】

（1）明治三四年五・六月の西園寺公望、大正五年一〇—一二月の寺内正毅といった短期の兼摂は除外してある。

（2）松方は第一次伊藤博文内閣・黒田清隆内閣・第一次山県有朋内閣の蔵相を務めた後、続く第一次松方内閣で蔵相を兼任する。次の第二次伊藤内閣では五ヶ月ほど大蔵大臣に就き、引き続き第二次松方内閣でも蔵相兼任となる。高橋は横浜正金銀行頭取・日本銀行総裁を経て第一次山本権兵衛内閣の大蔵大臣となり、再び蔵相を務めた原内閣が倒れた後に自らの内閣で首相兼蔵相となった。

（3）宇野俊一校訂『桂太郎自伝』（平凡社、一九九三年）三三七頁。

（4）同右、三三七—三三八頁。

（5）同右、三三八頁。

（6）徳富猪一郎編述『公爵桂太郎伝』乾巻（故桂公爵記念事業会、一九一七年、以下『桂伝』乾巻と略記）第一編—第四編を参照。

（7）小林道彦『日本の大陸政策　一八九五—一九一四——桂太郎と後藤新平』（南窓社、一九九六年）、小林道彦『桂太郎——予が生命は政治である』（ミネルヴァ書房、二〇〇六年）。櫻井良樹『大正政治史の出発——立憲同志会の成立とその周辺』（山川出版社、一九九七年）。宇野俊一『桂太郎』（吉川弘文館、二〇〇六年）。近年発表された千葉功『桂太郎——外に帝国主義、内に立憲主義』（中公新書、二〇一二年）は、桂の予算問題への関心も重視する点において本書の視角と重なる部分も少なくない。

（8）坂野潤治『大正政変——一九〇〇年体制の崩壊』（ミネルヴァ書房、一九八二年）。

（9）三谷太一郎『日本政党政治の形成——原敬の政治指導の展開』（東京大学出版会、一九六七年）第一部第二章。

（10）坂野、前掲『大正政変——一九〇〇年体制の崩壊』。

（11）伊藤之雄「日本政党政治研究の課題」『日本史研究』第三四五号、一九九一年。伊藤之雄『立憲国家と日露戦争——外交と内政　一八九八—一九〇五』（木鐸社、二〇〇〇年）。

（12）注7の諸研究を参照。

【第一章　日露戦争前における政治指導者の世代交代】

（1）岩壁義光・広瀬順晧編『影印　原敬日記』第三巻（北泉社、一九九八年）一六七―一六八頁、明治三三年九月一一日。以下では『原日記』と略記し、日付のみを記述する。本書では『影印　原敬日記』第三―一〇巻（北泉社、一九九八年）を用いた。
（2）後の時代の事例では、大正二年の桂太郎による新党構想がこの点で問題視され、また昭和一五年の近衛文麿による大政翼賛会構想もこうした批判を考慮してその政党的性格を次第に弱めていった。
（3）『原日記』明治三三年一〇月六日。
（4）同右、一〇月九日、一〇月一〇日、一〇月一二日、一〇月一三日、一〇月一四日、一〇月一五日、一〇月一六日、一〇月一七日。「渡辺子爵事件に関する顚末」『政友』第一号（明治三三年一〇月一五日）附録。
（5）明治三三年一〇月一四日付、一〇月一六日付伊藤宛井上書簡、伊藤博文関係文書研究会編『伊藤博文関係文書』一（塙書房、一九七三年、以下『伊藤文書』一と略記）二四-三〇三、二八二―二八三頁、二四-三〇四、二八三頁。
（6）明治三三年一〇月一四日付伊藤宛渡辺書簡、伊藤博文関係文書研究会編『伊藤博文関係文書』九（塙書房、一九八一年、以下『伊藤文書』九と略記）一二七-二、一七五―一七六頁。明治三三年一〇月一五日付伊藤宛渡辺書簡、伊藤博文関係文書研究会編『伊藤博文関係文書』八（塙書房、一九八〇年、以下『伊藤文書』八と略記）四一七-八三、三三〇―三三一頁、四一七-八四、三三一頁。
（7）『政友』第二号（明治三三年一一月一〇日）八四頁。
（8）明治三三年一一月六日付、一二月一八日付伊藤宛渡辺書簡、『伊藤文書』八、四一七-八六、三三一―三三二頁、四一七-八八、三三二頁。
（9）明治三三年一〇月八日付、一一月一四日付、一一月一九日付伊藤宛桂書簡、千葉功編『桂太郎発書翰集』（東京大学出版会、二〇一一年、以下『桂書翰集』と略記）一四-一〇、三四頁、一四-一一、三四―三五頁、一四-一二、三五頁。明治三三年九月三〇日付山県宛桂書簡、『桂書翰集』九二-七、三七九頁。明治三三年一〇月二一日付平田東助宛桂書簡、『桂伝』乾巻、九四二―九四三頁。
（10）明治三三年一一月一七日付平田宛桂書簡、『桂伝』乾巻、九四五―九四八頁。
（11）『原日記』明治三三年一二月二一日。『政友』第四号（明治三四年一月一〇日）一〇―一一頁。
（12）『原日記』明治三四年一月二六日。『政友』第五号（明治三四年二月一〇日）三頁、七三頁、八三頁、八四頁。
（13）『原日記』明治三四年一月二八日。『政友』第五号（明治三四年二月一〇日）三―八頁。
（14）「官報号外　第十五回帝国議会衆議院議事速記録第九号」、『帝国議会衆議院議事速記録一七』（東京大学出版会、一九八〇年）所収、一〇〇―一〇二頁。以下、本書では帝国議会衆議院議事速記録を用いる際に、例えば当該頁のことを『衆本一五』一〇〇―一〇二頁と略記する。これは第一五議会の衆議院本会議の速記録に付された通し番号の頁数で一〇〇—一〇二頁を指している（なお、衆議院本会議の議事録については、議会成立前の議事録である「衆議院議事速記録号外」と、閉会後に作成された「衆議院議事速記録索引」には、それぞれ別の通し番号の頁数が付けられている）。衆議院本会議の速記録は、東京大学出版会版（第一七—二九巻、一九八〇—一九八一年）に収められたものを使用する。

(15) この時に憲政本党の増税反対派の三四名は脱党して、二月一八日に三四倶楽部を結成した。青森、秋田、山形、新潟、富山という日本海側の東北・北陸地方の選出議員や、京都・滋賀・愛媛の選出議員が多く参加している。

(16)『政友』第六号（明治三四年三月一〇日）八二頁。

(17) 同右。『原日記』明治三四年二月二日。

(18)『原日記』明治三四年二月四日。

(19)『衆本一五』五一頁。

(20)「第十五回帝国議会貴族院酒造税法中改正法律案外七件特別委員会議事録速記録第一号」『帝国議会貴族院委員会速記録一一』（東京大学出版会、一九八六年）四二一頁。以下、本書では明治期の帝国議会貴族院委員会議事録を用いる際に、例えば当該頁のことを『貴委一一』四二一頁と略記する。これは第一五議会の貴族院委員会議事録を収めた当該書籍に付された通し番号の頁数で四二一頁を指している。明治期の貴族院委員会議事録は、東京大学出版会版（第一一—二八巻、一九八六—一九八八年）に収められたものを使用する。

(21)「第十五回帝国議会貴族院議事速記録第十号」『帝国議会貴族院議事速記録一八』（東京大学出版会、一九八〇年）所収、一二三頁。以下、本書では帝国議会貴族院議事速記録を用いる際に、例えば当該頁のことを『貴本一五』一二三頁と略記する。これは第一五議会の貴族院本会議の速記録に付された通し番号の頁数で一二三頁を指している（なお、貴族院本会議の議事録については、冒頭に付された議員席次や議員の異動と、「貴族院議事速記録目次」にそれぞれ別の通し番号の頁数が付され、議会成立前の議事録である「貴族院議事速記録号外」から新たに通し番号の頁数が付されている。）貴族院本会議の速記録は、東京大学出版会版（第一八—二九巻、一九八〇—一九八一年）に収められたものを使用する。

(22)『貴本一五』七五—七八頁。『貴委一一』三九三頁、三九四—三九六頁、四〇三—四〇五頁。

(23)『貴委一一』四〇八—四〇九頁。『貴本一五』一一一—一一二頁。

(24)『貴委一一』四一〇—四一二頁。

(25) 明治三二年度から三・三％に引き上げられた地租は五年間の期限が終われば、明治三七年度から二・五％に戻されることになっていた。これが後の明治三五年の第一七議会で大きな争点となる。詳しくは第一章第三節で論じていく。

(26) 明治三四年一月二二日付伊藤宛渡辺書簡、『伊藤文書』八、四一七-九七、三三五―三三六頁。
(27) 『衆本一五』一六頁。
(28) 『貴委一一』三九三―三九四頁、四〇三頁、四一四頁。
(29) 近衛篤麿日記刊行会編『近衛篤麿日記』第四巻（鹿島研究所出版会、一九六八年、以下『近衛日記』と略記して日付のみ記す。なお明治三五年の日記は第五巻〔一九六九年〕に収録されている。）明治三四年二月二七日。
(30) 同右、二月二八日、三月一日、三月二日、三月三日。『原日記』明治三四年三月二日、三月四日。
(31) 『原日記』明治三四年三月四日、三月五日。
(32) 同右、三月七日。『近衛日記』明治三四年三月七日。
(33) 『近衛日記』明治三四年三月八日。『原日記』明治三四年三月八日。
(34) 『近衛日記』明治三四年三月九日。
(35) 同右、三月一〇日、三月一一日。『原日記』明治三四年三月一一日。
(36) 『原日記』明治三四年三月一一日、三月一二日、三月一三日。『近衛日記』明治三四年三月一二日、三月一三日。
(37) 『貴本一五』一二五―一二六頁、一三三頁。『貴委一一』四三一頁。
(38) 『衆本一五』二三一頁。憲政本党三名、帝国党二名、三四倶楽部二名、日吉倶楽部一名、議員同志倶楽部一名、無所属一名による共同提出である。
(39) 『衆本一五』二四三―二四四頁、二五二―二五三頁。
(40) 『貴本一五』二一六頁。
(41) 『政友』第六号（明治三四年三月一〇日）八二―八四頁。『原日記』明治三四年二月三日。『衆本一五』四六―五一頁。
(42) 『衆本一五』二七八―二八〇頁。
(43) 『貴本一五』二六〇頁。
(44) 『衆本一五』三四三頁。『貴本一五』二六〇―二六一頁。
(45) 松下孝昭『近代日本の鉄道政策――一八九〇―一九二二年』（日本経済評論社、二〇〇四年）一〇四―一二六頁。
(46) 『政友』第四号（明治三四年一月一〇日）六頁。
(47) 『政友』第五号（明治三四年二月一〇日）一頁、二頁。
(48) 『政友』第七号（明治三四年四月一〇日）八四頁。

(49) 松下、前掲『近代日本の鉄道政策――一八九〇―一九二二年』一五四頁。
(50) 『政友』第七号（明治三四年四月一〇日）八四頁。
(51) 『原日記』明治三四年二月一四日。
(52) 同右、二月二二日。
(53) 『衆本一五』一四〇頁。重野は併せて「鉄道線路調査費に関する建議案」も提出した。
(54) 『衆本一五』一四〇頁。政友会五名と三四倶楽部の鈴木重遠（愛媛四区選出）による提出である。
(55) 『原日記』明治三四年二月二七日。
(56) 同右、三月四日。
(57) 『衆本一五』一四二頁、一九七―二〇〇頁。その他に三四倶楽部の議員団による鉄道敷設法改正案も提出された。『衆本一五』一七一頁、二二三―二二四頁。
(58) 「第十五回帝国議会衆議院鉄道敷設法中改正法律案外四件委員会会議録第一回」、『帝国議会衆議院委員会議録一八』（東京大学出版会、一九八七年）三〇一頁。以下、本書では明治期の帝国議会衆議院委員会議事録を用いる際に、例えば当該頁のことを『衆委一八』三〇一頁と略記する。これは第一五議会の衆議院委員会議事録を収めた当該書籍に付された通し番号の頁数で三〇一頁を指している。明治期の衆議院委員会議事録は、東京大学出版会版（第一八―七二巻、一九八七―一九八九年）に収められたものを使用する。
(59) 同右、三〇四―三〇七頁。『衆本一五』二八三頁。
(60) 『原日記』明治三四年三月三日、三月四日。
(61) 同右、三月一六日。
(62) 『衆本一五』二九六頁、三四四頁。『貴本一五』二九九頁。
(63) 「閣議案」、「渡辺国武関係文書」（国立国会図書館憲政資料室所蔵、以下「渡辺文書」と略記）三〇。『原日記』明治三四年四月五日。
(64) 「公債支弁鉄道事業中止に付上申」、「渡辺文書」四五。
(65) 明治三四年四月六日付伊藤宛渡辺書簡、『伊藤文書』八、四一七―一〇二、三三八頁。
(66) 『原日記』明治三四年四月五日、四月七日。「渡辺大蔵大臣に対する質問事項」、原敬文書研究会編、『原敬関係文書』第六巻（日本放送出版協会、一九八六年）六〇三頁。
(67) 『原日記』明治三四年四月七日。「公債事業繰延に関する伺」、「渡辺文書」二八。
(68) 「明治三五年度予算方針提議」、「渡辺文書」三八。明治三四年四月一一日付伊藤宛渡辺書簡、『伊藤文書』八、四一七―一〇三、三三八頁。『原日記』明治三四年四月一五日。
(69)「四月二十三日渡辺大蔵大臣提議写」『原敬関係文書』第六巻、六一五―六一八頁。『原日記』明治三四年四月二三日。
(70)前掲、明治三四年四月一一日付伊藤宛渡辺書簡。明治三四年四月一五日付伊藤宛渡辺書簡、『伊藤文書』八、四一七―一〇四、三三九頁。『原日記』明治三四年四月一五日。
(71)『原日記』明治三四年四月一九日。
(72)「渡辺大蔵大臣への反論（閣議申請）」『原敬関係文書』第六巻、六二三―六二六頁。『原日記』明治三四年四月二五日。
(73)「公債支弁事業中止に対する質問」『原敬関係文書』第六巻、六二八―六二九頁。
(74)「官業延期に関する財政意見」、「渡辺文書」三六。「内務・逓信両大臣意見要旨」、「渡辺文書」四〇。『原日記』明治三四年四月二六日、四月三〇日。明治三四年五月一日付伊藤宛渡辺書簡、『伊藤文書』八、四一七―一〇六、三三九―三四〇頁。
(75)明治三四年四月九日付山県有朋宛伊藤書簡、尚友倶楽部山縣有朋関係文書編纂委員会編『山縣有朋関係文書』一（山川出版社、二〇〇五年、以下『山縣文書』一と略記）一三一―一三二頁。
(76)明治三四年四月一三日付山県宛伊藤書簡、『山縣文書』一、一三二―一三三頁。
(77)『原日記』明治三四年四月一七日。
(78)同右、五月八日。
(79)明治二五年一一月二八日から翌二六年二月六日まで、負傷した伊藤首相の臨時代理を内相兼任で務めたことがある。
(80)『原日記』明治三四年五月一七日。
(81)明治三四年五月二三日付伊藤宛山県書簡、『伊藤文書』八、三九〇―一一〇、一四〇頁。
(82)『原日記』明治三四年五月一七日、五月一九日。
(83)明治三四年五月二五日付桂宛井上書簡、千葉功編『桂太郎関係文書』（東京大学出版会、二〇一〇年、以下『桂文書』と略記）一二―七、四六頁。同日付桂宛井上書簡、『桂文書』一二―八、四六―四七頁。
(84)明治三四年五月二七日付井上宛桂書簡、『桂書翰集』一六―二七、一〇九―一一〇頁。
(85)美濃部俊吉編『西湖曽禰子爵遺稿並伝記資料』（一九一三年）二〇―二三頁。
(86)『原日記』明治三四年五月一七日。
(87)明治三四年六月三日付桂宛井上書簡、『桂文書』一二―九、四七頁。
(88)「日記」（「阪谷芳郎関係文書」（国立国会図書館憲政資料室所蔵、以下「阪谷文書」と略記））六七〇所収、以下「阪谷日記」と略記し

て日付のみ記す。なお明治三八年から明治四一年にかけての日記は「阪谷文書」六七一所収）明治三四年五月三一日、六月一日、六月二日、六月三日、六月四日、六月五日。
(89) 明治三四年六月七日付井上宛阪谷書簡、「井上馨関係文書」（国立国会図書館憲政資料室所蔵、以下「井上文書」と略記）一五七―二。
(90) この外債募集の経過は、伏見岳人「国家財政統合者としての内閣総理大臣――第一次内閣期の桂太郎（明治三四―三九年）」『国家学会雑誌』第一二〇巻一一・一二号（二〇〇七年）一二一―一二四頁を参照。
(91) 明治三四年七月二六日付桂宛井上書簡、『桂文書』一二―一三、四九頁。
(92) 「阪谷日記」明治三四年八月五日、八月七日、八月八日、八月一三日。
(93) 明治三四年八月九日付桂宛井上書簡、『桂文書』一二―一七、五一頁。
(94) 「井上文書」六七七―一〇。この意見書の作成時期の推定は、伊藤、前掲『立憲国家と日露戦争――外交と内政　一八九八―一九〇五年』一〇七頁、注八八を参照。
(95) 『政友』第一〇号（明治三四年七月一〇日）六三―六四頁。
(96) 『政友』第一一号（明治三四年八月一〇日）六〇頁。
(97) 『原日記』明治三四年四月六日、四月九日、四月一六日、四月二三日。
(98) 田健治郎『財政意見』（一九〇一年）。『政友』第一三号（明治三四年一〇月一〇日）一〇―一六頁。『政友』第一三号（明治三四年一〇月一〇日）二七―三四頁。田は八月一二日に実施された衆議院兵庫三区の補欠選挙に勝利し、その後の政友会の財政政策を中心的に調査する役割を担っていく。
(99) 『原日記』明治三四年一一月二九日。
(100) 同右、九月一七日、一〇月一八日。
(101) 伊藤、前掲『立憲国家と日露戦争――外交と内政　一八九八―一九〇五』二九九―三〇〇頁。
(102) 『政友』第一〇号（明治三四年七月一〇日）六六頁。
(103) 『政友』第一三号（明治三四年一〇月一〇日）六九―七〇頁。伊藤、前掲『立憲国家と日露戦争――外交と内政　一八九八―一九〇五』三〇六頁。
(104) 五月三日の四国大会（『政友』第九号〔明治三四年六月一〇日〕七二頁）、七月二八日の東海大会（『政友』第一一号〔明治三四年八月一〇日〕六六頁）、九月二九日の関東大会（『政友』第一三号〔明治三四年一〇月一〇日〕七五頁）、一〇月二五日の北信大会（『政友』第一四号〔明治三四年一一月一〇日〕六二頁）、一一月一〇日の近畿大会と一一月二三日の東北大会（『政友』第一五号〔明治三四年一二月一〇日」八六頁）の六つである。
(105)『原日記』明治三四年一一月二七日、一一月二九日、一一月三〇日。『政友』第一五号（明治三四年一二月一〇日）六六頁。
(106)『原日記』明治三四年一二月一日。
(107)同右、一二月二日。『政友』第一五号（明治三四年一二月一〇日）六六頁。
(108)『原日記』明治三四年一二月三日。『政友』第一五号（明治三四年一二月一〇日）六八―七〇頁。
(109)『原日記』明治三四年一二月一一日。『政友』第一六号（明治三五年一月一〇日）七六頁。
(110)『衆本一六』一一―一三頁、一四―一六頁。
(111)『原日記』明治三四年一二月一二日。
(112)伊藤、前掲『立憲国家と日露戦争――外交と内政　一八九八―一九〇五』三〇九頁。
(113)『衆委一九』一〇頁。
(114)同右、一五―一六頁。
(115)『原日記』明治三四年一二月一四日。
(116)同右、一二月一五日。『政友』第一六号（明治三五年一月一〇日）七八頁。松下、前掲『近代日本の鉄道政策――一八九〇―一九二二年』一七四―一七五頁。
(117)『原日記』明治三四年一二月一六日。『政友』第一六号（明治三五年一月一〇日）七七―七八頁。
(118)『政友』第一四号（明治三四年一一月一〇日）六〇頁。『政友』第一五号（明治三四年一二月一〇日）八四頁。
(119)『原日記』明治三四年一二月一八日。
(120)『衆本一六』二三頁。
(121)明治三四年一二月一八日付井上宛桂書簡、『桂書翰集』一六―三八、一一四頁。
(122)『原日記』明治三四年一一月六日、一一月一〇日、一一月二六日、一二月四日。明治三四年一二月九日付伊藤博文宛伊東巳代治書簡、伊藤博文関係文書研究会編『伊藤博文関係文書』二（塙書房、一九七四年、以下『伊藤文書』二と略記）三二―五七二、四一二頁。
(123)『原日記』明治三四年一二月一五日、一二月一七日、一二月一八日。
(124)明治三四年一二月一八日付桂宛井上書簡、『桂文書』一二―二五、五五―五六頁。
(125)『原日記』明治三四年一二月一九日。『政友』第一六号（明治三五年一月一〇日）七九頁。
(126)『原日記』明治三四年一二月一九日。『政友』第一六号（明治三五年一月一〇日）六七頁。木下恵太「第十六・十七議会期における憲政本党」『早稲田政治公法研究』第五一号、一九九六年、八八―九五頁。
(127) 憲政本党編『第十六議会報告書』（憲政本党本部、一九〇二年）一一頁。
(128) 『政友』第一六号（明治三五年一月一〇日）七九―八〇頁。『原日記』明治三四年一二月一九日。残りは長坂重孝（東海）と野尻岩次郎（近畿）である。長坂は協議委員であり、私設鉄道新線助成案提出に関する建議案の提出者でもあった。
(129) 『原日記』明治三四年一二月二〇日、一二月二一日。
(130) 『原日記』明治三四年一二月二二日。
(131) 「第十六議会予算関係」、「平田東助関係文書（その一）」（国立国会図書館憲政資料室所蔵、以下「平田文書」と略記）書類の部二九-四、二九-六。
(132) 『原日記』明治三四年一二月二三日。『政友』第一六号（明治三五年一月一〇日）八〇―八一頁。
(133) 『原日記』明治三四年一二月二三日。
(134) 同右、一二月二四日。『政友』第一六号（明治三五年一月一〇日）八一―八二頁。
(135) 『原日記』明治三四年一二月二三日、一二月二四日。
(136) 同右、一二月二五日。
(137) 同右、一二月二六日。『政友』第一六号（明治三五年一月一〇日）八二―八三頁。
(138) 『衆本一六』五四―五五頁。
(139) 同右、五五―五六頁。
(140) 『衆委一九』八三―八四頁。
(141) 『衆本一六』八五―一〇二頁。
(142) 明治三四年一二月二五日付山県宛桂書簡、『桂書翰集』九二-一五、三八四―三八五頁。
(143) 『衆本一六』一六七頁。
(144) 『政友』第一七号（明治三五年二月一〇日）九三頁。
(145) 『原日記』明治三五年一月二七日。
(146) 『衆委二三』一七一頁。『衆本一六』一六三頁、一六七頁。
(147) 『政友』第一七号（明治三五年二月一〇日）九五頁。『衆本一六』一九五頁。
(148) 『衆本一六』二九四頁。

(149) 同右、三七八頁、四一五—四一六頁。五八二頁。
(150) 『衆委二三』二六七頁。
(151) 『衆本一六』五八二—五八三頁、五八四頁。
(152) 同右、五八四頁。
(153) 同右、五八四—五八五頁。
(154) 同右、四三六頁、四三九頁。
(155) 『衆委二〇』一八頁。
(156) 『衆本一六』五二一頁。
(157) 『衆委二〇』一九頁。
(158) 『衆本一六』五〇八—五〇九頁、五一二—五一三頁。
(159) 同右、五一六—五二〇頁。
(160) 『衆委二〇』九頁、一七頁。
(161) 『政友』第一八号（明治三五年三月一〇日）九六頁。
(162) 『衆本一六』五〇七—五〇八頁、五一二頁、五二三—五二六頁。
(163) 同右、五一五頁。
(164) 同右、五二三—五二四頁。
(165) 海軍大臣官房編『海軍軍備沿革』（海軍大臣官房、一九二二年）五四—八二頁。
(166) 海軍大臣官房編『山本権兵衛と海軍』（原書房、一九六六年）三七三—三七六頁。
(167) 外務省編『日本外交年表並主要文書』（日本国際連合協会、一九五五年）文書二〇四頁。
(168) 前掲『海軍軍備沿革』八三—八九頁。前掲『山本権兵衛と海軍』三七〇—三八三頁。
(169) 神山恒雄『明治経済政策史の研究』（塙書房、一九九五年）一九三—一九五頁。
(170) 松下、前掲『近代日本の鉄道政策——一八九〇—一九二二年』一八二—一八四頁。
(171) 「政務調査の大綱」、「伊東巳代治関係文書」（国立国会図書館憲政資料室所蔵、以下「伊東文書」と略記）書類の部三五五「桂内閣の施政方針及予算書　明治三五年一一月」所収。
(172) 川人貞史『日本の政党政治　一八九〇—一九三七年——議会分析と選挙の数量分析』（東京大学出版会、一九九二年）二三頁の図二—

一を参照。

(173)『政友』第二六号（明治三五年一一月一〇日）二八頁。

(174)『政友』第二七号（明治三五年一二月一〇日）二八―四〇頁。『政友』第二八号（明治三六年一月一〇日）三六―三九頁。

(175)明治三五年九月二五日付永江宛高田書簡、「永江純一関係文書」（九州歴史資料館所蔵）A-四一。

(176)『原日記』明治三五年一〇月二七日。

(177)『政友』第二七号（明治三五年一二月一〇日）二七頁。

(178)明治三五年一一月一〇日付桂宛内海書簡、『桂文書』一九-二、一〇七―一〇八頁。

(179)『原日記』明治三五年一一月一四日。

(180)木下、前掲「第十六・十七議会における憲政本党」九六―一〇五頁。

(181)『原日記』明治三五年一一月一四日、一一月一五日、一一月二七日。

(182)明治三五年一一月五日付井上宛桂書簡、『桂書翰集』一六-四二、一一六頁。

(183)明治三五年一一月八日付桂宛井上書簡、『桂文書』一二-二八、五八頁。

(184)明治三五年一一月一三日付伊藤宛井上書簡、『伊藤文書』一、二四-三一二、二八七頁。

(185)「井上文書」六七七-一一。明治三五年一一月に調査された「各国軍艦比較表」が利用されている点や、本文中に三六年度予算方針案を一読した上での意見と書かれている点から、作成時期を一一月頃と推定した。

(186)『原日記』明治三五年一一月二九日。

(187)『政友』第二七号（明治三五年一二月一〇日）一―九頁。

(188)同右、八頁。

(189)『原日記』明治三五年一一月三〇日。

(190)『政友』第二七号（明治三五年一二月一〇日）二八頁。

(191)明治三五年一一月三〇日付桂宛伊藤書簡、『桂文書』一〇-一三、二〇―二一頁。

(192)『原日記』明治三五年一二月二日。

(193)同右、一二月四日。

(194)『政友』第二八号（明治三六年一月一〇日）二五頁。

(195)前掲、明治三五年一一月三〇日付伊藤宛桂書簡、『桂書翰集』一四-二六、四四―四五頁。

(196) 明治三五年一二月六日付山県宛桂書簡、徳富猪一郎編述『公爵桂太郎伝』坤巻（故桂公爵記念事業会、一九一七年、以下『桂伝』坤巻と略記）四二―四七頁。
(197) 「徳大寺実則日記」（早稲田大学中央図書館特別資料室所蔵）の明治三五年一二月四日の既述によれば、桂は天皇に対して、場合によっては議会解散を命じる可能性もあることについて伊藤からの内諾を得たと、上奏したようである。これを天皇は裁可している。
(198) 『明治天皇紀』の明治三五年一二月二八日の記述には、「博文も亦其の翌五日を以て参内し、侍従職幹事公爵岩倉具定を見て、先日太郎と会談せるの顚末及び政府と意見の一致せざることを告ぐ。」と書かれている（宮内庁編『明治天皇紀』第一〇巻（吉川弘文館、一九七四年）三四九頁）。この記述は明治三五年一二月六日付山県宛桂書簡に拠ったものであり、伊藤が天皇に直接会わずに宮中を立ち去った詳細な経緯は不明である。
(199) 前掲、明治三五年一二月六日付山県宛桂書簡。
(200) 「予算案及増租案に関する仮設問答」、「柴田家門関係文書」（国立国会図書館憲政資料室所蔵）五。
(201) 『衆委二三』三一二頁、三一三頁、三一八頁。
(202) 明治三五年一二月一四日付山県宛桂書簡、『桂書翰集』九二―一六、三八五―三八六頁。
(203) 『政友』第二七号（明治三五年一二月一〇日）四七頁。
(204) 同右、四一頁。『原日記』明治三五年一二月三日、一二月四日。
(205) 『政友』第二七号（明治三五年一二月一〇日）四七―四九頁。
(206) 『政友』第二八号（明治三六年一月一〇日）三一頁。
(207) 『原日記』明治三五年一二月八日、一二月九日。『政友』第二八号（明治三六年一月一〇日）三一―三二頁。
(208) 『衆本一七』四頁。『原日記』明治三五年一二月一〇日。
(209) 『衆本一七』一九―二〇頁。
(210) 『衆委二三』三一九―三二〇頁。『政友』第二八号（明治三六年一月一〇日）三二頁。
(211) 『原日記』明治三五年一二月一四日。
(212) 同右、一二月一五日、一二月一六日。『衆委二三』三三一―三五七頁。
(213) 『衆委二三』三八四頁。『衆本一七』二七―四〇頁。
(214) 『原日記』明治三五年一二月一六日。
(215) 『政友』第二八号（明治三六年一月一〇日）三二一―三三頁。

(216)『原日記』明治三五年一二月一九日。
(217)同右、一二月二三日。
(218)『近衛日記』明治三五年一二月一八日、一二月一九日、一二月二〇日、一二月二二日。『原日記』明治三五年一二月一九日。『政友』第二八号（明治三六年一月一〇日）二九―三〇頁。明治三五年一二月二二日付桂宛近衛書簡、『桂文書』四八-一、一八九―一九〇頁。
(219)『原日記』明治三五年一二月二二日。
(220)明治三五年一二月二四日付山県宛桂書簡、『桂伝』坤巻、六七―六八頁。
(221)『原日記』明治三五年一二月二四日。
(222)同右、一二月二五日。
(223)「児玉伯宛書状写（代筆）並に先考自筆覚書」、「伊藤博文関係文書（その一）」（国立国会図書館憲政資料室所蔵）書類の部一八。
(224)前掲『桂太郎自伝』二六八頁。
(225)「明治三十五年十二月妥協書類」、「平田文書」書類の部三〇。
(226)『原日記』明治三五年一二月二五日。
(227)『衆本一七』三四―三六頁、四三―四四頁。
(228)『政友』第三一号（明治三六年三月一〇日）二一頁。
(229)『政友』第二八号（明治三六年一月一〇日）八―一一頁。
(230)同右附録、八頁。『原日記』明治三五年一二月二八日。
(231)明治三六年一月二五日付山県宛桂書簡、『桂書翰集』九二-一七、三八六頁。
(232)明治三六年一月二六日付桂宛山県書簡、『桂文書』一〇四-九一、三八七頁。『政友』第三〇号（明治三六年二月一〇日）三七頁。
(233)『原日記』明治三六年二月九日。
(234)前掲、明治三六年一月二五日付山県宛桂書簡。
(235)明治三六年一月二四日付桂宛井上書簡、『桂文書』一二-二九、五八―五九頁。
(236)「明治三六年予算大綱方針　桂太郎手書覚書」、「桂太郎関係文書」（国立国会図書館憲政資料室所蔵、以下「桂文書」と略記）八二-五。
(237)明治三六年一月二六日付井上宛桂書簡、「井上文書」七三六「御書翰各筆」所収。
(238)明治三六年二月五日付平田・曽禰宛桂書簡、明治三六年二月一三日付平田宛桂書簡、『桂書翰集』七七-二、三四三頁、七七-三、三四三―三四四頁。

(239)「平田文書」書類の部三一。
(240)「妥協関係書類」、「憲政史編纂会収集文書」七一二「平田東助関係文書」一七所収。これは巻紙の断片に記した一〇通の覚書の謄写である。この「平田東助関係文書」は、既述の「平田文書」とは別種の資料群である。伊藤隆・季武嘉也編『近現代日本人物史料情報辞典』（吉川弘文館、二〇〇四年）三四〇頁。
(241)『政友』第三一号（明治三六年三月一〇日）三七頁。「憲政史編纂会収集文書」七一二「平田東助関係文書」一六-乙。
(242)明治三六年二月二三日付桂宛山県書簡、『桂文書』一〇四-九二、三八七頁。
(243)『原日記』明治三六年五月二三日。
(244)なお伊藤と桂は二月二六日にも山県の別荘である椿山荘で会合している。『政友』第三一号（明治三六年三月一〇日）三七頁。
(245)『政友』第三一号（明治三六年三月一〇日）二頁。
(246)『原日記』明治三六年三月一二日。
(247)同右、四月六日。
(248)同右。
(249)同右、四月二六日。
(250)明治三六年四月二七日付山県宛伊藤書簡、『山縣文書』一、一三五頁。
(251)明治三六年四月二七日付山県宛桂書簡、『桂書翰集』九二-一八、三八八—三八九頁。明治三六年四月二九日付桂宛山県書簡、『桂文書』一〇四-九六、三八九頁。明治三六年四月二九日付伊藤宛山県書簡、『伊藤文書』八、三九〇-一一二、一四〇—一四一頁。明治三六年五月一日付桂宛伊藤書簡、『桂文書』一〇-一四、二二頁。
(252)『政友』第三三号（明治三六年五月一〇日）二九—三〇頁、三二頁。
(253)『原日記』明治三六年五月五日。
(254)『政友』第三三号（明治三六年五月一〇日）一頁。
(255)同右、一二—一六頁。
(256)明治三六年五月一〇日付伊藤宛伊東書簡、『伊藤文書』二、三二-五七八、四二八頁。
(257)明治三六年五月一二日付桂宛伊東書簡、『桂文書』一一-二、四二頁。
(258)明治三六年五月一一日付桂宛伊藤書簡、『桂文書』一〇-一五、二一頁。
(259)『政友』第三四号（明治三六年六月一〇日）二三頁。『原日記』明治三六年五月一三日。

(260) 明治三六年五月一四日付伊藤宛伊東書簡、『伊藤文書』二、三二一五八一、四二九頁。
(261) 明治三六年五月一四日付伊藤宛伊東書簡、『伊藤文書』二、三二一五八二、四三〇頁。
(262) 明治三六年五月一五日付桂宛伊藤電報、「伊東文書」書翰の部二二一六九。
(263) 『原日記』明治三六年五月一五日。
(264) 同右、五月一六日、五月一七日。
(265) 明治三六年五月一八日付伊藤宛伊東書簡、『伊藤文書』二、三二一五八三、四三〇―四三二頁。
(266) 『原日記』明治三六年五月一八日。
(267) 明治三六年五月一八日付伊東宛桂書簡、『桂書翰集』一四一三〇、四六―四七頁。
(268) 明治三六年五月一九日付山県宛桂書簡、『桂書翰集』九二一一九、三八九頁。
(269) 『原日記』明治三六年五月一九日。
(270) 明治三六年五月二〇日付山県宛平田東助書簡、尚友倶楽部山縣有朋関係文書編纂委員会編、『山縣有朋関係文書』三（山川出版社、二〇〇八年、以下『山縣文書』三と略記）一一五―一一六頁。
(271) 明治三六年五月一九日付伊東宛伊藤書簡、「伊東文書」書翰の部二二一一二一。
(272) 『政友』第三四号（明治三六年六月一〇日）二四頁。
(273) 『原日記』明治三六年五月二一日、五月二二日、五月二三日。
(274) 『政友』第三四号（明治三六年六月一〇日）二四頁。
(275) 明治三六年五月二二日付伊藤宛桂書簡、『桂書翰集』一四一三一、四七頁。『原日記』明治三六年五月二三日。
(276) 『政友』第三四号（明治三六年六月一〇日）三―五頁。『原日記』明治三六年五月二三日。
(277) 『政友』第三四号（明治三六年六月一〇日）二五―二六頁。『原日記』明治三六年五月二一日、五月二二日。
(278) 『原日記』明治三六年五月一九日。
(279) 同右、五月二〇日。『政友』第三四号（明治三六年六月一〇日）二四頁。
(280) 『政友』第三四号（明治三六年六月一〇日）二五―二六頁。
(281) 『第十八議会報告書』（憲政本党本部、一九〇三年）二五―二六頁。木下恵太「『民党連合』形成期における憲政本党（一）」『早稲田政治公法研究』第五三号、一九九六年、二三九―二四二頁。
(282) 明治三六年五月二四日付井上宛桂書簡、『桂書翰集』一六一四四、一一七頁。

(283) 松下、前掲『近代日本の鉄道政策――一八九〇―一九二二年』一九二―一九三頁。
(284) 『衆本一八』三六―三七頁、三九頁。
(285) 『原日記』明治三六年五月二七日。
(286) 同右、五月二八日。
(287) 『政友』第三四号（明治三六年六月一〇日）二六―二七頁。
(288) 『原日記』明治三六年五月二八日。
(289) 『政友』第三四号（明治三六年六月一〇日）二七頁。なお原は予算委員第三分科会（大蔵省所管）の主査も務めていた。
(290) 『原日記』明治三六年五月二八日。
(291) 同右、五月二九日。
(292) 『政友』第三四号（明治三六年六月一〇日）二八頁。
(293) 『衆本一八』一〇七―一〇八頁、一二〇頁。
(294) 同右、一三二―一三五頁、一四六―一五〇頁。
(295) 取引所事件、教科書事件という二つの瀆職事件を理由に、平田東助農商務大臣と菊池大麓文部大臣の責任を問うものだった。
(296) 明治三六年五月二一日付桂宛伊藤書簡、『桂文書』一〇―一八、二二―二三頁。
(297) 『原日記』明治三六年五月二九日。
(298) 同右、五月三一日。
(299) 同右、六月四日。
(300) 同右、六月一二日、六月一三日。
(301) 同右、七月一〇日。
(302) 前掲『桂太郎自伝』三二〇頁。
(303) 伊藤、前掲『立憲国家と日露戦争――外交と内政　一八九八―一九〇五』二二六―二四二頁。
(304) 明治三六年八月三一日付山県宛内海忠勝書簡、『山縣文書』一、二三三―二三五頁。「大鉈細工」は児玉源太郎の発言を内海が記したものである。
(305) 「阪谷日記」明治三六年九月二日。
(306) 明治三六年九月一三日付山県宛清浦奎吾書簡、尚友倶楽部山縣有朋関係文書編纂委員会編、『山縣有朋関係文書』二（山川出版社、二〇〇六年、以下『山縣文書』二と略記）七六―七七頁。
(307) 明治三六年九月二〇日付山県宛桂書簡、『桂書翰集』九一―二二、三九一―三九二頁。
(308) 軍事費支出は約一七億三〇〇〇万円に上る。その内、外債募集額は約六億九〇〇〇万円であり、四〇％近い比重を占める。また二度の戦時増税による増収予定額は約一億二〇〇〇万円で、軍事費支出の約七％に該当する。大蔵省編『明治大正財政史』第一巻（財政経済学会、一九四〇年）二二四頁、二三四―二四〇頁、二四二―二四六頁。
(309) 河野広中衆議院議長が天皇への奉答文の中に政府批判の文言を入れ、衆議院が可決するという異例の事件による解散である。
(310) 『官報』号外（一九〇三年一二月二八日）一頁。
(311) 明治三六年勅令二〇八号により総務長官の職名は次官に戻った。『官報』第六一二九号（一九〇三年一二月五日）一二一―一二二頁。
(312) 松尾臣善は明治三六年一〇月二〇日付で大蔵省理財局長から日本銀行総裁に転任した。
(313) 「臨時事件日記」（「阪谷文書」四九八―一、以下「阪谷臨時日記」と略記）明治三七年一月七日。
(314) 明治三七年一月一六日付桂宛井上書簡、『桂文書』一二―三四、六一―六二頁。
(315) 明治三七年一月二五日付桂宛井上書簡、『桂文書』一二―三五、六二頁。
(316) 明治三七年一月二六日付阪谷宛松尾書簡、「阪谷文書」一六一―七。「阪谷臨時日記」明治三七年一月二五日、一月二六日。
(317) 「三井集会所開会筆記」、「井上文書」六七七―一三。
(318) 前掲、明治三七年一月一六日付桂宛井上書簡。
(319) 「阪谷臨時日記」明治三七年二月一〇日。
(320) 同右、明治三六年一二月三一日、明治三七年一月四日、一月八日、一月二二日。
(321) 阪谷芳郎「三十年前の非常時財政」（尚友倶楽部調査室編『尚友ブックレット第二号　回顧三十年日露戦争を語る――外交・財政の巻』〔社団法人尚友倶楽部、一九九四年〕四〇―四一頁。）この初出は一九三五年である。
(322) 高橋是清『高橋是清自伝』（千倉書房、一九三六年）六五一―六五五頁。「出張員の注文」、「井上文書」六八六―一二。
(323) 明治三七年二月一六日付桂宛井上書簡、『桂文書』一二―三七、六三―六四頁。
(324) 「阪谷日記」明治三七年二月一八日。
(325) 「阪谷臨時日記」明治三七年二月二〇日。
(326) 明治三七年一月一四日付山本権兵衛宛阪谷書簡控、「阪谷文書」四九八―九。
(327) 『原日記』明治三七年二月二五日。

(328) 阪谷、前掲「三十年前の非常時財政」（『尚友ブックレット第二号　回顧三十年日露戦争を語る――外交・財政の巻』三六―三七頁。）
(329) 「阪谷日記」明治三七年三月一一日。山本四郎編『寺内正毅日記　一九〇〇―一九一八』（京都女子大学、一九八〇年、以下『寺内日記』と略記して日付のみを記す）明治三七年三月一二日、三月一三日。
(330) 『原日記』明治三七年三月六日、三月一三日、三月一四日。
(331) 同右、三月一五日、三月一七日。
(332) 『政友』第四四号（明治三七年三月二五日）二頁。
(333) 同右、二二頁。
(334) 大蔵省編『明治大正財政史』第五巻（財政経済学会、一九三七年）六七九―六八一頁。
(335) 『原日記』明治三七年三月二〇日。
(336) 同右、三月五日、三月六日、三月一三日、三月一五日、三月一七日。
(337) 明治三七年三月二一日付山県宛桂書簡、『桂書翰集』九二―三一、三九七―三九八頁。
(338) 明治三七年三月二一日付桂宛山県書簡、『桂文書』一〇四―一一九、四〇〇―四〇一頁。
(339) 『政友』第四〇号（明治三六年一二月一〇日）三〇頁。
(340) 『政友』第四四号（明治三七年三月二五日）三五頁。
(341) 『第二十議会報告書』（憲政本党本部、一九〇四年）。
(342) 木下恵太「『民党連合』形成期における憲政本党（二）」『早稲田政治公法研究』第五六号、一九九七年、一九一―一九二頁。
(343) 『衆本二〇』三六頁、三九頁。
(344) 『政友』第四四号（明治三七年三月二五日）三七頁。
(345) 『原日記』明治三七年三月二一日。
(346) 同右、三月二二日。
(347) 『政友』第四四号（明治三七年三月二五日）三七頁。
(348) 『衆委二五』三二〇頁。
(349) 『原日記』明治三七年三月二五日。
(350) 『衆本二〇』三八頁。
(351) 『政友』第四四号（明治三七年三月二五日）三八頁。

(352)『衆委二五』三〇二―三〇四頁。
(353)『原日記』明治三七年三月二六日。『政友』第四六号（明治三七年四月二五日）四四頁。
(354)『衆本二〇』三九―四二頁。
(355)『原日記』明治三七年三月二六日。
(356)『政友』第四六号（明治三七年四月二五日）四五頁。『原日記』明治三七年三月三一日。この決議は結局、憲政本党の報告書に記載されなかった（『原日記』明治三七年四月一日）。木下、前掲「『民党連合』形成期における憲政本党（二）」二〇七頁、注二〇も参照。
(357)この経済史的背景については、石井寛治『近代日本金融史序説』（東京大学出版会、一九九九年）第六章「百三十銀行と松本重太郎」を参照。
(358)明治三七年七月二日付桂宛井上書簡、『桂文書』一二-三八、六四頁。
(359)「阪谷日記」明治三七年七月五日、七月六日。安田善次郎「百三十銀行整理始末」『銀行通信録』第二二九号、一九〇四年。
(360)『原日記』明治三七年七月五日、七月一三日、七月一四日、七月一六日、八月九日。
(361)明治三七年七月一三日付井上宛野田書簡、「井上文書」四六二-五。
(362)野田の経歴は、坂口二郎『野田大塊伝』（野田大塊伝刊行会、一九二九年）を参照。また季武嘉也『大正期の政治構造』（吉川弘文館、一九九八年）五五―七一頁も参照。
(363)「明治三七年日記」（「野田卯太郎文書」〔国立国会図書館憲政資料室所蔵マイクロフィルム版〕一五、以下「野田日記」と略記して日付のみ記す。なお明治三八年から大正二年までの各日記は、「野田卯太郎文書」一六-二四に所収）明治三七年六月二七日、六月二八日、七月三日、七月七日、七月八日。
(364)前掲、明治三七年七月二日付桂宛井上書簡。
(365)前掲、明治三七年七月一三日付井上宛野田書簡。
(366)「阪谷日記」明治三七年九月九日、九月一六日、一〇月一八日。
(367)明治三七年八月二六日付井上宛阪谷書簡控、「阪谷文書」三七〇-二。
(368)明治三七年八月二八日付阪谷宛井上書簡、「阪谷文書」七三-一。
(369)明治三七年九月八日付阪谷宛井上書簡、「阪谷文書」七三-四。明治三七年九月八日付井上宛阪谷書簡控、「阪谷文書」三七〇-四。「阪谷日記」明治三七年九月一〇日。
(370)『寺内日記』明治三七年九月一二日、九月一四日。

(371) 同右、九月一六日。
(372) 大山梓編『山県有朋意見書』（原書房、一九六六年）二七〇—二七三頁。
(373) 明治三七年九月一七日付寺内宛桂書簡、『桂書翰集』六二-八、二八二頁。
(374) 『寺内日記』明治三七年九月二一日。
(375) 同右、一〇月二日、一〇月三日。
(376) 「阪谷日記」明治三七年一〇月一四日。
(377) 『寺内日記』明治三七年一〇月二〇日。
(378) 同右、一〇月二一日、一〇月二二日、一〇月二三日。「阪谷日記」明治三七年一〇月二一日、一〇月二二日、一〇月二三日。
(379) 『政友』第四六号（明治三七年四月二五日）四八—四九頁。『原日記』明治三七年三月三一日。
(380) 『原日記』明治三七年四月一九日。
(381) 同右、一二月八日。
(382) 「野田日記」明治三七年一〇月七日、一〇月八日、一〇月九日、一〇月一〇日、一〇月一一日、一〇月一二日、一〇月一三日。
(383) 同右、一〇月九日。
(384) 『原日記』明治三七年一一月四日。
(385) 同右、一二月一〇日、一二月八日。「野田日記」明治三七年一〇月三一日、一一月一日、一一月六日、一一月一〇日、一一月一二日。
(386) 「野田日記」明治三七年一一月一四日。『原日記』明治三七年一一月一四日、一一月一五日、一一月一六日。
(387) 『政友』第五三号（明治三七年一一月三〇日）二—四頁。
(388) 前掲『明治大正財政史』第五巻、六八一—六八三頁。
(389) 『政友』第五三号（明治三七年一一月三〇日）四六—四七頁。
(390) 『原日記』明治三七年一一月七日、一一月一一日。『政友』第五三号（明治三七年一一月三〇日）四七頁。
(391) 『政友』第五三号（明治三七年一一月三〇日）四七—四八頁。
(392) 『原日記』明治三七年一一月一九日。『政友』第五三号（明治三七年一一月三〇日）四八頁。
(393) 『政友』第五三号（明治三七年一一月三〇日）五四—五五号。
(394) 『原日記』明治三七年一一月二六日、一二月一日。
(395) 同右、一二月二日。

(396)『政友』第五四号（明治三七年一二月三〇日）二三頁。
(397)『原日記』明治三七年一二月四日。
(398)『衆本二一』一三―一五頁。
(399)大津淳一郎『大日本憲政史』第五巻（寶文館、一九二七年）八〇二―八一五頁。
(400)明治三七年一一月二七日付桂宛伊藤書簡、『桂文書』一〇-二六、二六―二七頁。明治三七年一一月二八日付桂宛伊藤書簡、『桂文書』一〇-二七、二七頁。
(401)『第二十一議会報告書』（憲政本党本部、一九〇五年）一頁。
(402)木下、前掲「『民党連合』形成期における憲政本党（二）」一九二―一九三頁。
(403)『原日記』明治三七年一二月四日。『政友』第五四号（明治三七年一二月三〇日）二三―二四頁。
(404)『政友』第五四号（明治三七年一二月三〇日）二四頁。
(405)同右、二四―二五頁。
(406)『原日記』明治三七年一二月六日。
(407)同右。
(408)同右、一二月七日。
(409)同右、一二月八日。
(410)同右、一二月九日。
(411)木下、前掲「『民党連合』形成期における憲政本党（二）」一九二―一九五頁。
(412)『政友』第五四号（明治三七年一二月三〇日）二九頁。
(413)『原日記』明治三七年一二月一一日、一二月一二日、一二月一三日。『政友』第五四号（明治三七年一二月三〇日）二九―三〇頁。
(414)『政友』第五四号（明治三七年一二月三〇日）二九頁。
(415)同右、二四頁。
(416)『衆本二一』五五―六〇頁。『原日記』明治三七年一二月一七日。『政友』第五四号（明治三七年一二月三〇日）二九頁。
(417)前掲『第二十一議会報告書』一頁。
(418)『原日記』明治三八年二月四日。
(419)明治三八年二月二七日付井上宛桂書簡、『桂書翰集』一六-四六、一一八頁。

【第二章　日露戦後における挙国一致的内閣の摸索】

(1) 前掲『山県有朋意見書』二七三―二七七頁。
(2) 同右、二七五―二七六頁。
(3)『寺内日記』明治三八年三月二七日、三月二八日、四月六日、四月七日。『原日記』明治三八年六月二八日。
(4) 明治三八年五月六日付桂宛阪谷書簡控、「阪谷文書」四九八-一〇。
(5)『寺内日記』明治三八年五月一六日、五月一七日、五月一八日、六月八日。「阪谷日記」明治三八年五月二二日。
(6)『原日記』明治三八年五月二四日、六月一三日。
(7) 同右、六月二八日。「山県公書　日露媾和内議に関する閣議要領」『桂文書』一〇四-一三六、四一五頁。
(8) 明治三八年六月二八日付、七月九日付桂宛山県書簡、『桂文書』一〇四-一三三、四一三―四一四頁、一〇四-一三四、四一四―四一五頁。
(9)『寺内日記』明治三八年七月一四日、八月九日。明治三八年七月九日付山県宛桂書簡、『桂書翰集』九二-三八、四〇一―四〇二頁。
(10) 前掲『山県有朋意見書』二七七―二九〇頁。
(11) 同右、二八五頁。
(12) 同右、二八七頁。
(13)『原日記』明治三八年八月一四日。
(14) 同右、八月二二日。
(15) 同右、八月二六日。
(16) 明治三八年八月二九日付阪谷宛井上書簡、「阪谷文書」七三-八。
(17)「阪谷文書」四九八-三四。
(18)「阪谷日記」明治三八年九月一日。
(19) 明治三八年九月三日付井上宛阪谷書簡控、「阪谷文書」七三-九、付属文書。「阪谷日記」明治三八年九月三日。
(20) 明治三八年九月四日付阪谷宛井上書簡、「阪谷文書」七三-九。
(21)「阪谷日記」明治三八年九月一八日、九月二八日。『寺内日記』明治三八年九月二八日。明治三八年九月二三日付阪谷宛井上書簡、「阪谷文書」七三-一一。
(22)「阪谷日記」明治三八年一〇月七日、一〇月九日、一〇月一四日、一〇月一八日、一一月二〇日。

(23)『寺内日記』明治三八年一〇月八日。
(24)『原日記』明治三八年一〇月六日。
(25)「阪谷日記」明治三八年一〇月一三日、一〇月二〇日、一〇月三〇日。『寺内日記』明治三八年一〇月二五日。
(26)『原日記』明治三八年一一月七日。
(27)明治三八年一一月二二日付後藤宛桂書簡、『桂書翰集』四二-一七、一九〇—一九一頁。
(28)「阪谷日記」明治三八年一一月一三日。
(29)明治三八年一一月一三日付寺内宛山県書簡、「寺内正毅関係文書」（国立国会図書館憲政資料室所蔵、以下「寺内文書」と略記）三六〇-四一。
(30)明治三八年一一月二七日付寺内宛山県書簡、「寺内文書」三六〇-四二。
(31)前掲、明治三八年一一月二二日付後藤宛桂書簡。
(32)『原日記』明治三八年一一月二七日、一二月一日。
(33)『政友』第六七号（明治三八年一二月二五日）三六—三七頁。
(34)『原日記』明治三八年一二月一二日、一二月一四日、一二月一七日。
(35)明治三八年九月二四日付阪谷宛井上書簡、「阪谷文書」七三-一二。「戦後の鉄道政策に関する閣議案原稿」、「阪谷文書」四九七-七。『原日記』明治三八年一一月二七日、一二月一七日。「阪谷日記」明治三八年一二月一日、一二月二一日。
(36)「阪谷日記」明治三八年一二月一九日、一二月二〇日、一二月二二日。
(37)明治三八年一二月二二日付阪谷宛井上書簡、「阪谷文書」七三-六。「阪谷日記」明治三八年一二月二四日。
(38)「阪谷日記」明治三八年一二月二六日、一二月三〇日、一二月三一日。明治三八年一二月二九日付井上宛桂書簡、『桂書翰集』一六-五一、一二〇頁。
(39)「阪谷日記」明治三九年一月二日、一月三日。
(40)明治三九年一月四日付井上宛桂書簡、『桂書翰集』一六-五二、一二一—一二二頁。
(41)同右書簡。
(42)明治三八年一二月三〇日付、明治三九年一月一日付、一月二日付西園寺宛桂書簡、『桂書翰集』四四-二、二一九—二二〇頁、四四-三、二二〇頁、四四-四、二二〇—二二一頁。明治三八年一二月三〇日付、明治三九年一月一日付桂宛西園寺書簡、『桂文書』五一-一、二〇二頁、五一-二、二〇二—二〇三頁。

(43)『原日記』明治三九年一月二〇日。『政友』第六八号（明治三九年一月二五日）二頁。
(44)『政友』第六八号（明治三九年一月二五日）三頁。
(45)『衆本二二』一二―一三頁。『貴本二二』二二―二三頁。
(46)「阪谷日記」明治三九年一月一七日。『原日記』明治三九年一月一七日。『寺内日記』明治三九年一月一七日。明治三九年一月一五日付阪谷宛西園寺書簡、「阪谷文書」二三九‐二。
(47)『原日記』明治三九年一月一七日、一月一八日。『政友』第六八号（明治三九年一月二五日）三二頁。
(48)『原日記』明治三九年一月二九日。
(49)『原日記』明治三九年一月三〇日、一月三一日、二月一日、二月二日。「野田日記」明治三九年一月三〇日、一月三一日、二月一日、二月二日。『政友』第六九号（明治三九年二月二五日）四九―五〇頁。
(50)『政友』第六九号（明治三九年二月二五日）五〇頁。
(51)『衆委三五』一二五頁。
(52)同右、一二五―一二六頁。
(53)『政友』第六九号（明治三九年二月二五日）五〇頁。
(54)『衆委三五』一三三頁、一三四頁。
(55)同右、一四〇頁、一四三―一四四頁。
(56)『衆本二二』四八頁、五五頁、五七―六〇頁。『衆委三五』一四二―一四三頁。
(57)「野田日記」明治三九年二月四日、二月六日。『政友』第六九号（明治三九年二月二五日）五〇―五一頁。『原日記』明治三九年二月一一日。
(58)『貴本二二』八三頁、八四―八五頁、一一〇―一一四頁。
(59)『貴委一六』二六五―二六六頁、二六七頁、二六九―二七〇頁、二七二―二七三頁。
(60)『寺内日記』明治三九年二月一四日。
(61)『貴委一六』二七六頁。『貴本二二』一一〇頁、一二九頁。
(62)『貴委一六』二六三頁。『貴本二二』一〇七―一〇九頁。
(63)『貴本二二』一五四―一六〇頁。
(64)『原日記』明治三九年二月一七日、二月一九日、二月二六日。「野田日記」明治三九年二月二一日、二月二六日。明治三九年二月二一日付井上宛西園寺書簡、「井上文書」四八四-五。明治三九年二月二二日付阪谷宛西園寺書簡、「阪谷文書」二三九-七。「阪谷日記」明治三九年二月二三日。
(65)「野田日記」明治三九年二月二七日。『原日記』明治三九年二月二八日、三月一日、三月二日、三月三日。「阪谷日記」明治三九年三月一日。
(66)「野田日記」明治三九年三月二日。『政友』第七〇号（明治三九年三月二五日）四四頁。「阪谷日記」明治三九年三月五日。
(67)『原日記』明治三九年三月三日。
(68)同右、三月一三日、三月一四日。
(69)『政友』第七〇号（明治三九年三月二五日）四五頁。『原日記』明治三九年三月一三日。『寺内日記』明治三九年三月一三日。
(70)『政友』第七〇号（明治三九年三月二五日）四五頁。『原日記』明治三九年三月一四日。『寺内日記』明治三九年三月一四日。
(71)『衆委三六』三四五頁。『衆本二二』二九〇頁、三一二―三一三頁。
(72)『原日記』明治三九年三月一四日。『寺内日記』明治三九年三月一四日。
(73)『原日記』明治三九年三月二三日。
(74)明治三九年三月二四日付、三月二五日付山県宛西園寺書簡、『山縣文書』二、一四二頁。
(75)「明治三十九年日記」、「田健治郎文書」（国立国会図書館憲政資料室所蔵、以下「田日記」と略記して日付のみ記す。なお「明治四十四年日記」、「大正元年日記」、「大正二年日記」、「大正三年日記」も同様に略記して用いた。）三月二二日、三月二三日。かつて第一六議会では政友会議員として活躍した田は、明治三六年には再び逓信次官に復帰して、その折に鉄道国有法案にも関与したことがあった。そして第一次桂内閣の下野に伴って貴族院勅撰議員となり、茶話会に所属してやがては政策通の有力貴族院議員へと成長していく。
(76)『原日記』明治三九年三月二五日。
(77)『貴委一七』一四九―一五〇頁。
(78)同右、一五一頁、一五七頁。『貴本二二』四一九―四二〇頁。
(79)『衆本二二』四五九―四六二頁。『原日記』明治三九年三月二七日。「田日記」明治三九年三月二七日。
(80)『衆委一六』一四八頁、一四九頁、一五二頁、一五七頁、一五九頁、一六〇頁、一六一頁、一六二頁。『衆本二二』六四―六五頁。この修正案は少数で否決された。
(81)『衆委三四』一一―一二頁、三七―三八頁、四二―四四頁、四九―五〇頁。『衆委三三』五三―五五頁。『政友』第六九号（明治三九年二月二五日）五一頁。

(82)『衆委三三』五四―五五頁。
(83)『衆本二二』三三〇頁。政友会一九名、憲政本党七名、大同倶楽部八名、政交倶楽部一名、無所属四名による共同提出である。これが鉄道同志会を中心とする建議である点について、松下、前掲『近代日本の鉄道政策――一八九〇―一九二二年』二一〇―二一一頁、『衆委三八』二三一頁。
(84)宮内庁編『明治天皇紀』第一一巻（吉川弘文館、一九七五年）六四九―六五〇頁。前掲『海軍軍備沿革』一二四―一二七頁。
(85)『原日記』明治三九年六月二九日。
(86)同右、六月二二日、七月六日。
(87)同右、一〇月八日、一〇月一二日。「野田日記」明治三九年一〇月三日。
(88)『原日記』明治三九年一〇月一二日。
(89)同右、一〇月一六日。
(90)明治三九年九月二九日付井上宛桂書簡、『桂書翰集』一六-五六、一二四頁。
(91)「阪谷日記」明治三九年一一月九日。
(92)明治三九年一一月一〇日付山県宛桂書簡、『桂書翰集』九二-四六、四〇六―四〇七頁。明治三九年一一月一〇日付桂宛山県書簡、『桂文書』一〇四-一四二、四一七―四一八頁。
(93)前掲、明治三九年一一月一〇日付山県宛桂書簡。
(94)「阪谷日記」明治三九年一一月一二日。明治三九年一一月一一日付阪谷宛西園寺書簡、「阪谷文書」二三九-三。
(95)明治三九年一一月一四日付桂宛西園寺書簡、『桂文書』五一-一一、二〇五頁。
(96)『原日記』明治三九年一一月一四日。「阪谷日記」明治三九年一一月一四日、一一月一六日。
(97)明治三九年一一月一七日付桂宛山県書簡、『桂文書』一〇四-一四三、四一八頁。また明治三九年一一月一日付寺内宛山県書簡、「寺内文書」三六〇-一〇三、も参照。
(98)『原日記』明治三九年一一月二〇日。明治三九年一一月二〇日付桂宛寺内書簡、『桂文書』七三-八、二六〇―二六一頁。明治三九年一一月二〇日付井上宛西園寺書簡、「井上文書」四八四-七。
(99)明治三九年一一月二〇日付桂宛寺内書簡、『桂文書』七三-九、二六一頁。
(100)『原日記』明治三九年一一月二三日。明治三九年一一月二四日付井上宛西園寺書簡、「井上文書」四八四-八。
(101)明治三九年一一月二二日付阪谷宛西園寺書簡、「阪谷文書」二三九-八。「阪谷日記」明治三九年一一月二三日。明治三九年一一月二五日付桂宛西園寺書簡、『桂文書』五一―二、二〇五―二〇六頁。『原日記』明治三九年一一月二六日、一一月二七日。

(102) 『原日記』明治三九年一一月二八日、一一月二九日、一二月三日。明治三九年一一月三〇日付、一二月三日付山県宛寺内書簡、『山縣文書』二、三八四―三八五頁。明治三九年一二月一日付桂宛寺内書簡、『桂文書』七三―一〇、二六一―二六二頁。明治三九年一二月三日付桂宛西園寺書簡、『桂文書』五一―一三、二〇六頁。明治三九年一二月三日付寺内宛山県書簡、「寺内文書」三六〇―一〇四。

(103) 『原日記』明治三九年一二月四日。「阪谷日記」明治三九年一二月四日。前掲『海軍軍備沿革』一二七頁。明治三九年一二月四日付山県宛西園寺書簡、『山縣文書』二、一四四頁。明治三九年一二月三日付井上宛西園寺書簡、「井上文書」四八四―九。明治三九年一二月四日付平田宛桂書簡、『桂書翰集』七七―一一、三四七―三四八頁。

(104) 『原日記』明治三九年六月一六日、七月二〇日。「阪谷日記」明治三九年六月二一日、七月二〇日。

(105) 北九州市立自然史・歴史博物館編『安川敬一郎日記』第二巻（北九州市立自然史・歴史博物館、二〇〇九年、以下『安川日記』と略記して日付のみ記す）明治三九年四月一〇日、一九三頁。

(106) 同右、七月五日。

(107) 同右、八月一〇日、八月一一日。

(108) 「野田日記」明治三九年七月一八日。

(109) 同右、七月二三日、七月二四日。日記には伊藤、松田という大分県人の名前が記されている。おそらく後に大分県支部の幹事となる伊藤松男（『政友』第七七号〔明治三九年九月二五日〕三九頁）と、次期総選挙に出馬することになる松田源治ではないかと推察される。

(110) 「野田日記」明治三九年八月三日、八月四日、八月一六日、九月二日。

(111) 同右、八月一六日。

(112) 『政友』第七七号（明治三九年九月二五日）三八―三九頁。

(113) 『安川日記』明治三九年九月一七日。「野田日記」明治三九年九月二二日。「阪谷日記」明治三九年六月二八日。

(114) 『安川日記』明治三九年九月一一日、九月二六日。「野田日記」明治三九年九月二〇日、九月二二日。『原日記』明治三九年九月二一日。なお唐津線の岸岳支線は不認可に終わった。

(115) 『政友』第八〇号（明治三九年一二月二五日）四九頁。

(116) 『政友』第七三号（明治三九年五月三〇日）四三―四四頁。

(117) 『政友』第七五号（明治三九年七月二五日）三九頁。『政友』第七六号（明治三九年八月二五日）四〇頁。

(118)『政友』第七七号（明治三九年九月二五日）三九―四〇頁。
(119)同右、四〇頁。
(120)『政友』第七八号（明治三九年一〇月二五日）四八頁。
(121)同右、三頁。
(122)同右、四六頁。
(123)『政友』第七九号（明治三九年一一月二五日）三八頁、三九頁。「野田日記」明治三九年一〇月二九日。
(124)『政友』第八〇号（明治三九年一二月二五日）四五頁。「野田日記」明治三九年一二月一七日。
(125)『政友』第八四号（明治四〇年四月三〇日）三六頁。
(126)『政友』第七二号（明治三九年五月一五日）三四頁。『政友』第七三号（明治三九年五月三〇日）三七頁。
(127)『政友』第七四号（明治三九年六月二五日）三四頁。
(128)『政友』第八〇号（明治三九年一二月二五日）二〇―二九頁。
(129)「阪谷日記」明治三九年一一月六日。「野田日記」明治三九年一一月六日。
(130)『原日記』明治四〇年一月七日。『寺内日記』明治四〇年一月七日。
(131)『政友』第八一号（明治四〇年一月二五日）三頁。
(132)『政友』第八四号（明治四〇年四月三〇日）一頁、三〇頁。
(133)『原日記』明治四〇年一月一五日。「阪谷日記」明治四〇年一月一五日。『寺内日記』明治四〇年一月一五日。
(134)「阪谷日記」明治四〇年一月二一日。『寺内日記』明治四〇年一月二一日。
(135)『衆本二三』三七頁。
(136)『原日記』明治四〇年六月二一日、七月一二日、七月三〇日、一〇月二七日、一二月四日、一二月七日。
(137)『衆委三九』三六―三七頁、四一頁、一五一―一五三頁。
(138)同右、一四〇頁の恒松隆慶の質問や、同二八頁の波多野伝三郎の質問など。
(139)同右、四二頁。
(140)『政友』第八三号（明治四〇年三月三〇日）九六頁。
(141)『衆委三九』一六〇―一六一頁、五九―六〇頁。『衆本二三』四六―四九頁。
(142)『衆委三九』一六〇頁。

(143) 『衆本二三』四九頁。
(144) 同右、一三九頁。
(145) 『衆委三九』一一一一四頁、二一一二六頁。
(146) 『原日記』明治四〇年一月二四日、一月二五日。「野田日記」明治四〇年一月二四日、一月二五日、一月二六日。『寺内日記』明治四〇年一月二四日、一月二六日。
(147) 「阪谷日記」明治四〇年一月二三日、二月四日。
(148) 『原日記』明治四〇年一月二九日。
(149) 『貴委一八』八頁。『寺内日記』明治四〇年二月二一日。
(150) 『貴本二三』一二五―一二六頁。
(151) 『原日記』明治三九年一一月八日、一二月一一日も参照。
(152) 『貴委一八』一一四―一一五頁、一二四頁、三〇頁。
(153) 『貴本二三』一三四頁。『貴委一八』三八頁、一一五頁、一七六頁。
(154) 『貴委一八』一七九頁。
(155) 明治四〇年三月三日付桂宛西園寺書簡、『桂文書』五一-一五、二〇六―二〇七頁。
(156) 『貴委一八』三九頁。『貴本二三』一三五頁。
(157) 前掲、明治四〇年三月三日付桂宛西園寺書簡。
(158) 『原日記』明治四〇年三月五日。『寺内日記』明治四〇年三月五日。
(159) 『寺内日記』明治四〇年三月五日。『原日記』明治四〇年三月七日。
(160) 『原日記』明治四〇年三月七日。
(161) 同右、明治三九年一二月二四日、明治四〇年一月一三日、一月一四日。『政友』第八二号（明治四〇年二月二五日）二九―三〇頁。
(162) 『原日記』明治四〇年三月七日。明治四〇年三月七日付桂宛西園寺書簡、『桂文書』五一-一五、二〇三頁。
(163) 『政友』第八三号（明治四〇年三月二五日）九八頁。『原日記』明治四〇年三月八日。「野田日記」明治四〇年三月八日。
(164) 『衆本二三』一七〇頁。
(165) 大同倶楽部五名と無所属の金子元三郎（小樽区選出）の共同提出である。『衆本二三』二五九頁。
(166) 政友会三名、憲政本党三名による共同提出である。『衆本二三』二九七頁。

(167)『衆委四三』三〇七―三〇八頁。『衆本二三』三六五頁。
(168)『衆委三九』二七―二八頁。
(169)同右、三〇八―三〇九頁、三一四頁、三一八―三一九頁、三二〇頁。
(170)『政友』第八四号（明治四〇年四月三〇日）三六頁。
(171)『衆本二三』三五頁。
(172)『衆委四三』一四一―一四二頁、一四五頁。
(173)この過程を詳察した先行研究に、柴崎力栄「明治四一年一月の政変について」『日本歴史』第三八〇号（一九八〇年一月号）七四―九一頁、がある。
(174)『政友』第九〇号（明治四〇年一〇月三〇日）五頁。
(175)羽越線や陸羽横断線の速成を唱えた山形県支部（『政友』第八五号〔明治四〇年五月三〇日〕五五頁）と、駿甲鉄道の速成を求めた静岡県支部（『政友』第八八号〔明治四〇年八月三〇日〕四九頁）、そして陰陽連絡線の敷設を説いた岡山県支部（『政友』第八八号〔明治四〇年八月三〇日〕五二頁）などが挙げられる。
(176)『原日記』明治四〇年八月一〇日。
(177)同右、一〇月一八日。
(178)同右、九月一八日―九月二〇日。
(179)同右、一一月三〇日。
(180)『政友』第八五号（明治四〇年五月三〇日）二九―三〇頁。「野田日記」明治四〇年四月一日。
(181)『政友』第八七号（明治四〇年七月三〇日）一七―二四頁。「野田日記」明治四〇年四月四日、五月三日、五月六日、五月一〇日、五月一三日、五月一七日、五月二〇日、五月二四日、五月二七日、五月三一日、六月三日、六月七日、六月一〇日、六月一二日、六月一四日、六月一七日、六月二一日、七月五日。「阪谷日記」明治四〇年四月四日、七月五日。
(182)『政友』第八六号（明治四〇年六月三〇日）三六頁。『政友』第八七号（明治四〇年七月三〇日）三九頁。「野田日記」明治四〇年六月一日、六月三日、六月一七日、七月三日、七月一〇日。
(183)『政友』第九一号（明治四〇年一一月三〇日）二五―二六頁。「阪谷日記」明治四〇年一一月二二日。
(184)『政友』第九二号（明治四〇年一二月三〇日）一一―三九頁。
(185)『原日記』明治四〇年一〇月八日。

(186) 同右、一〇月二八日。「阪谷日記」明治四〇年一〇月二八日。
(187) 「阪谷日記」明治四〇年一一月二日。
(188) 『原日記』明治四〇年一一月五日、一一月六日。「阪谷日記」明治四〇年一一月五日、一一月六日。
(189) 『原日記』明治四〇年一〇月二九日。
(190) 明治四〇年一一月六日付寺内宛山県書簡、「寺内文書」三六〇‐六九。
(191) 『原日記』明治四〇年一一月二二日。
(192) 明治四〇年一一月九日付阪谷宛西園寺書簡、「阪谷文書」二三九‐九。『原日記』明治四〇年一一月二五日。「阪谷日記」明治四〇年一一月二五日。
(193) 『原日記』明治四〇年一一月二六日。
(194) 同右、一一月二八日。
(195) 同右、一一月二八日。「野田日記」明治四〇年一一月二八日。
(196) 明治四〇年一二月一日付阪谷宛桂書簡、『桂書翰集』四八‐五、二三六頁。明治四〇年一二月四日付桂宛寺内書簡、『桂文書』七三‐一一、二六二—二六三頁。
(197) 『原日記』明治四〇年一一月三〇日、一二月四日。「野田日記」明治四〇年一一月二九日、一一月三〇日、一二月一日、一二月三日、一二月四日。
(198) 『原日記』明治四〇年一二月五日。
(199) 同右、一二月六日。明治四〇年一二月六日付桂宛寺内書簡、『桂文書』七三‐一二、二六三頁。
(200) 『原日記』明治四〇年一二月八日、一二月一〇日。明治四〇年一二月九日付阪谷宛原書簡、「阪谷文書」三三一‐一。明治四〇年一二月九日付阪谷宛西園寺書簡、「阪谷文書」二三九‐五。
(201) 『原日記』明治四〇年一二月一〇日、一二月一一日。明治四〇年一二月一一日付阪谷宛西園寺書簡、「阪谷文書」二三九‐六。
(202) 『原日記』明治四〇年一二月一〇日、一二月一二日。「野田日記」明治四〇年一二月一〇日、一二月一一日、一二月一二日。
(203) 『原日記』明治四〇年一二月一三日。明治四〇年一二月一三日付阪谷宛西園寺書簡、「阪谷文書」二三九‐一〇。明治四〇年一二月一四日付斎藤宛桂書簡、『桂書翰集』四六‐二、二二九頁。
(204) 『原日記』明治四〇年一二月一四日。
(205) 同右、一二月一五日。

(206) 同右、一二月一六日。「阪谷日記」明治四〇年一二月一六日。
(207) 『原日記』明治四〇年一二月一七日。
(208) 明治四〇年一二月一七日付阪谷宛原書簡、「阪谷文書」三三−二。
(209) 明治四〇年一二月一九日付阪谷宛桂書簡、『桂書翰集』四八−七、二三七頁。
(210) 『原日記』明治四〇年一二月二〇日。
(211) 明治四〇年一二月二一日付阪谷宛原書簡、「阪谷文書」三三−三。『原日記』明治四〇年一二月二一日。
(212) この計画の内容は、「第十八回鉄道会議議事速記録第二号」（野田正穂・原田勝正・青木栄一・老川慶喜編『明治期鉄道史資料　第II期第二集第一一巻　鉄道会議議事速記録』〔日本経済評論社、一九八八年〕所収。以下、第十八回鉄道会議の議事速記録は同書所収のものを使用した。）六八—七一頁による。
(213) 明治四〇年一二月三一日付阪谷宛水町袈裟六書簡（「阪谷文書」一七八−一）の付属書類「鉄道会議に付せられたる鉄道予算問題に関する成行」。「開悟随録二」、「阪谷文書」九六四「雑録」所収。
(214) 「第十八回鉄道会議議事速記録第二号」二頁、四頁、六八頁。
(215) 同右、七一頁。前掲「鉄道会議に付せられたる鉄道予算問題に関する成行」。前掲「開悟随録二」。
(216) 「阪谷日記」明治四〇年一二月二八日、一二月二九日。明治四一年一月三日。前掲、明治四〇年一二月三一日付阪谷宛水町書簡。前掲「開悟随録二」。
(217) 前掲「開悟随録二」。明治四一年一月五日付平田宛山県伊三郎書簡、「平田文書」書翰の部二四九。『原日記』明治四一年一月一四日。
(218) 明治四一年一月四日付寺内宛桂書簡、『桂書翰集』六二−一二、二八五頁。
(219) 明治四一年一月七日付井上宛桂書簡、『桂書翰集』一六−六〇、一二六頁。
(220) 明治四一年一月七日付後藤宛桂書簡、『桂書翰集』四二−二八、一九六—一九七頁。
(221) 明治四一年一月一一日付後藤宛桂書簡、『桂書翰集』四二−二九、一九七頁。
(222) 明治四一年一月七日付寺内宛後藤書簡、「寺内文書」二七−九。
(223) 前掲、明治四一年一月一一日付後藤宛桂書簡でも桂は鉄道予算問題への不満を後藤に述べており、この頃の両者の話題はほとんどこれに集中していたものと推察される。断定するほどの証拠は見当たらないが、「新省設立」構想がこの文脈と無関係だったとは考えにくい。ただし後藤の発信書簡への返答として書かれた当該書簡で、桂は後藤書簡の趣旨が不分明な点があると書いており、後藤が会話の文脈とはかけ離れた突飛な提案をした可能性も否定できない。寺内もまた後藤の「新省設立」構想の趣旨を初見時によく推定できなかったようであ

る（『寺内日記』明治四一年一月一〇日。）

(224) 明治四一年一月一〇日付、一月一二日付桂宛井上書簡、『桂文書』一二‐四三、六六頁、一二‐四四、六六―六七頁。『原日記』明治四一年一月一一日。

(225) 明治四一年一月八日付寺内宛西園寺書簡、「寺内文書」二五六‐一。明治四一年一月八日付、一月一二日付西園寺宛阪谷書簡、「西園寺公望文書」（立命館大学図書館蔵、以下「西園寺文書」と略記。なお当該史料は、文部省科学研究費補助金基盤研究(C)（二）研究成果報告書『「西園寺公望文書」の研究』〔課題番号一一六一〇三五八　研究代表者　小関素明〕に記載された翻刻版を参照した。）一八‐三、一八‐四。明治四一年一月九日付西園寺宛原書簡、「西園寺文書」三六‐一〇。『原日記』明治四一年一月一三日。『寺内日記』明治四一年一月一二日。

(226) 『原日記』明治四一年一月一三日、一月一四日。『寺内日記』明治四一年一月一三日、一月一四日。明治四一年一月一四日付、一月一五日付桂宛西園寺書簡、『桂文書』五一‐一七、二〇七―二〇八頁、五一‐一八、二〇八頁。明治四一年一月一四日付西園寺宛桂書簡、『桂書翰集』四四‐八、二二三頁。明治四一年一月一四日付山県宛西園寺書簡、『山縣文書』二、一四五―一四六頁。

(227) 明治四一年一月一五日付山県宛桂書簡、『桂書翰集』九二‐四七、四〇七―四〇八頁。

(228) 前掲、明治四一年一月一四日付山県宛西園寺書簡。また「阪谷日記」明治四一年一月一九日にも「昨年末十二月二七日以来、逓相と小生との間に鉄道継続費の編成方に付議論あり。其間種々交渉の末稍や解決付たるも、元老との折合上困難を生し、終に辞職となれり」と記されている。

(229) 明治四一年一月一四日付山県宛寺内書簡、『山縣文書』二、三八六―三八七頁。『寺内日記』明治四一年一月一六日。

(230) 『原日記』明治四一年一月八日、一月一一日、一月一三日。

(231) 同右、一月一四日、一月一五日、一月一六日。明治四一年一月一五日付桂宛西園寺書簡、『桂文書』五一‐一九、二〇八―二〇九頁。修正案については、「第十八回鉄道会議議事速記録第三号」二―三頁を参照。

(232) 『原日記』明治四一年一月一五日、一月一七日。『寺内日記』明治四一年一月一五日、一月一七日。

(233) 前掲「第十八回鉄道会議議事速記録第三号」七頁。

(234) 『政友』第九三号（明治四一年一月三〇日）三頁。『衆本二四』八頁。『貴本二四』二五―二六頁。

(235) 『政友』第九三号（明治四一年一月三〇日）一七―一八頁、二一―二三頁。『衆本二四』八頁。

(236) 『原日記』明治四一年一月二一日、一月二三日。

(237) 『衆本二四』三五―三七頁。

(238) 同右、四八頁。『原日記』明治四一年一月二三日。
(239) 『原日記』明治四一年一月二五日、一月二七日、一月二八日、一月二九日、二月一日、二月二日。
(240) 同右、二月二日、二月三日。『政友』第九四号（明治四一年二月二五日）五二頁、五四頁。
(241) 『衆本二四』九〇—九四頁。
(242) 『寺内日記』明治四一年一月三一日、二月三日。『原日記』明治四一年二月四日。
(243) 『衆本二四』一〇六—一〇七頁。
(244) 『衆委四四』六五頁。『衆本二四』一〇七—一二七頁。
(245) 『衆本二四』一二一頁。
(246) 同右、一二三頁。
(247) 『原日記』明治四一年二月一二日。
(248) 『政友』第九三号（明治四一年一月三〇日）二四頁。『政友』第九四号（明治四一年二月二五日）四一頁、四七頁。
(249) 『衆委四六』一二七頁。『衆本二四』二四九頁。
(250) 『政友』第九五号（明治四一年三月三〇日）三九頁。
(251) 『衆本二四』二四五—二四九頁。
(252) 同右、一四五—一四九頁、二七七—二九一頁。
(253) 『衆委四四』二四頁。
(254) 同右、二五—二七頁、三五—三八頁。
(255) 『衆委四五』二頁。『衆委四六』二四九—二五〇頁。
(256) 『衆本二四』二一二頁、二二二頁、二三〇頁、三二四頁、三二五頁。「鉄道特別会計に関する建議案」は大同倶楽部四名、政友会二名、憲政本党二名、猶興会一名、無所属一名の共同提出である。「鉄道速成に関する建議案」は政友会二一名、憲政本党一名の共同提出である。
(257) 『寺内日記』明治四一年二月一九日。明治四一年二月二三日付山県宛小松原書簡、『山縣文書』二、一二七—一二八頁。
(258) 『貴本二四』五八—六〇頁、一三六頁、一五一頁。『貴委二一』三九三—三九四頁。
(259) 『貴本二四』一九〇頁。
(260) 『原日記』明治四一年二月一四日、二月二一日、二月二七日、二月二八日、三月三日、三月四日。
(261) 同右、三月二六日。

(262) 同右、五月一五日、五月一八日。
(263) 明治四一年一月二三日付後藤宛桂書簡、『桂書翰集』四二-三〇、一九七―一九八頁。
(264) 明治四一年二月一日付桂宛後藤書簡、『桂文書』四七-二、一六四頁。
(265) 明治四一年二月二日付井上宛桂書簡、『桂書翰集』一六-六三、一二八頁。
(266) 明治四一年二月二日付桂宛井上書簡、『桂文書』一二-五二、七一頁。
(267) 同右書簡。『原日記』明治四一年二月二日。
(268) 明治四一年二月二日付後藤宛桂書簡、『桂書翰集』四二-五七、二一二頁。
(269) 『原日記』明治四一年二月一一日。
(270) 同右、四月一日。
(271) 同右、四月四日、六月二九日。「野田日記」明治四一年四月三日、四月一二日。
(272) 『寺内日記』明治四一年五月七日。
(273) 同右、五月九日。『原日記』明治四一年五月九日。
(274) 明治四一年六月四日付阪谷宛勝田主計書簡、「阪谷文書」二六七-四所収。
(275) 明治四一年七月五日付阪谷宛勝田書簡、「阪谷文書」二六七-六。
(276) 明治四一年五月一三日付西園寺宛松田書簡、「西園寺文書」四五-一。同封の明治四一年五月九日付西園寺宛伊藤書簡も参照。
(277) 「野田日記」明治四一年五月一九日、五月二〇日、五月二二日。
(278) 同右、五月二四日。
(279) 同右、五月二五日、五月二六日。
(280) 明治四一年五月二二日付山県宛井上書簡、『山縣文書』一、一七九頁。
(281) 明治四一年五月一二日付伊藤宛桂書簡、『桂書翰集』一四-四九、六〇―六一頁。
(282) 明治四一年五月一五日付後藤宛桂書簡、『桂書翰集』四二-三五、二〇一頁。
(283) 『原日記』明治四一年五月一九日、五月二六日、五月二九日。
(284) 以下の添田人事案の展開は、前掲、明治四一年六月四日付阪谷宛勝田書簡と、前掲、明治四一年七月五日付阪谷宛勝田書簡を参照。
(285) 明治四一年五月二五日付西園寺宛松田書簡、「西園寺文書」四五-四。
(286) 明治四一年六月二日付井上宛桂書簡、『桂書翰集』一六-六一、一二七頁。

(287) 明治四一年六月二日付桂宛井上書簡、『桂文書』一二-四七、六七―六八頁。
(288) 前掲、明治四一年六月四日付阪谷宛勝田書簡。
(289) 同右書簡。前掲、明治四一年七月五日付阪谷宛勝田書簡。明治四一年七月一二日付若槻礼次郎宛水町袈裟六書簡、「阪谷文書」二六七-四所収。
(290) 明治四一年六月六日付山県宛井上書簡、『山縣文書』一、一七九―一八〇頁。
(291) 明治四一年六月一一日付桂宛伊藤書簡、『桂文書』一〇-三七、三一―三二頁。
(292) 明治四一年六月二〇日付伊藤宛桂書簡、『桂書翰集』一四-五一、六一―六二頁。
(293) 『原日記』明治四一年六月二七日、六月三〇日、七月二日。
(294) 明治四一年七月四日付桂宛西園寺書簡、『桂文書』五一-二一、二〇九頁。

【第三章　第二次桂太郎内閣期における予算政治】

(1) 坂野、前掲『大正政変――一九〇〇年体制の崩壊』第一章二。
(2) 三谷、前掲『日本政党政治の形成――原敬の政治指導の展開』第一部第二章。小林、前掲『日本の大陸政策　一八九五―一九一四――桂太郎と後藤新平』第二章第四節。
(3) 前掲、明治四一年七月五日付阪谷芳郎宛勝田主計書簡。
(4) 前掲、明治四一年七月一二日付若槻礼次郎宛水町袈裟六書簡。
(5) 明治四一年七月一五日付阪谷芳郎宛勝田主計書簡、「阪谷文書」二六七-五。
(6) 同右書簡。前掲、明治四一年七月五日付阪谷宛勝田書簡。
(7) 前掲、明治四一年七月一二日付若槻礼次郎宛水町袈裟六書簡。
(8) 前掲、明治四一年七月一五日付阪谷宛勝田書簡。
(9) 同右書簡。明治四一年七月一一日付後藤宛桂書簡、『桂書翰集』四二-四五、二〇五頁。
(10) 『桂伝』坤巻、七四〇―七四一頁。
(11) 明治四一年八月六日付後藤宛桂書簡、『桂書翰集』四二-三九、二〇二―二〇三頁。
(12) 明治四一年七月一三日付書簡、『山縣文書』二、三八七―三八八頁。『寺内日記』明治四一年七月四日、七月一〇日、七月一二日、七月一三日。

(13)『寺内日記』明治四一年八月一九日、八月二二日、八月二三日、八月二四日、八月二五日、八月二七日、八月二八日。
(14) 明治四一年八月一九日付斎藤宛桂書簡、『桂書翰集』四六－六、二三〇－二三一頁。
(15) 明治四一年八月二〇日付桂宛斎藤書簡、『桂文書』五三－一、二一四－二一五頁。
(16) 明治四一年八月二〇日付斎藤宛桂書簡、『桂書翰集』四六－七、二三一頁。
(17) 明治四一年八月二〇日付斎藤宛桂書簡、『桂書翰集』四六－八、二三一頁。
(18)『寺内日記』明治四一年八月二二日、八月二五日。
(19) 同右、八月二七日、八月二八日、八月三〇日。
(20) 明治四一年一二月一二日付後藤宛桂書簡、『桂書翰集』四二－四一、二〇三－二〇四頁。
(21) 松下、前掲『近代日本の鉄道政策　一八九〇－一九二二年』二五一－二五四頁。
(22) 明治四一年八月六日付桂宛井上書簡、『桂文書』一二－五〇、六八－六九頁。
(23) 明治四一年八月一六日付桂宛井上書簡、『桂文書』一二－五一、七〇頁。
(24)『桂伝』坤巻、三四三頁。
(25) 坂野、前掲『大正政変　一九〇〇年体制の崩壊』五〇－五四頁。
(26) 明治四一年一〇月二一日付桂宛西園寺書簡、『桂文書』五一－二三、二一〇頁。
(27)『政友』第一〇三号（明治四二年一月一五日）六四頁。前回の衆議院議長の杉田定一と副議長の箕浦勝人は、それぞれ政友会と憲政本党に含めて数えた。
(28)『衆委四九』二二－二三頁。
(29)「明治四十二年逓信大臣時代日記」（「後藤新平関係文書」〔国立国会図書館憲政資料室所蔵マイクロフィルム版〕、以下「後藤文書」と略記）三二－二－一三、明治四二年一月二三日。以下では本資料を「四二年後藤日記」と略記する。
(30)『衆委四九』二三頁、三二－三五頁。
(31) 明治四二年一月二三日付後藤宛桂書簡、『桂書翰集』四二－四三、二〇四－二〇五頁。
(32)『衆委四九』五八－五九頁。
(33) 同右、六一－六二頁、六三－六四頁。
(34) 同右、七七－七八頁。
(35) 明治四二年二月六日付山県宛桂書簡、『桂書翰集』九二－五〇、四〇九－四一〇頁。

(36)『政友』第一〇四号（明治四二年二月一五日）四四頁。
(37)前掲、明治四二年二月六日付山県宛桂書簡。
(38)『政友』第一〇四号（明治四二年二月一五日）四四頁。
(39)前掲、明治四二年二月六日付山県宛桂書簡。
(40)同右書簡。
(41)『政友』第一〇四号（明治四二年二月一五日）四五頁。
(42)同右、四四頁。前掲、明治四二年二月六日付山県宛桂書簡。
(43)明治四二年一月三〇日付井上馨宛桂書簡、『桂書翰集』一六-六二、一二七―一二八頁。
(44)『政友』第一〇四号（明治四二年二月一五日）四四―四五頁、四六頁、五四頁、五五頁。
(45)同右、五六頁。
(46)前掲、明治四二年二月六日付山県宛桂書簡。
(47)『政友』第一〇四号（明治四二年二月一五日）五六―五七頁。
(48)同右、五四頁、五五頁。
(49)明治四二年二月八日付井上馨宛桂書簡、『桂書翰集』一六-六四、一二八―一二九頁。
(50)「四二年後藤日記」明治四二年二月六日。
(51)同右、二月七日。
(52)同右、二月八日。
(53)『政友』第一〇四号（明治四二年二月一五日）五五頁。
(54)「四二年後藤日記」明治四二年二月九日。
(55)『政友』第一〇四号（明治四二年二月一五日）五五頁。
(56)『衆委四九』一五三頁。『衆本二五』九七―九八頁、一〇二頁、一〇八―一〇九頁。
(57)『原日記』明治四二年二月二〇日、二三日。
(58)同右、三月二四日。
(59)同右、四月七日。
(60)「野田日記」明治四一年八月一日。

(61) 同右、八月四日。
(62) 『政友』第一〇〇号（明治四一年九月三〇日）五〇―五二頁。
(63) 同右、一―五頁。
(64) 同右、五一頁。
(65) 「野田日記」明治四一年九月一〇日、一〇月一二日―一〇月二一日。
(66) 『衆本二五』二九頁、七九―八〇頁。
(67) 『衆委四九』四五―四七頁。
(68) 『衆委五二』一〇四頁、一〇五―一〇七頁。翌四日も恒松は桂答弁を引き合いに出して、公債募集による未成線の発展を訴えている。『衆委五二』一一五―一一六頁。
(69) 『衆本二五』七九―八〇頁。
(70) 『衆委五四』八三―八五頁、八五―八七頁。
(71) 同右、八八頁。『衆本二五』二三一―二三二頁。
(72) 『衆委五四』八八―八九頁。『衆本二五』二三一―二三二頁。「野田日記」明治四二年二月二五日。
(73) 『衆本二五』二三四頁、二六四頁。
(74) 『衆委五四』二一五頁。『衆本二五』三三二頁。
(75) 『原日記』明治四二年四月七日。
(76) 大蔵省編『明治大正財政史』第三巻（財政経済学会、一九三八年）五〇〇―五〇五頁。
(77) 明治四二年七月三一日の青森駅構内客車庫における後藤の訓示、「奥羽地方及北海道旅行日誌」（「後藤文書」九―七四所収）。
(78) 明治四二年五月一五日の兵庫県の西部管理局での後藤の訓示、「後藤文書」九―七〇―一所収。
(79) 「四二年後藤日記」明治四二年四月二一日―二五日。
(80) 「野田日記」明治四二年四月二四日、二五日。
(81) 「四二年後藤日記」明治四二年四月二五日―三〇日。
(82) 同右、五月一日―五月五日。
(83) 同右、五月八日、五月九日。
(84) 「四二年後藤日記」の巻末メモには、第二五議会の九州地方の「鉄道建設に関する建議案」の提出者だった柚木慶二、武満義雄、奥田栄之進、肥後幸盛、山岡国吉を初めとする鹿児島県の有力政治家の名前が列記されている。
(85)「四二年後藤日記」明治四二年八月一日―八月二〇日。
(86)明治四二年八月三日の札幌幾代庵での歓迎会での演説、前掲「奥羽地方及北海道旅行日誌」。
(87)前掲「奥羽地方及北海道旅行日誌」の八月一日、八月三日、八月九日、八月一六日、八月一九日を参照。
(88)「四二年後藤日記」明治四二年八月一一日。また巻末メモには、浅羽靖（大同倶楽部）、遠藤吉平（政友会）、小橋栄太郎（戊申倶楽部）を初めとする地元有力者の氏名が記録されている。
(89)同右、八月二一日―八月二七日。
(90)前掲「奥羽地方及北海道旅行日誌」の八月二一日、八月二三日、八月二四日を参照。
(91)「四二年後藤日記」明治四二年八月二五日、八月二六日。
(92)明治四二年八月二八日の福島駅構内客車庫や福島での懇親会における後藤の演説、前掲「奥羽地方及北海道旅行日誌」。
(93)「四二年後藤日記」明治四二年九月二七日。
(94)同右、九月二九日―一〇月六日。
(95)同右、一〇月二日、一〇月三日。
(96)この増加額の大きさは、すでに小林道彦氏が指摘している。小林、前掲「桂園時代の鉄道政策と鉄道国有――『地方主義的鉄道政策』『国家主義的鉄道政策』をめぐって」一六一―一六二頁。
(97)「第二十回鉄道会議議事速記録」（野田正穂・原田勝正・青木栄一・老川慶喜編『明治期鉄道史資料　第Ⅱ期第二集第一二巻　鉄道会議議事速記録』〔日本経済評論社、一九八八年〕所収。以下、第二十二回までの鉄道会議議事録は同書所収のものを使用した。）一二頁。
(98)同右、九―一二頁。
(99)「広軌鉄道関係自筆覚書一」、「後藤文書」一三―一六所収。この覚書の一部分は、鶴見祐輔著・一海知義校訂『正伝・後藤新平　五　第二次桂内閣時代　一九〇八―一六年』（藤原書店、二〇〇五年）三一七―三二〇頁に収められている。これは四三年度予算案を編成していた四二年後半に作成されたものと推定した。
(100)『政友』第一一一号（明治四二年九月三〇日）四〇頁。『原日記』明治四二年八月三〇日。
(101)『政友』第一〇七号（明治四二年五月二五日）五七頁、五九頁、六〇―六四頁。
(102)『政友』第一一一号（明治四二年九月三〇日）四〇―四二頁。『原日記』明治四二年九月一日。
(103)『政友』第一一一号（明治四二年九月三〇日）四〇頁。

(104) 『政友』第一一三号（明治四二年一一月二〇日）三五―三六頁。
(105) 『政友』第一一二号（明治四二年一〇月三〇日）三八―三九頁。
(106) 同右、四〇―四一頁。『政友』第一一三号（明治四二年一一月二〇日）三四―三五頁。
(107) 『原日記』明治四二年七月九日、七月二八日。
(108) 日向は第一八議会中に政友会を脱党し、同志研究会、無名倶楽部、同攻会などの小党を経て、第二二議会で政友会に復党していた。
(109) 『政友』第一一五号（明治四三年一月二五日）三―七頁。
(110) 『原日記』明治四二年一〇月一四日。
(111) 同右。
(112) 同右、一一月九日。「野田日記」明治四二年一一月二日、一一月一〇日。
(113) 「野田日記」明治四二年一二月二八日。『原日記』明治四三年一月三日、一月二四日。
(114) 『原日記』明治四二年一一月一〇日、一二月二日、明治四三年一月九日。
(115) 同右、明治四二年一〇月一七日、一一月九日。
(116) 明治四二年一二月一七日付原宛西園寺書簡、『原日記』第六巻、二〇一頁。
(117) 『政友』第一一四号（明治四二年一二月二五日）一一―一二頁。
(118) 『原日記』明治四三年一月四日。
(119) 明治四三年一月五日付後藤宛桂書簡、『桂書翰集』四二-五四、二一〇頁。
(120) 明治四三年一月五日付桂宛後藤書簡、『桂文書』四七-二九、一八七頁。
(121) 『寺内日記』明治四三年一月一一日。
(122) 『原日記』明治四三年一月九日、一月一二日。
(123) 『原日記』明治四三年一月一二日。
(124) 『寺内日記』明治四三年一月一四日。
(125) 『原日記』明治四三年一月一六日。
(126) 同右、一月一七日。
(127) 同右。
(128) 『寺内日記』明治四三年一月一八日。

(129)『政友』第一一五号（明治四三年一月二五日）一頁、三三頁、三六頁。『原日記』明治四三年一月一九日。
(130)『原日記』明治四三年一月二〇日。
(131) 明治四三年一月一七日付原宛松田書簡、原敬文書研究会編『原敬関係文書』第三巻（日本放送協会出版、一九八五年）二六二頁。
(132)『原日記』明治四三年一月二〇日。
(133) 同右、明治四二年一二月二四日、一二月二九日、明治四三年一月一一日。
(134)『衆委五五』四四頁。
(135)『衆委五八』二五二―二五三頁。
(136)『原日記』明治四三年四三年一月二三日、二月二日、二月四日、二月五日、二月七日。明治四三年一月二九日付、二月六日付原宛西園寺書簡、『原日記』第六巻、二〇一―二〇二頁。
(137) 明治四三年二月二日付山県宛桂書簡、『桂書翰集』九二-五七、四一四―四一五頁。
(138)『原日記』明治四三年二月四日。
(139) 同右、二月五日。
(140)『寺内日記』明治四三年二月七日。
(141) 明治四三年二月七日付桂宛平田東助書簡、『桂文書』八八-七、三一一―三一二頁。
(142)『原日記』明治四三年二月五日。
(143) 同右、二月六日。
(144) 同右、二月七日。
(145) 同右、二月八日。
(146) 同右。『寺内日記』明治四三年二月八日。
(147) 明治四三年二月九日付山県宛桂書簡、『桂書翰集』九二-五八、四一五―四一六頁。
(148)『原日記』明治四三年四三年一月四日。
(149)「後藤鉄道院総裁案鉄道資金新規公債」、「後藤文書」九-六〇。帝国鉄道庁紙に書かれた試案であり、四二年度予算編成時に作成されたものと判断した。
(150) 前掲、明治四三年一月五日付後藤宛桂書簡、明治四三年一月五日付桂宛後藤書簡。
(151)『原日記』明治四三年一月一一日。

(152)『衆委五五』二五―二七頁。
(153)同右、二七頁、二八頁。『衆委五六』一三五頁。『衆委五八』三一四頁。
(154)同右、七八―八一頁。
(155)『政友』第一一六号（明治四三年三月二五日）五八頁。
(156)『衆本二六』八七―八九頁。
(157)院内総務の松田・原、前院内総務の元田・大岡・鳩山、そして現幹事長の杉田定一の全六名による提出である。
(158)『原日記』明治四三年一月二九日。
(159)『衆本二六』八九―九〇頁。
(160)『衆委五六』一三四―一三五頁、一三六頁、一三八頁、一五三―一五四頁、一五五頁。『衆委五八』三一七頁、三一八頁、三二一頁、三二二頁、三二五頁、三二八頁。
(161)『衆委五八』三二八―三三一頁、三三二頁。
(162)「当用日記明治四十三年」、（「伊藤大八関係文書」〔国立国会図書館憲政資料室所蔵マイクロフィルム版〕第二部I-四、以下「伊藤日記」と略記）明治四三年二月一〇日。
(163)『衆委五八』三三五頁、三三七―三三八頁。
(164)『衆本二六』一五五頁。
(165)『原日記』明治四三年二月二四日。
(166)『衆委五八』四〇頁。『衆本二六』二七六頁。『原日記』明治四三年三月三日。
(167)『衆本二六』二五五頁、二七六頁、四三七頁。九州地方の三路線は、政府計画に取り入れられた鹿児島・八代間と吉松・宮崎間を除外したものである。
(168)同右、二六九―二七〇頁。
(169)同右、三五九―三六〇頁。『原日記』明治四三年三月一〇日。原の日記によれば、三月一〇日の本会議で本建議案は最後の議題として扱われたことで、偶然に政友会議員が議場で少数となり、その隙を突いて非政友会派の連合により否決されたようである。なお斎藤は秋田県第二の都市である横手をバイパスして秋田市に鉄道を一極集中させることへの批判を述べている（『衆委五八』三六二頁。）横手が廃れることで、山形県との県境に近い仁賀保を拠点とする斎藤の地盤に悪影響が及ぼされるのを危惧したのだと推察される。
(170)『衆本二六』三五五頁、四七八頁。

(171) 同右、二九〇頁、三五九―三六〇頁、四七二頁。
(172) 同右、三六一頁、三八九―三九〇頁、四九九―五〇二頁。『衆委五八』三八五―三八六頁、三八七―三八九頁。
(173) 神山、前掲『明治経済政策史の研究』二四八頁図五-一、二五一―二五三頁。
(174) 『原日記』明治四三年四月六日。
(175) 同右、五月一二日。
(176) 財部は宮崎県都城出身であるが、山本権兵衛の女婿として広く薩摩出身者との交流を重ねていた。岩手県水沢出身の斎藤実が薩摩の仁礼景範の女婿として広義の薩摩閥に属するのと同種である。
(177) 坂野潤治・広瀬順晧・増田知子・渡辺恭夫編『財部彪日記――海軍次官時代（上）』（山川出版社、一九八三年、以下『財部日記』と略記して日付のみ記す。なお明治四五年から大正三年までの日記は、同編『財部彪日記――海軍次官時代（下）』〔山川出版社、一九八三年〕に所収されたものを同様に用いた。）明治四二年一二月一日、一二月二九日、明治四三年二月二日、二月二一日。
(178) 同右、二月一五日。
(179) 同右、三月二一日。
(180) 同右、四月一九日、五月八日―五月一三日、五月一六日、五月二四日。
(181) 「斎藤実関係文書」（国立国会図書館憲政資料室所蔵マイクロフィルム版、以下「斎藤文書」と略記）書類の部四〇-二一。
(182) 『財部日記』明治四三年六月一六日、六月二六日。『原日記』明治四三年六月二八日、七月一日。
(183) 『財部日記』明治四三年六月一九日―六月二六日。「日記」（「斎藤文書」書類の部二〇八-四〇）明治四三年六月二〇日、六月二二日。
(184) 『財部日記』明治四三年六月二七日、六月二九日、六月三〇日、七月一日、七月四日。『原日記』明治四三年一一月一二日、一二月四日。前掲『海軍軍備沿革』一四五―一四八頁。
(185) 『財部日記』明治四三年六月三〇日、七月四日、七月七日、七月八日、七月九日、七月一〇日、七月一一日、七月一七日。
(186) 同右、七月一二日。
(187) 明治四三年六月二五日付桂宛山県書簡、『桂文書』一〇四-一七八、四三四―四三五頁。
(188) 『寺内日記』明治四三年七月一日、七月二日。
(189) 『政友』第一一九号（明治四三年六月二五日）四三―四四頁。
(190) 第一〇回総選挙でも国民党が四名の議席を獲得している。
(191) 『政友』第一二〇号（明治四三年七月二五日）二七―三四頁、五七頁。

(192) 同右、三四―三八頁、五八頁。『政友』第一二一号（明治四三年九月一〇日）七四頁。「伊藤日記」明治四三年七月五日―七月八日、八月九日、一〇月三日、一〇月五日、一一月一〇日、一二月八日。
(193) 「明治四十三年通信日記」（「後藤文書」三一―二―二八所収、以下「四三年後藤日記」と略記）明治四三年六月九日―六月一六日。明治四三年六月八日付桂宛後藤書簡、『桂文書』四七―九、一六七頁。『寺内日記』明治四三年六月一〇日。
(194) 「四三年後藤日記」明治四三年七月二七日―八月一三日。
(195) 同右、八月二八日―八月三〇日、九月五日―九月二四日。
(196) 同右、一〇月四日―一〇月一九日。
(197) 同右、一一月八日―一二月一日。
(198) 日本国有鉄道編刊『日本国有鉄道百年史』第五巻（一九七四年）四四六頁。
(199) 『桂文書』四七―一〇、一六七頁。
(200) 「後藤総裁（金澤）」『大阪毎日新聞』明治四三年八月二日。「各地視察旅行新聞切抜」（「後藤文書」九―七四所収）に、当該記事の切り抜きがある。
(201) 『原日記』明治四三年一〇月二二日。『政友』第一二三号（明治四三年一一月一〇日）一―四頁。
(202) 『政友』第一二三号（明治四三年一一月一〇日）三五頁。
(203) この問題に関する詳細な研究として、山崎有恒「明治末期の治水問題――臨時治水調査会を中心に」、櫻井良樹編『地域政治と近代日本――関東各府県における歴史的展開』（日本経済評論社、一九九八年）所収、四九―九八頁、を参照。
(204) 若槻礼次郎『明治・大正・昭和政界秘史――古風庵回顧録』（講談社学術文庫、一九八三年）一四六―一四八頁。この初出は一九五〇年である。
(205) 『政友』第一二一号（明治四三年九月一〇日）五〇―六二頁、七六―七七頁。また『政友』第一二三号（明治四三年一一月一〇日）一七―一九頁も参照。
(206) 『政友』第一二二号（明治四三年一〇月一〇日）五五―五六頁。
(207) 『政友』第一二三号（明治四三年一一月一〇日）三八頁。
(208) 『政友』第一二四号（明治四三年一二月一〇日）四四―四六頁。
(209) 明治四三年九月一五日付山県宛桂書簡、『桂書翰集』九二―六三、四一八―四一九頁。
(210) 明治四三年九月八日付寺内宛桂書簡、『桂書翰集』六二―一六、二八七―二八八頁。

(211) 明治四三年一〇月四日付寺内宛桂書簡、『桂書翰集』六二-一九、二八八頁。寺内も桂からの財政整理の要求を予測し、今年度における整理の実施額について事前に理解を求めている。明治四三年九月一〇日付、九月一五日付桂宛寺内書簡、『桂文書』七三-二三、二六八―二六九頁、七三-二四、二六九―二七〇頁。
(212) 『原日記』明治四三年一〇月一六日。
(213) 同右、一一月七日。
(214) 『政友』第一二四号（明治四三年一二月一〇日）三三―三九頁。
(215) 『原日記』明治四三年一一月一二日。
(216) 「野田日記」明治四三年一一月二一日。
(217) 同右、一一月二四日。
(218) 同右、一一月二五日。
(219) 同右、一一月二七日、一一月三〇日。『原日記』明治四三年一一月二七日、一一月三〇日、一二月一日。
(220) 『原日記』明治四三年一二月二日。
(221) 同右、一二月四日。
(222) 同右、一二月五日、一二月六日。「野田日記」明治四三年一二月四日、一二月五日。
(223) 『原日記』明治四三年一二月一一日。「野田日記」明治四三年一二月一一日。
(224) 明治四三年一二月一三日付山県宛桂書簡、『桂書翰集』九二-六四、四一九頁。
(225) 『原日記』明治四三年一二月一四日。
(226) 前掲、明治四三年一二月一三日付山県宛桂書簡。
(227) 『原日記』明治四三年一二月一四日。
(228) 同右、一二月四日。
(229) 「野田日記」明治四三年一二月一一日。
(230) 「後藤文書」九-六四所収。後藤新平伯伝記編纂会の用紙に謄写されたものである。
(231) 『衆委六二』二五頁。
(232) 同右、六五頁。
(233) 「第二十一回鉄道会議議事速記録」一八頁。『原日記』明治四三年一二月四日、明治四四年一月九日。

(234) 「第二十一回鉄道会議議事速記録」三—四頁、九頁。
(235) 『原日記』明治四三年一二月一四日、明治四四年一月一五日。
(236) 「第二十一回鉄道会議議事速記録」三四頁、三八—三九頁。『衆委六二』七三—七四頁。
(237) 「第二十一回鉄道会議議事速記録」三九頁。『衆委六二』二六—二七頁。
(238) 「第二十一回鉄道会議議事速記録」三七—三八頁。
(239) 『原日記』明治四三年一二月四日。
(240) 『衆委六二』七九頁。『衆委六三』二四一頁。
(241) 『衆委六三』二四四頁。なお既存の建設費との競合を軽減するため、最初の四年目から七年目までの金額は少なくし、建設完了後の八年目から一三年目までに多くの経費を計上する案となっていた（「第二十一回鉄道会議議事速記録」八頁。）それゆえに政権獲得後の新線拡張を目指す政友会の行動を長期的に拘束する効力を有する計画だったといえる。
(242) 「第二十一回鉄道会議議事速記録」四〇頁。
(243) 「伊藤日記」明治四三年一二月一六日。「第二十二回鉄道会議議事速記録」一〇頁。
(244) 「第二十二回鉄道会議議事速記録」四—五頁。
(245) 同右、七—九頁。
(246) 『衆委六二』二四頁。
(247) 同右、七八—八三頁。『衆委六三』二四一—二四五頁。
(248) 「後藤文書」一三—一六所収。
(249) 『原日記』明治四三年一二月一四日。
(250) 同右、一二月二一日。
(251) 同右、一二月二二日。『政友』第一二五号（明治四四年一月一〇日）四〇頁。
(252) 「伊藤日記」明治四三年一二月二二日。『原日記』明治四三年一二月二二日。
(253) 明治四三年一二月二三日付西園寺宛松田・原書簡、佛教大学近代書簡研究会編『宮津市立前尾記念文庫所蔵　元勲・近代諸家書簡集成』（思文閣出版、二〇〇四年）四九一—四九三頁。『原日記』明治四三年一二月二三日。
(254) 『原日記』明治四四年一月一三日、一月一五日。「野田日記」明治四四年一月一一日、一月一三日、一月一四日、一月一五日。『政友』第一二六号（明治四四年二月一〇日）三〇頁。

(255)『原日記』明治四四年一月二〇日、一月二一日。
(256)同右、一月二二日、一月二三日、一月二四日。
(257)『衆委六二』一八頁、二八頁、四六頁、五四頁、五八頁、七五頁、八三―八四頁。
(258)同右、二四―二七頁、六三―六六頁、七八―八三頁、九一頁、九三頁。
(259)明治四四年一月二五日付井上宛桂書簡、『桂書翰集』一六-七一、一三一―一三二頁。
(260)『原日記』明治四四年一月二六日。
(261)明治四四年一月二七日付井上宛桂書簡、『桂書翰集』一六-七二、一三二―一三三頁。
(262)明治四四年一月二七日付山県宛桂書簡、『桂書翰集』九二-六六、四二〇頁。
(263)『政友』第一二六号（明治四四年二月一〇日）一―二頁。『原日記』明治四四年一月二九日。
(264)『衆委六三』二四四―二四五頁。
(265)『原日記』明治四四年二月七日。『政友』第一二七号（明治四四年三月一〇日）一〇頁。
(266)『原日記』明治四四年二月八日。『政友』第一二七号（明治四四年三月一〇日）一一頁、一四頁。
(267)『衆委六二』一三四―一三五頁。
(268)『衆本二七』一四四頁。
(269)同右、一四六―一五〇頁、一五二―一五四頁、一五五―一五七頁。
(270)第一六議会で政友会を除名された井上角五郎は、中立倶楽部、無所属、大同倶楽部と所属を変えつつ当選を重ね、第二五議会中に政友会に復帰していた。
(271)『衆本二七』一五八―一五九頁、一六一―一六四頁、一六五―一六七頁。
(272)同右、一五九頁。
(273)『衆委六三』二四九―二五〇頁。『衆委六四』三六一―三六二頁。
(274)『原日記』明治四四年二月二日。
(275)明治四四年二月二日付桂宛後藤書簡、『桂文書』四七-一二、一六八―一六九頁。「当用日記明治四四年」（奥州市立後藤新平記念館所蔵）明治四四年二月二日。
(276)『原日記』明治四四年二月八日。
(277)『政友』第一二七号（明治四四年三月一〇日）一〇頁。

(278) 同右、一一頁。『衆本二七』一四六頁。
(279) 前掲、明治四四年二月二日付桂宛後藤書簡、一六九頁。
(280) 『衆本二七』一一五―一一六頁。
(281) 『原日記』明治四四年二月一七日。
(282) 同右、二月一六日。
(283) 同右、二月一七日。
(284) 『政友』第一二七号（明治四四年三月一〇日）一二頁。
(285) 「野田日記」明治四四年二月一八日、二月一九日。
(286) 同右、二月二一日。『原日記』明治四四年二月二一日。
(287) 『政友』第一二七号（明治四四年三月一〇日）一二頁。『衆委六四』四〇三―四〇四頁。『衆本二七』三三八―三三九頁。
(288) 『政友』第一二七号（明治四四年三月一〇日）一二頁。
(289) 同右、一六頁。
(290) 『衆委六四』三九七―三九八頁。『衆本二七』二八〇頁。
(291) 『衆本二七』一三六頁、二八一頁。『原日記』明治四四年二月一七日。
(292) 『衆本二七』一九四―一九五頁、二八〇―二八一頁。
(293) 同右。
(294) 『政友』第一二五号（明治四四年一月一〇日）四〇頁。
(295) 『原日記』明治四三年一二月二一日。
(296) 『衆本二七』二六五―二六六頁、三五二―三五三頁、三八五―三八六頁、四三一―四三三頁、五一八頁。
(297) 『原日記』明治四三年一二月二一日。
(298) 『貴本二七』一四三―一四四頁。
(299) 『貴委二七』一〇二頁。
(300) 同右、一〇四頁。
(301) 『原日記』明治四四年三月六日。『貴本二七』一七三―一七六頁。「田日記」明治四四年三月二日、三月三日、三月四日。三日に田は平井と会った後に、後藤とも面会している。なお、この後に追加的に出された村上・吉田・中村からの三つの改正案も全て貴族院で否決されている。『貴本二七』二七九—二八一頁。
(302)『衆本二七』五八頁、一三六頁、二八一—二八二頁、三〇四頁。
(303)同右、八〇頁。
(304)同右、八九頁、九〇頁、一一二—一一三頁。
(305)『衆委六七』一一一頁。
(306)『政友』第一二七号（明治四四年三月一〇日）一五—一六頁。
(307)『衆本二七』二六二頁。
(308)同右、八五—八七頁、一一〇—一一二頁。
(309)『政友』第一二七号（明治四四年三月一〇日）一五頁。
(310)『衆委六七』八三—八五頁。
(311)『衆本二七』二二四—二二五頁。
(312)同右、二六七—二六八頁。
(313)同右、二八五頁。
(314)『衆委六七』二七一頁、二七九—二八一頁。
(315)『衆本二七』五五七—五五八頁。
(316)同右、五五八頁。
(317)同右、二五七—二五八頁、二八四—二八五頁、三八一頁。
(318)『衆委六七』二三九頁、二四三頁、二四九—二五〇頁、二五四頁、二六二—二六五頁。『衆本二七』五四四—五四五頁、五五九—五六〇頁。

【第四章　大正政変期における予算政治】

（1）『原日記』明治四四年四月一四日、五月一日、六月六日、七月三日。
（2）『政友』第一三四号（明治四四年一〇月一〇日）三五頁。
（3）『政友』第一三〇号（明治四四年五月一〇日）一頁、三四頁。
（4）同右、三五—三六頁。『政友』第一三一号（明治四四年六月一〇日）三五頁。

(5) 『政友』第一三一号（明治四四年六月一〇日）三六頁。『原日記』明治四四年五月六日。
(6) 『政友』第一三四号（明治四四年一〇月一〇日）四一頁。『政友』第一三五号（明治四四年一一月二〇日）三〇—三一頁。九州大会では例外的に従来からの四路線の鉄道要求を明示する決議がなされている。
(7) 『原日記』明治四四年六月二二日、七月三日。
(8) 明治四四年五月二一日付桂宛後藤書簡、『桂文書』四七–一六、一七〇—一七一頁。
(9) 『原日記』明治四四年六月八日、八月二六日、八月二八日。明治四四年八月二九日付桂宛寺内書簡、『桂文書』七三–三二、二七四頁。
(10) 『財部日記』明治四三年一〇月二六日、一〇月二七日、一一月一日。
(11) 同右、明治四四年五月一日。
(12) 同右、五月一〇日。前掲『海軍軍備沿革』一五〇—一五一頁。
(13) 『原日記』明治四四年七月三日。
(14) 『財部日記』明治四四年八月二九日。『原日記』明治四四年八月二九日。
(15) 『財部日記』明治四四年八月二二日、八月二九日。
(16) 『原日記』明治四四年四月一四日、七月三日。
(17) 明治四四年五月六日付山県宛寺内書簡、『山縣文書』二、三九五—三九七頁。
(18) 明治四四年五月二五日付山県宛寺内書簡、『山縣文書』二、三九七頁。
(19) 明治四四年五月二九日付寺内宛山県書簡、「寺内文書」三六〇–八四。
(20) 『原日記』明治四四年六月六日。
(21) 明治四四年六月四日付寺内宛山県書簡、「寺内文書」三六〇–八五。前掲『山県有朋意見書』三二三—三三三頁。
(22) 宮内庁編『明治天皇紀』第一二巻、六三七—六四四頁。前掲『山県有朋意見書』三三四—三三七頁。
(23) 「桂文書」八五–二九。明治四四年八月一日付寺内宛山県書簡、「寺内文書」三六〇–八六。
(24) 明治四四年八月二日付桂宛若槻書簡、『桂文書』一〇八–一、四六七頁。
(25) 明治四四年八月二日付桂宛山県書簡、『桂文書』一〇四–一八七、四三九頁。
(26) 明治四四年八月一六日付寺内宛山県書簡、「寺内文書」三六〇–八八。
(27) 同右書簡。明治四四年八月一一日付寺内宛山県書簡、「寺内文書」三六〇–八七、によれば八月一一日の朝に寺内と山県は会合しており、そこで田中抜擢論が寺内から山県に提示されたものと思われる。

(28) 明治四四年六月三〇日付岡市之助宛寺内書簡、「岡市之助関係文書」（国立国会図書館憲政資料室所蔵、以下「岡文書」と略記）八—一。
(29) 宇都宮太郎関係資料研究会編『日本陸軍とアジア政策——陸軍大将宇都宮太郎日記一』（岩波書店、二〇〇七年、以下『宇都宮日記』一と略記して日付のみ記す）明治四四年六月一四日、六月一六日。
(30) 同右、八月一六日。
(31) 明治四四年八月八日付上原宛宇都宮書簡、上原勇作関係文書研究会編『上原勇作関係文書』（東京大学出版会、一九七六年、以下『上原文書』と略記）一七—三、五三頁。
(32) 『宇都宮日記』一、明治四四年八月二五日。明治四四年九月三日付上原宛町田経宇書簡、『上原文書』一〇二—三、四六六—四六七頁。
(33) 『原日記』明治四四年六月八日。
(34) 同右、六月一八日、七月七日。
(35) 同右、六月八日、八月三〇日。
(36) この時に山本の後任者として日銀総裁に就いたのが松尾臣善だった。
(37) 山本が勧業銀行の貸付目的制限を撤廃し、地方の実業家への資金投入を促進させたことを、桂の地方財政整理政策と対比して把握しようとする論文に、下重直樹「原敬の政治指導と行政整理——臨時制度整理局を中心に」『史境』第五三号（歴史人類学会、二〇〇六年）一六—三三頁、同「山本達雄の政治指導と地方経済——大正初期における勧銀‐農工銀ラインを中心に」『社会文化史学』第四九号（社会文化史学会、二〇〇七年）二一—四〇頁、がある。
(38) 『原日記』明治四四年八月三〇日。
(39) 明治四四年八月三〇日付山県宛桂書簡、『桂書翰集』九二—七二、四二三—四二四頁。
(40) 明治四四年八月三一日付桂宛山県書簡、『桂文書』一〇四—一八九、四三九—四四〇頁。
(41) 『原日記』明治四四年九月八日。『財部日記』明治四四年九月九日。
(42) 『原日記』明治四四年九月二〇日、九月二五日。
(43) 同右、九月三〇日。
(44) 同右、一〇月三日、一〇月五日。
(45) 明治四四年九月一六日付山県宛桂書簡、『桂書翰集』九二—七三、四二四頁。
(46) 明治四四年九月二二日付山県宛桂書簡、『桂書翰集』九二—七四、四二四—四二五頁。
(47) 『原日記』明治四四年八月三〇日。

(48) 同右、一〇月三日。
(49) 『財部日記』明治四四年九月一日、九月二四日、九月二六日、一〇月一〇日、一〇月一三日。
(50) 同右、九月二五日、一〇月一四日、一〇月一八日。
(51) 『原日記』明治四四年一〇月一九日。
(52) 『財部日記』明治四四年一〇月二一日。
(53) 同右、一〇月二三日。
(54) 同右、一〇月三一日。『原日記』明治四四年一〇月三一日。
(55) 『原日記』明治四四年一一月一日。
(56) 同右、一一月二日。『財部日記』明治四四年一一月二日。
(57) 『財部日記』明治四四年一一月八日、一一月一三日。『原日記』明治四四年一一月四日。
(58) 明治四四年一一月三日付寺内宛桂書簡、『桂書翰集』六二-二三、二九一―二九二頁。
(59) 『原日記』明治四四年一一月二〇日。
(60) 同右、一一月二一日、一一月二四日。『財部日記』明治四四年一一月二一日。
(61) 『原日記』明治四四年一一月二四日。『財部日記』明治四四年一一月二四日。
(62) 『財部日記』明治四四年一一月二六日、一一月二八日。
(63) 『原日記』明治四四年一二月一日。
(64) 明治四四年一二月一日付山県宛桂書簡、『桂書翰集』九二-七五、四二五―四二六頁。
(65) 『原日記』明治四四年一一月二四日。
(66) 「野田日記」明治四四年一一月二九日。
(67) 『原日記』明治四四年一一月二九日。
(68) 同右。明治四四年一一月二七日付原宛西園寺書簡、『原日記』第六巻、二〇六頁。
(69) 『原日記』明治四四年一二月九日、一二月一二日、一二月一三日。
(70) 同右、一二月一三日。
(71) 同右、一二月一九日。
(72) 同右、一二月一二日。

(73)　同右、一二月二二日。
(74)　同右、一二月二三日、一二月二四日。
(75)　同右、一二月二四日、一二月二五日、一二月二六日。
(76)　同右、一二月二六日。
(77)　「第二十二回鉄道会議議事速記録」三―四頁。
(78)　『原日記』明治四四年五月一日。
(79)　同右、一二月一二日。
(80)　他には房総鉄道の木更津・北條間も新規計画となっていた。
(81)　『原日記』明治四四年一二月二五日、一二月二六日。「野田日記」明治四四年一二月二五日、一二月二六日。
(82)　『政友』第一三八号（明治四五年二月二〇日）四九頁。『原日記』明治四五年一月一八日、二月二日、二月六日。「野田日記」明治四五年一月一八日、一月二〇日、一月二二日、二月五日、二月六日。
(83)　『政友』第一三八号（明治四五年二月二〇日）四七頁、四九頁。「野田日記」明治四五年二月七日、二月八日、二月九日。
(84)　『政友』第一三八号（明治四五年二月二〇日）三一頁。
(85)　『衆委六八』九一―九二頁、九四―九五頁、九九頁。『衆本二八』七九―八三頁、九七頁。
(86)　『衆委六八』九六―九七頁。『衆本二八』八三―八五頁。
(87)　『政友』第一三七号（明治四五年一月二〇日）二六頁。これと同趣旨の宣言書は、明治四五年一月二〇日にも再び採択されている。『政友』第一三八号（明治四五年二月二〇日）三〇―三一頁。
(88)　『政友』第一三七号（明治四五年一月二〇日）二七頁。
(89)　『衆本二八』五八頁。『衆委七〇』三四五頁、三四七頁。
(90)　『衆委七〇』三四八頁、三四九頁、三五〇頁。
(91)　同右、三四九―三五〇頁。
(92)　『衆本二八』一〇一―一〇三頁。
(93)　同右、五一―五二頁、七一頁。
(94)　『衆委七一』四四五頁、四四八頁。
(95)　『衆本二八』一五二―一五三頁。

(96) 広島から江津に至る路線の建設を求める建議案で、政友会三名と無所属一名によって提出された。
(97) 『衆委七二』四四八―四四九頁。
(98) 『衆本二八』二二四―二二五頁。
(99) 『衆委七二』二七九―二八一頁。『衆本二八』三一八―三一九頁。
(100) 『衆本二八』一四五―一四八頁、四五八―四六五頁。
(101) 同右、七二頁、一二一―一二三頁、一四八頁、一四九―一五〇頁、一六三頁、二〇五頁、二〇七―二〇八頁、二二六頁、二二七頁、二七七頁、三四二頁、四一四―四一五頁。
(102) 『原日記』明治四五年二月二〇日、二月二八日、三月五日。
(103) 「田日記」明治四五年一月二七日、一月三〇日、二月二日、二月九日。
(104) 同右、二月一五日。
(105) 同右、二月一七日、二月一九日、二月二〇日。
(106) 同右、二月二〇日。
(107) 『貴委二八』二四―二五頁。
(108) 同右、五三頁。『貴本二八』八五頁。
(109) 「田日記」明治四五年二月二〇日。
(110) 『貴委二八』五七―五八頁。『原日記』明治四五年二月二七日、二月二八日。「田日記」明治四五年二月二八日。
(111) 『衆本二八』八三頁。
(112) 『衆委二八』三九〇頁。
(113) 『原日記』明治四五年三月一三日。
(114) 明治四五年三月一三日付寺内宛桂書簡、『桂書翰集』六二―二六、二九三―二九四頁。
(115) 『原日記』明治四五年五月二〇日。
(116) 同右、六月七日―九日、六月一二日―一六日、六月一八日―一九日、六月二二日、六月二四日―二六日、六月二八日、七月一日―三日、七月六日、七月八日、七月一〇日―一二日、七月一五日。
(117) 「野田日記」明治四五年六月七日、六月二七日。
(118) 同右、六月二九日。『原日記』明治四五年七月一日。

(119) 明治四五年五月一九日付寺内宛桂書簡、『桂書翰集』六二一三一、二九七―二九八頁。
(120) 明治四五年五月二三日付桂宛寺内書簡、『桂文書』七三一四一、二八〇頁。
(121) この間の経過を詳細に扱った先行研究として、山本四郎『大正政変の基礎的研究』（御茶の水書房、一九七〇年）が挙げられる。また陸軍内部の多様な状況認識について、北岡伸一『日本陸軍と大陸政策――一九〇六―一九一八年』（東京大学出版会、一九七八年）一二八―一四〇頁を主に参照している。
(122) 明治四五年三月二〇日付寺内宛田中書簡、「寺内文書」三一五一一〇。明治四五年三月二八日付寺内宛桂書簡、『桂書翰集』六二一二七、二九四―二九五頁。明治四五年四月六日付、四月一四日付桂宛寺内書簡、『桂文書』七三一三九、二七八―二七九頁、七三一四〇、二七九―二八〇頁。明治四五年四月二日付桂宛山県書簡、『桂文書』一〇四一一九六、四四三―四四四頁。ただし桂は、上原の他に木越安綱を候補者に推していた。明治四五年三月二五日付寺内宛岡電報控、「岡文書」一六一二。明治四五年四月二日付山県宛西園寺書簡、『山縣文書』二、一四七頁。
(123) 宇都宮太郎関係資料研究会編『日本陸軍とアジア政策――陸軍大将宇都宮太郎日記二』（岩波書店、二〇〇七年、以下『宇都宮日記』二と略記して日付のみ記す）明治四五年四月五日、五月一七日。
(124) 明治四五年五月三日付寺内宛上原書簡、「寺内文書」三三六一一七。明治四五年五月三〇日付寺内宛山県書簡、「寺内文書」三六〇一九一。明治四五年六月二日付山県宛寺内書簡、『山縣文書』二、三九八―三九九頁。『寺内日記』明治四五年六月一日―三日。
(125) 『原日記』大正元年八月九日。『財部日記』大正元年一二月二日。
(126) 『原日記』大正元年一〇月一八日。「野田日記」大正元年一〇月二七日。
(127) 『原日記』大正元年一〇月二七日、一一月一一日、一一月二〇日、一一月二二日、一一月二四日、一一月二六日、一一月三〇日。
(128) 同右、八月三〇日、一一月九日、一一月一一日。
(129) 大正元年一〇月二三日付山県宛上原書簡、『山縣文書』一、二二一―二二二頁。
(130) 『原日記』大正元年一〇月二〇日、一一月一日、一一月四日、一一月七日、一一月九日、一一月一〇日。
(131) 同右、九月一七日、一〇月一五日。『宇都宮日記』二、大正元年一〇月一五日、一〇月二一日。
(132) 『原日記』大正元年一一月一四日。大正二年二月二日付寺内宛田中書簡、「寺内文書」三一五一一三。
(133) 『宇都宮日記』二、大正元年一一月六日、一一月八日。
(134) 「寺内文書」四四〇一一。
(135) 大正元年一一月一日付田中宛寺内書簡、「田中義一関係文書」（国立国会図書館憲政資料室所蔵マイクロフィルム版）書翰の部八三四。

(136) 大正元年一〇月二九日付寺内宛上原書簡、「寺内文書」三三六―一八。
(137)『原日記』大正元年一一月一六日。
(138) 同右、一一月二四日、一一月二五日、一一月二八日、一一月二九日。『宇都宮日記』二、大正元年一一月二六日、一一月二八日、一一月三〇日。大正元年一一月二八日付上原宛宇都宮書簡、『上原文書』一七―一四、六三―六四頁。
(139)『宇都宮日記』二、大正元年一一月二五日。大正元年一一月二九日付上原宛宇都宮書簡、『上原文書』一七―一五、六四―六五頁。内閣崩壊後のことではあるが、原が妥協を模索する柔軟な姿勢だという情報は信じられると上原は寺内に報告している。大正元年一二月六日付寺内宛上原書簡、「寺内文書」三三六―二〇。
(140)「田日記」大正元年八月一六日、八月一九日、八月三一日。
(141)『原日記』大正元年八月一二日。
(142) 同右、八月一八日。
(143) 同右、八月九日、八月一二日、八月一四日、八月一六日、八月一八日、八月三〇日。
(144) 同右、一一月一六日、一一月一八日、一一月二三日、一一月二四日、一一月二五日、一一月二六日、一一月二七日。「野田日記」大正元年一一月一五日、一一月一九日、一一月二二日、一一月二三日、一一月二六日。
(145) 大正元年一一月一七日付桂宛上原書簡、『桂文書』一七―一、九八頁。大正元年一二月一七日付桂宛田中書簡、『桂文書』六九―一、二五〇―二五一頁。大正元年一一月二八日付桂宛山県書簡、『桂文書』一〇四―二〇三、四四七頁。
(146) 大正元年一二月一〇日付桂宛山県書簡、『桂文書』一〇四―二〇四、四四七―四四八頁。
(147) 大正元年一二月九日付寺内宛岡電報控、「岡文書」一六―五。
(148)『原日記』大正元年一二月一四日、一二月一五日、一二月一六日。大正元年一二月一四日付桂宛後藤書簡、『桂文書』四七―二四、一八二―一八三頁。
(149)『原日記』大正元年一二月一六日、一二月一八日。「田日記」大正元年一二月一九日。「大正二年度予算方針覚書」、「後藤文書」三二―二八―九。
(150) 前掲『海軍軍備沿革』一五二―一五四頁。『財部日記』大正元年一一月四日、一一月五日、一一月一一日、一一月二一日、一一月二二日。
(151)『財部日記』大正元年一二月一一日、一二月一二日、一二月一四日、一二月一五日、一二月一六日。
(152) 同右、一二月一七日、一二月一八日、一二月一九日、一二月二〇日、一二月二一日、一二月二三日、大正二年一月一〇日。

(153)「田日記」大正二年一月八日。

(154)大正二年一月一二日付山県宛桂書簡、『桂書翰集』九二-八三、四三一頁。

(155)「山県有朋大正政変覚書」、『山縣文書』一、三八七―三九四頁。

(156)前掲、大正二年一月一二日付山県宛桂書簡。

(157)『原日記』大正二年一月一九日、一月二〇日、一月二一日。

(158)大正二年一月二八日付寺内宛後藤書簡、「寺内文書」二七-二五。前掲、大正二年二月二日付寺内宛田中書簡。

(159)『原日記』大正二年一月一七日。

(160)「田日記」大正二年一月一七日。

(161)同右、一月二一日。

(162)『原日記』大正元年一二月一七日、一二月一八日。

(163)同右、大正二年一月一六日、一月一七日、一月一八日、一月一九日。

(164)『衆本三〇』八―九頁。

(165)『政友』第一四八号（大正元年一二月二〇日）四七―五八頁。

(166)大正二年一月一四日付桂宛山県書簡、『桂文書』一〇四-二〇五、四四八―四四九頁。また大正元年一二月二九日付山県宛小松原英太郎書簡、『山縣文書』二、一三四―一三五頁も参照。

(167)「田日記」大正二年一月二二日、一月二三日、一月二五日。

(168)『原日記』大正二年二月二日、二月三日。「野田日記」大正二年一月二六日、二月一日。

(169)『原日記』大正二年一月三一日、二月一日、二月二日。

(170)同右、一月二五日、一月二八日、二月二日、二月三日、二月四日。

(171)鶴見、前掲『正伝・後藤新平　五　第二次桂内閣時代　一九〇八―一六年』六二六―六三四頁。

(172)『衆本三〇』九―一三頁。

(173)同右、一五頁。

(174)同右、一五―一六頁。

(175)若槻、前掲『明治・大正・昭和政界秘史――古風庵回顧録』一八二―一八三頁。

(176)『桂伝』坤巻、六三七頁、六三九頁。
(177)『原日記』大正二年二月八日。
(178)明治三一年から三二年にかけて開かれた第一三議会は特別議会と通常議会を併せた特殊な事例である。この議会の召集日は明治三一年一一月七日であり、翌八日に第二次山県有朋内閣が成立した。しかし内閣発足直後であることを理由に議会の開院式は遅れ、一二月三日に挙行されている。したがって本書で述べる議会開会中の政権交代という事例にはこの第一三議会は含まれないと考える。
(179)『原日記』大正二年二月一一日、二月一二日。
(180)「野田日記」大正二年二月一四日、二月一五日、二月一六日。
(181)『政友』第一五〇号（大正二年三月一二日）五六—五七頁、五八頁。『財部日記』大正二年二月一七日。
(182)『政友』第一五〇号（大正二年三月一二日）五七頁、五八—五九頁。
(183)『原日記』大正二年二月二一日。
(184)『政友』第一五〇号（大正二年三月一二日）五—六頁。『政友』第一五一号（大正二年三月二五日）三七頁。『原日記』大正二年二月二二日。
(185)『政友』第一五一号（大正二年三月二五日）三九頁。『原日記』大正二年二月二六日。
(186)『衆本三〇』二〇頁、二一頁、二三頁。
(187)「野田日記」大正二年二月一七日、二月一九日、二月二三日。『原日記』大正二年二月二三日。
(188)「第三十回帝国議会衆議院予算委員会議録第四回」、『帝国議会衆議院委員会議録 一』（臨川書店、一九八一年）四五頁。以下、本書では大正期の帝国議会衆議院委員会議事録を用いる際に、例えば当該頁のことを『衆委大一』四五頁と略記する。これは第三〇議会の衆議院委員会議事録を収めた当該書籍に付された通し番号の頁数で四五頁を指している。大正期の衆議院委員会議事録は、臨川書店版（第一—一三巻、一九八一年）に収められたものを使用する。『原日記』大正二年二月二五日、二月二六日、二月二七日、二月二八日、三月三日。
(189)『原日記』大正二年三月六日。『政友』第一五一号（大正二年三月二五日）三八頁、三九—四〇頁。
(190)『衆委大一』七二—七三頁、七五頁。
(191)無所属議員三六名によって大正元年一二月二三日に結成された政党であり、桂新党の立憲同志会とは別の政党である。
(192)『衆委大一』七四—七五頁。
(193)同右、七二—七四頁。
(194)同右、七四頁。『原日記』大正二年三月一五日。日向は二月四日に政友会を脱会して無所属となっていた。なお会期末の三月二五日には政友会に復党している。

(195)『衆委大一』八〇頁、八一頁。『原日記』大正二年三月一四日。

(196)『衆本三〇』一四三―一五二頁、一六〇―一六一頁。

(197)『原日記』大正二年三月一五日。『政友』第一五一号（大正二年三月二五日）一六頁。また『財部日記』大正二年三月一五日も参照。

(198)「田日記」大正二年三月一六日、三月一七日、三月一八日。

(199)「第三十回帝国議会貴族院予算委員会議事速記録第三号」、『帝国議会貴族院委員会議事速記録一』（臨川書店、一九八一年）二一―二三頁。以下、本書では大正期の帝国議会貴族院委員会議事録を用いる際に、例えば当該頁のことを『貴委大一』二一―二三頁と略記する。これは第三〇議会の貴族院委員会議事録を収めた当該書籍に付された通し番号の頁数で二一頁から二三頁を指している。大正期の貴族院委員会議事録は、臨川書店版（第一―二巻、一九八一年）に収められたものを使用する。「田日記」大正二年三月一九日。

(200)『貴本三〇』一八五頁。『貴委大一』五三―五四頁。「田日記」大正二年三月二六日。

(201)『衆本三〇』五四―五五頁、八八―八九頁、一八二―一八三頁、一八四頁、二〇一頁、二一六―二一七頁。

(202)同右、五三頁、三一二―三一三頁。『衆委大二』四〇三頁。

(203)『原日記』大正二年三月二八日。

(204)同右、三月三一日、四月四日、四月二五日、五月一四日、五月一五日、五月一六日、五月一七日、五月一八日、五月一九日、五月二三日、五月二七日、六月一一日。『財部日記』大正二年四月一日、四月一〇日、五月一五日、五月一六日、五月一七日、五月一九日。

(205)『原日記』大正二年六月一三日。『政友』第一五五号（大正二年六月二〇日）一四―一六頁、三三頁、同号付録一―四〇頁。

(206)『原日記』大正二年五月七日、五月八日、五月二七日、六月一日。『政友』第一五五号（大正二年六月二〇日）一七―一八頁。

(207)『原日記』大正二年六月二四日、七月一六日、八月九日。

(208)大正二年三月七日付上原宛大島健一書簡、『上原文書』二六-一、一四五頁。大正二年四月二〇日付上原宛宇都宮書簡、『上原文書』一七-一九、六八頁。大正二年五月一三日付上原宛岡書簡、『上原文書』二九-七、一五一頁。

(209)『宇都宮日記』二、大正二年六月九日、六月二四日。大正二年七月七日付上原宛宇都宮書簡、『上原文書』一七-二三、六九頁。

(210)『原日記』大正二年五月一九日、六月一六日、七月七日、七月二四日、七月二六日、七月三一日。

(211)大正二年一〇月二日付上原宛川村景明書簡、『上原文書』三八-一、一七二頁。

(212)『原日記』大正二年九月二六日、一〇月六日。

(213)同右、九月二六日。

(214) 大正二年一〇月二八日付寺内宛田中書簡、「寺内文書」三一五―一九。
(215) 大正二年一一月二日付寺内宛田中書簡、「寺内文書」三一五―二〇。
(216) 『原日記』大正二年一〇月八日。
(217) 同右、一〇月七日。
(218) 前掲『海軍軍備沿革』一五八―一六〇頁。
(219) 『原日記』大正二年一一月四日。『財部日記』大正二年一一月四日。
(220) 『原日記』大正二年一一月九日。
(221) 同右、一一月八日。
(222) 同右、一一月一七日。
(223) 『財部日記』大正二年一一月二一日。
(224) 『原日記』大正二年一一月二七日。
(225) 『財部日記』大正二年一一月二七日。
(226) 『原日記』大正二年一一月二五日。
(227) 同右、一一月三〇日。
(228) 『政友』第一五九号（大正二年九月二〇日）四八頁、四九頁、五〇頁。『政友』第一六〇号（大正二年一〇月二〇日）四八頁、四九頁。
(229) 『政友』第一六二号（大正二年一二月二〇日）四一頁。
(230) 松下、前掲『近代日本の鉄道政策　一八九〇―一九二二年』二九〇―二九一頁。
(231) 『原日記』大正二年一二月五日。
(232) 『衆委大三』二一―二四頁。
(233) 同右、五二―五四頁、六二―六三頁、六八―七一頁、八一頁。
(234) 『衆本三一』四五―六二頁。
(235) 『原日記』大正三年一月三一日。
(236) 同右、二月五日、二月六日。『政友』第一六四号（大正三年二月二〇日）五六頁。
(237) 『原日記』大正三年二月七日。『政友』第一六四号（大正三年二月二〇日）五五頁。
(238) 『原日記』大正三年二月八日。

(239) 同右、二月九日。『政友』第一六四号（大正三年二月二〇日）五五頁。『衆委大三』一〇九―一一〇頁。
(240) 『衆本三一』一一〇―一二四頁。『原日記』大正三年二月一〇日。
(241) 『衆本三一』一二九―一五八頁。『原日記』大正三年二月一二日。
(242) 「田日記」大正三年二月四日。
(243) 同右、二月一二日、二月一五日、二月二〇日―三月八日。
(244) 『貴委大二』九二頁。『貴本三一』二三七―二三九頁。
(245) 『原日記』大正三年三月一〇日。
(246) 同右、三月一三日。
(247) 同右、三月一五日、三月一六日。
(248) 同右、三月一九日―三月二四日。

【終　章　桂太郎の政治指導と政党内閣の確立過程】

(1) 『中央公論』大正三年四月号所収。『吉野作造選集』第三巻（岩波書店、一九九五年）一七―四四頁。

あとがき

本書は、二〇一〇年九月に東京大学大学院法学政治学研究科に提出した博士論文「政党内閣確立過程における予算と政治——桂太郎の政治指導を中心に」を原型としている。このうち、本書の第一章第一節二から第二章第一節一までの内容は、著者の修士論文を改訂した別の論文「国家財政統合者としての内閣総理大臣——第一次内閣期の桂太郎（明治三四～三九年）」『国家学会雑誌』第一二〇巻第一一・一二号（二〇〇七年）所収、と重なる部分が多い。また本書の第四章第二節二については、「桂新党再考」『日本歴史』第七六九号（二〇一二年）所収、として一部をすでに公表している。これらの論文を発表した後に発見した誤りには、本書の中で適宜修正を加えてある。

このように本書は、著者が大学院に進学してから八年間かけて行ってきた研究成果を一冊の書物としてまとめたものである。これほど長い時間をかけて、これほど僅かな結果しか出せなかった自らの非力を深く痛感する。そして同時に、高校を卒業して上京した際には自分が政治学の本を書くなどとはおよそ考えもしなかったことを思い出しつつ、その後の十五年間で訪れた数多くの方々との幸運な出会いに改めて感謝させて頂くことにしたい。

まず初めに北岡伸一先生にお礼を申し上げたい。二〇〇〇年度に教養学部で開講された授業に参加させて頂いて以来、先生には数えきれない回数のご指導を賜ってきた。それがいかに貴重な経験であったのかを本書を作成する全ての過程で学ぶことができた。目前の課題からすぐに逃避したがる怠惰な著者を、先生は常に温かく、そして辛抱強く見守ってくださった。地道な努力を謙虚に続けていくことが先生への何よりの恩返しになると信じて、これからも少しずつ歩んでいきたい。

また大学院に入ってすぐに酒井哲哉先生からご指導頂ける機会に恵まれた。最初の研究テーマに桂太郎を選びたいと申し上げた折に、先生が柔和な笑顔を崩されることなく即座に様々なご助言をくださった喫茶店でのひと時がなければ、本書が誕生することは決してなかったはずである。その時に先生が授けてくださった問いに対して、本書では十分な解答を提示できていない。今後の研鑽でもってその答えをいつか導き出せればと願っている。

そして五百旗頭薫先生に感謝の言葉をお伝えできることを心から嬉しく思う。前述の二〇〇〇年度の教養学部の授業の初回に、緊張して授業開始を待っていた私の前に、今の私よりはるかにお若い先生が颯爽と現れた時の衝撃をいまだに忘れることができない。それ以来、憧れの対象となった先生には、とくに博士課程進学後から公私にわたって親しくご指導頂いた。進路を模索中だった二十歳のころと、研究者としての自立過程でもがいていた大学院博士課程と、異なる時期に同じ北岡先生と五百旗頭先生の合同ゼミに参加できたのは、まことに幸運であった。

また東京大学大学院法学政治学研究科の先生方から教えて頂いたことの大きさは計り知れない。中でも博士論文を審査してくださった中山洋平先生、斎藤誠先生、水町勇一郎先生、修士論文の審査委員をお務めくださった苅部直先生、大串和雄先生からは、それぞれのご専門分野からの貴重なご指摘を数多く頂戴した。また学部や大学院での授業や研究会を通して様々なご教示をくださった先生方に深く御礼を申し上げたい。本書に直接反映できていない教えが膨大だが、今後の研究の指針としてその内容を肝に銘じる所存である。

学内外での様々な研究会に集う先生方や先輩方との交流からも多くのことを学ばせて頂いた。中でも研究報告の機会をお与えくださり、有益なご指摘をくださった以下の研究会の関係者の方々に改めて御礼を申し上げる。内務省研究会、歴史政治学研究会、東京財団政治外交検証研究会、兵器産業・武器移転史フォーラム、新潟大学法学会、仙台近現代史研究会。また加藤陽子先生、西川誠先生、千葉功先生から、歴史研究の基礎作業の重要性を懇切にご教示頂けたことも幸せな時間であった。公表した論文に対して多くの先生からご教示を頂戴できたのも光栄かつ幸運なことであった。改めて御礼を申し上げたい。そして著者の博士論文完成を一緒に喜んでくださった畑野勇氏には、心より感謝の気持ちをお伝えさせて頂きたい。

大学院での修行生活は、恵まれた研究環境に支えられていた。大学院の中では多種多様な才能をすぐ間近で見る機会にあふれ、とくに同じく日本政治外交史やその隣接分野を専攻する方々から多大な刺激と恩恵を日常的に受けることができた。町田悠子氏、小宮京氏、佐藤健太郎氏、中澤俊輔氏、米山忠寛氏、朴廷鎬氏、平田康治氏に改めて御礼申し上げる。また同じ部屋で論文作成の時期を共に過ごした崔碩桓氏、孫斉庸氏、劉芳伶氏、玉置敦彦氏、郭沛軒氏との懐かしい思い出にも感謝したい。著者と接点の多かった国分航士氏、小林延人氏、作内由子氏、佐藤俊輔氏、中野弘喜氏、前田亮介氏には、細々した相談に乗って頂くことも少なくなかった。こうした充実した大学院生活をサポートしてくださっていた職員の方々や、貴重な書物を管理してくださっている図書館スタッフの方々にも、この場を借りてお礼を申し上げたい。

大学院時代には、研究活動により専念できるための経済的なご支援も頂戴した。博士課程では独立行政法人日本学術振興会特別研究員（DC2）に採用して頂き、平成二〇年度・平成二一年度科学研究費補助金（特別研究員奨励費、課題番号20・10308）を用いて研究を遂行できた。また公益財団法人松下幸之助記念財団（旧松下国際財団）から、二〇〇七年度研究助成（助成番号07–015）を頂いた。さらに独立行政法人日本学生支援機構の奨学金や東京大学の授業料免除制度などの恩恵によって大学院での研究生活を持続できた。これらの支援制度に携わる全ての方々にこの場を借りて深く御礼を申し上げる。

修行生活の大部分は、原資料との飽くなき対話によって成り立っていた。これらの閲覧機会を快く提供してくださった諸機関にも厚く御礼を申し上げたい。とくに国立国会図書館憲政資料室のスタッフの方々には多大のお世話になった。また本書で引用した原資料を管理されている早稲田大学中央図書館特別資料室、旧福岡県地域史研究所、立命館大学図書館、奥州市立後藤新平記念館の皆様には、資料閲覧に際して多くのご助力を賜った。そして、社団法人尚友倶楽部の上田和子様より桂を研究する上で様々なご厚情を賜ったことをとくに記して御礼を申し上げたい。

二〇一一年春からは仙台に転居して、東北大学大学院法学研究科での新生活を開始した。ここでも充実した研究環境を頂いて、博士論文の改訂作業に取り組むことができた。自由闊達な研究教育活動を尊重し合う教員の先生方や、恵まれた研究生活をサポートしてくださる職員スタッフの方々、そして講義や演習の場で学ぶことの意義を再確認させてくれる学生など、様々な人々との交流を通して自分の次なる課題の所在を日々発見している。その中でもとくに政治系の大西仁先生、横田正顕先生、平田武先生、戸澤英典先生、牧原出先生、犬塚元先生、阿南友亮先生に、心より深く御礼を申し上げたい。仙台に来てから新たに学んだことや考えたことを活かして、早く次の研究に取り組みたい気持ちが高まったことが、本書を刊行する最大の動機となっている。

刊行準備段階でも多くのご助力に支えられた。本書は、平成二四年度東京大学学術成果刊行助成を受けて刊行されるものである。ご推薦くださった先生方や審査委員の方々、またこの制度の運営に関わる方々に深く御礼を申し上げる。そして初めての出版準備作業にまごつく著者を、東京大学出版会の山田秀樹氏はいつも的確に導いてくださった。この作業を通して、一冊の本が読者の手元に届くまでにどれほど多くの人々の手を介して運ばれていくかを遅ればせながら学ばせて頂いた。この本は、かつての交わりを復元し、そしてまた新たな数多くの出会いを私にもたらしてくれるものと信じている。なお本書は、平成二三年度・平成二四年度科学研究費補助金（研究活動スタート支援、課題番号23830005）による研究成果の一部である。

最後に、この長い学生生活を最も近くで支援してくれた家族への謝辞を書くことをお許し頂きたい。親元から離れた東京生活を全力で応援してくれた父・伏見省三と母・作子、また私に強い影響を与え続けてくれた兄弟に、心より感謝の気持ちを伝えたい。そして今後の人生を共に走る妻の彩子にも、少し照れくさいが、いつもありがとうと述べておきたい。

二〇一三年一月

伏見岳人

人名索引

ア　行

カ　行

サ　行

タ 行

ナ 行

ハ 行

マ　行

ヤ　行

ワ　行

著者略歴

1979年　新潟県生まれ
2005年　東京大学法学部卒業
2011年　東京大学大学院法学政治学研究科総合法政専攻博士課程修了
現　在　東北大学大学院法学研究科准教授
専　攻　日本政治外交史

近代日本の予算政治 1900-1914
桂太郎の政治指導と政党内閣の確立過程

2013年2月25日　初　版

［検印廃止］

著　者　伏見岳人《ふしみたけと》

発行所　一般財団法人　東京大学出版会
代表者　渡辺　浩
113-8654 東京都文京区本郷 7-3-1 東大構内
電話 03-3811-8814　Fax 03-3812-6958
振替 00160-6-59964

印刷所　株式会社暁印刷
製本所　誠製本株式会社

ISBN 978-4-13-036247-4　Printed in Japan